KB263371

두창경험방·납약증치방언해
한자 대역어 연구

두창경험방·납약증치방언해
한자 대역어 연구

박영섭

도서
출판 박이정

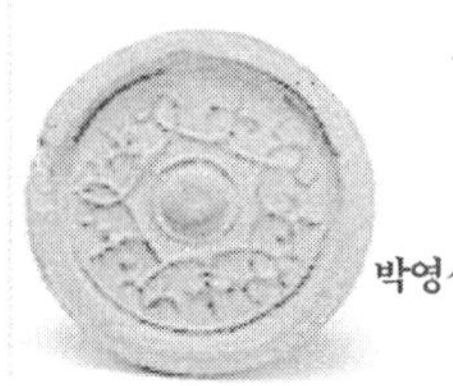

박영섭

경북 문경 출생
중앙대 국어국문학과 졸업
고려대·성균관대 대학원, 문학박사(87)
경기대·중앙대 강사 역임
강남대 국어국문학과 교수

저서로는 『은어, 비속어, 직업어』, 『개화기 국어 어휘자료집 1~5』,
『국어 한자 어휘론』, 『초간본 두시언해 어휘자료집』,
『초간본 두시언해 한자 대역어 연구』, 『구급방언해 한자 대역어 연구』 등이 있다.

두창경험방·납약증치방언해 한자 대역어 연구

2006년 12월 5일 인쇄
2006년 12월 11일 발행
지은이 박영섭
펴낸이 박찬익
펴낸곳 도서출판 **박이정**
130-070 서울시 동대문구 용두동 129-162
전화 922-1192~3, 팩스 928-4683
Http://www.pjbook.com E-mail: book@pjbook.com
온라인계좌 (국민)729-21-0137-159 (우)010447-02-011581
등록1991년 3월 12일 제1-1182호
ISBN 89-7878-875-0 93710   값 17,000원
*잘못 만들어진 책은 바꾸어 드립니다.

머리말

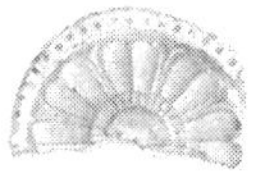

　　저자는 1997년 이후 중세 국어 언해 문헌에 나타난 한자 對譯語란 題下에 『초간본 두시언해』를 비롯하여 漢醫書 諺解인 『구급방언해 · 태산집요언해 · 납약증치방언해 · 두창경험방언해』에 대하여 지속적으로 연구를 해왔다. 본서는 漢醫書 諺解 중 『납약증치방언해 · 두창경험방언해』에 대역된 어형들을 모아 하나의 자료적 성격을 가진 책자로 발간하게 되었다. 한의서에 대역된 어형들은 주로 일반 백성들이 이해하기 쉬운 어휘로 대역되었기 때문에 당시 언어의 모습을 볼 수 있는 중요한 자료이다. 본서에서 대역된 어형들은 중국의 漢詩인 『두시언해』 불교 經典을 소개한 『석보상절 · 능엄 경언해 · 남명천계송언해』 그리고 어린이 교육용으로 편찬된 한자 학습 초학서인 『훈몽자회 · 유합 · 천자문』 등에 나타난 어형들과 비교 분석했다. 이러한 비교 분석은 하나의 漢字가 문맥에 따라 대역된 어형이 여러 가지 형태로 나타니기 때문에 고유어의 나양성을 찾아볼 수 있고 또한 대역된 고유어와 고유어 간의 경쟁이나 고유어와 한자어 간의 경쟁으로 因하여 소멸 어휘의 樣相도 찾아 볼 수 있다는 점이다. 표제어는 가급적 두 가지 이상의 어형으로 대역된 한자를 선정했다. 본서의 構成은 대역방식, 대역어 휘 자료 분석, 대역어의 어휘 구성, 고유어에 대응된 한자 등의 순으로

엮어 보았다. 이 분야에 관심 있으신 많은 분들의 叱正을 바랍니다.

끝으로 어려운 여건 속에서도 본서의 출판을 맡아주신 도서출판 박이정 박찬익 사장님께 감사드리며 본서의 편집과 교정에 도움을 주신 직원에게도 감사를 드린다.

2006년 11월
신갈 경천관 연구실에서 저자

차례

痘瘡經驗方諺解

1. 서론

『痘瘡經驗方諺解』에 나타난 한자 對譯語1) 및 어휘 연구

　　본서는 조선조 현종 때의 痘科醫 朴震禧가 自家의 경험을 토대로 처방을 내려 저술한 痘瘡醫方書이다. 종래에 나와 있던 여러 종류의 痘科方書와 지금까지 널리 활용되어 오던 중국 전래의 治方들이 별로 신통한 效驗을 얻을 수 없었던 현실에 절감한 나머지 저자 자신이 十餘 年 동안 臨床 治療해온 경험을 살려서 본 經驗方을 編著하였다고 한다. 본서에는 序와 刊記가 없어 그 정확한 것은 알기가 어려우나 대체로 顯宗年間에 되어진 저작으로 추정하는 근거는 顯宗朝 末頃에 編纂되었다는 다른 醫方書들이 대개 본서 痘瘡經驗方을 참고로 하였다는 기록들이 있는 데서이다. 본서의 내용을 살피면 稀痘方 外 100여 항목에 걸친 그 방문마다의 친절한 해설과 환자가 주의해야 할 음식물 그리고 삼가하고 피해야 할 금기 사항들을 아주 평이하고 상세하게 해설하였다. 그러므로 본서는 귀중한 醫學史料일 뿐 아니라 국어사의 연구 자료로서도 소중한 가치를 지니고 있다.2) 따라서 본 연구는 1985년에 大提閣에서 영인한 자료를 이용하여 漢字 對譯에 나타난 어휘를 기타 한의서인 『救急方諺解 · 諺解臘藥症

---

* 본서는 2006년 강남대학교 교내 연구비로 조성되었다.

 1) 對譯과 字釋이란 용어의 성격은 다음과 같이 구분 하고자한다. 우선 對譯은 언해문헌에 여러 어형으로 번역된 多字釋 어형을 지칭하고 字釋이란 용어는 주로 한자 학습 初學書에 새김한 單一字釋 어형을 지칭하고자 한다.
 2) 본서의 解題는 한국학 연구원 참조.

治方·胎産集要諺解』 등에 대역된 어휘와 비교를 통한 어휘 意味의 특성을
考究하며, 아울러 보조적으로 詩歌문헌인『두시언해』불교문헌인『석보상절
·월인석보·남명천계송언해』그리고 한자 학습 초학서인『훈몽자회·유합
·천자문』등에 대역된 어휘와도 비교해 본다.3)

---

3) 詩歌文獻·佛教文獻·한자 학습 초학서에 對譯된 어휘를 비교함은 직접적으로 관련이 없지만,
   漢字가 문장에서 사용되는 위치에 따라 여러 語形으로 대역된다. 따라서 대역된 語例를 통하여
   漢字와 고유어간의 의미상의 특성을 살피는 데 좋은 자료라 생각되어 비교 대상으로 삼았다.

2. 대역의 방식

　　漢字 학습은 字形과 더불어 字釋과 字音을 함께 배운다. 그런데 우리 나라에서는 字釋의 경우는 중국에서처럼 한자가 들어있는 단어나 語句로 그 글자의 뜻을 익히는 방식이 아니라 그 한자가 지닌 뜻인 字釋을 익히는 방식을 취하였는데 중국식과 같은 학습은 그 한자의 活用的 차원에서 다루어지거나 字義 理解의 보조적 방법으로 쓰였을 뿐이다. 그런데 지금까지 발견된 字釋 방식으로는 註釋式과 釋音式으로 나누어 볼 수 있다. 註釋式은 훈민정음 이후의 정음문헌과 각종 諺解書에 나오는 割注나 註釋文들에서의 한자에 대한 풀이 방식으로 된 것들이며, 釋音式은 한자 初學書들에서 사용된 것으로 한자의 字釋과 字音을 한 묶음으로 달아 놓은 방식으로 분류한 것이다4). 위의 두 가지 방식 중 『두창경험방언해와 언해납약증치방』에 적용된 字釋 방식으로는 후자인 釋音式 字釋에 해당된다. 前述하였지만 釋音式 字釋은 주로 한자 학습 초학서 들에서 두루 적용된 것으로 漢字 하나 하나에 대한 알맞는 字釋과 字音을 함께 학습 도록 한 것이다. 그러나 이들 字釋을 살펴보면 일정한 형식으로 되어있지 않고 字釋 數에 따른 字釋 形式이 있다. 즉, 單一字釋과 多字釋으로 되어있다. 單一字釋은 한 글자에 하나의 字釋이 달린 것이고 多字釋은 한 글자에 둘 이상의 字釋이 달린 것이다. 특히 『두시언해·구급방 언해』는 한자 학습 초학서에 사용된 單一字釋이 아니라 多字釋 방식으로 諺解되었음이 특징이다. 그리고 오늘날 한자 字典式 字釋은 『능엄경언해·두시언해·구급방 언해』가 최초라고 생각된다.

---

4) 신경철(1993), (『國語字釋硏究』 태학사)

3. 한자 대역어휘 분석

可 ; 가히, 둇다, 즉시(어루, 가ᄒ다)

  ; 가히 아딕 못홀 거시나(不可知)<두창9>

  ; 알른 고듸 쎠ᄒ면 둇ᄂ니라(糝於痛處可也)<두창48>

  ; 즉시 닐고(可起)<두창3>

  ; 다 어루 이룰 쓰리다(皆可用此)<구상2>

  ; 여신산이 ᄯ 가ᄒ니라(如神散亦可)<태요27>

    '가히, 둇다, 즉시'는 (可)에 대한 대역이다. 『구상·태요』5)에는 '어루, 가ᄒ다'로 『유합』에는 '하얌직'으로 대역되었다. 또 다른 문헌에 대역된 어형으로는 '올홀, 올홀, 올을, 오를' 등으로 改新되어 現代語 '옳은'으로 대체 사용되고 있다.

家 ; 집

  ; 온 집이 다 소ᄒ고(擧家素)<두창11>

    '집'은 (家)에 대한 대역이다. 『두시언해』에는 '집, 짓'으로 『정속언해』에는 '딥'으로 『훈몽자회·유합·천자문』에는 모두 '집'으로 字釋되었다.

暇 ; 겨를

  ; 오히려 화독탕을 쁠거시니 겨를 ᄒ야(尚用化毒湯則似不暇)<두창30>

---

5) ( ) 의 어형들은 다른 문헌에 대역된 어형들 표기한 것이다.
『태요·납약·두창·구상·구하』의 略語는 각각 『태산집요언해·언해납약증치방·두창경험방언해·구급방언해상·하』를 지칭한다.

　‘겨를’은 (暇)에 대한 대역이다. 『두시언해』에는 ‘閑暇ㅎ다’로 『유합』에 ‘겨를’
로 字釋되었다.

加 ; 더ㅎ다(더으다, 조치다, 더욱)

; 붓는 긔운이 더ㅎ미오(浮氣益加)<두창59>
; 全蝎 두 나츨 구어 더으라(加全蝎二枚灸)<구상2>
; 甚씸ㅎ니란 아희 오좀 흔 盞잔을 조쳐 머기라(服甚者加童子小便一盞)<구상36>
; 흔 둘 만이 더욱 토커나(一月加吐)<태요12>

　‘더ㅎ다’는 (加)에 대한 대역이다. 『구상·태요』에는 ‘더으다, 조치다, 더욱’으
로 『두시언해』에는 ‘더, 더으다’로 『유합』에만 ‘더을다’로 字釋된 어형이 발견된
다. 語形 ‘조치다’는 消滅語로 現代語 ‘兼하다, 아우르다’에 해당된다.

痂 ; 덕지

; 과연 덕지 뻐러 딘후의(果於落痂之後)<두창12>

　‘덕디’는 (痂)에 대한 대역이다. 다른 문헌에서는 발견되지 않는다.

脚 ; 다리(다리, 발, 허튀, 발, 다리)

; 풀과 다리과 손과 발(臂脚手足)<두창59>
; 쏘 주근 사ᄅ미 두 다리를 구퍼(又方以屈死人兩脚)<구상74>
; 두 밠 엄지가락 안해(兩脚大拇指)<구상22>
; 허튀를 ᄃᄆ면 즉재 사ᄂ니라(以漬脚卽活)<구상26>
; 왼발 초혜 쏴리다(左脚草鞋)<태요27>
; 셔습 긔운으로 다리 알ᄂ 증이 된디(四氣爲脚氣)<납약21>

　‘다리’는 (脚)에 대한 대역이다. 『구상』에는 ‘다리, 발, 허튀’로 『태요·납약』에
는 ‘발, 다리’로 대역되었다. 같은 15세기 문헌인데도 『두시언해』에는 ‘발, 허튀’
로 『석보상절·월인석보』에는 ‘다리, 허튀’로 『훈몽자회·유합』에서도 ‘발, 다
리’로 字釋되었다. (脚)에 대한 대역 語形으로 ‘다리, 발, 허튀’는 15세기 당시에

共存하였음을 보여 주고 있다. 語形 '허튀'는 消滅語로 볼 수 있다.

覺 ; 알다(알다, 추리다)

　; 다 아디 못ᄒ고(不省但覺)<두창35>
　; 귓거시 누르며 툐믈 아라라(覺鬼物壓打)<구상21>
　; 믄득 ᄀ오누르여 ᄎ림 몯ᄒ거든(卒魘昏昧不覺)<구상23>
　; 티긔 인ᄂ 줄 아라든(覺有孕)<태요11>

　　'알다'는 (覺)에 대한 대역이다. 『구상·태요·두창』에는 '알다, 추리다'로 『두시언해』에는 '알다'로 『훈몽자회·유합』에는 'ᄭᅵ다, ᄭᅵ ᄃᆞ르다'로 대역 되었다.

肝 ; 간(간장)

　; 도틔간 엿 ᄃᆞᆰ의 알(猪肝飴飯鷄)<두창14>
　; 믹햇 ᄂᆞ물와 ᄆᆞᆯ 간 고기와(野菜馬肝肉<구하60>
　; 샤쳥환은 간쟝 열이며(瀉靑丸治肝熱)<납약9>

　　'간'은 (肝)에 대한 대역이다. 『구하·납약』에는 '간, 간쟝'으로 『두시언해』에는 'ᄆᆞᅀᆞᆷ, 애'로 『훈몽자회·유합』에는 모두 '간'으로 대역되었다. 語形 '애'의 대역이 특이하다.

間 ; ᄉᆞ이, ᄉᆞ이ᄉᆞ이, 안

　; 오뉴월 ᄉᆞ이예(五六月間)<두창4>
　; ᄉᆞ이ᄉᆞ이 뎨미고ᄅᆞᆯ 뻐 열을 ᄂᆞ리오미 가ᄒᆞ니라(間用猪尾膏以降熱可也)<두창53>
　; 목 안희 담 소릭 톱켜는 소릭 ᄀᆞᆺᄐᆞ니(喉間痰響如引鉅聲)<두창34>

　　'ᄉᆞ이 ᄉᆞ이ᄉᆞ이, 안'은 (間)에 대한 대역이다. 『석보상절·두시언해·남명천계송언해』에는 'ᄉᆞᅀᅵ'로 『정속언해·유합』에는 'ᄉᆞ이'로 『훈몽자회』에는 '숫'으로 字釋됨이 특이하다.

渴 ; 입ᄆᆞ르다(목ᄆᆞ르다, ᄆᆞ르다, 목ᄆᆞ르다)

; 만일 입ᄆᆞ르고 갈ᄒᆞ거든(若煩渴)<두창40>
; ᄀᆞ장 목ᄆᆞ르라(大渴)<구상34>
; 이비 ᄆᆞ르고(口渴)<구하50>
; 답답ᄒᆞ고 목ᄆᆞ르고(煩渴)<납약9>

　　'입ᄆᆞ르다'는 (渴)에 대한 대역이다. 『구상·납약』에는 '목ᄆᆞ르다, ᄆᆞ르다, 목ᄆᆞ르다'로 대역되었다. 『두시언해』에는 '목ᄆᆞ르다, 渴望ᄒᆞ다'로 『훈몽자회·유합』에는 '목ᄆᆞ르다'로 字釋되었다. 『능엄경언해』에서는 '믈여월씨'로 대역된 특이한 語例가 발견되기도 한다.

降 ; ᄂᆞ리다
; 열긔운이 졈졈 ᄂᆞ려(熱氣稍降)<두창44>

　　'ᄂᆞ리다'는 (降)에 대한 대역이다. 『석보상절』에는 'ᄂᆞ리다'로 『남명천계송언해』에는 'ᄂᆞ리오, ᄂᆞ려오'로 『유합』에는 'ᄂᆞ릴, 항복'으로 대역되었다.

盖 ; 니다, 대개, 덥다(둪다)
; 무근 집 닛거시니(多年盖屋)<두창27>
; 대개 싱각ᄒᆞ니(盖想)<두창9>
; 딜그릇 ᄀᆞ튼 거스로 김 아니 나게 더퍼(瓦盞之類盖)<두창3>
; 잔애 브어 둪고(傾於盞內盖着)<구상38>

　　'니다, 대개, 덥다'는 (盖)에 대한 대역이다. 『구상』에는 '둪다'로 『두시언해』에는 '둪게ᄅᆞᆯ 단다, 둪다'로 『훈몽자회·유합』에서는 '갯, 두플'로 광주·석봉·주해 본 『천자문』에는 '두웨, 두플, 더플, 갑기, 고ᄋᆞᆯ'로 대역되었다.

皆 ; 다(다, 다)
; 밧곗틔셔 ᄒᆞᄂᆞᆫ 이ᄅᆞᆯ 붉기 다 알 쎠시여늘(皆可明言外間事)<두창9>
; 다 어루 이ᄅᆞᆯ 쓰리라(皆可用此)<구상2>
; 다 태긔 몯되ᄂᆞ니라(皆不成胎)<태요1>

‘다’는 (皆)에 대한 대역이다. 『구상·태요』에도 ‘다’로 대역되었다.

更 ; 다시(쏘, 다시)

   ; 다시 관계칠분을 가입ᄒ라(更加官桂七分)<두창39>
   ; 쏘 蘇合香元을 머규미 됴ᄒ니라(更可與蘇合香元)<구상12>
   ; 다시 닝슈로 손 발을 ᄃᄆ고(更以冷水浸手足)<납약9>

   ‘다시’는 (更)에 대한 대역이다. 『구상·납약』에는 ‘쏘, 다시’로 『두시언해』에는 ‘쏘, 다시, 가시다, 더욱’로 『석보상절·남명천계송언해』에는 ‘고티다’로 『천자문』광주·석봉·주해 본에는 ‘가실, 고틸, 고칠, ᄀᆞ올들, 다시, 경영’으로 대역되었다. 語形 ‘가시다, 경영’의 대역이 흥미롭다.

去 ; 째히다, 업게ᄒ다(밧기다, 버히다, 앗다, 앗다, 아ᅀᆞᆯ다, 업게ᄒ다, 째히다,
      ᄇ리다, 벗기다, 내다, 업시ᄒ다, ᄇ리다)

   ; 머리 발 늘개 째혀 ᄇ리고(去頭足翅)<두창22>
   ; 그틔 독을 업게ᄒ면(去其胎毒)<두창5>
   : 거믄 거플 밧겨(去黑皮)<구상4>
   ; ᄒᆫ 우희움을 두녁 그틀 버히고(一握去兩頭)<구상30>
   ; 시울과 거츨 앗고(去弦皮)<구상2>
   ; ᄆ를 아ᅀᆞ면 즉재 사ᄂᆞ니라(去水卽活)<구상75>
   ; 바늘로 ᄣᅡ 아ᅀᆞᆯ디니(以針決去之)<구상18>
   ; 누에 ᄢᅵᄅᆞᆯ 조히 업게ᄒ고(去蠶子潔淨)<구상37>
   ; 대쵸란 ᄇ리고(去棗)<납약10>
   ; 겁질 벗기다(去穀)<태요31>
   ; ᄒᆫ 되 가옷 되거든 넝어 내고(一盞半去魚)<태요40>
   ; 디허 터럭 업시ᄒ고(杵去毛)<태요6>
   ; 즉제 시서 ᄇ리라(卽洗去)<태요31>

   ‘째히다, 업게ᄒ다’는 (去)에 대한 대역이다. 『구상·납약·태요』에는 ‘밧기다, 버히다, 앗다, 앗다, 아ᅀᆞᆯ다, 업게ᄒ다, 째히다, ᄇ리다, 벗기다, 내다, 업시ᄒ다,

브리다'로『두시언해』는 '가다, 니거다, 버어리다, 버혀버리다, 벙으리다, 보내다,
브리다, 앗다, 업게ᄒ다'로『석보상절』에는 '가다, 버올다'로『남명천계송언해』
에서는 '브리다, 벙을다'로『유합·천자문』에는 '갈'로 대역되었다. 語形 '째히
다, 벙을다'의 대역이 특이하다.

擧 ; 온(들다, 들다)
; 온 집이 다 소ᄒ고(擧家素)<두창11>
; 주근 사ᄅ미 머리를 져기 드러(小擧死人頭)<구상10>
; 므거운 것 들며(擧重)<태요15>

　　'온'은 (擧)에 대한 대역이다.『구상·태요』에는 '들다'로『두시언해』에는 '다,
들다'로『석보상절·남명천계송언해·정속언해·유합·천자문』광주·석봉 본
에는 모두 '들'로 주해 본에는 '들, 다'로 字釋되었다. 語形 '온'의 대역이 특이하다.

鉅 ; 톱
; 톱켜ᄂ 소릭 ᄀᄐ니(如引鉅聲)<두창34>

　　'톱'은 (鋸)에 대한 대역이다.『훈몽자회·유합』에만 '톱'으로 字釋되었다.

乾 ; ᄆᄅ다, 몰뢰다(ᄆᄅ다, 몰뢰다)
; 임의 스스로 몰라(已自焦乾)<두창53>
; 너출실 ᄀᄐ 니로 몰뢰와(蔓藤絲陰乾)<두창4>
; 허닌 ᄆᄅ닐 쌔후미 됴ᄒ니라(破者乾摻神妙)<구상7>
; 블에 몰뢰여(焙乾)<태요5>

　　'ᄆᄅ다, 몰뢰다'는 (乾)에 대한 대역이다.『구상·태요』에는 'ᄆᄅ다, 몰뢰다'
로『두시언해』에는 'ᄆᄅ다, 하늘, 乾坤'으로『석보상절·남명천계송언해』에서
는 'ᄆᄅ다'로『훈몽자회·유합』에는 모두 '하늘'로 字釋되었다.

巾 ; 슈건

; 면듀 슈건의 즘슉 믓쳐 온 ᄂᆞᆾ출 ᄌᆞ조 싯기되(用紬巾頻頻淋洗面顔)<두창29>

'슈건'은 (巾)에 대한 대역이다.『두시언해』에는 '곳갈, 頭巾, 手巾, 巾'으로『훈 몽자회』에는 '곳갈, 슈건'으로『유합』에는 '슈건'으로『천자문』광주 본에는 '뵈' 로 석봉 본에는 '슈건' 주해 본에는 '슈건, 두건'으로 대역되었다.

乞 ; 달ᄅᆞᄒᆞ다
; 쵸블을 ᄻᅧ 달ᄅᆞᄒᆞ더니(乞燃燭)<두창44>

'달ᄅᆞᄒᆞ다'는 (乞)에 대한 대역이다.『두시언해』에는 '주다, 빌다'로『석보상절』 에는 '빌'로『훈몽자회 · 유합』에는 '빌줄'로 대역되었다. 語形은 '달ᄅᆞᄒᆞ다'는 現 代語 '달라'로 '달라고 말하다'의 의미를 지닌 최초의 어휘로 볼 수 있다.

見 ; 보다
; 그 본디 못ᄒᆞᄂᆞ 바ᄅᆞᆯ 보며(見其所不見)<두창9>
; 믄득 누네 귓것 보며(忽然眼見鬼物)<구상15>

'보다'는 (見)에 대한 대역이다.『구상 · 석보상절 · 두시언해 · 남명천계송언해 · 정속언해』모두 '보다'로『훈몽자회 · 유합 · 천자문』광주 · 석봉 본에는 '볼'로 주해 본에는 '볼, 드러날, 뵐'로 대역되었다.

遣 ; ᄇᆞ리다
; 더러온 탁흔 ᄭᅵᆼ굿튼 거슬 누워 ᄇᆞ릴써시니(遣下汚穢濁㞗之物)<두창4>

'ᄇᆞ리다'는 (遣)에 대한 대역이다.『두시언해』에는 '보내다, ᄇᆞ리다, 펴다'로 『남명천계송언해』에는 '보내다'로『유합 · 천자문』에는 '보낼, 견뎐'으로 字釋되 었다.

潔 ; 조츨ᄒᆞ다

; 그려도 어믜 머근 조츌티 아니흔 나믄 긔운이(然母之不潔餘氣)<두창1>

'조츌ᄒ다'는 (潔)에 대한 대역이다. 『두시언해』에는 '조히호다'로 『유합ㆍ천
자문』석봉ㆍ주해 본에는 '조흘'로 광주 본에는 '츌'로 字釋되었다. 語形 '조츌ᄒ
다, 조히호다'는 消滅語로 볼 수 있다.

莖 ; 줄기(줄기, 대, 밑, 낯)

; 파흰 줄기 세흘 너허(葱白三莖)<두창17>
; 가짓 줄기와 닙 이우닐 글여 시스라(茄子莖葉枯者煮洗之)<구상8>
; 쁜 부릇 대와 니플 찌혀 브티라(苦苣莖葉搗傳) <구하78>
; 파흰밑 둘 너허(葱白三莖)<태요30>
; 세 나츨 쌔야(拔三莖)<태요12>

'줄기'는 (莖)에 대한 대역이다. 『구상ㆍ구하ㆍ두창』에는 '줄기, 대, 밑, 낯'으로
『두시언해ㆍ훈몽자회ㆍ유합』에는 모두 '줄기'로 대역되었다. 語形 '낯'의 대역이
특이하다.

驚 ; 놀나다(놀라다, 놀라다, 경풍)

; 놀나 썰기를(驚搐)<두창6>
; 쏘 놀라 주그닐 ᄃᆞᄉᆞᆫ 수를 머기면 즉재 사ᄂᆞ니라(又方驚怖死者用溫酒灌之則蘇)<구상
 20>
; 구러디니ᄂᆞᆫ 놀라시니(側者有驚)<태요28>
; 놀라고 열ᄒᆞ여(驚熱)<납약29>
; 급흔 경풍이며(怔驚)<납약4>

'놀나다'는 (驚)에 내한 대역이다. 『구상ㆍ태요ㆍ납약』에는 '놀라다, 경풍, 놀
나다'로 『두시언해ㆍ석보상절』에는 '놀라다'로 『유합』에는 '롤랄'로 『천자문』에
는 '놀랄'로 字釋되었다.

繼 ; 이어(닛다)

; 니어 닉탁산을 쓰라(繼用內托散)<두창39>
; 서르 닛우 져기 덥게ᄒᆞ야(相繼稍熱)<구상44>
; 닛다혀 믈근 쥭으로 됴리ᄒᆞ라(繼以稀粥將理得宜)<납약26>

  ‘이어’는 (繼)에 대한 대역이다. 『구상·납약』에는 ‘닛다, 닛다혀’로 『두시언해』
에는 ‘닛다’로 『유합』에는 ‘니ᄋᆞᆯ’로 대역되었다.

雞 ; 둙(둙, 둙)
; 둙의 알 거유알 오희알(雞鵝鴨)<두창14>
; 들긔 흰똥 ᄒᆞᆫ 되(雞白屎一升)<구상5>
; 늘 둙긔알 세흘 ᄉᆞᆷᄭᅵ고(生鷄卵三枚呑)<태요53>

  ‘둙’은 (雞)에 대한 대역이다. 『구상·태요·두시언해·훈몽자회·유합·천자
문』 등에 모두 ‘둙’으로 대역되었다.

溪 ; 시내
; 시내 ᄀᆞ의 닙 넙고(溪邊大葉)<두창28>

  ‘시내’는 (溪)에 대한 대역이다. 『두시언해·훈몽자회·유합』 등에 모두 ‘시내’
로 字釋되었다.

計 ; 혜다(혜다)
; 열의 만흠 져그믈 혜디 말고(不計熱之多少)<두창24>
; 혜디 아니ᄒᆞ야(不計)<구하1>

  ‘혜다’는 (計)에 대한 대역이다. 『구하』에도 ‘혜다’로 『두시언해』에는 ‘혜요다,
혜다’로 『유합』에는 ‘혤’로 字釋되었다.

戒 ; 경계ᄒᆞ다
; 기피 경계홀 ᄡᅥ시니라(深戒也)<두창12>

'경계ᄒ다'는 (戒)에 대한 대역이다. 『두시언해』에는 '警戒ᄒ다'로 『유합』에는 '경곗'으로 字釋되었다.

古 ; 녜(녯)
　; 병졍이 녜과 달라(病情與古有異)<두창55>
　; 녯 방문의 틱긔 편케 ᄒ기롤(古方安胎)<태요19>

　'녜'는 (古)에 대한 대역이다. 『태요』에는 '녯'으로 『두시언해』에는 '녜, 늙다, 늙다, 오래'로 『석보상절 · 남명천계송언해 · 정속언해 · 훈몽자회 · 천자문 · 유합』에는 '녜'로 대역되었다.

故 ; 연고, 짐즛(늙다)
　; 연고롤 아디 못호미라(不知故也)<두창59>
　; 역질 신녕이 짐즛 희이치노라(痘神故欲戲)<두창11>
　; 늘근 쏨 오시나(故汗衣)<구상16>

　'연고, 짐즛'은 (故)에 대한 대역이다. 『구상』에는 '늙다'로 『두시언해』에는 '故鄕, 그럴식, 녯, 늙다, 벋, 부러, 오라다, 이럴식, 緣故, 젼츠로, 짐즛'으로 『석보상절』에는 '부러'로 『남명천계송언해』에는 '그럴식, 그저, 드로, 젼츠로'로 『정속언해』에는 '젼츠로, 고로, 탓'으로 『유합』에는 '무글, 연고'로 『천자문』 광주 본에는 '주글'로 석봉 본에는 '늘근' 주해 본에는 '늘근, 짐즛, 연고'로 대역되었다.

苽 ; 외
　; 외 짐치 년흔 흰밥(苽葅軟白飯)<두창13>

　'외'는 (苽)에 대한 대역이다. 『훈몽자회』에서만 '외'로 字釋된 語形이 발견될 뿐이다.

尻 ; 밑골
　; 다만 귀도 츠고 미뎌골도 츠고(以耳冷尻冷)<두창6>

‘믿골’은 (尻)에 대한 대역이다. 다른 문헌에서는 발견되지 않는다.

困 ; 곤ᄒ다(보차다)

; 이긔 탕ᄒᆞᆯ 째예 곤ᄒ야(此時困頻委嚲)<두창40>
; ᄌᆞ식 빈 겨집이 남진의게 보차여(孕婦爲夫所困)<태요19>

‘곤ᄒ다’는 (困)에 대한 대역이다. 『태요』에는 ‘보차다’로 『두시언해』에는 ‘困ᄒ다, 困窮ᄒ다, 이쳐ᄒ다, 잇버ᄒ다, 잇비다’로 『남명천계송언해』에는 ‘ᄀᆞ브다’로 『유합』에는 ‘곤ᄒᆞᆯ’로 『천자문』 광주·석봉·주해 본에서는 ‘잇쁠, 잇블, ᄀᆞ블’로 字釋되었다. 語形 ‘보차다, 잇쳐ᄒ다, 잇비다, ᄀᆞ브다’는 消滅語로 볼 수 있다.

孔 ; 구멍(굼긔, 구뭇)

; 코구멍 입시욹 귀쑴긔(口脣鼻孔耳孔)<두창22>
; 믈로 곳굼긔 처디오(水滴入鼻孔)<구상10>
; 귓구뭇 ᄀᆞ새 노하 두면(安耳孔邊)<구하43>

‘구멍’은 (孔)에 대한 대역이다. 『구상·구하』에는 ‘굼긔, 구뭇’으로 『두시언해』에는 ‘굼기’로 『훈몽자회·유합·천자문』 등에는 모두 ‘구무’로 字釋되었다. 現代語 ‘구멍’은 『두창』에서 그 모습을 찾아볼 수 있다.

恐 ; 두렵다, 저허ᄒ다(저프다)

; 풍한이나 뽀일가 두려오니(恐觸風寒)<두창30>
; 그 ᄯᅳ기를 넘우ᄒ면 긔운이 허ᄒ기 저허호미니(恐其泄之太過而氣爲之虛也)<두창52>
; 사ᄅᆞ미 슘가라굴 그르 믈까 저프니라(恐誤嚙傷)<구상79>

‘두렵다, 저허ᄒ다’는 (恐)에 대한 대역이다. 『구상』에는 ‘저프다’로 『두시언해』에는 ‘저프다, 젙ᄒ다’로 『유합·천자문』에는 모두 ‘저을다’로 字釋되었다. 語形 ‘저허ᄒ다, 저프다, 젙ᄒ다, 저을다’는 消滅語로 볼 수 있다.

過 ; 디나다(넘다, 디나다, 너모, 넘다, 너무)

; 디난거시 업ᄂᆞ니라(無過)<두창29>
; 두 服애 넘디 아니ᄒᆞ야(不過二服)<구상38>
; 세번 시수믈 디나다 아니ᄒᆞ야 둗ᄂᆞ니라(不過三洗效)<구상8>
; 너모 머거 샹ᄒᆞ면(過服致傷)<납약9>
; 챵ᄌᆞ ᄀᆞᄐᆞ야 비 아래 넘고(如腸下過)<태요59>
; 밥도 너무 비 브르게 말며(食母過飽)<태요15>

　　'디나다'는 (過)에 대한 대역이다. 『구상·납약·태요』에는 '넘다, 디나다, 너모, 넘다, 너무'로 『두시언해』에는 '건너다, ᄀᆞ장, 남다, 넘다, 디나다'로 『석보상절』에는 '너믈'로 『유합·천자문』 광주·석봉 본에는 '디날'로 주해 본에는 '디날, 허믈'로 대역되었다. 語形 '허믈'로 대역된 것은 주해 본 뿐이다.

顆 ;나다, 돋다
; 다만 세히나 다ᄉᆞ시나 나ᄂᆞ니라(只三五顆而已)<두창5>
; 역질 도둔거시 분명티 안여(痘顆隱暎) <두창34>

　　'나다, 돋다'는 (顆)에 대한 대역이다. 『두시언해』에만 '낯'으로 대역된 語形이 발견된다.

果 ; 과연
; 과연 덕지 ᄠᅥ러딘 후의(果於落痂之後)<두창12>

　　'과연'은 (果)에 대한 대역이다. 『두시언해』에는 '果實, 果然' 등 한자어로 대역된 반면에 『천자문·유합』에는 고유이 '여름'으로 字釋되었다. 하지만 한자어 '果實'이 고유어 '여름'보다 사용 빈도가 많은 것으로 추정된다.

裹 ; 감다(ᄢᅵ리다, ᄡᅡ다, 감다)
; ᄀᆞᄂᆞ 슈건으로 손가락의 가마(細巾裹手指)<두창52>
; 뵈로 소고믈 탄ᄌᆞ만 ᄢᅵ려 스라(布裹塩如彈丸大燒)<구상27>
; 져즌 죠희에 ᄡᅡ 구으니와(濕紙裹煨)<구상1>

; 손ㄱ락긔 감고(許裹手指)<태요69>

'감다'는 (裹)에 대한 대역이다. 『구상·태요』에는 '쁘리다, 빠다, 감다'로 『두시언해』에도 '빠다'로 대역되었다.

貫 ; 쩌여다(쎼다)
; 은침으로 ㄱ로 쩌여 주면(以銀鍼刺之橫貫)<두창51>
; 쇼음믹이 신장의 쎼여(少陰之脉貫腎)<태요47>

'쩌여다'는 (貫)에 대한 대역이다. 『태요·석보상절·두시언해』에는 '쎼다'로 『유합』에는 '쎌'로 字釋되었다.

觀 ; 보다
; 그 증세 경즁을 보아 가며(觀其症輕重)<두창32>

'보다'는 (觀)에 대한 대역이다. 『두시언해』에는 '보다, 뵈다'로 『훈몽자회·천자문』 주해 본에는 '보다, 집'으로 『유합』에는 '볼'로 광주·석봉 본에는 '보다'로 字釋되었다. 語形 '집'의 대역이 특이하다.

狂 ; 미치다(미치다, 미친병)
; 혹 번조ㅎ야 밋친듯 ㅎ며(或煩燥狂)<두창6>
; 귓것 보아 미치거든(見鬼發狂)<구상19>
; 미친병과 사긔즁과(狂邪)<납약18>

'미치다'는 (狂)에 대한 대역이다. 『구상·납약』에는 '미치다, 미친병'으로 『두시언해』에는 '미치다, 어렵다'로 『훈몽자회』에도 '미치다'로 字釋되었다. 語形 '어렵다'의 대역이 특이하다.

光 ; 빗(빗나다)

; 빗 믈근 듀사를 벌업시 기야(取朱砂光明者爲末)<두창2>
; 빗나게 ᄒᆞ고 구무 들워(令光鑽作竅)<구상53>

　　‘빗’은 (光)에 대한 대역이다. 『구상』에는 ‘빗나다’로 『두시언해』에는 ‘빗, 빛’으로 『훈몽자회・유합』에는 ‘빗’으로 『천자문』에는 ‘빛’으로 字釋되었다.

塊 ; 덩이(무적, 뭉긘, 혈괴, 뎡이)

; 주먹 만흔 덩이롤(一塊如拳)<두창50>
; 쫑 흔 무저기(糞一塊)<구상37>
; 닐곱 가지 뭉긘 증과(七種癖塊)<납약15>
; 얼굴 지은 혈괴 이시면(有成形塊)<태요48>
; 듁어 흔 뎡이 너허 달혀 머기라(入竹茹一塊煎服)<태요45>

　　‘무적’은 (塊)에 대한 대역이다. 『구상・납약・태요』에는 ‘무적, 뭉긘, 혈괴, 뎡이’로 『두시언해・훈몽자회』에는 모두 ‘흙무적’으로 대역되었다. 語形 ‘혈괴’의 대역이 특이하다.

咬 ; 귤다(믈다)

; 니 귤기를 극키 심히ᄒᆞ야(咬牙太甚)<두창34>
; 믈 믄딜 고튜딕(治馬咬)<구하15>

　　‘귤다’는 (咬)에 대한 대역이다. 『구하・두시언해』에는 모두 ‘믈다’로 대역되었다. 語形 ‘귤다’의 대역이 흥미롭다.

俱 ; 다(다, 디)

; 긔혈이 다 허흔 빼예(其氣血俱虛)<두창60>
; 가슴과 너비 다 더우니라(心脇俱暖)<구상15>
; 엄이과 즈식이 다 죽ᄂᆞ니라(母子俱死)<태요34>

　　‘다’는 (俱)에 대한 대역이다. 『구상・태요』에는 ‘다’로 『두시언해』에는 ‘굴외다, ㄹ다, ㄹ다, 다, 모다, 흔듸'로 『유합』에는 '글올'로 字釋되었다.

拘 ; 걸리씨다, 붓들다(거리씨다)

　; 역의 걸리씨디 아니홀 써시니(則不拘此際)<두창30>
　; 사룸으로 흐여곰 붓드러 자밧고(使人拘執)<두창57>
　; 時節을 븥들이디 마오(不拘時)<구상3>
　; 때를 거리씨디 말고(不拘時)<납약6>

　　'걸리씨다, 붓들다'는 (拘)에 대한 대역이다. 『구상·납약』에는 '븥들이다, 거리씨다'로 『두시언해』에는 '걸위다, 얽미다'로 『석보상절』에는 '걸위다'로 『남명천계송언해』에는 '거리씨다'로 『유합』에는 '먹자불'로 字釋되었다. 語形 '먹자불'의 대역이 특이하다.

久 ; 이윽히(오라, 오래, 오란, 오래)

　; 원흐대 보기를 이윽히 흐다가(默視良久)<두창34>
　; 오라면 반드기 말흐리라(久當語)<구상3>
　; 오래 똠 비니 됴코(佳觸衣者久著)<구상16>
　; 오란 젹빅니질의 고롬피 섯겨(久痢赤白膿相雜)<납약11>
　; 부인의 오래 닝흐여(婦人久冷)<태요6>

　　'이윽히'는 (久)에 대한 대역이다. 『구상·납약·태요』에는 '오라, 오래, 오란, 오래'로 『두시언해·석보상절·남명천계송언해·정속언해』에는 '오라, 오래'로 『유합』에는 '오랄'로 字釋되었다

垕 ; 씩

　; 대변의 더러온 탁흔 씩곳튼 거슬 누워브릴 써시니(大便遺下汚穢濁垕之物)<두창4>

　　'씩'는 (垕)에 대한 대역이다. 『두시언해·훈몽자회』에 모두 '띠'로 대역되었다.

君 ; 그듸(그대, 그듸, 그듸, 님금)

그듸 말이 올흔 줄을 아로듸(知君言之爲是)<두창12>

　　'그대'는 (君)에 대한 대역이다. 『두시언해』에는 '그대, 그듸, 그듸, 님금, 君子'
로 『훈몽자회 · 유합 · 천자문』 광주 본에는 '님굼'으로 석봉 본에는 '님금' 주해
본에는 '님금, 그듸로' 대역되었다. 語形 '님굼, 님금'의 대역이 흥미롭다.

鬼 ; 귀신(귓것, 귓것, 거줓)
　　; 귀신이 눈의 뵈는 거시(見鬼者)<두창68>
　　; 누네 귓것 보며(眼見鬼)<구상15>
　　; 귓것 본두시 ㅎ며(如見鬼)<태요57>
　　; 부인의 거줓 틔긔며(婦人鬼胎)<납약25>
　　; 귀신이며 시병 긔운을 ㄱ장 믈리 티고(最辟鬼疫之氣)<납약3>

　　'귓신'은 (鬼)에 대한 대역이다. 『구상 · 태요 · 납약』에는 '귓것, 귓것, 거줓'으
로 『두시언해 · 훈몽자회 · 유합』에 모두 '귓것'으로 字釋하였다. 語形 '거줓'의
대역이 특이하다.

捲 ; 것다
　　; 맛치 닉과 안개 것고(似煙霧捲)<두창36>

　　'것다'는 (捲)에 대한 대역이다. 『金剛經三家解4;12』에 'ㅂㄹ미 거더 다ᄋ니(風
捲盡)에서 대역된 語形이 발견된다.

拳 ; 주먹
　　; 주먹만흔 덩이롤(一塊如拳)<두창50>

　　'주먹'은 (拳)에 대한 대역이다. 『두시언해』에는 '주먹, 쥐다'로 『유합』에는
'주머귀'로 字釋되었다.

厥 ; 그

; 그 집도 역질을 디낸가 ㅎ야(厥家以爲已經)<두창37>

  '그'는 (厥)에 대한 대역이다. 『두시언해』에도 '그'로 대역된 語形이 발견된다.

漬 ; 헐다
  ; 혹 절로 허러셔 피도 흐르며(或潰爛流血)<두창27>

  '헐다'는 (潰)에 대한 대역이다. 『유합』에 '믈헤여딜'로 字釋되었다. 語形 '믈헤
여딜'의 대역이 특이하다.

餒 ; 주다
  ; 마줌 싱고기 주는 사람이 이셔(有餒生肉者)<두창12>

  '주다'는 (餒)에 대한 대역이다. 『두창』에서만 발견된다.

隙 ; 스이(쁨, 스싀)
  ; 열이 그 스이를 타나시면(熱乘其隙發)<두창60>

  '스이'는 (隙)에 대한 대역이다. 『두시언해』에는 '쁨, 스싀'로 『훈몽자회』에는
'씀'으로 『유합』에는 '틈'으로 字釋되었다. 語形 '쁨'의 대역이 특이하다.

極 ; 극키(지극, マ장, 극히)
  ; 극키 듕ㅎ고(極重)<두창21>
  ; 이 法법이 지극 됴ㅎ니라(此法極效)<구상16>
  ; マ장 아프고 눈에 블이 나고(極眼中生火)<태요20>
  ; 플기 극히 어려오니(化開極難)<납약5>

  '극키'는 (極)에 대한 대역이다. 『구상·태요·납약』에는 '지극, マ장, 극히'로
『두시언해』에는 'マ장, 긏, 니르다, 至極ㅎ다'로 『훈몽자회·천자문』 광주·석봉
본에는 'マ재'로 주해 본에는 '모ㄹ, マ장, 다홀'로 『유합』에는 '막다ᄃ를'로 字釋

되었다. 語形 '막다ᄃ를'의 대역이 특이하다.

近 ; 갓가이, 나믄, 다ᄃᆞᆯ다(갓가이, 갓갑다, 갓가오다)
　 ; 일절히 갓가이 말고(一切不可近)<두창14>
　 ; 흔 부인이 나히 셜흔나믄의(有婦人年近)<두창35>
　 ; 빗치 넘우 블거 검븕기예 다ᄃᆞᆯ 거슨(色太紅近紫者)<두창48>
　 ; 傷샹호미 重듕ᄒᆞ야 알파 소늘 갓가이 몯ᄒᆞ리라(傷重刺痛手近不)<구하32>
　 ; 귀신이 감히 갓갑디 못ᄒᆞᄂᆞ니라(神不敢近)<납약3>
　 ; 오라며 갓가오며(遠近)<납약6>

　　'갓가이, 나믄, 다ᄃᆞᆯ다'는 (近)에 대한 대역이다 『구하 · 납약』에는 '갓가이, 갓갑다, 갓가오다'로 『두시언해』에는 '갓갑다, 요ᄉᆞ이, 요조솜, 近間'으로 『남명천계송언해』에는 '갓갑다'로 『훈몽자회 · 천자문』광주 본에는 '갓가올'로 석봉 본에는 '갓까올'로 주해 본에는 '갓가이'로 『유합』에는 '갓갸올'로 字釋되었다. 語形 '요사이, 요조솜, 近間'은 『두시언해』에서만 발견된다.

謹 ; 삼가
　 ; 삼가 풍한을 피ᄒᆞ고(謹避風寒)<두창14>

　　'삼가'는 (謹)에 대한 대역이다. 『두시언해 · 정속언해』에는 '삼가'로 『유합』에는 '조심'으로 字釋되었다.

衾 ; 니블
　 ; 옷과 니블을 두터이 더프되(厚覆衣衾而)<두창44>

　　'니블'은 (衾)에 대한 대역이다. 『두시언해 · 훈몽자회 · 유합』 등에 모두 '니블'로 대역되었다.

噤 ; 다믈다(막다, 다믈다, 다믈다)
　 ; 눈을 팁쓰고 입을 다믈다(目竄口噤)<두창6>

; 입 마고므르 소리 몯호며(口噤失音)<구상6>
; 모딘 피 아니 나고 입을 다믈고(惡露不下口噤)<태요34>
; ㅂ룸마자 입을 다믈며(中風口噤)<납약5>

'다믈다'는 (噤)에 대한 대역이다. 『구상·태요·납약』에는 '막다, 다믈다, 다믈다'로 『두시언해』에는 '미좇다, 버믜다'로 대역되었다. 語形 '미좇다, 버믜다'의 대역이 특이하다.

今 ; 이제
; 이제 열을 쩌시므로(今乃挾火故)<두창9>
; 이젯 사ᄅᆞ미 마자 傷샹커든(今人打撲傷損)<구하23>

'이제'는 (今)에 대한 대역이다. 『두시언해·남명천계송언해·정속언해』에는 '이제'로 『훈몽자회』에는 '옅'으로 『유합』에는 '어제'로 字釋되었다. 語形 '옅'의 대역이 특이하다. 『飜譯老乞大上11』에는 '옅 닷쇄만 두면 가리라'(再着五箇日頭到了)에서 '옅'의 어형을 찾아 볼 수 있는데 消滅語로 볼 수 있다.

肯 ; 즐기다
; 아희가 약 먹기를 즐겨 아니호니(兒輩本不肯服藥)<두창33>

'즐기다'는 (肯)에 대한 대역이다. 『두시언해·남명천계송언해·유합』에 모두 '즐기다'로 대역되었다.

起 ; 닐다, 돋다(ᄂᆞ다, 니르왇다, 내왇다, 니러나다, 니르혀다)
; 즉시 닐고(可起)<두창3>
; 좁발ᄀᆞ티 도다시면(如粟起)<두창6>
; 즉재 ᄂᆞᄂᆞ니 잇사ᄋᆞ래도 어루 불리다(卽起三兩日猶可吹之)<구상23>
; 소ᄂᆞ로 아나 니르왇고(手抱起)<구상75>
; 폴 고본ᄃᆡ ᄀᆞ티 머흐러 내와ᄃᆞ니ᄂᆞᆫ 겨집이라(如肘頸參差起者女也)<태요10>
; 고해 거믄비치 니러나고(鼻黑色起)<태요54>

; 음문으로 드 그틱를 미러 니르혀면(産門入托起其胎)<태요42>
; 닐기 쟉고 심ᄒ니ᄂ(少起甚者)<태요13>

   '닐다, 돋다'는 (起)에 대한 대역이다. 『구상·태요』에는 '내왇다, 니러나다, 니르혀다'로 『두시언해』에는 '니러다, 닐다, 니르왇다'로 『훈몽자회·유합·천자문』 등에 모두 '닐다'로 字釋되었다.

氣 ; 긔운, 김, 숨(氣分, 긔운, 내, 긔운)
   ; 열이 극ᄒ고 긔운이 약ᄒ야(熱劇氣弱)<두창53>
   ; 블김을 두려ᄒᄂ 거시니(怕火氣)<두창33>
   ; 숨이 쳔급ᄒ야 헐헐ᄒ고(氣促喘急)<두창34>
   ; 冷링ᄒ 氣킝分분이 디ᄅ저겨 알ᄑ닐 고티ᄂ니(冷氣刺痛)<구상6>
   ; 틱를 편안케 ᄒ면 긔운ᄂᆯ 슌케ᄒ고(安胎順氣)<태요16>
   ; 그 내ᄅᆯ 마티라(聞其氣)<태요52>
   ; 크게 능히 긔운을 슌게ᄒ며(大能順氣)<납약3>

   '긔운, 김, 숨'은 (氣)에 대한 대역이다. 『구상·태요·납약』에는 '氣分, 긔운, 내, 긔운'으로 『두시언해』에는 '氣運, 氣候, 氣'로 『남명천계송언해·유합·천자문』에는 모두 '긔운'으로 대역되었다. 語形 '김, 숨'의 대역이 흥미롭다.

肌 ; 술
   ; 술히 내 사라(自生肌)<두창42>

   '술'은 (肌)에 대한 대역이다. 『두시언해·훈몽자회·유합』 등에 모두 '술'로 대역되었다

其 ; 그(그, 제, 저, 적)
   ; 그 보디 못ᄒᄂ 바ᄅᆯ 보며(見其所不見)<두창9>

   '그'는 (其)에 대한 대역이다. 『두시언해』에는 '그, 제'로 『석보상절·남명천계

송언해 · 정속언해』에는 '그'로 『유합』에는 '그, 저'로 『천자문』광주 본에는 '적'
으로 석봉 본에는 '그'로 주해 본에는 '그, 어조사'로 대역되었다.

器 ; 그릇(그릇, 器具, 그릇)
  ; 두 그릇스로 서로 블 우희 노화 더여(以兩器相替溫熟於火上)<두창29>
  ; 큰 그르세 지를 만히 봇가 덥게ᄒ야(以大器多熬灰使煖)<구상8>
  ; 칙칙ᄒᆫ 器具ㅅ 안해 자자 이셔(閉在密器中)<구하61>
  ; 두 그르시 몬져 도야(二器先就)<태요8>

  '그릇'은 (器)에 대한 대역이다. 『구상 · 구하 · 태요』에는 '그릇, 器具, 그릇'으
로 『두시언해』에는 '그릇, 器具, 갈ᄒ, 器'로 『훈몽자회 · 유합』에 모두 '그릇'으
로 字釋되었다.

忌 ; 금긔(몯ᄒ다, 말다, 금긔, 말다)
  ; 일졍 싱닝을 금긔호ᄃᆡ(切忌生冷)<두창14>
  ; ᄀ오누르이닐 블혀 뵈요미 몯ᄒ리니(魘忌燈火照) <구상22>
  ; 다 피ᄒ야 말라(並宜避忌)<태요64>
  ; 금긔ᄂᆞᆫ 붕어와 뎌온 국슈와(忌鯽魚熱麵)<납약1>
  ; 열ᄒᆫ 거슬 먹디 말고(忌食熱物)<납약9>

  '금긔'는 (忌)에 대한 대역이다. 『구상 · 태요 · 납약』에는 '몯ᄒ다, 말다, 금긔,
말다'로 『두시언해』에는 '아쳐ᄒ다'로 『유합』에만 '쓰릴'로 字釋되었다. 語形
'아쳐ᄒ다'는 消滅語로 볼 수 있다.

吉 ; 吉ᄒ다
  ; ᄀ장 吉ᄒ니(吉條)<두창15>

  '吉ᄒ다'는 (吉)에 대한 대역이다. 『두시언해 · 유합』에는 '됴홀'로 『천자문』
광주 본에는 '멀'로 석봉 · 주해 본에는 '길홀'로 字釋되었다.

喫 ; 먹다

; 그러ᄒ니 먹이면 반ᄃ시 위틱ᄒ리라(與喫則心危)<두창11>

　　‘먹다’는 (喫)에 대한 대역이다.『두시언해』에는 ‘먹다’로『훈몽자회 · 유합』에
는 ‘머글’로 字釋되었다.

裸 ; 벗다

; 몸을 벗고 뛰여 내ᄃᄅᄂ니(裸身躍出)<두창57>

　　‘벗다’는 (裸)에 대한 대역이다.『훈몽자회』에는 ‘바슬’로 字釋되었다.『宣祖
小學諺解6;18』에는 ‘가난ᄒ고 궁박ᄒ여 옷벗고 발버서’(貧窮裸跣)에서 (裸)에 대
한 대역이 ‘벗다’가 발견된다.

糯米 ; 나미, 춥슐(춥슐)
; 금 은화 차 나미 달힌 믈이나(金銀花茶或糯米煎水)<두창17>
; 춥슐 죽 귀오리 ᄀᄅ(糯米粥蕎麥麵)<두창13>
; ᄎᄡᆯ 흔 호블 봇고(糯米一合炒)<구하11>

　　‘나미, ᄎᄡᆯ’은 (糯米)에 대한 대역이다.『구하 · 훈몽자회』에 모두 ‘ᄎᄡᆯ’로 대
역되었다.

卵 ; 알(알)
; 올희알 초 싄것 ᄡᆫ것(鴨卵醋酸醶)<두창14>
; 새알의 ᄆᄅ(雀卵丸)<태요6>
; 토ᄉᄌᄅᆯ ᄀᄅ 밍ᄀᄅ라 새알의 ᄆᄅ 환지 지어 ᄉ나히 머구리(兔絲子末和雀卵丸眼宜男
子)<구상6>

　　‘알’은 (卵)에 대한 대역이다.『두시언해 · 구상 석보상절 · 남명천계송언해 · 유
합 · 훈몽자회』등 모두 ‘알’로 대역되었다.

難 ; 어렵다(어렵다, 어렵다)

; 타 먹기 더 어려오니(尤難調服)<두창33>
; 小便이 어려워 비 탕만ᄒ고(小便難滿)<구상68>
; ᄌ식 나키 어려이 호믈(難産)<납약4>

　‘어렵다’는 (難)에 대한 대역이다. 『구상·납약·남명천계송언해·정속언해』에는 모두 ‘어렵다’로 『두시언해』에는 ‘몯ᄒ다, 어렵다’로 『유합·천자문』 석봉본에는 ‘어려울’ 광주 본에는 ‘어려올’로 주해 본에는 ‘어려올, 화난, 론난, 셩활’로 대역되었다.

內 ; 안(넣다, 안녁, 속)

; 혹 손상을 방 안히 오로 두로 버리고(或各設床卓於房內)<두창10>
; 믈 저기ᄒ야 프러 모기 너흐라(以少水和內喉中)<구상19>
; 안녁 겨틀 토ᄇ로셔(內側去甲)<구상40>
; 안 밧긔 블 퓌다(內外生火)<태요26>
; 비소기 움즈기면(腹內漸動)<태요10>

　‘안’은 (內)에 대한 대역다. 『구상·태요』에는 ‘넣다, 안녁, 속’으로 『두시언해』에는 ‘서리, ᄉᆡ, 안해’로 『석보상절·남명천계송언해』에는 ‘안해’로 『정속언해』에는 ‘않’으로 『훈몽자회·유합·천자문』 광주·석봉 본에는 ‘안’으로 주해 본에는 ‘안, 드릴’로 대역되었다. 語形 ‘넣다’의 대역이 특이하다.

年 ; 나히(히)

; 나히 ᄌ란 아히ᄂᆞᆫ(年長者)<두창32>
; 장부의 여러 히오(臟腑積年)<납약11>

　‘나히’는 (年)에 대한 대역이다. 『납약』에는 ‘히’로 『두시언해·석보상절』에는 ‘히, 나히’로 『남명천계송언해·정속언해·유합·천자문』에는 모두 ‘히’로 대역되었다.

怒 ; 성

  ; ᄀ장 오래게야 성이 긋치고(頗久怒弛)<두창31>

    '성'은 (怒)에 대한 대역이다. 『두시언해』에는 '怒ᄒ다, 므여ᄒ다'로 『정속언해』
에는 '노'로 『유합』에는 '로홀'로 字釋되었다. 語形 '므여ᄒ다'의 대역이 특이하다.

膿 ; 곰다(곯다, 고롬)

  ; 볼셔 곰기ᄂ 졈이 닛ᄂ니(已有向膿之漸)<두창49>
  ; 알포니 그츠며 곯디 아니ᄒ며(痛定不作膿)<구하35>
  ; 대변의 고롬ᄀᄐ 것 나믈 고티고(便膿又治)<납약10>

    '곰다'는 (膿)에 대한 대역이다. 『구하·납약』에는 '곯다, 고롬'으로 『훈몽자회』
에는 '골믈'로 '俗稱膿水 고롬'으로 字釋되었다.

濃 ; 딘ᄒ다(두터이, 톱투비, 디투, 딛게ᄒ다, 딛다)
  ; 월경을 딘케 내여(濃洗月經)<두창25>
  ; ᄯᅩ 엿귀를 두터이 글혀(又方濃煮蓼)<구상9>
  ; 가짓 불휘를 톱투비 글혀(茄子也濃煎湯)<구상8>
  ; 츩 불휘 디투 글횬 汁으로(濃煮葛根汁)<구하62>
  ; 딛게ᄒ야 헌ᄃᆡ 시스라(令濃洗瘡)<구하63>
  ; 딛게 달힌 뿍믈(濃艾湯)<태요9>

    '딘ᄒ다'는 (濃)에 대한 대역이다. 『구상·구하·태요』에는 '두터이, 톱투비,
디투, 딛게ᄒ다, 딛다, 딘ᄒ다'로 『두시언해』에는 '돋갑다, 돋겁다, 묻겁다'로 『유
합』에는 '믈디들'로 字釋되있다. 語形 '믈디들'의 대역이 특이하다.

多 ; 만히(만히, 여러, ᄀ장, 하, 오래, 하ᄂ다, 하다)
  ; 만히란 쓰디 말라(不可多)<두창3>
  ; 만히 ᄒ도록 더옥 둏다(多多益善)<두창29>
  ; 지를 만히 봇가 덥게ᄒ야(多熬灰使煖)<구상8>

; 여러날 나디 아니ᄒᆞ야(多日不出)<구하2>
; ᄀᆞ장 목ᄆᆞ라 믈 하 머그면(大渴多飮)<구상34>
; 빗복을 만히 ᄯᅳ면(多灸臍中)<태요7>
; 오래 누어 저기 말며(勿多睡臥)<태요15>
; 그 샹호미 반ᄃᆞ시 하ᄂᆞ니(其傷必多)<태요31>
; 혹 하며 혹 쟈그며(或多或少)<태요1>

　　'만히'는 (多)에 대한 대역이다. 『구상·구하·태요·두창』에는 '만히, 여러, ᄀᆞ장, 하, 오래, 하ᄂᆞ다, 하다'로 『두시언해』에는 '하다, 해'로 『석보상절』에는 '만ᄒᆞ다'로 『남명천계송언해』에는 '만히, 하'로 『정속언해』에는 '하, 많, 만히'로 『천자문』 광주·석봉 본에는 '할'로 주해 본에는 '만할'로 각각 字釋되었다. 15세기 당시 (多)에 대한 의미로 고유어 '만히, 하다'가 공존 하다가 後代에 와서 '하다'가 소멸된 것으로 사료된다.

但 ; 다만(오직, 오직)

; 다만 셩이 빙흔 거시니(但性微寒)<두창3>
; 오직 젹젹 춘 추미 흔 두되만 나면(但微微冷涎出一二升)<구상4>
; 오직 제 싱각 ᄒᆞᄂᆞᆫ 거슬 (但以所思之物)<태요13>

　　'다만'은 (但)에 대한 대역이다. 『구상·태요』에는 '오직'으로 대역되었다.

斷 ; ᄆᆞᆯ다(긏다, 긋다, 버히다, 그치다)

; 큰 ᄀᆞ믈의도 ᄆᆞᆯ디 아니ᄒᆞᄂᆞᆫ(大旱不斷)<두창28>
; ᄯᅩ 金금 瘡창 고티어 시혹 술히 그치디며 ᄢᅵ야디거든(治金瘡或肌肉斷裂)<구상82>
; 일로 인ᄒᆞ야 ᄌᆞ식 나키 그처시믈(因此斷産)<납약16>
; 빗복 줄기예 구디 ᄆᆡ여 ᄃᆞ니온 후에 긋고(繫臍帶垂重然後切斷)<태요36>
; 흔엄의 머리털 죠곰 버혀(斷産母髮少)<태요69>

　　'ᄆᆞᆯ다'는 (斷)에 대한 대역이다. 『구상·납약·태요』에는 '긏다, 긋다, 버히다, 긏다'로 『두시언해』에는 '긏다, 決斷'으로 『석보상절·남명천계송언해』에는 '긏다'로 『유합』에는 '그칠'로 字釋되었다. 한자어로 대역된 것은 『두시언해』에서만 발견된다.

談 ; 말

　; 그 열의 씌어ᄒᆞᄂᆞ는 말로 말ᄆᆡ암음이라(由於此談)<두창9>

　'말'은 (談)에 대한 대역이다. 『두시언해』에는 '말ᄉᆞᆷ, 말ᄒᆞ다'로 『훈몽자회ㆍ유합ㆍ천자문』에는 모두 '말ᄉᆞᆷ'으로 字釋되었다.

淡 ; 맑다, 희미ᄒᆞ다(담)

　; 두창 도ᄃᆞᆫ 빗치 맑고(痘色淡)<두창25>
　; 희미히 거믄 긔운이(痰黑)<두창39>
　; 열ᄒᆞᆫ 담이 마키믈(熱痰壅塞)<납약7>

　'맑다, 희미ᄒᆞ다'는 (淡)에 대한 대역이다. 『납약』에는 '담'으로 『두시언해』에는 '맑다, 엷다'로 『남명천계송언해』에는 '슴겁다'로 『훈몽자회』에는 '믈 글, 슴거울'로 『유합ㆍ천자문』 광주ㆍ석봉 본에는 '믈 글'로 주해 본에는 '슴거울, 물거동'으로 대역되었다. 語形 '물거동'의 대역이 특이하다.

當 ; 맛당히, 온당ᄒᆞ다(모로매, 반ᄃᆞ기, 맛당ᄒᆞ다, 당ᄒᆞ다, 식)
　; 맛당히 보건탕 독ᄉᆞᆷ탕 등약을 뻐(當用保元湯獨參湯等藥)<두창65>
　; 온당 ᄒᆞ리라(爲當)<두창3>
　; 모로매 그 숫가라ᄀᆞᆯ ᄲᆞᆯ리 내욜디니(當疾出其指)<구상79>
　; 오라면 반ᄃᆞ기 말ᄒᆞ리라(良久當語)<구상3>
　; 가슴의 당ᄒᆞ여 ᄣᅴ면(當心帶)<납약4>
　; ᄒᆞᆫ번의 닐곱 환 여ᄃᆞᆲ 환식(每七八丸當)<납약27>
　; 맛당이 노픈ᄃᆡ(當於高處)<태요22>

　'맛당ᄒᆞ다, 온당ᄒᆞ다'는 (當)에 대한 대역이다. 『구상ㆍ납약ㆍ태요』에는 '모로매, 반ᄃᆞ기, 당ᄒᆞ다, 식, 맛당이'로 『두시언해』에는 '반ᄃᆞ기, 當ᄒᆞ다'로 『석보상절』에는 '당다이. 當ᄒᆞ다'로 『정속언해』에는 '모로미'로 『유합』에는 '맛당'으로 字釋

되었다.

大 ; 극키, 넙다, 오로(굵다, ᄀ장, 너무, 미이, 크다, 하, ᄀ장, 긑다, 크다,
       듕ᄒ다, 마곰)

  ; 극키 위티ᄒ니 급피 뎡듕탕을 쓰라(大危也急用定中湯)<두창50>
  ; 시내 ᄀ의 닙 넙고(溪邊大葉)<두창28>
  ; 긔혈이 오로 모화(血氣大振)<두창53>
  ; 굴근 마늘 두어 알홀 ᄂᆞᆯ니 십고(大蒜三兩辨細嚼)<구상10>
  ; ᄀ장 목믈라(大渴)<구상34>
  ; 지를 너무 봇디 말오(灰勿大熱)<구상72>
  ; 미이 말홈과 우숨과(大言笑)<구상80>
  ; 믈 ᄒ 큰盞잔으로 글혀(水一大盞煎)<구상6>
  ; 그 證이 시혹 하 吐커나(其證或大吐)<구상54>
  ; 술도 ᄀ장 취케 말며(飮毋大醉)<태요15>
  ; 탄ᄌ ᄀ티 비븨여 미 ᄒ 환을(彈子大每取一丸)<태요5>
  ; 큰 니근 셕뉴 ᄒ나홀(大陳石榴一枚)<태요6>
  ; 듕케 지은 궁귀탕은 ᄒᆞᄅ 세 복식 먹고(服大劑芎歸湯日三)<태요59>
  ; 크게 즈치고 혹 토ᄒ며(大瀉或吐)<납약9>
  ; 혹 녹두마곰 환을 지어(或作丸菉豆大)<납약11>

    '극키, 넙다, 오로'는 (大)에 대한 대역이다. 『구상 · 태요 · 납약』에는 '굵다, ᄀ
장, 너무, 미이, 크다, 하, ᄀ장, 긑다, 크다, 듕ᄒ다, 마곰'으로 『두시언해』에는
'굵다, ᄀ장, 너무, 크다, 키'로 『석보상절』에는 '크다, 굵다'로 『남명천계송언해
· 정속언해』에는 '크다, 키'로 『유합 · 천자문』 광주 · 석봉 본에는 '큰'으로 주해
본에는 '큰, ᄀ장'으로 대역되었다. 語形 '미이, 오로, 하'의 대역이 특이하다.

待 ; 기도리다(기도리다)
  ; 약믈을 ᄀ초아 ᄃ령ᄒ야 기도로더니(備藥以待)<두창37>
  ; 져근덧 기도로면(小待)<납약22>

'기도리다'는 (待)에 대한 대역이다. 『납약』에도 '기도리다'로 『두시언해』에는 '기들우다, 待接ᄒ다'로 『남명천계송언해·유합』에는 '기드리다'로 『두시언해』에는 '待接ᄒ다'로 대역되었다.

掉 ; 흔들다

; 혹 쇠리롤 흔들면(若掉尾)<두창31>

'흔들다'는 (掉)에 대한 대역이다. 『두시언해』에는 '놀이다, 뻘튜다, 흐늘다'로 『정속언해』에는 '횟도로'로 대역되었다. 語形 '횟도로'의 대역이 특이하다.

倒 ; 갓구로(그우러디다, 갓ㄱ로, 갓고로)

; 혹 갓구로 되ᄂ 뉴ᄂ(倒厭面之類)<두창29>
; 믄득 싸해 그우러디여(然倒地)<구상15>
; 갓ㄱ로 밧기면 즉재 나ᄂ니라(倒脫卽出)<구하79>
; 갓고로 흐르는 믈에 플어 머기라(倒流水化下)<태요27>

'갓구로'는 (倒)에 대한 대역이다. 『구상·구하·태요』에는 '그우러디다, 갓ㄱ로, 갓고로'로 『두시언해』에는 '갓ᄀ로오다, 엎드리다'로 『석보상절』에는 '싯고로'로 『남명천계송언해·정속언해』에는 '업드리다'로 『유합』에는 '갓골'로 字釋되었다. 한의서에 발견된 語形 '그우러디다'는 現代語 '굴러 내리다, 구르다'의 뜻으로 사용됨이 특이하다.

度 ; 번(번, 그슴)

; 닐곱 번을 누니(七度)<두창43>
; 세 버네 ᄂ화 ᄣᆞᄃᆡ(分爲二度用)<구상64>
; 알히 검거든 또 ㄱ로ᄃᆡ 됴호ᄆᆞᆯ 그슴 사마ᄒ라(雞子黑又換以差爲度)<구하75>

'번'은 (度)에 대한 대역이다. 『구상·구하』에는 '번, 그슴'으로 『두시언해』에는 '건너다, 디나다'로 『남명천계송언해』에는 '번'으로 『훈몽자회』에는 '법'으로 『유합』에는 '댱쌔, 혜아릴'로 대역되었다. 語形 '그슴'은 消滅語로 볼 수 있다.

刀 ; 칼(갈, 갈ㅎ, 칼)

   ; 드는 칼로 그 쇠리 긋틀 흔치 남즉이 뼈이고(以利刀裂尾尖寸餘)<두창31>
   ; 갈 잠개예 허러(刀兵所傷)<구상17>
   ; 경의 글오되 갈흘 범ㅎ면(經云刀犯者)<태요74>
   ; 칼근 지거미 믈로 드시ㅎ야(以磨刀水溫)<태요25>

   '칼'은 (刀)에 대한 대역이다. 『구상·태요』에는 '갈, 갈ㅎ, 칼'로 『두시언해』에는 '갈ㅎ'로 『훈몽자회·유합』에 모두 '갈'로 字釋되었다.

動 ; 움즈기다(뮈다, 움즈기다, 쓰ㄴ니다)

   ; 몸을 움즈기디 못ㅎ야(四體不動)<두창35>
   ; 믹이 뮈유되(脉動)<구상39>
   ; 왼손을 움즈기고(能動左手)<태요8>
   ; 겨집의 죡쇼음 믹이 심히 쓰ㄴ니ㄴ(婦人足陰脉動甚者)<태요8>

   '움즈기다'는 (動)에 대한 대역이다. 『구상·태요』에는 '뮈다, 움즈기다, 쓰ㄴ니다'로 『두시언해』에는 '뮈다, 움즈기다, 感動ㅎ다'로 『석보상절』에는 '뮈다, 움즉'으로 『남명천계송언해』에는 '움즉기다'로 『훈몽자회·유합·천자문』 광주·석봉 본에는 '뮐'로 주해 본에는 '뮐, 움즉일'로 대역되었다. 15세기 당시 '뮈다, 움즉기다'가 동시에 사용되다가 後代에 '뮈다'는 소멸된 것으로 볼 수 있다. 語形 '쓰니다'의 대역이 특이하다.

同 ; 흔가지

   ; 흔가지로 달혀 머겨도 됴ㅎ니라(同煎亦得)<두창33>

   '흔가지'는 (同)에 대한 대역이다. 『두시언해』에는 '근다, 긑다, 흔가지, 흔쁴'로 『석보상절·유합』에는 '흔가지'로 『남명천계송언해』에는 '흔듸, 흔가지'로 『천자문』 광주·석봉 본에는 '오힌'으로 주해 본에는 '흔가지, 술그릇'으로 대역되었다. 語形 '오힌, 술그릇'의 대역이 특이하다.

冬 ; 겨올(겨을, 겨슬, 겨을)

  ; 겨올 치위에도 닝슈의 모욕ㅎ고(冬月浴冷)<두창10>

  ; 겨스렌 부칫 불휘룰 디허(冬月用韭根擣)<구상24>

  ; ㄱ을은 닐혜오 겨을은 열흘 만의(秋七冬十日)<납약6>

    '겨올'은 (冬)에 대한 대역이다. 『구상·납약』에는 '겨슬, 겨을'로 『두시언해
·남명천계송언해』에는 '겨슬'로 『정속언해』에는 '겨을'로 『훈몽자회』에는 '겨
스'로 『유합』에는 '겨을'로 『천자문』광주 본에는 '겨스'로 석봉 본에는 '겨ᄋ'로
주해 본에는 '겨을'로 字釋되었다.

頭 ; 머리(긑, 머리, 머리, 머리)

  ; 온 몸과 머리 ᄎ과 아래 우흘(全身頭面上下)<두창5>

  ; 쏘 손발 열가락 그틀 針침ᄒ야(又方針手足十指頭)<구상28>

  ; 주근 사ᄅ미 머리룰 져기 드러(小擧死人頭)<구상10>

  ; 머리와 눈이 아득ᄒ며(頭目昏)<납약5>

  ; 남진 머리털과 손톱 발토블(夫頭髮手足爪甲)<태요12>

    '머리'는 (頭)에 대한 대역이다. 『구상·납약·태요』에는 '긑, 머리'로 『두시언
해』에는 '머리, 긑, 우ㅎ'로 『석보상절·남명천계송언해·훈몽자회·유합』에는
'머리'로 대역되었다.

豆 ; 콩, 풋(콩, 콩, 콩)

  ; 블근 풋 거믄 콩(赤小豆黑豆)<두창5>

  ; 큰 콩낫만 ᄒ닐(一大豆)<구상25>

  ; 풋 글을 므레 ᄆ라(豆粉水調)<구하22>

  ; 거믄 콩 달힌 즙을 먹고(黑豆煮汁服)<납약9>

    '콩, 풋'은 (豆)에 대한 대역이다. 『구상·구하·납약·두시언해』에는 '콩'으로
『유합』에는 '풋'으로 字釋되었다.

痘 ; 이질
  ; 믈읫 이질이 열이 셩ᄒᆞ므로(凡痘熱盛故)<두창11>

　　'이질'은 (痘)에 대한 대역이다. 『훈몽자회』에는 '힝역'으로 字釋된 어형이 발견될 뿐이다.

得 ; 밧다, 엇다(둏다, 얻다, ᄒᆞ리다)
  ; 그 피 훗 ᄲᅦ혀 밧디 못ᄒᆞ니(其血散洒不能多得故)<두창31>
  ; 귀신의 도음을 엇디 못ᄒᆞ고(不得神助)<두창10>
  ; 혀 아래 너후미 ᄯᅩ 됴ᄒᆞ니라(納於舌下亦得)<구상23>
  ; ᄯᅩ 믄득 귓것 틴 病뼝을 어더(又方卒得鬼擊之病)<구상18>
  ; ᄃᆞᄉᆞᆫ 믈도 ᄯᅩ ᄒᆞ리라(溫水亦得)<구상27>

　　'밧다, 엇다'는 (得)에 대한 대역이다. 『구상』에는 '둏다, 얻다, ᄒᆞ리다'로 『두시언해』에는 '받다, 시러곰, 얻다, 得ᄒᆞ다'로 『석보상절』에는 '시러곰, 싣다'로 『남명천계송언해』에는 '시러'로 『정속언해』에는 '얻다'로 『유합 · 천자문』 석봉 · 주해 본에는 '어들'로 광주 본에는 '시를'로 字釋되었다. 語形 '됴ᄒᆞ다, ᄒᆞ리다'의 대역이 특이하다. 語形 '시러, 시러곰'은 消滅語로 볼 수 있다.

燈 ; 등잔불(등잔블)
  ; 쵸 ᄢᅵᄂᆞᆫ 내 등잔블 ᄢᅵᄂᆞᆫ 내를(滅燭燈臭)<두창14>
  ; 거피 밧기고 등잔브래 ᄉᆞ로ᄃᆡ(去穀燈上燒)<구상41>

　　'등잔블'은 (燈)에 대한 대역이다. 『구상』에도 '등잔블'로 『두시언해』에는 '블'로 『훈몽자회』에는 '현블'로 『유합』에는 '등'으로 字釋되었다. 語形 '등잔불'의 대역이 흥미롭다.

蘿 ; 쉿무우
  ; 무우 쉰무우 외 짐치((蔓菁蘿蔔苽菹)<두창13>

'쉿무우'는 (蘆)에 대한 대역이다 『훈몽자회』에만 '댓무수'로 字釋되었다.

落 ; 쩌러디다(디다)
  ; 과연 덕지 뻐러 딘 후의(果於落痂之後)<두창12>
  ; 겨스레 므레 디여(冬月落水)<구상74>

   '쩌러디다'는 (落)에 대한 대역이다. 『구상』에는 '디다'로 『두시언해』에는 '싯
라디다, 뻐러디다, 드렛다, 디다, 빠디다, 흘러디다'로 『석보상절』에는 '듣다, 디다,
뻐러디다'로 『남명천계송언해』에는 '디다, 떨다'로 『유합』에는 '뻐러딜'로 『천자
문』광주·석봉 본 『훈몽자회』에는 '딜'로 주해 본에는 '쩌러질, 비륵슬, 무을락'
으로 대역되었다. 語形 '무을락'의 대역이 특이하다.

爛 ; 무르다, 석다, 즛므르다(니기다, 느로니, 므르다, 헤여디다, 농난히, 느로니)
  ; 서거 믈른거시아(爲腐爛)<두창27>
  ; 비록 니가 다 서거 쩌러디고(雖牙齒爛落)<두창46>
  ; 온 몸이 벌거호고 즛믈러(渾體赤爛)<두창44>
  ; 느로니 フ라 므레 프러(爛研水調)<구상11>
  ; 므르 디허 봇가 덥게호야(爛研炒冷熱)<구상68>
  ; 손밠 언 瘡창이 브스며 헤여디닐 고툐딕(治手足凍瘡腫爛)<구상6>
  ; 바믈 니기 시버 브티라(栗爛嚼傳)<구하63>
  ; 믈 브어 フ장 농난케 달혀(水煮極爛)<태요6>
  ; 산게 호나흘 느로니 찌허(螃蟹一箇爛搗)<태요51>

   '무르다, 식다, 즛므르다'는 (爛)에 대한 대역이다. 『구상·구하·태요』에는
'니기다, 느로니, 므르다, 헤여디다, 농난히, 느로니'로 『두시언해』에는 '므르녹
다, 므르닉다'로 『유합』에는 '블에니글, 빗날'로 대역되었다. 語形 '블에니글'의
대역이 흥미롭다.

亂 ; 어즈럽다(어즐어으다)
  ; 어즈러워 호는 거슬 그릇 슈압호는가 호야(亂而錯認爲收壓)<두창54>

; 피로 어즐코 답답고 어즐어으며(血暈悶亂)<납약4>

'어즈럽다'는 (亂)에 대한 대역이다. 『납약』에는 '어즐어으다'로 『두시언해』에는 '섯다, 어즈럽다, ㅎ다, 兵, 亂, 喪亂, 相亂, 逆亂'으로 『남명천계송언해·정속언해·유합』에는 '어즈럽다, 어즈러이, 어러울'로 대역되었다. 語形 '섯다'의 대역이 특이하다.

朗 ; 묽다
; 희가 물그니(日朗)<두창36>

'묽다'는 (朗)에 대한 대역이다. 『유합』에는 '불굴'로 字釋되었다. 語形 '불굴'의 대역이 특이하다.

畧 ; 죠금(잠깐)
; 죠곰도 의려ㅎᄂ 일이 업더니(畧無疑廬)<두창37>
; 뎡가 이삭을 잠깐 봇고(荊芥穗畧炒)<태요39>

'죠금'은 (畧) 에 대한 대역이다. 『태요』에는 '잠깐'으로 『두시언해』에는 'ᄀ리티다, ᄇ리다, 잢간, 謀略'으로 『유합』에는 '대강'으로 字釋되었다. 語形 '대강'의 대역이 특이하다.

梁 ; 물릐
; 다만 콧물릐 블근 뎜이 뵈면(但鼻梁發紅點)<두창46>

'물릐'는 (梁)에 대한 대역이다. 『두시언해』에는 '봇, 집말릐, 말릐, 梁'으로 『석보상절』에는 '봇'으로 『유합』에는 '들보'로 『훈몽자회』에는 '보, 들보'로 대역되었다. 語形 '봇'은 消滅語로 볼 수 있다.

量 ; 혜아리다
; 아희 크며 져그믈 혜아려(量兒大小)<두창2>

'혜아리다'는 (量)에 대한 대역이다. 『유합』에는 '혜아릴'로 『천자문』 광주 본
에는 '혜아리'로 석봉 본에는 '혜아릴'로 주해 본에는 '혜아릴, 말되, 한량'으로
대역되었다.

裂 ; 찌이다
 ; 그 꼬리 긋틀 흔치 남즉이 찌이고(裂尾尖寸餘)<두창31>

 '찌이다'는 (裂)에 대한 대역이다. 『두시언해』에는 '쩌디다, 버혀다, 찌여디다'
로 『남명천계송언해』에는 '흐야브리다'로 『유합』에는 '믜여딜'로 字釋되었다.

冷 ; 식다, 치위(츠게ᄒ다, 츠다, 닝ᄒ다, 식다, 식다, 치위)
 ; 졈졈 식기를 기두러(稍稍向冷)<두창50>
 ; 겨울 치위예도 닝슈의 모욕ᄒ고(冬月浴冷)<두창10>
 ; 져기 식거든(少冷)<구상10>
 ; 츤 추미 흔 두 되만 나면(冷涎出一二升)<구상4>
 ; 달힌 믈을 츠게ᄒ여(煎湯冷)<납약9>
 ; ᄉ나히 졍긔 츠니(男子精冷)<태요1>
 ; 졍긔 닝ᄒ디니(精氣淸冷也)<태요1>
 ; 블예 술와오로 블거든 시겨 나여(火煅通紅候冷取出入)<태요50>

 '식다, 치위'는 (冷)에 대한 대역이다. 『구상·납약·태요』에는 '식다, 츠다, 츠
게ᄒ다, 츠다, 닝ᄒ다, 식다'로 『두시언해』에는 '묽다, 사ᄂᆯᄒ다, 서늘ᄒ다, 식다,
어름, 치워, 츠다, 冷ᄒ다'로 『석보상절』에는 '츠다'로 『유합』에는 '츨'로 대역되
었다.

露 ; 이슬(나다, 내왇다, 이슬)
 ; 브람과 이슬(露風)<두창27>
 ; 횡산은 닐온 아긔 소니 몬젼 나미니(橫産謂先露手)<태요23>
 ; 다하 니마만 내왇고(只露額)<태요24>
 ; 흔 이슬 ᄆᆞᄌᆞ니 ᄀᆞᄐᆞ니 닐온 비오(如一露珠謂之胚)<태요7>

'이슬'은 (露)에 대한 대역이다. 『태요』에는 '나다, 내왇다, 이슬'로 『두시언해』
에는 '나댓다, 이슬'로 『남명천계송언해·유합』에는 '이슬'로 대역되었다.

老 ; 늙다

  ; 늙고 병든 어버이를 다 고기 음식을 폐ㅎ고(饌至於老病父母廢)<두창11>
  ; 시혹 늘근 生薑이나 그 니예 쓰츠라(或老生薑擦其齒)<구상71>

  '늙다'는 (老)에 대한 대역이다. 『구상·두시언해·유합』에는 '늘근'으로 『훈
몽자회·천자문』에는 '늘글'로 字釋되었다.

綠 ; 프르다

  ; 혹 누르러 프르러 흔쟈는(或黃綠色者)<두창49>

  '프르다'는 (綠)에 대한 대역이다. 『두시언해』에는 '말미다, 보믈다, 파라ㅎ다,
프르다'로 『남명천계송언해』에는 '파라ㅎ다'로 『유합』에는 '프를'로 字釋되었다.
語形 '말미다'의 대역이 특이하다. 이는 한자 (綠)에 대한 誤譯으로 사료된다.

論 ; 의논ㅎ다, 혜다, 혜다

  ; 병의 경ㅎ며 듕ㅎ믈 의논티 말고(無論輕重)<두창9>
  ; 새나 딥피나 혜디 말고(勿論郊草穀草)<두창27>
  ; 날수으로 혜면(以日限論)<두창44>

  '의논ㅎ다, 혜다, 혜다'는 (論)에 대한 대역이다. 『두시언해』에는 '닐오다, 議
論'으로 『유합·천자문』 석봉·주해 본에는 '의론'으로 광주 본에는 '말ᄊᆞᆷ'으로
字釋되었다. 語形 '혜다, 혜다'는 消滅語로 볼 수 있다.

縷 ; 실

  ; 실ᄀᆞᆮᄐᆞᆫ 블근 믹이 이실 쩌시니(有紅縷赤脉)<두창6>

　　'실'은 (縷)에 대한 대역이다. 『두시언해』에는 '실'로 『훈몽자회』에는 '븻오리'로 『유합』에는 '올'로 字釋되었다. 語形 '븻오리'의 대역이 特이하다.

累 ; 만ᄒ다(만히)

　; 쓰져마다 효험이 만ᄒ더라(妙累試輒效)<두창26>
　; 만히 디내니 다 효험 잇더라(累試皆驗)<태요36>

　　'만ᄒ다'는 (累)에 대한 대역이다. 『태요』에는 '만히'로 『두시언해』에는 '글포다, 버믈다, 여러'로 『석보상절』에는 '범글다'로 『정속언해 · 유합』에는 '여러'로 『천자문』 광주 본에는 '띠'로 석본 본에는 '더러일'로 주해 본에는 '더러울, 얼킬, 포갤, 죄류'로 대역되었다. 語形 '글포다, 범글다, 띠'는 消滅語로 볼 수 있다.

流 ; 나다, 흐르다(흘러, 흐르다)

　; 피도 흐르며 즙도 나는 디룰(流血流汁)<두창27>
　; 진이 흐르고 잠깐 움즈기면(流汁少或搖動)<두창44>
　; 누네 흘러 들에ᄒ야(令流入目中)<구하39>
　; 동으로 흐르는(東流)<태요6>

　　'나다, 흐르다'는 (流)에 대한 대역이다. 『구하 · 태요』에는 '흐르다'로 『두시언해』에는 '물, 를, 흐르다'로 『남명천계송언해 · 정속언해』에는 '흐르다'로 『유합』에는 '흐를'로 『천자문』 광주 본에는 '흐를'로 석봉 본에는 '흐를'로 주해 본에는 '흐를, 내릴'로 대역되었다.

痢 ; 니질(즈, 츨)

　; 니질 셜샤도ᄒ며(痢卜)<두창6>
　; 과ᄀ른 적빅니질이며(暴痢赤白)<납약3>

　　'니질'은 (痢)에 대한 대역이다. 『납약』에는 '니질'로 『훈몽자회』에는 '즈칠'로 字釋되었다. 語形 '즈칠'은 消滅語로 볼 수 있다.

梨 ; 빅(빅)

　; 빅 홍시 슈박(梨紅柿西苽)<두창14>
　; 빅를 뎨며 브티면 므르디 아니ᄒ며(用梨削貼不爛)<구하15>

　　‘빅’는 (梨)에 대한 대역이다. 『구하 · 두시언해 · 훈몽자회 · 유합』 등에 모두 ‘빅’로 대역되었다.

裏 · 裡 ; 안, 속(안, 닉)

　; 안흐로 드디 아니ᄒ고(不入裏)<두창29>
　; 부론 소긔 힝ᄒ야(行疱裡)<두창49>
　; 웃 입시울 안흘 보듸(視其上脣齒裏)<구상18>
　; 닉 급ᄒ고 뒤히 므즑ᄒ며(裏急後重)<납약10>

　　‘안, 속’은 (裏 · 裡)에 대한 대역이다. 『구상 · 납약』에는 ‘안, 닉’로 『두시언해』에는 ‘속, 안해’로 『석보상절 · 남명천계송언해 · 훈몽자회』에는 ‘솝’으로 『유합』에는 ‘속’으로 대역되었다.

淋 ; 즘슉 믓쳐(듐다, 싯다, 젖다, 흐르다, 돔다, 뜯다)

　; 면듀 슈건의 즘슉 믓쳐 온 ᄂ출 ᄌ조 싯기되(用紬巾頻頻淋洗面顏)<두창29>
　; 콩ᄃ믄 수레 프러(以豆淋酒調)<구하26>
　; 부룻 불휘를 세 다ᄉ 소소믈 글혀 시스면 즉재 ᄂᄂ니라(萵苣根煎三五沸淋之卽除)<구하75>
　; 헌 안해 저조듸(淋瘡中)<구하5>
　; 믈과 피 흐르건든(漿血淋流)<태요22>
　; 거믄 콩 봇가 ᄃ믄 술의 두 돈식 프러 먹이라(每取二錢豆淋酒調下)<태요39>
　; 쇼변이 구더 뜯든ᄂ니롤(小便淋澁)<태요41>

　　‘즘슉 믓쳐’는 (淋)에 대한 대역이다. 『구하 · 태요』에는 ‘듐다, 싯다, 젖다, 흐르다, 돔다, 뜯다’로 『두시언해』에는 ‘젖다’로 대역되었다. 語形 ‘즘슉 믓쳐’의 대역이 흥미롭다.

立 ; 즉시(즉재, 즉제, 즉자히, 즉시)
　　; 비알키 즉시 긋치고(腹痛立止)<두창24>
　　; 나 마초ᄒ면 즉재 둗ᄂ니라(年壯立愈)<구상2>
　　; 즉제 둗ᄂ니라(立效)<구상8>
　　; 더운 술로 프러 머그면 즉자히 둗ᄂ니라(熱酒調服立效)<구상37>
　　; 하나식 쥐면 즉시 난나니(把一枚立驗)<태요31>

　　'즉시'는 (立)에 대한 대역이다. 『구상·태요』에는 '즉재, 즉제, 즉자히, 즉시'로 『두시언해』에는 '建立ᄒ다, 셰다, 셔다, 니러셔다'로 『석보상절·남명천계송언해』에는 '셔다'로 『훈몽자회·유합·천자문』에는 '셜'로 字釋되었다.

磨 ; 진득진독(쎄븨다, ᄀ다, 매)
　　; 손으로 진득진독 누로면 즉시 그치ᄂ니(以手按磨卽止)<두창27>
　　; 굴근 마ᄂ를 밠바다애 쎄븨여(用大蒜磨脚心)<구상32>
　　; 칼ᄀ 지거미 믈로 드시ᄒ야(以磨刀水溫)<태요25>
　　; 칠월의ᄂ 방하과 매예 잇고(七月在碓磨)<태요66>
　　; 한슈석을 믈의 ᄀ라 먹고(寒水石磨水服)<납약9>

　　'진득진독'은 (磨)에 대한 대역이다. 『구상·태요·납요』에는 '쎄븨다, ᄀ다, 매'로 『두시언해』에는 'ᄀ다'로 『훈몽자회』에는 '매'로 『유합·천자문』 광주·석봉 본에는 'ᄀ다'로 주해 본에는 'ᄀ다, 매'로 대역되었다. 語形 '진득진득'의 대역이 흥미롭다.

滿 ; ᄀᄃᄒ다, 븟다(ᄀᄃᄒ다, 브르다, 턍만ᄒ다)
　　; 더러온 거시 가ᄉ믜 ᄀᄃ ᄒ얏다가(穢液滿胸)<두창1>
　　; 술지게 븟든 아니호ᄃ(不至肥滿)<두창37>
　　; 허러 피 통 안해 ᄀᄃᄒ야(傷血滿腸中)<구상17>
　　; 피 솟고며 ᄇᆡ 브르날(血湧腹滿)<구하34>
　　; 만일 빗기슭이 턍만ᄒ야(若小腹滿)<태요54>
　　; 녑히 든든코 턍만ᄒ며(脇間堅滿)<납약11>

‘ᄀᆞ득ᄒᆞ다, 붓다’는 (滿)에 대한 대역이다. 『구상·태요·납약』에는 ‘ᄀᆞ득ᄒᆞ다, 브르다, 탕만ᄒᆞ다’로 『두시언해』에는 ‘ᄀᆞ득ᄒᆞ다, ᄎᆞ다’로 『석보상절』에는 ‘ᄎᆞ다’로 『남명천계송언해』에는 ‘ᄀᆞ득ᄒᆞ다’로 『유합·천자문』에는 ‘출’로 字釋되었다.

蔓 ; 무우
; 무우 쉿무우 외 짐치((蔓菁蘿葍苽葅)<두창13>

‘무우’는 (蔓)에 대한 대역이다. 『두시언해·유합』에는 ‘너출’로 『훈몽자회』에는 ‘쉿무우’로 字釋되었다.

抹 ; ᄇᆞ르다
; 두 가지 ᄀᆞᆯᄅᆞᆯ 타 아ᄒᆡ 입웃셔흠의도 ᄇᆞ르며(調和前兩味抹兒上顎)<두창4>

‘ᄇᆞ르다’는 (抹)에 대한 대역이다. 『훈몽자회』에는 ‘스슬말 俗稱힝ᄌᆞ曰抹布’로 字釋되었다.

末 ; ᄀᆞᆯ, 기다(ᄀᆞᄅᆞ, 낫다, ᄆᆞᄎᆞ다, 븟다, 細末ᄒᆞ다, ᄀᆞᆯ)
; ᄀᆞ는 ᄀᆞᄅᆞᆯ(細末)<두창3>
; 빗 ᄆᆞᆯ근 듀사ᄅᆞᆯ 벌업시 ᄀᆞᆯ아야(取朱砂光明者爲末)<두창2>
; ᄀᆞᄅᆞ 밍ᄀᆞ라(爲末)<구상2>
; 또 쥐ᄯᅩᆼ을 낫아 기장ᄡᆞᆯ만 머구디(又方鼠屎末服如黍米)<구상19>
; 細末ᄒᆞ야 졋가락 그테 져기 무텨(末以筋頭點少)<구상42>
; 大凡ᄒᆞ디 봄 ᄆᆞ춤과 녀름 처어메(凡春末夏初)<구하65>
; 氣分이 잇게ᄒᆞ야 ᄀᆞᄂᆞ리 븟아(存性右細末)<구하83>
; 디허 ᄀᆞᄅᆞ 밍ᄀᆞ라(搗爲末)<태요2>

‘ᄀᆞᆯ, 기다’는 (末)에 대한 대역이다. 『구상·구하·태요』에는 ‘ᄀᆞᄅᆞ, 낫다, ᄆᆞᄎᆞ다, 븟다, 細末ᄒᆞ다, ᄀᆞᄅᆞ’로 『두시언해』에는 ‘ᄀᆞᆮ, ᄀᆞᇀ’으로 『석보상절』에는 ‘ᄀᆞᇀ’로 『유합』에는 ‘ᄀᆞᆮ’으로 字釋되었다. 語形 ‘기다’의 대역이 특이하다.

每 ; 무양(미샹, 흔번, 흔, 미양, 흔번)

 ; 무양 저젓게 ᄒ여아(每令)<두창22>
 ; 미샹 ᄡᅳᆯ제 져기 取ᄒ야(每用時取少)<구하2>
 ; 自然汁 아사 흔번 머고매(取自然汁每服)<구하3>
 ; 네 복애 분ᄒ야 흔 복의 싱강 세 덤 너허(分作四貼每服生薑)<태요4>
 ; 미양 즈처고져ᄒ며(每欲下痢)<납약10>
 ; 흔번의 닐곱 환 여듧 환식(每七八丸當)<납약27>

　　'무양'은 (每)에 대한 대역이다. 『구하 · 태요 · 납약』에는 '미샹, 흔번, 흔, 미양,
흔번'으로 『두시언해』에는 '마다, 미샹, 每常'으로 『정속언해』에는 '미양'으로 『훈
몽자회』에는 '물, 니슬'로 『천자문』 광주 본에는 '니으'로 석봉 본에는 '미양'으로
주해 본에는 '미양, 아름다올'로 대역되었다. 한의서에 대역된 어형들은 주로 수량
사가 많다는 것이 특징이다.

猛 ; 무이(미이)

 ; 댱뉴슈로 무이 달혀(長流水猛煮)<두창28>
 ; 잢간 시버 미이 ᄉᆞᆷ고딕(微嚼猛嚥吞)<구상52>

　　'무이'는 (猛)에 대한 대역이다. 『구상』에는 '미이'로 『두시언해』에는 '모딜다,
미오다, 勇猛ᄒ다'로 『남명천계송언해』에는 '밉다'로 『훈몽자회 · 유합』에는 '미
올'로 字釋되었다. 語形 '무이'는 消滅語로 볼 수 있다.

面 ; ᄂᆞᆾ(ᄂᆞᆾ, ᄂᆞᆾ, ᄂᆞᆾ)

 ; 온 몸과 머리 ᄂᆞᆾ과 아래 우흘(全身頭面上下)<두창5>
 ; 오직 ᄂᆞ치 춤 받고(但唾其面)<구상24>
 ; 엄의 ᄂᆞ치 등의나 ᄲᅮᆷ면(噀産母面或背上)<태요25>
 ; ᄂᆞ치 누로고(面黃)<납약29>

　　'ᄂᆞᆾ'은 (面)에 대한 대역이다. 『구상 · 태요 · 납약』에는 'ᄂᆞᆾ, ᄂᆞᆾ, ᄂᆞᆾ'으로 『두시
언해』에는 'ᄂᆞᆾ, ᄂᆞᆾ, 쌤, 앎, 面'으로 『석보상절 · 남명천계송언해』에는 'ᄂᆞᆾ'으로 『

훈몽자회 · 유합 · 천자문』석봉 · 주해 본에는 '눗'으로 광주 본에는 '눈'으로 字釋되었다. 語形 '쌤, 앒'의 대역이 특이하다.

麵 ; ᄀᄅ(밀ᄀᄅ, 굴, 밀ᄀᄅ, 국슈)
  ; 춥슐 죽 귀오리 ᄀᄅ(糯米粥蕎麥麵)<두창13>
  ; 쏘 밄ᄀᄅ 흔 兩을 ᄃᄾ 믈 흔 中盞애(又方取麵一兩以溫水一中盞)<구상9>
  ; 酢로 굴을 ᄆᄅ 브ᄅ라(以酢和麵塗之)<구하36>
  ; 밀ᄀᄅ 너허(打麵)<태요6>
  ; 금긔는 붕어와 뎌온 국슈와(忌鯽魚熱麵)<납약1>

  'ᄀᄅ'는 (麵)에 대한 대역이다. 『구상 · 구하 · 태요 · 납약』에는 '밀ᄀᄅ, 굴, 밀ᄀᄅ, 국슈'로 『훈몽자회』에 'ᄀᄅ'로 字釋되었다.

滅 ; 쓰다
  ; 니에 쵸 쓰는 내(烟臭滅燭)<두창14>

  '쓰다'는 (滅)에 대한 대역이다. 『두시언해』에는 '滅하다, 배다'로 『남명천계송언해』에는 '배다'로 『훈몽자회』에는 '쩌딜'로 『유합』에는 '블쩌딜'로 『천자문』광주 · 석봉 본에는 '쁠'로 주해 본에는 '슬'로 字釋되었다.

明 ; 묽다, 붉다(붉다, 맑다)
  ; 빗 묽근 듀사를 벌업시 기야(取朱砂光明者爲末)<두창2>
  ; 밧곗틔셔 ᄒᄂ 이를 붉기 다 알 쩌시여늘(皆可明言外間事)<두창9>
  ; 본릐 블근되 이실싀(本在明處)<구상22>
  ; 사침 법은 말간 ᄌ긔를 어더 ᄆ아(砂鍼法用明磁器碎取)<태요75>

  '묽다, 붉다'는 (明)에 대한 대역이다. 『구상 · 태요 · 납약』에는 '붉다, 맑다'로 『두시언해』에는 '붉다, 번득ᄒ다'로 『석보상절』에는 '번ᄒ다'로 『남명천계송언해 · 정속언해』에는 '붉기'로 『훈몽자회 · 유합』에는 '블굴'로 『천자문』에는 '붉다'로 字釋되었다.

名 ; 일흠(일훔, 명, 일홈)

　; 혹 일홈짓디 못훌고(或有難名之)<두창68>
　; 녯 方방文문에 일후미(古方名)<구상33>
　; 최싱여셩산은 일명은(催生如聖散一名)<태요28>
　; 일홈이 소감원이라(名蘇感元)<납약11>

　　　'일흠'은 (名)에 대한 대역이다. 『구상·태요·납약』에는 '일훔, 명, 일홈'으로 『두시언해·훈몽자회·유합·천자문』에 모두 '일흠'으로 대역되었다.

毛 ; 털(짗, 털)

　; 머리털과 짓과 터려 스로(燒頭髮羽毛)<두창14>
　; 거유 지츠로(鵝毛)<구하13>
　; 도틱 터리와(猪毛)<구하9>

　　　'털'은 (毛)에 대한 대역이다. 『구하』에는 '짗, 털'로 『두시언해』에는 '터리'로 『석보상절·남명천계송언해』에는 '터리, 터럭'으로 『훈몽자회·유합·천자문』에는 모두 '터럭'으로 字釋되었다.

母 ;어믜, 어미(어미, 어싀, 암, 어미, 엄이)

　; 어믜 복듕의 더러운 거슬 머거서(食母腹中穢)<두창1>
　; 다만 졋먹이는 어미가(但乳母)<두창12>
　; 子息과 어미왜 다 죽느니(子母俱亡)<구하81>
　; 어싀 도틱 꼬릿 그틀 버혀(割母猪尾頭)<구하79>
　; 늘근 암둙 슬믄 믈에(老母雞煮湯)<태요33>
　; 어미과 즈식이 분ᄒ야 나느니(母子分解)<태요8>
　; 즈식과 엄이 다 죽느니(子母俱殞)<태요22>

　　　'어믜, 어미'는 (母)에 대한 대역이다. 『구하·태요』에는 '어미, 어싀, 암, 어미, 엄이'로 『두시언해』에는 '어믜, 어미'로 『석보상절·남명천계송언해·정속언해·훈몽자회·유합·천자문』 등에 모두 '어미'로 대역되었다.

目 ; 눈(눈, 눈, 눈)

　　; 눈을 팁쓰고 입을 다믈다(目竄口噤)<두창6>
　　; 눈니 돌면 이비 쏘 열리니(目轉則口乃亦開)<구상8>
　　; 머리와 눈이 아득ᄒ며(頭目昏)<납약5>
　　; 여ᄉ 둘애 입과 눈이 일고(六月口目成)<태요8>

　　‘눈’은 (目)에 대한 대역이다.『구상·납약·태요·두시언해·훈몽자회·유합·천자문』등에 모두 ‘눈’으로 대역되었다

妙 ; 둏다, 싀원ᄒ다(됴ᄒ다, 긔묘ᄒ다, 긔특ᄒ다)

　　; 쏘ᄒ 됴ᄒ니라(亦妙)<두창16>
　　; 대개 두창 곰긴의 긔운이 밧ᄀ로 나매 준듸마다 ᄀ장 싀원ᄒ매(極妙盖痘氣外泄故)<두창51>
　　; 도틱 기르메 ᄆ라 브튜미 됴ᄒ니라(猪脂調傳妙)<구상7>
　　; 쏘ᄒ 긔묘ᄒ니라(亦妙)<납약4>
　　; 더욱 긔특ᄒ니(尤妙)<납약20>
　　; ᄀ장 됴ᄒ니(最妙)<태요37>

　　‘둏다, 싀원ᄒ다’는 (妙)에 대한 대역이다.『구상·납약·태요』에는 ‘됴ᄒ다, 긔묘ᄒ다, 긔특ᄒ다’로『두시언해』에는 ‘微妙ᄒ다, 精妙ᄒ다, 神妙ᄒ다’로『유합』에는 ‘神妙ᄒ다’로 대역되었다. 語形 ‘싀원ᄒ다’의 대역이 특이하다.

巫 ; 무당

　　; 무당 밋는거시 진실로(信巫實)<두창9>

　　‘무당’은 (巫)에 대한 대역이다.『두시언해』에는 ‘스승, 巫’로『월인석보』에는 ‘어미 平生에 심방 굿샌 즐길씬’에서 ‘巫’에 대한 대역이 보이고『능엄경언해 8;117』에 ‘곧 巫祝를 브터 吉凶을 傳ᄒ는 거시라 巫는 겨집 심방이오 祝는 男人 심방이라’(卽附巫祝而傳吉凶者)에서 語形을 찾아볼 수 있다.

毋 ; 말다(말다)

　; 경듕을 헤디 말고(毋論輕重)<두창29>
　; 옷도 너무 덥게 말며(衣毋太溫)<태요15>

　'말다'는 (毋)에 대한 대역이다. 『태요』에 '말다'로 대역되었다.

霧 ; 안개

　; 맛치 늬과 안개 걷고(似烟霧捲)<두창35>

　'안개'는 (霧)에 대한 대역이다. 『두시언해』에는 'ᄀᆞ릇, 안개, 雲霧'로 『훈몽자회·유합』에도 '안개'로 字釋되었다. 語形 'ᄀᆞ릇'은 消滅語로 『두시언해』에서만 발견된다. '늘근 나햇 고즌 ᄀᆞ릇 소개 보ᄂᆞᆫ 듯ᄒᆞ도다(老年花似霧中看)<두초11, 11.>

聞 ; 듯다(듣다, 맏다)

　; 그 듯디 못ᄒᆞᄂᆞᆫ 먁슬 드ᄂᆞᆫ거시(聞其所不聞) <두창9>
　; 오직 그 사ᄅᆞ미 헐헐흔 소릴 듣고(但聞其人吃吃作聲)<구상21>
　; 그 내ᄅᆞᆯ 마티라(聞其氣)<태요52>

　'듯다'는 (聞)에 대한 대역이다. 『구상·태요』에는 '듣다, 맏다'로 『두시언해』에는 '듣다'로 『석보상절』에는 '듣다'로 『남명천계송언해』에는 '듣다, 들이'로 『정속언해』에는 '듯다'로 『훈몽자회』에는 '드를'로 『유합』에는 '드를'로 『천자문』 광주 본에는 '드늘'로 석봉 본에는 '드를'로 주해 본에는 '드를, 소문'으로 대역되었다.

勿 ; 말다(말다, 말다)

　; 일졀히 잡디 말고(切勿把持)<두창15>
　; 잢간도 그 주거믈 옮기디 말오(切勿移動其尸)<구상15>
　; 겨집 눕ᄂᆞᆫ 자리 미틔 녀코 알리디 말라(婦臥席下勿令知)<태요11>

‘말다’는 (勿)에 대한 대역이다. 『구상 · 태요 · 두시언해 · 천자문』 광주 · 석봉
본에는 ‘말다’로 주해 본에는 ‘말, 긔’로 대역되었다.

尾 ; 쏘리(쏘리, 낭죵긑)
　　; 그 쏘리 긋튼 흔치 남즉이 뼈이고(裂尾尖寸餘)<두창31>
　　; 가히 쏘릴 스라(燒犬尾)<구하68>
　　; 역질에 처음으로 낭죵시지(痘疹首尾)<납약32>

　　‘쏘리’는 (尾)에 대한 대역이다. 『구하 · 납약』에는 ‘쏘리, 낭죵’으로 『두시언해』
에는 ‘긑, 쏘리’로 『훈몽자회 · 유합』에 모두 ‘쏘리’로 대역되었다. 語形 ‘낭죵’의
대역이 특이하다.

未 ; 못ᄒ다, 어렵다(아니ᄒ다)
　　; 분변티 못ᄒᆞᆯ제(未辨)<두창14>
　　; 졸현히 스이븐 변ᄒᆞ기 어리오되(卒未易辨)<두창6>
　　; 둙아니 우러(雞未鳴)<태요5>

　　‘못ᄒ다, 어렵다’는 (未)에 대한 대역이다. 『태요』에는 ‘아니ᄒ다’로 『두시언해』
에는 ‘몯ᄒ다, 아니ᄒ다’로 대역되었다.

悶 ; 민망ᄒ다(답깝다, 답답ᄒ다, 답답ᄒ다)
　　; 긔운이 쳔촉ᄒ고 민망ᄒᆞ야(氣促悶)<두창54>
　　; 모미 아즐코 답짜와(形體昏悶)<구상4>
　　; 惡風이 안히 답답ᄒᆞ야(惡風心悶)<구상2>
　　; 피로 어즐코 답답고(血暈悶)<납약4>
　　; ᄆᆞ음이 어즐러워 답답ᄒ며(心中憒悶)<태요13>

　　‘민망ᄒ다’는 (悶)에 대한 대역이다. 『구상 · 납약 · 태요』에는 ‘답깝다, 답답ᄒ
다, 답답ᄒ다’로 『두시언해』에는 ‘답깝다, 닶겨다’로 『유합』에는 ‘답답’으로 字釋
되었다.

蜜 ; 꿀(뿔, 술)

; 년흔 술의 무라(調爛蜜)<두창2>
; 쏘 뿔 흔 分분과 믈 두 分분을 마쇼미(又以蜜一分水一分飮)<구상28>
; 디허 ㄱ르 밍ㄱ라 술에 무라(搗爲末蜜)<태요2>

　　'술'은 (蜜)에 대한 대역이다. 『구상·태요』에는 '뿔, 술'로 『두시언해·유합』에는 모두 '뿔'로 대역되었다.

縛 ; 믜다(믜다, 감다, 믜다)

; 그 노흐로 든든이 믜고(用索縛)<두창31>
; 깁씌로 ᄉ외 믜야(以絹帶子緊縛)<구하35>
; 허리예 가마두고(縛腰中)<태요12>
; 실로 구디 믜고(以線縛之)<태요75>

　　'믜다'는 (縛)에 대한 대역이다. 『구하·태요』에는 '믜다, 감다, 믜다'로 『두시언해』에는 '믜다, 얽믜다'로 『석보상절』에는 '믜다'로 대역되었다.

薄 ; 엷다(엷다)

; 겁질이 열워오(皮薄)<두창44>
; 흔 머릴 엷게 갓가 두드려(削一頭令薄槌)<구하39>

　　'엷다'는 (薄)에 대한 대역이다. 『구하』에도 '엷다'로 『두시언해』에는 '사오나다, 열우다'로 『남명천계송언해』에는 '엷다'로 『유합』에는 '열울'로 『천자문』 광주·석봉 본에는 '열울'로 주해 본에는 '열울, 발박, 잠간, 다흘'로 대역되었다. 語形 '발박'의 대역이 특이하다.

半 ; 반(半, 가옷, 반)

; 두돈 반(二錢半)<두창17>
; 믈 흔 盞 半으로(水一盞半)<구상5>
; 믈예 달혀 흔 되 가옷 되거든(水煮取淸汁一盞半)<태요40>

; 반 날을 술와(煨半日)<태요52>

　‘반’은 (半)에 대한 대역이다. 『구상·태요』에는 ‘半·가옷, 반’으로 『두시언해』
에는 ‘半’으로 『유합』에는 ‘반’으로 字釋되었다.

飯 ; 밥(밥)
　; 흰밥 츕슬 쥭(白飯糯米粥)<두창13>
　; 밥 우희 뼈 ᄆ라 ᄇᆞᄅ라(上飯蒸調塗)<구하13>

　‘밥’은 (飯)에 대한 대역이다. 『구하』에는 ‘밥’으로 『두시언해』에는 ‘밥, 먹다’
로 『석보상절·남명계송언해·훈몽자회·유합·천자문』 광주·석봉 본에는 ‘밥’
으로 주해 본에는 ‘밥, 먹다’로 대역되었다.

髮 ; 털(마리, 머리털)
　; 머리털과 짓과 터러 ᄉᆞ로(燒頭髮羽毛)<두창14>
　; 겨지븨 제 마릿 ᄭᅩ리를 이베 너허(婦自己髮尾入於口)<구하92>
　; 엄의 뎡바기예 머리털 둘흘 가져다가(産母頂心髮兩條)<태요55>

　‘털’은 (髮)에 대한 대역이다. 『구하·태요』에는 ‘마리, 머리털’로 『두시언해』
에는 ‘머리, 머리털’로 『훈몽자회·천자문』 광주·석봉 본에는 ‘터럭’으로 주해
본에는 ‘털억’으로 『유합』에는 ‘머리털’로 字釋되었다.

發 ; 나다(내욤, 나ᄂᆞ다, 나다, 앓다, 돋다)
　; 이틀만의 나ᄂᆞ니도(三日發者)<두창21>
　; ᄯᆞᆷ 내욤 들햇(發汗等)<구상12>
　; 열이 나ᄂᆞ니(發熱)<납약9>
　; 산후에 열나ᄂᆞ 증이라(發熱)<태요57>
　; 알홀 날 새배 공심에 저어 ᄎᆞ니를 머기라(發日早晨空心攪冷服)<태요44>
　; 아기 ᄀᆞᆺ나며 단독이 도다(小兒初生發丹毒)<태요73>

'나다'는 (發)에 대한 대역이다. 『구상·납약·태요』에는 '내욤, 나누다, 나다, 앓다, 돋다'로 『두시언해』에는 '굴다, 나가다, 나누다, 내다, 싸혀다, 베푸다, 피다' 등으로 『유합·천자문』에만 '베풀'로 대역된 語形이 발견된다. 語形 '앓다, 돋다'의 대역이 특이하다.

拔 ; 들시다(싸아다)

  ; 니블을 들셔 보니(試拔衾視)<두창44>
  ; 세 나출 싸야(拔三莖)<태요12>

   '들시다'는 (拔)에 대한 대역이다. 『태요』에는 '싸아다'로 『두시언해』에는 '싸혀다, ㅂ리다'로 『석보상절』에는 '싸혀다, 쎄혀다'로 『남명천계송언해』에는 '싸혀다'로 『유합』에는 '쌔틸'로 字釋되었다. 語形 '들시다'의 대역이 흥미롭다.

方 ;막, ㅂ야흐로

  ; 빅비탕을 막 슬흘 저긔(以百沸湯方其沸時)<두창50
  ; 손과 발이 ㅂ야흐로(手足方)<두창59>

   '막, ㅂ야흐르'는 (方)에 대한 대역이다. 『두시언해』에는 '보야흐로, 뵈야흐로, 싸ㅎ, 되'로 『석보상절』에는 '뵈야흐로, 모ㅎ'로 『남명천계송언해』에는 '뵈야흐로, 녁'으로 『유합』에는 '모날'로 『천자문』광주 본에는 '못'으로 석봉 본에는 '모'로 주해 본에는 'ㅂ야흐로, 견졸, 방소, 모방'으로 대역되었다.

防 ; 막다(막다, 방챠ㅎ다)

  ; 두역 나기를 마ㄱ뇌(防痘出)<두창22>
  ; 막다히를 가져 미리 마고딕(持杖以豫防)<구하66>
  ; 틱 디믈 방챠ㅎ라(以防墮落)<태요32>

   '막다'는 (防)에 대한 대역이다. 『구하·태요』에는 '막다, 방챠ㅎ다'로 『두시언해』에는 '막다, 防守ㅎ다, 防戌ㅎ다'로 『석보상절·유합』에는 '막다'로 대역되었다. 語形 '방챠ㅎ다'의 대역이 특이하다.

放 ; 놓다(쉬울다, 놓다, 펴다)

　; 따 우희 노코(放上地)<두창3>
　; 소늘 쉬울디 ᄒ다가(放手若)<구상78>

　　‘놓다’는 (放)에 대한 대역이다. 『구상』에는 ‘쉬울다’로 『두시언해』에는 ‘놓다, 펴다’로 『석보상절 · 남명천계송언해 · 정속언해』에는 ‘놓다’로 『유합』에는 ‘노 흘’로 對譯되었다. 語形 ‘쉬울다’의 대역이 특이하다.

妨 ; 방해

　; 다 방해롭디 아니ᄒ니라(皆不妨)<두창16>

　　‘방해’는 (妨)에 대한 대역이다. 『두시언해』에는 ‘놓다, 妨害’로 대역되었다.

傍 ; 겻티

　; 사발 겻티 둣다가(置于椀傍)<두창50>

　　‘겻티’는 (傍)에 대한 대역이다. 『두시언해』에는 ‘곁, ᄀᆞᅀᅵ, 바랏다, 븓다, 븥다’ 로 『석보상절』에는 ‘곁, 녑’으로 『남명천계송언해』에는 ‘곁’으로 『유합 · 천자문』 광주 · 석봉 본에는 ‘곁’으로 주해 본에는 ‘지혈, 겻, 갓가올, 잇블’로 대역되었다. 語形 ‘지혈’의 대역이 특이하다.

房 ; 구들, 방

　; 날이 오래고 구들이 더워(日久溫房)<두창12>
　; 혹 손 상을 방 안히 오로 두로 버리고(或各設床卓於房內)<두창10>

　　‘구들, 방’은 (房)에 대한 대역이다. 『두시언해』에는 ‘房, 집’으로 『훈몽자회 · 유합』에는 ‘방, 방’으로 字釋되었다. 語形 ‘구들’의 대역이 특이하다.

輩 ; 네

; 녀편네 의논이 극키 어려오니(婦人輩論說太峻)<두창12>

  '네'는 (輩)에 대한 대역이다. 『두시언해』에는 '무리'로 『유합』에는 '흔층'으로
字釋되었다.

白 ; 희다(희다, 밑, 슬히다, 둏다)
; 흰밥 춥술 죽(白飯糯米粥)<두창13>
; 도렫고 흰天텬南남星셩은(圓白天南星)<구상1>
; 薤茱미틀 뿔외 흔듸 디허 ㅂ르라(薤白與蜜同搗)<구하15>
; 슬힌 믈의 프러 ㄴ리오라(白湯化下)<납약27>
; 파흰밀 두 줌을 딛게 달혀(葱白二握濃者)<태요19>
; 도틱 기름과 됴흔 꿀 각 흔 되(猪脂白蜜各一升)<태요35>

  '희다'는 (白)에 대한 대역이다. 『구상·구하·납약·태요』에는 '희다, 밑, 슬
히다, 둏다'로 『두시언해』에는 '불가, 새, 셰다, 허여ㅎ다, 희다'로 『석보상절』에
는 '희, 숢다'로 『남명천계송언해』에는 '희, 숢다, 하아야'로 『정속언해』에는 '희'
로 『훈몽자회·유합·천자문』 광주·석봉 본에는 '흰'으로 주해 본에는 '흰, 슬
을'로 대역되었다. 語形 '슬히다'의 대역이 특이하다.

凡 ; 믈읫(믈읫, 大凡 ㅎ다, 므릇, 믈읫)
; 믈읫 이질이 열이 셩ㅎ므로(凡痘熱盛故)<두창11>
; 믈읫 믄득 주구미(凡卒死)<구상10>
; 大凡흔디 봀 ㅁ춤과 녀릆 처서메(凡春末夏初)<구하65>
; 흔 방문의는 므릇 사름이(一方凡人)<납약3>
, 믈읫 겨집이(凡婦人)<태요1>

  '믈읫'은 (凡)에 대한 대역이다. 『구상·구하·태요』에는 '믈읫, 大凡ㅎ다, 므
릇, 믈읫'으로 『두시언해』에는 '사오납다, 샹녯, 믈읫, 凡常ㅎ다, 大凡ㅎ다'로 『석
보상절·남명천계송언해·유합』에는 '믈읫'으로 『정속언해』에는 '믈의'로 대역되
었다.

犯 ; 범ᄒ다

　; 거믄 ᄌ의예 범ᄒ야(犯於黑睛)<두창59>

　‘범ᄒ다’는 (犯)에 대한 대역이다. 『두시언해』에는 ‘干犯ᄒ다, 侵犯ᄒ다, 犯ᄒ다’로 『유합』에는 ‘범홀’로 字釋되었다.

邊 ; ᄀᆞᆺ(ᄀᆞᆺ, 곁)

　; 시내 ᄀᆞ의 닙 넙고(溪邊大葉)<두창28>
　; 귓구뭇 ᄀᆞᆺ새 노하 두면(安耳孔邊)<구하43>
　; 아긔 발을 미러 ᄒᆞᆫ 겨트로 바ᄅᆞ 티왇고(推其足就一邊直上)<태요23>

　‘ᄀᆞᆺ’은 (邊)에 대한 대역이다. 『구하·태요』에는 ‘ᄀᆞᆺ, 곁’으로 『두시언해』에는 ‘ᄀᆞᆺ, 邊方’으로 『석보상절』에도 ‘ᄀᆞᆺ’으로 『남명천계송언해·훈몽자회·유합』에는 모두 ‘ᄀᆞᆺ’으로 대역되었다.

餠 ; ᄯᅥᆨ(ᄯᅥᆨ)

　; 즌 ᄯᅥᆨ뎌로 ᄆᆞᆫᄃᆞ라(作餠)<두창60>
　; 麻油로 지진 ᄯᅥᆨ글 밍ᄀᆞ라(以麻油作煎餠)<구하44>

　‘ᄯᅥᆨ’은 (餠)에 대한 대역이다. 『구하·두시언해·훈몽자회·유합』에 모두 ‘ᄯᅥᆨ’으로 대역되었다.

病 ; 샹한

　; 홀연히 샹한을 듕히 ᄒᆞ야(忽病重)<두창37>

　‘샹한’은 (病)에 대한 대역이다. 『두시언해』에는 ‘앓다, 病’으로 『훈몽자회·유합』에는 ‘병 볋’으로 字釋되었다. 語形 ‘앓다’는 『두시언해』에서만 ‘샹한’은 『두창』에서만 발견되는 특이한 대역이다.

並 ; 흠쯰(다, 다)
   ; 혹 토ᄒ기과 혹 셜샤과 흠쯰 나도(或吐瀉並)<두창16>
   ; 다 피ᄒ야 말라(並宜避忌)<태요64>
   ; 다 ᄉ나히 아히 오좀으로 뻐 프러 ᄂ리오면(並以童便化下)<납약3>

   '흠쯰'는 (並)에 대한 대역이다. 『태요·납약』에는 '다, 흠쯰'로 『두시언해』에
는 '글오다, 다'로 대역되었다.

服 ; 먹다(먹다, 번, 服, 번, 먹다)
   ; 다 임의로 머기라(皆可任服)<두창17>
   ; ᄒ돈곰 머기라(服一錢)<구상2>
   ; 重ᄒ닌 세 버네 넘디 아니ᄒ리라(重者不過三服)<구하34>
   ; 세 服뿍애 ᄂ화(分作三服)<구상38>
   ; ᄒ른 두 번 식 머그라(日再服)<납약6>
   ; 누을제 ᄯ 머그되(臨臥再服)<태요2>

   '먹다'는 (服)에 대한 대역이다. 『구상·구하·납약·태요』에는 '먹다, 번, 服,
번, 먹다'로 『두시언해』에는 '옷, 降服ᄒ다'로 『정속언해』에는 '거상옷, 몽상옷'
으로 『유합』에는 '의장'으로 『천자문』광주 본에는 '옷'으로 석봉 본에는 '니블'
로 주해 본에는 '니블, 옷, 항복'으로 대역되었다. 대부분 대역의 의미가 옷에 관
계되어 있는데 반하여 한의서에 나타난 대역들은 藥을 服用하는 의미에 중점을
두고 있음이 특징이다.

復 ; 다시(다시, 도로)
   ; 다시 의논티 아니ᄒ려니와(不復미論矣)<두창45>
   ; 블뵈면 넉시 도로 드디 아니ᄒ야(照則神魂遂不復入)<구상22>
   ; 손 됴ᄒ 後에 다시 發ᄒ닐 고티 ᄂ니라(亦愈後復發者)<구하66>

   '다시'는 (復)에 대한 대역이다. 『구상·구하』에는 '다시, 도로'로 『두시언해』
에는 '다시, 도로, ᄯ'로 『석보상절』에는 '다시'로 『남명천계송언해』에는 'ᄂ외

야’로 『유합』에는 ‘다시, 도로’로 대역되었다. 語形 ‘ᄂ외야’의 대역이 특이하다.

本 ; 본듸(밑, 본릭, 밑)
  ; 사ᄅᆞᆷ의 마음이 본듸 허령ᄒᆞᆫ듸(心本虛靈)<두창9>
  ; 엄짓가락 미틧 그를 일후믈(大指本文名)<구상76>
  ; 본릭 ᄇᆞᆯᄀᆞᆫ듸 이실식(本在明處)<구상22>
  ; 혀 미틔 ᄆᆡ여시니(繫舌本故)<태요47>

  ‘본듸’는 (本)에 대한 대역이다. 『구상 · 태요』에는 ‘밑, 본릭, 밑’으로 『두시언해』에는 ‘믿, 본듸, 본래, 根本’으로 『석보상절』에는 ‘믿, 밑’으로 『정속언해』에서는 ‘근원ᄒᆞ다’로 『유합 · 천자문』 광주 · 석봉 본에는 ‘믿’으로 주해 본에는 ‘밋’으로 字釋되었다.

扶 ; 붓들다(븓들다, 븓들다)
  ; 손으로 그 ᄭᅩ리를 붓드러(以指扶其尾)<두창31>
  ; ᄯᅩ 븓드러 지여 셔케ᄒᆞ면(又扶令倚立)<구하82>
  ; 사ᄅᆞᆷ으로 븓드러 날회야 ᄃᆞ니고(令人扶策徐行)<태요21>

  ‘붓들다’는 (扶)에 대한 대역이다. 『구하 · 태요』에는 ‘븓들다’로 『두시언해』에는 ‘더위잡다, 브티다’로 『유합 · 천자문』석봉 본에는 ‘븓들’로 광주 본에는 ‘더위잡다’로 주해 본에는 ‘붓들다’로 字釋되었다.

浮 ; 붓다(뻐다, 붓다)
  ; 붓ᄂᆞᆫ 긔운이 더ᄒᆞ미오(浮氣益加)<두창59>
  ; 뻐 올오미 기름ᄀᆞ티 도외든(浮上如油者)<구하38>
  ; 두 다리 잡깐 붓거든(脚微浮)<태요41>

  ‘붓다’는 (浮)에 대한 대역이다. 『구하 · 태요』에는 ‘뻐다, 붓다’로 『두시언해』에는 ‘뻐다, 픠우다, 뜨다’로 『남명천계송언해』에는 ‘뜨다’로 『유합 · 천자문』 광주 · 석봉 본에는 ‘쁠’로 주해 본에는 ‘쯸’로 字釋되었다.

不 ; 말다, 못ㅎ다(몯, 못ㅎ다, 몯)

　; 일절히 갓가이 말고(一切不可近)<두창14>
　; 다 아디 못ㅎ고(不省但覺)<두창35>
　; 氣厥ㅎ야 초림 몯고(氣厥不省)<구상2>
　; 듕풍으로 말 못ㅎ며(中風不語)<납약1>
　; 다 틱긔 몯 되ᄂᆞ니라(皆不成胎)<태요1>

　　‘말다, 못ㅎ다’는 (不)에 대한 대역이다. 『구상・납약・태요』에는 ‘몯, 못ㅎ다, 몯’으로 『두시언해』에는 ‘몯ㅎ다, 아니ㅎ다, 업다’로 『석보상절・남명천계송언해』에는 ‘아니ㅎ다’로 『정속언해』에서는 ‘말다, 아니ㅎ다, 몯ㅎ다’로 『유합』에는 ‘아닐’로 字釋되었다.

腐 ; 석다

　; ᄇᆞ람과 이슬과 비마쟈 마졔 서거 믈른거시야 효험이 잇ᄂᆞ니라(露風雨而極爲腐爛者)<두창27>

　　‘석다’는 (腐)에 대한 대역이다. 『두시언해』에는 ‘석다’로 『유합』에는 ‘서글’로 字釋되었다.

膚 ; 술(술)

　; 가족과 술 ᄉᆞ이예 빗최여(暎於皮膚間)<두창25>
　; 갓과 술쾌 헤여디여(皮膚破)<구상7>

　　‘술’은 (膚)에 대한 대역이다. 『두시언해』에는 ‘갓, 술’로 『구상・석보상절・훈몽자회・유합』에 모두 ‘술’로 대역되었다.

葍 ; 쉿무우

　; 무우 쉿무우 외 짐치(蔓菁蘿葍苽菹)<두창13>

　　‘쉿무우’는 (葍)에 대한 대역이다. 『훈몽자회』에는 ‘댓무수’로 『유합』에는 ‘댓무우'로 字釋되었다.

婦 ; 녀편(겨집)

; 녀편네 의논이 극키 어려오니(婦人輩論說太峻)<두창12>
; 즈식 빈 겨집이 딕히 틱긔 뻐디여 느려(産婦直待胎氣陷下)<태요20>

　'녀편'은 (婦)에 대한 대역이다.『태요 · 두시언해』에는 '겨집'으로 『훈몽자회』
에는 '며느리'로 『유합 · 천자문』 광주 · 석봉 본에는 '며ᄂ리'로 주해 본에는 '며
ᄂ리, 안해'로 대역되었다.

糞 ; 대변(쏭)

; 대변 처 ᄇ리기과 싀굼을 처(去糞檄通溝渠)<두창14>
; 둘기 흰쏭 흔 되(雞白糞一升)<구상5>

　'쏭'은 (糞)에 대한 대역이다.『구상 · 훈몽자회』에 모두 '쏭'으로 대역되었다.

分 ; 푼(ᄂ화다, 홉, 푼, ᄂ화다, 분ᄒ다)

; 오 푼으로 세히 ᄂ호(每五分作三次)<두창2>
; 各 흔 돈을 사ᄒ라 ᄂ화(各一錢右件剉散分)<구상1>
; 대쵸 흔 낫과 흔ᄃᆡ 달혀 칠 홉만 ᄒ거든(棗一枚煎至七分)<납약10>
; 딘피 각 다ᄉ 푼(陳皮各五分)<태요19>
; 두 복애 ᄂ화(分二貼)<태요9>
; 네 복애 분ᄒ야(分作四貼)<태요4>

　'푼'은 (分)에 대한 대역이다.『구상 · 납약 · 태요』에는 'ᄂ화다, 홉, 푼, ᄂ화다,
분ᄒ다'로 『두시언해』에는 'ᄂᄒ다, 여희다, 性分, 義分, 職分'으로 『석보상절』에
는 '난호다'로 『남명천계송언해』에는 'ᄂᄒ다'로 『정속언해』에는 '논호다'로 『유
합 · 훈몽자회 · 천자문』 광주 · 석봉 본에는 'ᄂ홀'로 주해 본에는 '분수, ᄂ홀, 분
촌'으로 대역되었다. 수량사 '푼, 홉'은 한의서에서만 발견된다.

沸 ; 쓸다, 쓸히다(긇다, 솟긇다, 긇히다)

  ; 무이 달혀 쓸른(猛煮六七沸)<두창28>
  ; 븩비탕을 막 쓸흘 저긔(以百沸湯方其沸時)<두창50>
  ; 긇는 므레 돔가(沸湯浸)<구상8>
  ; 百빅 번 솟긇흔 므레 잢간 두모니(用百沸湯蘸少頃)<구상1>
  ; 다시 다엿 소솜 긇혀(再煎五七沸)<태요43>

    '쓸다, 쓸히다'는 (沸)에 대한 대역이다. 『구상·태요』에는 '긇다, 솟긇다, 긇히다'으로 『두시언해』에는 '봅괴다'로 『유합』에는 '긇흘'로 字釋되었다. 語形 '봅괴다'는 消滅語로 볼 수 있다.

肥 ; 슬지다(슬지다, 진)

  ; 슬지게 붓들아 니호딕(不至肥滿)<두창37>
  ; 네냐치 슬지고(四介肥)<구상4>
  ; 진 羊양이 기름과 고기와(肥羊脂肉)<구상51>

    '슬지다'는 (肥)에 대한 대역이다. 『구상』에는 '슬지다, 진'으로 『두시언해』에는 '슬지다'로 『훈몽자회·유합·천자문』에는 '슬질'로 字釋되었다.

臂 ; 폴(불)

  ; 입때예 폴과 다리과 손과 발 (此時必有臂脚手足)<두창59>
  ; 왼녁 불히 두라 두면(繫於左臂)<구상23>

    '폴'은 (臂)에 대한 대역이다. 『구상·두시언해』에는 '불'로 『유합』에는 '폴'로 字釋되있다.

備 ; ᄀ초다(쟝만ᄒ다)

  ; 약믈을 ᄀ초아(備藥)<두창37>
  ; 나흘 둘애 미리 쟝만ᄒ여(臨産豫備)<태요62>

‘ᄀ초다’는 (備)에 대한 대역이다. 『태요』에는 ‘쟝만ᄒ다’로 『두시언해』에는 ‘ᄀ초다’로 『유합』에는 ‘ᄀ줄’로 字釋되었다. 語形 ‘쟝만ᄒ다’의 대역이 흥미롭다.

頻 ; ᄌ로, ᄌ조(ᄌ조, ᄌ로)

  ; 반ᄃ시 ᄌ로 ᄇᆞᆯ라(必頻頻塗)<두창22>
  ; 면듀 슈건의 즘슉 뭇쳐 온 ᄂᆞᆺ츨 ᄌ조 싯기되(用紬巾頻頻淋洗面顔)<두창29>
  ; ᄌ조 셰븨면(頻撩)<구상2>
  ; ᄌ로 움즈기면(頻動)<태요9>

  ‘ᄌ로, ᄌ조’는 (頻)에 대한 대역이다. 『구상·태요·석보상절』에는 모두 ‘ᄌ로, ᄌ조’로 『두시언해』에는 ‘ᄌᆞᆺ다, ᄌ조’로 『유합』에는 ‘ᄌ줄’로 字釋되었다.

似 ; ᄀᆞᆺᄐ다, ᄃᆞᆺᄒ다(ᄀᆞᆮᄒ다)

  ; 서로 ᄀᆞᆺᄐ되(相似)<두창6>
  ; 조오ᄂᆞᆫᄃᆞᆺ 자ᄂᆞᆫᄃᆞᆺ(似睡非睡)<두창12>
  ; 믄득 주그니 ᄀᆞᆮᄒ닐(似卒死)<구상16>

  ‘ᄀᆞᆺᄐ다, ᄃᆞᆺᄒ다’는 (似)에 대한 대역이다. 『구상』에는 ‘ᄀᆞᆮᄒ다’로 『두시언해』에는 ‘ᄀᆞᆮᄒ다, ᄀᆞᇀ다, ᄃᆞᆺᄒ다’로 『남명천계송언해』에는 ‘마치’로 『유합·천자문』 광주·석봉 본에는 ‘ᄀ틀’로 주해 본에는 ‘ᄀᆞᇀ, 나을, 향흘’로 대역되었다. 語形 ‘ᄃᆞᆺᄒ다’는 消滅語로 볼 수 있다.

瀉 ; 샤ᄒ다, 셜샤(즈츼다, 즈치다)

  ; 입째예 토ᄒ며 샤ᄒ기ᄂᆞᆫ(此時吐瀉)<두창21>
  ; 혹 토ᄒ거나 혹 셜샤ᄅᆞᆯ ᄒ거나(或吐或瀉)<두창16>
  ; 사ᄅᆞ미 아래로 즈츼여 ᄒᆞᄂᆞ니(令人下瀉)<구상31>
  ; 크게 즈치고 혹 토ᄒ며(大瀉或吐)<납약9>

  ‘샤ᄒ다, 셜샤’는 (瀉)에 대한 대역이다. 『구상·납약』에는 ‘샤ᄒ다, 셜샤’로 『두시언해』에는 ‘흐르다’로 『훈몽자회』에 ‘즈칠’로 字釋되었다. 語形 ‘흐르다’의 대역이 특이하다.

士 ; 션븨

; 흔 션븨 몃 사름이(有一士人)<두창56>

　　'션븨'는 (士)에 대한 대역이다. 『두시언해』에는 '사름, 軍士, 士卒, 人士'로 『정속언해』에는 '냥반'으로 『훈몽자회』에는 '됴ᄉᆞ'로 『유합』에는 '됴ᄉᆞ, 션븨'로 『천자문』 광주 본에는 '계층'으로 석봉 본에는 '션븨'로 주해 본에는 '션비, 군ᄉᆞ, 일'로 대역되었다. 그리고, 語形 '계층'은 消滅語로 볼 수 있다. 語形 '냥반'의 대역이 흥미롭다.

事 ; 일(일)

; 밧겻티셔 ᄒᆞᄂᆞᆫ 이를 븕기 다 알 ᄡᅥ시여ᄂᆞᆯ(皆可明言外間事)<두창9>
; 사ᄅᆞ미 이를 因ᄒᆞ야 격발ᄒᆞ며(人因事激)<구상12>

　　'일'은 (事)에 대한 대역이다. 『구상』에는 '일'로 『두시언해』에는 '섬기다, 일'로 『석보상절』에는 '일, 것, ᄃᆞ'로 『남명천계송언해』에는 '시, 일, 셤기다'로 『정속언해』에는 '셤기다'로 『훈몽자회 · 유합 · 천자문』 주해 본에는 '일'로 광주 · 석봉 본에는 '셤길'로 字釋되었다.

使 ; ᄒᆞ여곰

; 사름으로 ᄒᆞ여곰 븟드러(使人拘)<두창57>

　　'ᄒᆞ여곰'은 (使)에 대한 대역이다. 『두시언해』에는 '히여곰, 使者, 使臣, 使命'으로 『석보상절』에는 '히다, 브리다, 시기다'로 『남명천계송언해』에는 '히다, 브리다, 달ᄒᆞ다'로 『정속언해』에는 'ᄒᆞ다, 히다, 브리다'로 『유합』에는 '브릴, ᄒᆞ야곰'으로 『천자문』 광주 · 석봉 본에는 '브릴'로 주해 본에는 '브리, 브릴, ᄒᆞ야금'으로 대역되었다. 15세기 당시에는 '히여곰, 브리다, 시기다'가 대등한 의미로 사용된 것으로 추정된다.

絲 ; 실

　; 너출실 又튼니(蔓藤絲)<두창4>

　　　'실'은 (絲)에 대한 대역이다. 『두시언해』에는 '실, 줄'로 『석보상절·남명천계
송언해·훈몽자회·유합·천자문』에는 모두 '실'로 대역되었다. '줄'로 대역된
경우는 『두시언해』에서만 발견된다. 語形 '실'과 '줄'의 의미는 현대어에서는 의
미가 분화되었다.

思 ; 싱각(싱각)

　; ㅈ연히 어육을 싱각디 아니ᄒᆞᄂᆞᆫ 거슬(自不思魚肉而)<두창11>
　; 음식을 싱각디 아니며(不思飮食)<납약10>

　　　'싱각'은 (思)에 대한 대역이다. 『납약』에는 '싱각'으로 『두시언해』에는 '뜯,
ᄆᆞᅀᆞᆷ, ᄉᆞ랑ᄒᆞ다, 思慕ᄒᆞ다'로 『석보상절』에는 '혜다'로 『남명천계송언해』에는
'너기다, ᄉᆞ랑ᄒᆞ다'로 『정속언해』에는 'ᄉᆞ랑ᄒᆞ다'로 『유합』에는 '싱각, 뜯'으로
『천자문』 광주 본에는 'ᄉᆞ량'으로 석봉 본에는 '싱각'으로 주해 본에는 '싱각,
의ᄉᆞᆺ, 어조ᄉᆞ'로 대역되었다.

索 ; 노ᄒᆞ, 달라ᄒᆞ다

　; 그 노ᄒᆞ로 든든이 미고(用索縛)<두창31>
　; 아희가 비록 어육을 달라ᄒᆞ야도(兒雖索魚肉)<두창11>

　　　'노ᄒᆞ, 달라ᄒᆞ다'는 (索)에 대한 대역이다. 『두시언해』에는 '求ᄒᆞ다, 노, 달라,
드위다, 얻다, 서의ᄒᆞ다, 흐러'로 『훈몽자회』에는 '노'로 『유합』에는 '횔, 아릭'로
대역되었다. 語形 '서의ᄒᆞ다'는 消滅語로 볼 수 있다.

蒜 ; 만을(마ᄂᆞᆯ, 마늘, 마ᄂᆞᆯ)

　; 믈감ᄌ 유ᄌ 귤 파 만을(水柑子柚子橘葱蒜)<두창14>
　; 굴근 마늘 두어 알홀(大蒜三兩)<구상10>
　; 싱강 엄 파 마늘(薑芽葱蒜)<태요14>

; 파과 마늘과(葱蒜)<납약27>

　　'만을'은 (蒜)에 대한 대역이다. 『구상 · 태요 · 납약 · 석보상절 · 훈몽자회』에 모두 '마늘'로 대역되었다.

散 ; 펴디다, 훗다(흩다, 퍼디다, 허여디다)
　; 실ᄀᄐᆫ 거시 두루 펴디고(絲散漫)<두창59>
　; 그 피 훗 ᄲᆞᆯ혀(其血散洒)<두창31>
　; 막힐며 ᄆᆡ요믈 흐트면(散其壅結)<구상12>
　; 머리 퍼디게 ᄒᆞ야(令頭散)<구하45>
　; 알히ᄂᆞᆫ 거시 허여디디 아니ᄒᆞᄂᆞ니(痛不散)<납약21>

　　'펴디다, 훗다'는 (散)에 대한 대역이다. 『구상 · 구하 · 납약』에는 '흩다, 퍼디다, 허여디다'로 『두시언해』에는 '헤여디다, 흩다, 흐러다'로 『남명천계송언해 · 정속언해』에는 '흩다'로 『유합』에는 '흩다'로 『천자문』 광주 본에는 '흐를'로 석봉 본에는 '흐틀'로 주해 본에는 '흐틀, 잡고기, 곡됴, 약글, 잔'으로 대역었다. 語形 '잡고기. 약글, 잔'의 대역이 특이하다.

糝 ; ᄇᆞᄅᆞ다, 쎠ᄒᆞ다. 쎄코
　; 다 패초산으로 ᄇᆞᄅᆞ면(敗草散皆糝) <두창28>
　; 알ᄅᆞᆫ 고듸 쎠ᄒᆞ면 둇ᄂᆞ니라(糝於痛處可也)<두창48>
　; 모밀 ᄀᆞᄅᆞᆯ ᄀᆞ려온듸 만히 쎄코(以木麥末糝於痒處)<두창27>

　　'ᄇᆞᄅᆞ다, 쎠ᄒᆞ다. 쎄코'는 (糝)에 대한 대역이다. 『두시언해』에는 '브드티다'로 『훈몽자회』에는 '죽심'으로 字釋되었다.

相 ; 서로(서르)
　; 서로 ᄀᆞᄐᆞ니(相似)<두창6>
　; 블와 서르 사화(與火相搏)<구상9>

‘서로’는 (相)에 대한 대역이다. 『두창』에는 ‘서르’로 『석보상절 · 두시언해 ·
남명천계송언해 · 정속언해 · 훈몽자회 · 유합 · 천자문』 광주 · 석봉 본 등에 모두
‘서르’로 주해 본에는 ‘서ᄅ, 졍승, 막대, 볼’로 대역되었다. 語形 ‘졍승, 막대’의
대역이 특이하다.

想 ; 싱각

  ; 대개 싱각ᄒ니(盖想)<두창9>

   ‘싱각’은 (想)에 대한 대역이다. 『두시언해』에는 ‘스치다, 思想’으로 『유합』에
는 ‘녀길’로 『천자문』 광주 본에는 ‘슷칠’로 석봉 본에는 ‘스칠’로 주해 본에는
‘싱각’으로 字釋되었다. 15세기 당시에는 語形 ‘스치다, 싱각’이 공존하다가 後代
에 와서 ‘스치다’가 소멸된 것으로 사료된다.

上 ; 돋다, 우희(ᄀ장, 언싸, 엿다, 오ᄅ다, 올이다, 우희, 웃, 오ᄅ다, 들다,
     티완다, 올오다)

  ; 블근 뎜이 만히 도다시ᄂ(上多有紅點)<두창37>
  ; 새 디애 우희 노코(置新瓦上用)<두창3>
  ; ᄀ장 됴흔 朱砂砂상ᄅᆯ(似上好朱砂)<구상16>
  ; 가슴과 빅예 언쏘(頓其胸前幷腹肚上)<구상34>
  ; 믌고기 쎠ᄅᆯ 머리예 연ᄌ면(魚骨安於頭上)<구상52>
  ; 더푸미 모ᄀ로 올아(涎潮於上)<구상4>
  ; ᄀ새 올이고(上岸)<구상71>
  ; 빗복 우희 두프면 됴ᄒ니라(甕其臍上佳)<구상9>
  ; 웃입시울 안홀 보ᄃᆡ(視其上脣齒裏)<구상18>
  ; 거저긔 올아 힘쓰라(上草用力)<태요20>
  ; 뒤싼에 들적을(上圊時)<태요10>
  ; 흔 겨트로 바ᄅ 티완다(一邊直上)<태요23>
  ; 듕풍으로 긔운 올오며(中風上氣)<납약3>

   ‘돋다, 우희’는 (上)에 대한 대역이다. 『구상 · 태요 · 납약』에 ‘ᄀ장, 언싸, 엿다,

오ᄅ다, 올이다, 우희, 웃, 오ᄅ다, 들다, 티왇다, 올오다'로 『두시언해』에는 '높다,
오르다, 오ᄅ다, 우ᄒ, 처섬, 타다'로 『석보상절』에는 '오ᄅ다, 우ᄒ'로 『남명천계
송언해』에는 '우ᄒ, 돋다'로 『정속언해』에는 '웋'으로 『훈몽자회 · 천자문』 광주
본에는 '마딘'로 『유합』과 석봉 본에는 '웃'으로 주해 본에는 '오를, 더을, 승샹'
으로 대역되었다. 語形 '언짜, 엱다'의 대역이 흥미롭다.

詳 ; ᄌ셔히
  ; ᄌ셔히 슬펴(詳審)<두창54>

  'ᄌ셔히'는 (詳)에 대한 대역이다. 『유합』에만 'ᄌ셰'로 字釋된 어형이 발견된다.

喪 ; ᄆᄎ다
  ; 큰 즉 인ᄒ야 병드러 몸을 ᄆᄎ니(大則因病喪身至)<두창10>

  'ᄆᄎ다'는 (喪)에 대한 대역이다. 『두시언해』에는 '브스왜다, 喪失, 잃다'로
『유합』에는 '상ᄉ 일흘'로 字釋되었다.

尙 ; 오히려
  ; 오히려 가ᄒ거니와(尙或可也)<두창12>

  '오히려'는 (尙)에 대한 대역이다. 『두시언해』에는 '오히려, 崇尙ᄒ다'로 『남명
천계송언해 · 정속언해』에는 '오히려'로 『유합』에는 '거읫, 승샹'으로 대역되었
다. 語形 '거읫'의 대역이 특이하다.

色 ; 빗(빛, 빗)
  ; 두창 도든 빗치 믉고(痘色淡)<두창25>
  ; 비치 다ᄅ게코(ᄒ色變)<구상8>
  ; 엄의 얼골 빗츠로(以母形色)<태요33>

'빗'은 (色)에 대한 대역이다. 『구상 · 태요』에는 '빛, 빗'으로 『두시언해』에는 '놋빛, 빗, 빛'으로 『석보상절 · 남명천계송언해』에는 '빛'으로 『유합 · 천자문』 광주 · 석봉 본에는 '빗'으로 주해 본에는 '빗, 칙식'으로 대역되었다.

生 ; 살다, 싱(나다, 늘, 싱, 나다, 늘, 뛰다, 돋다)
　　; 인ᄒ야 사라 나니라(因以全生)<두창36>
　　; 마즘 싱고기 주는 사람이 이셔(有饋生肉者)<두창12>
　　; 다른 病 나긔호미 몯ᄒ리니(生他病)<구상12>
　　; 늘蒼朮와(蒼朮生)<구상1>
　　; 生싱뵈로 汁집을 ᄣᅡ(以生布絞汁)<구상3>
　　; ᄌᆞ식이 즉제 나ᄂᆞ니라(其兒遂生)<태요22>
　　; 늘듥긔 알 세흘 ᄉᆞᆷᄭᅵ고(生鷄卵三枚呑)<태요53>
　　; 안 밧긔 블 뛰다(內外生火)<태요26>
　　; 다ᄉᆞᆺ ᄃᆞᆯ애 터럭이 돋고(五月毛髮生)<태요8>
　　; ᄉᆞ믈탕의 싱간디황 황포황(四物湯加生乾地黃蒲黃)<태요53>
　　; 소곰과 늘피브티 ᄡᅥ시라(塩生血物)<납약4>
　　; 싱ᄂᆞ믈과 마늘과(生菜大蒜)<납약16>

　　'살다, 싱'은 (生)에 대한 대역이다. 『구상 · 태요 · 납약』에는 '나다, 늘, 싱, 나다, 늘, 뛰다, 돋다'로 『두시언해』에는 '나다, 낳다, 내다, 돋다, 사름, 살다, 人生, 生'으로 『석보상절』에는 '나다, 살다'로 『남명천계송언해』에는 '나다, 낳다'로 『정속언해』에는 '나, 살다'로 『훈몽자회 · 유합 · 천자문』 광주 · 석봉 본에는 '날'로 주해 본에는 '날, 살'로 대역되었다. 語形 '뛰다'의 대역이 흥미롭다.

書 ; 편지(스다, 써다)
　　; 본 집의 편지를 ᄒ야시되(書於本家)<두창44>
　　; 혀에 鬼귕字ᄍᆞᆯ를 스고(舌上書鬼字)<구상16>
　　; 아모 ᄃᆞᆯ이면 아모 방 쉬공ᄒ다 써셔(書某月某方空)<태요63>

　　'편지'는 (書)에 대한 대역이다. 『구상 · 태요』에는 '스다, 써다'로 『두시언해』에는 '글스다, 글월, 스다, 書信, 音書, 書冊'으로 『석보상절』에는 '글왈, 쓰다'로

『남명천계송언해』에는 '스다'로 『정속언해』에는 '글'로 『유합·천자문』 광주·석봉 본에는 '글월'로 주해 본에는 '글, 쁠, 편지'로 대역되었다.

徐 ; 날회다, 쳠
　　; 아직 날회라 ᄒᆞ더니(徐徐)<두창12>
　　; 쳠쳠 젹젹 듯쯧거든(徐徐小小點滴)<두창31>
　　; 날회여 ᄃᆞ니고(徐行)<태요21>

　　'날회다, 쳠'은 (徐)에 대한 대역이다. 『태요』에는 '날회다'로 『두시언해』에는 '날호야, 날회야'로 『석보상절·정속언해』에는 '날호야'로 『유합』에는 '날횔'로 字釋되었다. 語形 '날회다'는 消滅語로 볼 수 있다.

惜 ; 앗갑다, 앗가오다
　　; 앗갑디 아니ᄒᆞ리오(惜哉)<두창12>
　　; 극키 앗가오니라(盡惜哉)<두창67>

　　'앗갑다, 앗가오다'는 (惜)에 대한 대역이다. 『두시언해』에는 '슬프다, 앗기다'로 『석보상절·정속언해』에는 '앗기다'로 『유합』에는 '앗길'로 字釋되었다.

善 ; 둏다, 잘, 잘ᄒᆞ다
　　; 만히 ᄒᆞ도록 더옥 둏다(多多益善)<두창29>
　　; 잘 기ᄅᆞᄂᆞᆫ 고로(善養)<두창2>
　　; 챵독 플기를 잘ᄒᆞ고(善解瘡毒)<두창28>

　　'둏다, 잘, 잘ᄒᆞ다'는 (善)에 대한 대역이다. 『두시언해』에는 '믿다, 어디다, 이대, 잘ᄒᆞ다, 善ᄒᆞ다'로 『석보상절·남명천계송언해』에는 '일, 이대'로 『정속언해』에는 '잘ᄒᆞ다'로 『훈몽자회』에는 '됴홀'로 『유합·천자문』 광주·석봉 본에는 '어딜'로 주해 본에는 '어딜, 착ᄒᆞ녀길'로 대역되었다. 語形 '이대'는 消滅語로 볼 수 있다.

設 ; 버리다
　; 혹 손상을 방 안히 오로 두로 버리고(或各設床卓於房內)<두창10>

　　'버리다'는 (設)에 대한 대역이다.『두시언해』에는 '베퍼다, 베푸다'로『유합
· 천자문』광주 · 석봉 본에는 '베플'로 주해 본에는 '베플, 셜ᄾ'로 대역되었다.

泄 ; 셜샤, 내다(싀다, 나다, ᄌ치다)
　; 입째예 만일 셜샤 곳ᄒ면(此時若泄瀉)<두창41>
　; 그 긔운을 내디 말기를 ᄀ장 이윽이 ᄒ 후의(勿泄其氣良久之後)<두창50>
　; ᄒ다가 氣分이 싀면(若泄氣)<구상78>
　; 더퍼 氣分이 ᄉᄆ차 나디 몯ᄒᄂ 것도(盖氣不泄)<구하62>
　; ᄌ치기를 도쉬 업ᄉ며(泄無度)<납약10>

　　'셜샤, 내다'는 (泄)에 대한 대역이다.『구상 · 구하 · 납약』에는 '싀다, 나다, ᄌ
치다'로『유합』에 '믈실'로 字釋되었다.

成 ; 짓다(ᄃ외다, 일다, 짓다, 되다)
　; 비치 거머 덕지 짓ᄂ니라(色黑成痂)<두창53>
　; 霍亂이 ᄃ외야(成霍亂)<구상31>
　; 여슷 ᄃ래 입과 눈이 일고(六月口目成)<태요8>
　; 얼굴 지은 혈괴 이시면(有成形塊)<태요48>
　; 다 ᄐᄀ긔 몯되ᄂ니라(皆不成胎)<태요1>

　　'짓다'는 (成)에 대한 대역이다.『구상 · 태요』에는 '일다, 짓다, 되다'로『두시
언해』에는 'ᄃ외다, 밍ᄀ다, 일우다, 짓다, 成熟ᄒ다'로『남명천계송언해』에는 '일
다, 이ᄅ다'로『정속언해』에는 '일다, 일우다'로『유합』에는 '일울'로『천자문』
광주 본에는 '일'로 석봉 본에는 '이를'로 주해 본에는 '이올'로 字釋되었다.

聲 ; 소리(소리)
　; 소리 ᄭ츤 후에야(聲絶然後)<두창31>

; 빈 울기 믈소릭 ㄱㅌ며(腹鳴水聲)<납약10>

　　'소릭'는 (聲)에 대한 대역이다. 『납약』에는 '소릭'로 『두시언해』에는 '놀애소리, 소리'로 『유합·천자문』에는 모두 '소릭'로 字釋되었다.

省 ; 씨다, 씨듯다(씨다, 츠리다, 인스, 출히다)
　; 어득어득ᄒ야 씨단디 못ᄒᄂ 것도(昏昏不省者)<두창68>
　; 졋 ᄲᆯ기를 씨듯디 못ᄒ야(不省吮乳)<두창12>
　; 즉재 씨ᄂ니라(卽省)<구상24>
　; 氣킁厥궐ᄒ야 츠림 몯고(氣厥不省)<구상2>
　; 인스를 츠리디 몯ᄒ기 두 가지 인ᄂ니(不省有二)<태요51>
　; 인스를 출히디 못ᄒ며(不省)<납약22>

　　'씨다, 씨듯다'는 (省)에 대한 대역이다. 『구상·태요·납약』에는 '씨다, 츠리다, 인스, 출히다'로 『두시언해·석보상절』에는 '슬피다'로 『유합』에는 '슬필, 조릴'로 대역되었다. 語形 '조릴'의 대역이 특이하다.

盛 ; 만ᄒ다, 셩ᄒ다(넣다, 담다, ㄱ장, 담다)
　; 입때예 열휘가 반ᄃ시 만홀 거시니(此時熱候必盛)<두창53>
　; 믈읫 이질이 열이 셩ᄒᄆ로(凡痘熱盛故)<두창11>
　; 덥게ᄒ야 주머니예 너허(使煖囊盛)<구상8>
　; 다리우리예 블 다마(熨斗盛火)<구상22>
　; 열산은 닐온 ㄱ장 더운제 아기 나커든(熱産謂盛暑解産)<태요25>
　; 동히예 담고(盛盆)<태요59>
　; 블근 깁 주머니예 너허(紅紬袋盛)<납약3>

　　'만ᄒ다, 셩ᄒ다'는 (盛)에 대한 대역이다. 『구상·태요·납약』에는 'ㄱ장, 담다, 만ᄒ다, 셩ᄒ다, 넣다'로 『두시언해』에는 '盛ᄒ다, 하다'로 『석보상절·남명천계송언해』에는 '담'으로 『훈몽자회』에는 '다ᄆᆯ'로 『유합·천자문』 광주·석봉본에는 '셩홀'로 주해 본에는 '셩홀, 담을'로 대역되었다.

誠 ; 진실

　　; 이 말이 진실로 올커니와(此說誠是)<두창55>

　　‘진실’은 (誠)에 대한 대역이다. 『두시언해』에는 ‘진실, 精誠’으로 『훈몽자회
· 유합 · 천자문』 광주 · 석봉 본에는 ‘졍셩’으로 주해 본에는 ‘졍셩, 진실’로 대역
되었다.

洗 ; 내다, 싯다(싯다, 곰다, 싯다)

　　; 월경을 딘케 내여(濃洗月經)<두창25>
　　; 면듀 슈건의 즙슉 믓쳐 온 ᄂᆞᆺ출 ᄌᆞ조 싯기되(用紬巾頻頻淋洗面顔)<두창29>
　　; 머리 곰디 말라(不可洗頭)<구상15>
　　; 즉제 시서 ᄇᆞ리라(卽洗去)<태요31>
　　; 몬져 시슨 후의 ᄇᆞᄅᆞ라(先洗後塗)<납약33>

　　‘내다, 싯다’는 (洗)에 대한 대역이다. 『구상 · 태요 · 납약』에는 ‘싯다, 곰다, 싯
다’로 『두시언해 · 석보상절 · 남명천계송언해』에는 ‘싯다’로 『훈몽자회 · 유합』
에는 ‘시슬’로 字釋되어있다. 語形 ‘곰다, 내다’의 내역이 흥미롭다.

歲 ; 슬(슬)

　　; 닙골 슬의 ᄉᆞ나히 역질ᄒᆞᄂᆞ니 이시되(有七歲男兒患痘)<두창34>
　　; 흔 슬 머근 아히란(一歲兒)<납약29>

　　‘슬’은 (歲)에 대한 대역이다. 『납약』에는 ‘슬’로 『두시언해』에는 ‘나히, 설, 히,
歲月’로 『남명천계송언해』에는 ‘히, 설’로 『정속언해 · 훈몽자회 · 유합 · 천자문』
등에는 모두 ‘히’로 대역되었다.

世 ; 셰상

　　; 셰샹이 원 손상 아니ᄒᆞ고(世或有不設神床)<두창10>

　　‘셰상’은 (世)에 대한 대역이다. 『두시언해』에는 ‘世間, 世上, 時世’로 『석보상

절』에는 '뉘'로 『훈몽자회』에는 '누리'로 『유합·천자문』 석봉 본에는 '인간'으로 광주 본에는 '누릴'로 주해 본에는 '셰샹, 뒤셰'로 대역되었다.

細 ; フ는(フ느리, ㄴ로니, フ늘다, 쥴다, 츤츤히, ㄴᄅ니, 셰말ᄒ다, フ늘다)
 ; フ는 フᄅ롤(細末)<두창3>
 ; フ느리 フ라 フᄅ 밍フ라(細研爲末)<구상7>
 ; ㄴ로니 십고(細嚼)<구상11>
 ; 져지 펴디여 기러 フ늘고(乳仲長細)<태요59>
 ; 이를 쥴게 싸ᄒ라(右剉細)<태요50>
 ; 츤츤 십고(細嚼)<태요5>
 ; ㄴᄅ니 フ라(細研)<태요61>
 ; フ장 셰말ᄒ야(研極細)<태요52>
 ; 혹 フᄅ롤게 십거나 혹 ㅂ은 후의(或嚼細或碎破然後)<납약5>

　'フ는'은 (細)에 대한 대역이다. 『구상·태요·납약』에는 'フ느리, ㄴ로니, フ늘다, 쥴다, 츤츤히, ㄴᄅ니, 셰말ᄒ다, フ늘다'로 『두시언해』에는 'フ늘다'로 『남명천계송언해·유합』에는 'フ늘'로 대역되었다.

小 ; フ늘다, 삿기, 젹다(젹다, 져므니, 호근, 효근, 죠고만, 죠고매, 효근, 젹다)
 ; 수셰외 フ늘고 フ는(絲瓜小小)<두창4>
 ; 흘레아닌 삿기 수돗글(未破陰小小雄猪)<두창31>
 ; 져근 즉 죵신토록 병이 들고(小則爲終身之疾)<두창10>
 ; 주근 사ᄅ믹 머리 져기 드러(小拳死人頭)<구상10>
 ; 늘그니와 져므니는 둘해 ㄴ화 머그라(老小分二服)<구상30>
 ; ᄯ 호근 마ᄂᆞᆯ ᄒ 되를 사ᄒ라(又方小蒜一升咬咀)<구상33>
 ; 효근 마ᄂᆞᆯ 汁을 귓굼긔 처디라(用小蒜汁滴耳中)<구하44>
 ; 샐리 죠고만 거슬 얼거(急以小物緊)<태요36>
 ; 죠고매 부픈거시 조ᄲᆞᆯ낫 フ트니(有小泡子如粟米)<태요69>
 ; 냇믈에 효근 사요를 즛디허(溝渠中小鰕煉搗)<태요74>
 ; 져근덧 기도로면(小待)<납약22>

‘ㄱ놀다, 삿기, 젹다’는 (小)에 대한 대역이다.『구상 · 구하 · 태요 · 납약』에는 ‘젹다, 져므니, 호근, 효근, 죠고만, 죠고매, 효근, 젹다’로『두시언해』에는 ‘ㄱ놀다, 젹다, 죠고맛다, 효근’으로『석보상절』에는 ‘혁다, 쟉, 쟉쟉, 혹’으로『남명천계송언해』에는 ‘젹다, 죠고매’로『정속언해』에는 ‘죠고마’로『유합』에 ‘자골’로 字釋되었다. 語形 ‘호근, 효근, 효근, 혁다’는 消滅語로 볼 수 있다.

少 ; 잠깐(젹다, 호근, 쟉다)

　; 진이 흐르고 잠깐 움즈기면(流汁少或搖動)<두창44>
　; 져기 식거든(少冷)<구상9>
　; 쪼 호근 돌흘 봇가 붉게ᄒ야(又將石沙炒令赤色)<구상33>
　; 혹 하여 혹 자그며(或多或少)<태요1>

　　‘잠깐’은 (少)에 대한 대역이다.『구상 · 태요』에 ‘젹다, 호근, 쟉다’으로『두시언해』에는 ‘젹다, 졈다’로『석보상절』에는 ‘젹다’로『남명천계송언해 · 정속언해』에는 ‘젹다, 졈다’로『천자문』광주 본에는 ‘아히’로 석봉 본에는 ‘져믈’로 주해 본에는 ‘졈, 젹을, 나므라홀’로 대역되었다. 語形 ‘나므라홀’의 대역이 특이하다.

素 ; 소ᄒ다(본ᄃᆡ)

　; 소ᄒ기도 오히려 가ᄒ거니와(素尙或可也)<두창12>
　; ᄌ식 빈 겨집이 본ᄃᆡ 담음 곳 이시면(孕婦素有痰飮則)<태요12>

　　‘소ᄒ다’는 (素)에 대한 대역이다.『태요』에는 ‘본ᄃᆡ’로『두시언해』에는 ‘본ᄃᆡ, 셴, 하얀’으로『유합』에는 ‘횔, 아릭’로『훈몽자회 · 천자문』광주 · 석봉 본에는 ‘횔’로 주해 본에는 ‘본ᄃᆡ, 횔, 질박, 빌’로 대역되었다.

消 ; 스ᄂ다, 슬다(노기다, 녹다, 슬다, 삭다, 삭다, 스러디다)

　; 즉시 스ᄂ니(可消)<두창3>
　; 스스로 슬고(自消)<두창37>
　; 믈 두 마래 글혀 노겨(以水二斗煮消)<구상26>
　; 피를 슬며(血消)<구상44>

; 버거 밀 너허 노곰 기들워(次入蠟候消)<구하8>
; 가히고기 먹고 삭디 아니ᄒ야(食狗肉不消)<구하61>
; 히 오래여 머근거시 사가 ᄂ리디 아니ᄒ며(積年食不消下)<납약17>
; 헐므은 ᄃᆡ를 스러디게 ᄒᄂ니(消瘡疹)<납약7>

　'스ᄂ다, 슬다'는 (消)에 대한 대역이다. 『구상·구하·납약』에는 '노기다, 녹다, 슬다, 삭다, 스러디다'로 『두시언해』에는 '녹ᄂ다, 스로다'로 『유합』에는 '스러딜'로 字釋되었다.

燒 ; 스로다(데다, 슬다, 블퓌다, 스라다)
; 숫불로 ᄉ면을 둘러 스로ᄃᆡ(炭火四圍燒)<두창3>
; 쇠 갓프를 스라 ᄀᄂ라 ᄀ라(牛皮膠燒細硏)<구상7>
; 더운 믈와 브레 데닌(被湯火燒者)<구하7>
; 또 샤상ᄌᆞ를 블에 퓌워 닉를 당쳐의 쏘이라(以蛇床子燒烟微熏之)<태요75>
; 숫블에 븕게 슬와(炭火燒亦)<태요50>

　'스로다'는 (燒)에 대한 대역이다. 『구상·구하·태요』에는 '데다, 슬다, 블퓌다, 스라다'로 『두시언해』에는 '굽다, 블븥다, 슬다'로 『훈몽자회·유합』에는 '슬다'로 字釋되었다.

梳 ; 빗다(빗)
; 머리 빗기를(梳頭)<두창14>
; 늘근 빗 두 나츨(故梳二枚)<구하67>

　'빗다'ᄂᆞ (梳)에 대한 대역이다. 『구하』에ᄂᆞ '빗'으로 『두시언해』에는 '빗다'로 『유합』에는 '빗'으로 字釋되었다.

速 ; 샐리(ᄲᆞ르다)
; 또ᄒᆞ 셩취ᄒᆞ기를 샐리 ᄒᄂ니(且速成就)<두창29>
; 效驗이 ᄲᆞ르니(效速)<구상12>

‘샐리’는 (速)에 대한 대역이다. 『구상』에는 ‘샌르다’로 『두시언해·석보상절
·남명천계송언해』에는 ‘샐리’로 『유합』에는 ‘샐를’로 字釋되었다.

俗 ; 세쇽, 쇽다
  ; 세쇽이 황년과 감초 달힌 믈로(俗以黃連甘草水下)<두창1>
  ; 무당을 밋기는 쇽괴로 비록 마디 못홀 거시오(信巫俗忌雖不得不)<두창12>

  ‘세쇽, 쇽다’는 (俗)에 대한 대역이다. 『두시언해』에는 ‘民俗, 世俗, 俗人, 時俗,
風俗’으로 『석보상절·남명천계송언해』에는 ‘쇼ㅎ’로 『유합·천자문』광주·석
봉 본에는 모두 ‘風俗’으로 주해 본에는 ‘풀쇽, 쇽쇽’으로 대역되었다.

粟 ; 좁쌀
  ; 좁쌀ㄱ티 도다시면 그거시 진짓 쩌시라(如粟起則爲眞也)<두창6>

  ‘좁쌀’은 (粟)에 대한 대역이다. 『두시언해』에는 ‘조, 조쌀’로 『훈몽자회·유합』
에 모두 ‘조’로 字釋되었다.

洒 ; 쌜히다
  ; 그 피 훗 쌜혀(其血散洒)<두창31>

  ‘쌜히다’는 (洒)에 대한 대역이다. 『두시언해』에는 ‘쌜다, 젖다’로 『유합』에는
‘믌브릴’로 字釋되었다.

數 ; 두어(줓다, 여러, 준느다)
  ; 두어 날만의 즉으니(數日自盡)<두창12>
  ; 氣分을 吐호미 즈즈면(吐氣數)<구상43>
  ; 여러 나를 나티 몯ㅎ야(數日不産)<구하87>
  ; 즈식 빈 믹은 굵고 준느니라(孕脉洪數)<태요9>
  ; 두어 째 스이예(數時頃)<태요9>

　‘두어’는 (數)에 대한 대역이다.『구상·구하·태요』에는 ‘줓다, 여러, 즌ᄂ다’
로『두시언해』에는 ‘두어, ᄌ조, 혜요다, 數’로『석보상절』에는 ‘혜다’로『남명천
계송언해』에는 ‘헤아리다, 두어’로『유합』에는 ‘수고슴’으로 字釋되었다. 語形
‘수고슴’의 대역이 흥미롭다.

守 ; 딕희다
　; 이 경계를 딕희라(守此戒)<두창14>

　‘딕희다’는 (守)에 대한 대역이다.『두시언해』에는 ‘固守ᄒ다, 딕히다, 防守ᄒ
다, 守巡ᄒ다, 巡守’로『석보상절·남명천계송언해』에는 ‘딕히다’로『정속언해』
에는 ‘딕킈다, 슈호ᄒ다’로『유합·천자문』석봉 본에는 ‘디킬’로 광주 본에는 ‘딕
힐’로 주해 본에는 ‘직킬, 슈령’으로 대역되었다.

雖 ; 비록(비록)
　; 비록 날디라도 경ᄒ야(雖出亦輕)<두창5>
　; 비록 더러우나(雖曰穢汚)<구상37>
　; 빈 비록 알파도(腹雖痛)<태요21>

　‘비록’은 (雖)에 대한 대역이다.『구상·태요·두시언해·남명천계송언해』에
모두 ‘비록’으로 대역되었다.

睡 ; 조올다(자다, ᄌ오다, 자다, 자다, 조을다)
　; 소올며 군날ᄒ고(睡譫語)<두창6>
　; 오래 사름 업스 츤 房방이 자다가(久無人居冷房睡中)<구상21>
　; ᄌ오다가 비야미 입 안해 드러(睡熟有蛇入口中)<구하78>
　; 오래 누어 자지 말며(勿多睡臥)<태요15>
　; 안날 밤 잘 쌔예(隔夜臨睡)<납약26>
　; 아득고 조을며(昏睡)<납약32>

　‘조올다’는 (睡)에 대한 대역이다.『구상·구하·태요·납약』에는 ‘자다, ᄌ오

다, 조을다'로『두시언해』에는 'ᄌᆞ오다, 잠'으로『유합』에는 '조오롬'으로 字釋되었다.

隨 ; 쓸와(좇다, 좃다, 받다)
　; 증을 쓸와 약을 쓰디 못ᄒᆞ야(隨症用藥)<두창67>
　; 病뼝ᄒᆞᆫ 사ᄅᆞᄆᆡ 뜨들 조차(隨病人意)<구상31>
　; 아기 그믈을 조차 나면(兒隨水而下)<태요26>
　; ᄌᆞ식이 믿바다 나ᄂᆞ니(兒卽隨産)<태요25>

　　'쓸와'는 (隨)에 대한 대역이다.『태요·두창』에는 '좇다, 좃다, 받다'로『두시언해』에는 '좇다, 좃다'로『남명천계송언해·정속언해·유합·천자문』등에는 모두 '좇다'로 대역되었다. 現代語 '따르다'는 漢醫書에 나타난 '쓸와'와 19세기『兒學篇』에 발견되는 '따르다'에서 찾아볼 수 있을 것 같다.

收 ; 싸둣다(거두다, 건ᄂᆞ니다, 드ᄂᆞ니라, 거두다)
　; 두 냥 반만 경히 싸둣다가(約二兩半重收)<두창4>
　; 네 활개를 거두디 몯ᄒᆞ며(四肢不收)<구상4>
　; 코애 부러 ᄌᆞ치옴ᄒᆞ면 즉시 건나니라(吹鼻作嚔卽收)<태요60>
　; 절로 드ᄂᆞ니라(自收)<태요25>
　; 손 발을 거두디 못호몰(手足不收)<납약1>

　　'싸둣다'는 (收)에 대한 대역이다.『구상·태요·납약』에는 '거두다, 건ᄂᆞ니다, 드ᄂᆞ니라, 거두다'로『두시언해』에는 '가도다, 가도혀다, 갇다, ᄀᆞ초다, 收用ᄒᆞ다, 收復ᄒᆞ다, 收合ᄒᆞ다, 收取ᄒᆞ다, 收拾ᄒᆞ다, 얻다'로『석보상절』에는 '갇다'로『정속언해』에는 '거두다'로『훈몽자회』에는 '거둘'로『유합』에는 'ᄀᆞ초다, 거둘'로『천자문』광주 본에는 '가들'로 석봉·주해 본에는 '거둘'로 字釋되었다. 語形 '싸둣다'의 대역이 특이하다.

脣 ; 웃시욹(입시울)
　; 눈 아래 웃시욹과 코구멍 입시욹(眼眶口脣鼻孔)<두창22>

; 웃입시울 안흘 보딕(視其上脣齒裏)<구상18>
; 입시우리 프르고(脣靑)<태요27>

　　'웃시울'은 (脣)에 대한 대역이다.『구상·태요·석보상절·남명천계송언해·
훈몽자회·유합』에는 모두 '입시울'로 대역되었다.

濕 ; 불우다(습긔)

; 다 블워 독긔가 안흐로 드디 아니ᄒ고(皆濕爛毒不入裏)<두창29>
; 저즌 뵈 우희 藥약 볼라 피ᄂᆞᆫ딕 브티라(濕布上塗藥貼於患處)<구상65>
; 비위에 습긔 들어(脾胃受濕)<납약10>

　　'불우다'는 (濕)에 대한 대역이다.『구상·납약』에는 '습긔'로『두시언해』에는
'젖다, 즌'으로『남명천계송언해』에는 '젖다'로『유합』에는 '저즐'로 字釋되었다.

乘 ; ᄆᆞ이

; 슈양탕으로 ᄆᆞ이 덥게ᄒ야(以水楊湯乘熱)<두창52>

　　'ᄆᆞ이'는 (乘)에 대한 대역이다.『두시언해』에는 '타다, 툰다, 토다, 얻다'로『훈
몽자회·유합』에 모두 '톨'로 字釋되었다.

承 ; 받다

; 그로소로 그 피롤 바ᄃ되(以器承其血)<두창31>

　　'받다'는 (承)에 대한 대역이다.『두시언해』에는 '닙스다, 닛다, 받다'로『석보
상절』에는 '닛다'로『유합』에는 '니슬'로『천자문』광주 본에는 '니을'로 석봉
본에는 '니일'로 주해 본에는 '니을, 도올'로 대역되었다.

升 ; 되(되, 딕)

; 녹두 각 ᄒᆞᆫ 되(菉豆各一升)<두창5>
; 츤 추미 ᄒᆞᆫ 두 되만 나면(冷涎出一二升)<구상4>

; 듁녁 ᄒᆞᆫ 되를 머기면(竹瀝飮一升)<태요19>

　'되'는 (升)에 대한 대역이다. 『구상·태요』에는 '되, 딕'로 『훈몽자회·유합』
에는 모두 '되'로 『두시언해』에는 '되, 오ᄅᆞ다'로 대역되었다.

試 ; 시험, 쓰다(뼈다, 디내다)
; 시험ᄒᆞ야 (試邀)<두창37>
; 쓰젹마다 효험이 만ᄒᆞ더라(妙累試輒效)<두창26>
; 온 藥을 뼈도 됴티 아니ᄒᆞ닐(百藥試之不效)<구하41>
; 만히 디내니 다 효험 잇더라(異試皆驗)<태요36>

　'시험, 쓰다'는 (試)에 대한 대역이다. 『구하·태요』에는 '뼈다, 디내다'로 『두
시언해』에는 '맛보다, 비르서'로 『유합』에는 'ᄒᆞ야볼'로 字釋되었다.

時 ; 때, 째, 적(뼈, 씽졀, 時節, 時刻, 잇다감, 씌, 때, 적, 때)
; 발열ᄒᆞ야 두역이 나고져홀 째예(發熱欲出痘時)<두창16>
; 때때 놀고(時時遊)<두창21>
; 빅비탕을 막 쓸흘 저긔(以百沸湯方其沸時)<두창50>
; 이ᄀᆞ티 ᄒᆞᆫ 밥때만 ᄒᆞ면(此一飯時)<구상77>
; 時씽節졀을 븓들이디 마오(不拘時)<구상3>
; 時節을 븓들이디 말라(不拘時)<구상62>
; 時刻에 븓들이디 말라(不拘時)<구상57>
; 잇다감 發벓ᄒᆞ며 잇다감 그처(時發時止)<구상13>
; 빅얌 쉰 씌(蛇螫着時)<구하74>
; 이 때예 ᄌᆞ궁이 졍히 여러시니(此時子宮正開)<태요7>
; 이 저긔 남녀 뎡티 몯ᄒᆞ여시므로(是時男女未定故)<태요11>
; 이제 마치 빅 여흐레 걸인듯 ᄒᆞ니(此時如舟坐灘)<태요26>
; 때를 거리끼디 말고(不拘時)<납약3>

　'때, 째, 적'은 (時)에 대한 대역이다. 『구상·구하·태요·납약』에는 '때, 씽졀,
時節, 時刻, 잇다감, 씌, 때, 적, 때'로 『두시언해』에는 '쁠, 씌, 적, 제, 時節'로

『석보상절』에는 '디, 쁴, 적, 제'로 『남명천계송언해』에는 '쁴, 적, 제'로 『정속언해』에는 '덛, 시절, 적, 제'로 『훈몽자회』에는 '쁴'로 『유합·천자문』석봉 본에는 '시졀'로 광주 본에는 '삐니'로 주해 본에는 '시졀, 째'로 대역되었다. 語形 '잇다감'의 대역이 흥미롭다.

屍 ; 주검

 ; 혼 주검이 되여시니(屍令人)<두창35>

　'주검'은 (屍)에 대한 대역이다. 『두시언해·훈몽자회』에 모두 '주검'으로 대역되었다.

翅 ; 늘개(ᄂ래, 늘개)

 ; 머리 발 늘개 쌔혀 ᄇ리고(去頭足翅)<두창22>
 ; 또 둘기 ᄂ래를 두녀글 다 ᄲ듸(又方鷄翅左右俱用)<구상57>
 ; 사ᄅ미 늘개 것고 그려기를 머기며(人飼折翅雁)<구하23>

　'늘개'는 (翅)에 대한 대역이다. 『구상·구하』에는 'ᄂ래, 늘개'로 『두시언해·남명천계송언해·훈몽자회』등에 모두 '늘개'로 대역되었다.

視 ; 보다(뜨다)

 ; 원ᄒ대 보기를 이윽히 ᄒ다가(默視良久)<두창34>
 ; 눈ᄌ의 티뜨이며(目睛上視)<납약30>

　'보다'는 (視)에 대한 대역이다. 『납약』에는 '뜨다'로 『두시언해』에는 '보다'로 『훈몽자회·유합』에는 '볼'로 字釋되었다. 語形 '뜨다'의 대역이 흥미롭다.

始 ; 비로소, 처음(처엄)

 ; 비로소 죽 믈을 머그니(始進粥飮)<두창44>
 ; 처엄붓터 못도록(自始至終)<두창13>
 ; 처어믜 쳔 믈 마쇼믈 因ᄒ커나(始因飮冷)<구상31>

‘비로소, 처음’은 (始)에 대한 대역이다. 『구상』에는 ‘처엄’으로 『두시언해』에는 ‘비롯, 처섬’으로 『석보상절』에는 ‘굿, 비르서, 처섬’으로 『남명천계송언해』에는 ‘비릇, 비르서, 첫’으로 『정속언해』에는 ‘비릇’으로 『유합·천자문』 광주·석봉 본에는 ‘비르슬’로 주해 본에는 ‘비로슬’로 字釋되었다.

新 ; 새(굿, 새, 올히, 굿, 선, 굿)

 ; 새 디애 우히 노코(置新瓦上用)<두창3>
 ; 굿 기룬 므레 프러 헌듸 브르로(新水調搽凍破瘡上)<구상7>
 ; 새업거든 므레 무른닐 프러도 또 됴ᄒ니라(無新者水和乾者亦得)<구상24>
 ; 올히 난 횟횟가지(新生槐枝)<구상30>
 ; 굿 기른 믈에 무라(新汲水調)<태요74>
 ; 선밤을 버혀 내둣ᄒ야(採硏新栗)<태요31>
 ; 굿 기른 우믈 믈의 빠 ᄂ리오라(新汲水調下)<납약29>

‘새’는 (新)에 대한 대역이다. 『구상·태요·납약』에는 ‘굿, 새, 올히, 굿, 선, 굿’으로 『두시언해·석보상절·남명천계송언해·유합·천자문』 등에 모두 ‘새’로 대역되었다. 語形 ‘올히’의 대역이 흥미롭다.

愼 ; 삼가(잠깐)

 ; 삼가 맛당히 봉폐ᄒ고(愼宜封閉)<두창55>
 ; 잠깐도 블혀 뵈디 마를 디니(愼勿以火照則)<구상24>

‘삼가’는 (愼)에 대한 대역이다. 『구상』에는 ‘잠깐’으로 『유합·천자문』에는 ‘삼갈’로 字釋되었다.

神 ; 귀신, 손님, 신령(씬긔ᄒ다, 귀신, 신긔롭다, 정신)

 ; 귀신 이심 업스믄(神之有無)<두창9>
 ; 무당이 닐로되 즁 손님이라ᄒ니(女巫以爲僧尼之神)<두창11>
 ; 만일 신령이 이실쟉시면(若有神)<두창10>
 ; 神씬奇킝ᄒ 功공이 잇ᄂ니(有神功)<구상37>

; 온갓 샤긔옛 귀신이 감히 갓갑디 못ᄒᆞᄂᆞ니라(一切邪神不取近)<납약3>
; ᄀᆞ장 신긔로온 효험이 인ᄂᆞ니라(最有神效)<납약11>
; 졍신을 평안케ᄒᆞ며(安神)<납약32>

'귀신, 손님, 신령'은 (神)에 대한 대역이다. 『구상 · 납약』에는 '씬긔ᄒᆞ다, 귀신, 신긔롭다, 졍신'으로 『두시언해』에는 '精神, 神奇ᄒᆞ다, 神靈, 神妙ᄒᆞ다, 鬼神, 神, ᄆᆞᅀᆞᆷ'으로 『훈몽자회 · 유합 · 천자문』 석봉 본에는 '신령'으로 광주 본에는 '실령'으로 주해 본에는 '졍신, 귀신'으로 대역되었다.

身 ; 몸
; 온 몸과 머리 ᄂᆞᆾ과 아래 우흘(全身頭面上下)<두창5>

'몸'은 (身)에 대한 대역이다. 『두시언해 · 훈몽자회 · 유합 · 천자문』 등에 모두 '몸'으로 대역되었다.

信 ; 밋다
; 무당 밋ᄂᆞᆫ 거시 진실로(信巫實)<두창9>

'밋다'는 (信)에 대한 대역이다. 『두시언해』에는 '믿다, 書信, 진실, 眞實'로 『석보상절 · 남명천계송언해』에는 '믿다'로 『훈몽자회』에는 '미들'로 『유합』에는 '미더울, 미들'로 『천자문』 광주 본에는 '미들'로 석봉 본에는 '미들'로 주해 본에는 '밋블, 미들, 긔별'로 대역되었다.

顖 ; 쉬ᄊᆞᆼ긔(숫구무)
; 쉬ᄊᆞᆼ긔 붓텨(貼顖門)<두창23>
; 아긔 머리 숫구무 우희 브티라(貼顖上)<태요75>

'쉬ᄊᆞᆼ긔'는 (顖)에 대한 대역이다. 『태요』에는 '숫구무'로 대역된 어형이 발견되나 다른 문헌에서는 대역된 어형을 찾아 볼 수 없다. 語形 '쉬ᄊᆞᆼ긔'의 대역이 특이하다.

失 ; 잃다(그르ᄒ다, 몯ᄒ다)

  ; ᄆ춤내 그 됴셥ᄒᄂᆫ 도리를 일허(終失調攝)<두창10>
  ; 하외욤 그르ᄒ야(失欠)<구상79>
  ; 痰이 마켜 소리 몯ᄒᄂ닐(痰塞失音)<구상2>
  ; ᄌ식이 날 길흘 일티 아니ᄒ야(兒不失其道)<태요22>

  '잃다'는 (失)에 대한 대역이다. 『구상 · 태요』에는 '그르ᄒ다, 몯ᄒ다'로 『석보
상절 · 남명천계송언해 · 정속언해』에는 모두 '잃다'로 『두시언해』에는 '잃다, 失
ᄒ다, 그르ᄒ다, 흘리다, 업다'로 『유합』에는 '일흘'로 字釋되었다.

實 ; 진실(염글다, 셩ᄒ다)

  ; 무당 믿ᄂᆫ 거시 진실로(信巫實)<두창9>
  ; 네냐치 슬지고 염글오 좀 먹디 아니ᄒ닐 거믄 거플 밧겨(四介肥實幷蛀者去黑皮)<구상
   4>
  ; 풍열과 담이 셩ᄒ여(風熱痰實)<납약32>

  '진실'은 (實)에 대한 대역이다. 『구상 · 납약』에는 '염글다, 셩ᄒ다'로 『두시언
해』에는 '여름, 진실, 眞實, 實'로 『석보상절』에는 '여름, 열다'로 『남명천계송언
해』에는 '여름'으로 『유합』에는 '여믈'로 『천자문』 광주 본에는 '염믈'로 석봉
본에는 '염글'로 주해 본에는 '열매, 메올, 진실'로 대역되었다.

甚 ; 심히(씸ᄒ다, ᄀ장, 믓, ᄀ장)

  ; 이 방문이 심히 묘ᄒ니(此方甚妙)<두창26>
  ; 甚씸ᄒ니란 아히 오좀 ᄒ 盞잔을 조쳐 머기라(服甚者加童子小便一盞)<구상35>
  ; ᄀ장 됴ᄒ니라(甚效)<구하27>
  ; 거믄 풋 글혼 汁을 머구미 믓 됴ᄋ니라(黑豆煮汁服之甚良)<구하70>
  ; ᄀ장 됴ᄒ니라(甚妙)<태요33>

  '심히' (甚)에 대한 대역이다. 『구상 · 구하 · 태요』에는 '씸ᄒ다, ᄀ장, 믓, ᄀ장'
으로 『두시언해 · 석보상절』에는 '甚히'로 『유합 · 천자문』 광주 · 석봉 본에는

'심홀'로 주해 본에는 '심홀, 므슴'으로 대역되었다.

審 ; 슬피다

; 즈셔히 슬퍼(詳審)<두창54>

'슬피다'는 (審)에 대한 대역이다. 『유합』에는 '샹찰'로 『천자문』에는 '슬필'로 字釋되었다.

深 ; 깁다(깊다, 들다)

; 독이 깁프여 엿트미오(毒之深淺)<두창38>
; 이 毒독을 마조미 기퍼(此是中毒之深) <구상33>
; 아긔 밧바당을 흔 푼 두 푼 들게(兒足心深一二分)<태요24>

'깁다'는 (深)에 대한 대역이다. 『구상·태요』에는 '깁다, 들다'로 『두시언해』에는 '깁다, 깊다'로 『석보상절·유합·천자문』 광주 본에는 '기플'로 석봉 본에는 '기플'로 주해 본에는 '기플, 기피'로 대역되었다.

心 ; 마음(가슴, 므슴, 안, 엄, 가슴, 념통, 모음, 가슴, 명치, 모음)

; 사룸의 마음이 본듸 허령훈듸(心本虛靈)<두창9>
; 가슴맷 노햇다가 츠거든(以搏其心冷)<구상8>
; 모슴미 더워 氣分이 通호며(心煖氣通)<구상8>
; 惡학風붕이 안히 답답호야(惡風心悶)<구상2>
; 파 누른 엄으로(以葱黃心)<구상20>
; 가슴 비 알프며(心腹痛)<태요17>
, 수도틴 념통 피에 모라(豬心血和)<태요27>
; 모음이 어즐러워 답답호며(心中憒悶)<태요13>
; 과콜리 가슴 비 알프며(卒心腹痛)<납약2>
; 명치며 가슴의 머므러 이시며(留在心胸)<납약14>
; 모음과 정신이 어즐홈과(心神恍惚)<납약5>

‘마음’은 (心)에 대한 대역이다.『구상·태요·납약』에는 ‘가슴, ㅁ숨, 안, 엄, 가슴, 념통, ㅁ음, 가슴, 명치, ㅁ음’으로『두시언해』에는 ‘ㅁ숨, 가온데, ㅁ음’으로『석보상절·남명천계송언해』에는 ‘ㅁ숨’으로『훈몽자회·천자문』광주 본에는 ‘ㅁ숨’으로 석봉·주해 본과『유합』에는 ‘ㅁ음’으로 字釋되었다. 語形 ‘명치’의 대역이 흥미롭다.

兒 ; ᄌ식(아기, 아긔, ᄌ식)

   ; 병든 ᄌ식이 샹ᄒ리라(病兒必傷矣)<두창12>
   ; 제 아비 일훔를 아기 밠바당애 스면(取其父名書兒足下)<구하82>
   ; 몬져 아긔 아래를 미러(先推兒下體)<태요23>
   ; ᄌ식이 즉제 나ᄂ니라(其兒逐生)<태요22>

   ‘ᄌ식’은 (兒)에 대한 대역이다.『구하·태요』에는 아기, ‘아긔, ᄌ식’으로『두시언해』에는 ‘아들, 아히, 삿기, 男兒’로『석보상절』에는 ‘아들, 아히’로『훈몽자회·유합·천자문』광주·석봉 본에는 ‘아들, 아히’로 주해 본에는 ‘아히, 예가예’로 대역되었다.

鵝 ; 거유, 게유(거유)

   ; 거유알이 올희알(鵝鴨)<두창14>
   ; 아히ᄂ 게유알만이나 ᄒ니(小兒則大如鵝卵)<두창65>
   ; 거유 ᄂ랫딧(鵝翎)<구상53>

   ‘거유, 게유’는 (鵝)에 대한 대역이다.『구상』에는 ‘거유’로『두시언해』에는 ‘올히, 그려기’로『훈몽자회』에는 ‘거유’로『유합』에는 ‘게유’로 字釋되었다.

啞 ; 벙어리

   ; 소릭가 벙어리ᄀ튼 쟈ᄂ(聲啞者)<두창53>

   ‘벙어리’는 (啞)에 대한 대역이다.『宣祖 소학언해4;31』에 보면 ‘숫글 먹움어 벙어리 되여 져제 ᄃ니며 비비(呑炭爲啞行乞於市)’에서 대역된 어형을 발견할 수 있다.

惡 ; 더럽다. 사오나온(독ᄒᆞ다, 샹ᄒᆞ다, 구지다, 모디다, 슬허ᄒᆞ다)
　　; 더러온 내를 내디 말라(惡臭未發)<두창14>
　　; 사오나온 내가(惡臭)<두창12>
　　; 독ᄒᆞᆫ 버스시며(惡菌)<납약24>
　　; 술의 샹ᄒᆞ여 토ᄒᆞ며 눅눅ᄒᆞ며(酒嘔吐惡心)<납약11>
　　; ᄌᆞ식 구지셔ᄂᆞᆫ 병의 일홈이라(惡阻)<태요12>
　　; 모딘피 안ᄯᅢ예 흘러 드두모로(惡血流胞中故)<태요36>
　　; ᄌᆞ식 빈 겨집이 음식 슬허ᄒᆞ거든(姙婦惡食)<태요13>

　　'더럽다, 사오나온'는 (惡)에 대한 대역이다. 『납약 · 태요』에는 '독ᄒᆞ다, 샹ᄒᆞ다, 구지다, 모디다, 슬허ᄒᆞ다'로 『두시언해』에는 '모디다, 믜여ᄒᆞ다, 사오납다, 아쳗다'로 『석보상절』에는 '멎다'로 『남명천계송언해』에는 '모딜다'로 『유합』에는 '모딜, 아쳐'로 『훈몽자회 · 천자문』 광주 · 석봉 본에는 '모딜다'로 주해 본에는 '사오나올, 뮈올, 엇지'로 대역되었다. 語形 '아쳗다'는 消滅語로 볼 수 있다.

按 ; 누로다(눌러, ᄶᅡ)
　　; 손으로 진득진득 누로면(以手按磨)<두창27>
　　; ᄀᆞ장 모로매 그 ᄆᆞᅀᆞᆷ믈 눌러(極須按安其心)<구상75>
　　; 소오ᄆᆞ로 됴ᄒᆞᆫ 술 저져 소ᄂᆞ로 汁즙을 ᄶᅡ(以綿漬好酒手按汁)<구상25>

　　'누로다'는 (按)에 대한 대역이다. 『구상』에는 '눌러, ᄶᅡ'로 『유합』에는 '져줄'로 대역되었다. 語形 '져즐'의 대역이 특이하다.

眼 ; 눈(눈, ᄌᆞ올다)
　　; 눈 아래 웃시욹과 코구멍 입시욹 귀숨긔(眼眶口脣臭孔耳)<두창22>
　　; 흰 羊아ㅣ 눈간ᄒᆞᆫ(白羊眼)<구상1>
　　; ᄌᆞ올거나 눕거나ᄒᆞ여(眼臥)<구하81>

‘눈’은 (眼)에 대한 대역이다. 『구상·구하』에는 ‘눈, 즈올다’로 『두시언해·석
보상절·남명천계송언해·훈몽자회·유합』 등에 모두 ‘눈’으로 대역되었다.

鴨 ; 올희(올히)

 ; 엿 둙의 알 거유알 올희알(飴飯鷄鵝鴨)<두창14>
 ; 올희알 만ᄒ나 두 나출(如鴨子大二枚)<구상17>

 ‘올희’는 (鴨)에 대한 대역이다. 『두시언해·훈몽자회·유합』 등에 모두 ‘올히’
로 대역되었다.

碍 ; 것티다

 ; 손의 것티디 아니ᄒ며(不碍指)<두창34>

 ‘것티다’는 (碍)에 대한 대역이다. 『두시언해』에는 ‘ᄀ리다’로 『유합』에는 ‘ᄀ
리올’로 字釋되었다.

若 ; 혹, 만일(ᄒ다가, 만일, ᄒ다가, 만일)

 ; 혹 꾀리를 흔들면(若掉尾)<두창31>
 ; 만일 신령이 이실 쟉시면(若有神)<두창10>
 ; ᄒ다가 그 ᄆᅀᆞᄆᆞᆯ 둣게 아니코(若不先溫其心)<구상8>
 ; 만일 빗기슭이 턍만ᄒ야(若小腹滿)<태요54>
 ; ᄒ다가 긔혈리 브죡ᄒ거든(若氣血不足)<태요32>
 ; 이약이 만일 증의 마즈면(此藥若對症)<납약22>

 ‘혹, 만일’은 (若)에 대한 대역이다. 『구상·태요·납약·두창』에는 ‘ᄒ다가,
만일’로 『두시언해』에는 ‘다, 어느, ᄒ다가, 만일’로 『석보상절·정속언해』에는
‘ᄒ다’로 『유합·천자문』 광주·석봉 본에는 모두 ‘ᄀ틀’로 주해 본에는 ‘ᄀ틀,
향초, 슌홀, 너, 지혜’로 대역되었다. 語形 ‘향초, 슌홀, 너, 지혜’의 대역이 특이하
다. 語形 ‘ᄒ다가’는 消滅語로 볼 수 있다.

躍 ; 뛰다

 ; 몸을 벗고 뛰여내 드르니(裸身躍出)<두창57>

 ‘뛰다’는 (躍)에 대한 대역이다. 『두시언해』에는 ‘날다, 둘이다, 뛰다’로 『훈몽자회』에는 ‘봄놀’로 『유합』에는 ‘봄노솔’로 『천자문』광주 본에는 ‘봉노을’로 석봉 본에 ‘뛸’로 주해 본에는 ‘뛸’로 字釋되었다. 語形 ‘봄놀, 봄노솔, 봄노을’은 消滅語로 볼 수 있다.

弱 ; 약ᄒ다

 ; 열이 극ᄒ고 긔운이 약ᄒ야(熱極氣弱)<두창53>

 ‘약ᄒ다’는 (弱)에 대한 대역이다. 『두시언해』에는 ‘ᄀᆞᆫ, 보드랍다, 여리다, 殘弱ᄒ다, 져믄’으로 『훈몽자회·유합』에는 ‘약홀, 약홀’로 『천자문』 광주 본에는 ‘바ᄃ라올’로 석봉 본에는 ‘약홀’로 주해 본에는 ‘약홀, 어릴’로 대역되었다.

羊 ; 양

 ; 양의 고기 도틱간(羊肉猪肝)<두창14>

 ‘양’은 (羊)에 대한 대역이다. 『훈몽자회·유합·천자문』 석봉·주해 본에는 모두 ‘양’으로 광주 본에는 ‘염’으로 字釋되었있다. 語形 ‘염’의 대역이 특이하다. 이는 現代語 ‘염소’를 지칭하는 것이 아닌가 한다.

楊 ; 버들

 ; ᄀᆞ시 블근 버들이니(赤杖之楊)<두창28>

 ‘버들’은 (楊)에 대한 대역이다 『훈몽자회·유합』에도 ‘버들’로 字釋되었다.

養 ; 기ᄅ다(치다)

 ; 잘 기ᄅᄂ 고로(善養)<두창2>

; 아기 치던 믈이니(養兒之水)<태요26>

　'기르다'는 (養)에 대한 대역이다. 『태요 · 석보상절 · 남명천계송언해』에는 '치
다'로 『훈몽자회 · 유합』에는 '칠'로 字釋되었다.

痒 ; ㄱ렵다(브랍다)
; 입때예 혹 ㄱ려온 증이 잇거든(此時或有痒症)<두창27>
; 瘡이 져기 브랍거든 춤고(瘡微痒旦忍)<구하3>

　'ㄱ렵다'는 (痒)에 대한 대역이다. 『구하』에는 '브랍다'로 대역되었다. 語形 '브
랍다'는 消滅語로 볼 수 있다.

魚 ; 믈고기(고기, 믌고기, 믓고기, 고기)
; 믈고기 양의 고기 도틱간(魚羊肉猪肝)<두창14>
; 고깃 뼈에 傷커든(魚骨所傷)<구상47>
; 믌고깃 뼈 걸우닐 고툐딕(治魚骨)<구상47>
; 믓고기 먹고 毒올 마자(食魚中毒)<구하57>
; 몸이 고기 입 거품 ㄱ토며(身如魚泡)<태요73>
; 비늘 업슨 믈고기(無鱗魚)<태요14>

　'믈고기'는 (魚)에 대한 대역이다. 『구상 · 구하 · 태요』에는 '고기, 믌고기, 믓
고기, 고기'로 『두시언해 · 남명천계송언해 · 훈몽자회 · 유합 · 천자문』 등에 모두
'고기'로 대역되었다.

言 ; 니르다
; 무녀드리 빙쟝ᄒ야 니르되(女巫籍以爲言)<두창9>

　'니르다'는 (言)에 대한 대역이다. 『두시언해』에는 '니르다, 말'로 『석보상절』
에는 '니르다, 말, 말ᄒ다'로 『정속언해』에는 '말'로 『훈몽자회 · 유합 · 천자문』
광주 · 석봉 본에는 '말쏨'으로 주해 본에는 '말쏨, 어조소'로 대역되었다.

如 ; ᄀᆞᆮ토, 만일(ᄀᆞᆮᄒᆞ다, 만, 만ᄒᆞ다, ᄒᆞ다가, 듯ᄒᆞ다, 마곰, 마치--드시)
　; 경풍증 ᄀᆞᆮ트니도 잇고(如風之症)<두창6>
　; 만일 열휘 잇써든(如有熱候)<두창25>
　; 기장뿔 ᄀᆞᆮᄒᆞ니(如黍米) <구상18>
　; 콩낫만 곳굼긔 블라(如豆大吹鼻中)<구상18>
　; 大棗ㅅ ᄌᆞᆺ만 ᄒᆞ닐(如棗核)<구상23>
　; ᄒᆞ다가 알픳 藥약이 업거든(如無前藥)<구상21>
　; 노흘 디픈 듯ᄒᆞ며(如切繩)<태요20>
　; 잉도마곰 비븨여(如櫻桃)<태요45>
　; 졍산은 마치 밤니거 ᄠᅥ러디듯 ᄒᆞ여(正産如栗熟子落)<태요31>
　; 도틱 발 네흘 먹드시(猪蹄四隻治如食)<태요61>
　; 만일 인습 달힌 믈과 싱강 즙이 업거든(如無人蔘湯薑汁)<납약5>

　　'ᄀᆞᆮ토, 만일'은 (如)에 대한 대역이다. 『구상·태요·납약』에는 'ᄀᆞᆮᄒᆞ다, 만, 만
ᄒᆞ다, ᄒᆞ다가, 듯ᄒᆞ다, 마곰, 마치--드시'로 『두시언해』에는 'ᄀᆞᆮ다, ᄀᆞᇀ다'로 『석보
상절』에는 '드시, 듯ᄒᆞ다'로 『남명천계송언해』에는 'ᄀᆞᆮᄒᆞ다, ᄀᆞᇀ, 드시, 듯ᄒᆞ다'로
『정속언해』에는 'ᄀᆞᆮ티'로 『유합』에는 'ᄀᆞ틀, 만일'로 『천자문』광주·석봉 본에
는 'ᄀᆞ틀'로 주해 본에는 'ᄀᆞ틀, 갈, 엇지'로 대역되었다. 語形 '엇지'의 대역이
특이하다.

餘 ; 남다, 남즉이(남ᄌᆞ기, 녀ᄂᆞ다)
　; 그려도 어믜 머근 조츌티 아니ᄒᆞᆫ 나믄 긔운이(然母之不潔餘氣)<두창1>
　; 그 쇼리 ᄀᆞᆮ튼 흔치 남즉이 ᄢᅵ이고(裂尾尖寸餘)<두창31>
　; 一百 숨 남ᄌᆞ기ᄒᆞ고(白餘息)<구상25>
　; 녀ᄂᆞ 돌에랑 닝어로 ᄡᅥ(餘月用鯉魚)<태요19>

　　'남다, 남즉이'는 (餘)에 대한 대역이다. 『구상·태요』에는 '남ᄌᆞ기, 녀ᄂᆞ다'로
『두시언해』에는 '기티다, 남다'로 『석보상절·남명천계송언해·정속언해』 등에
모두 '남다'로 『유합』에는 '나믈'로 『천자문』에는 '나밀'로 字釋되었다.

余 ; 내

; 내 뜻의 혜오딕(余意以爲)<두창34>

　'내'는 (余)에 대한 대역이다. 『두시언해』에는 '나, 내'로 『유합』에는 '나'로
字釋되었다.

易 ; 과, 그러ᄒ다(주다, 주다)
; 면샹과 창난흔 곳만 시스미 가ᄒ니라(洗面上與瘡爛處可也)<두창30>
; 그러ᄒ니 먹이면 반ᄃ시 위틱ᄒ리라(與喫則必危)<두창11>
; 젹젹 주어 머기면(少少與服)<구상3>
; 아긔 입에 졋주어 샐리면(兒口中與乳阮)<태요71>

　'과, 그러ᄒ다'는 (與)에 대한 대역이다. 『구상・태요』에는 '주다'로 『두시언해』
에는 '다믓, 와'로 『석보상절』에는 '주다, 더불다, 돌'로 『남명천계송언해』에는
'주다, 더불다'로 『유합』에는 '다믓, 더브리'로 대역되었다. 語形 '다믓'의 대역이
특이하다.

易 ; 스이븐(ᄀ람ᄒ다, 골다, 수븨, 수이)
; 졸현이 스이븐 변ᄒ기 어려오되(卒未易辨)<두창6>
; 사름믈 ᄀ람ᄒ다(易人爲之)<구상10>
; 식거든 골라(冷易)<구상10>
; 수븨 돋ᄂ니라(易瘥)<구하15>
; ᄌ연히 수이 난ᄂ니라(自然易産)<태요12>

　'스이븐'은 (易)에 대한 대역이다. 『구상・구하・태요』에는 'ᄀ람ᄒ다, 골다,
수븨, 수이'로 『두시언해』에는 '수이, 쉽다, 쉬이'로 『남명천계송언해』에는 '쉽,
수이'로 『정속언해』에는 '쉬, 수이, 밧고'로 『훈몽자회』에는 '밧꼴'로 『유합』에
는 '밧골, 쉬울'로 『천자문』 광주 본에는 '밧꼴'로 석봉 본에는 '밧골'로 주해 본에
는 '다ᄉ릴, 밧골, 쉬울'로 대역되었다. 語形 'ᄀ람ᄒ다'는 消滅語로 볼 수 있다.

亦 ; 쏘흔(쏘, 쏘, 쏘흔)

; ᄯᅩᄒᆞᆫ 됴ᄒᆞ니라(亦妙)<두창16>
; 혀 아래 너후미 ᄯᅩ 됴ᄒᆞ니라(納於舌下亦得)<구상23>
; 여신산이 ᄯᅩ 가ᄒᆞ니라(如神散亦可)<태요27>
; ᄯᅩᄒᆞᆫ 긔묘ᄒᆞ니라(亦妙)<납약4>

‘ᄯᅩ한’은 (亦)에 대한 대역이다. 『구상·태요·납약』에 ‘ᄯᅩ, ᄯᅩᄒᆞᆫ’으로 『두시언
해』에는 ‘ᄯᅩ’로 『유합』에는 ‘도’로 『천자문』 광주·석봉 본에는 ‘ᄯᅩ’로 주해 본에
는 ‘ᄯᅩ, 겨ᄃᆞ랑’으로 대역되었다. 語形 ‘겨ᄃᆞ랑’의 대역이 특이하다.

吮 ; ᄲᆞᆫ다, ᄲᅡᆯ다(ᄲᅡᆯ다)

; 져즐 ᄲᆞᆫ디 못ᄒᆞ야(不能吮乳)<두창40>
; 졋 ᄲᅡᆯ기ᄅᆞᆯ 싀듯디 못ᄒᆞ야(不省吮乳)<두창12>
; 졋주어 ᄲᅡᆯ리면(與乳吮)<태요71>

‘ᄲᆞᆫ다, ᄲᅡᆯ다’는 (吮)에 대한 대역이다. 『태요·훈몽자회』에 모두 ‘ᄲᅡᆯ다’로 대역
되었다.

煙 ; ᄂᆡ(ᄂᆡ)

; ᄂᆡ 쟝ᄎᆞ 진홀만 ᄒᆞ거든(煙將盡)<두창3>
; ᄉᆞ외ᄉᆞ론 ᄂᆡ예 ᄂᆞ출 다혀 ᄡᅪ라(燒煙逼面熏之)<구하95>
; ᄂᆡᄅᆞᆯ 고해 ᄡᅩ이면(煙熏鼻)<태요53>

‘ᄂᆡ’는 (煙)에 대한 대역이다. 『구상·태요·두시언해·남명천계송언해·훈몽
자회·유합』 등 모두 ‘ᄂᆡ’로 대역되었다. 지금도 경상도 방언에서 아궁이에 불을
때면 나는 연기 때문에 눈물이 나는 것을 ‘내구립다’로 표현하고 있다.

軟 ; 연ᄒᆞ다(보ᄃᆞ랍다, 부두럽다)

; 외 짐치 연ᄒᆞᆫ 흰밥(苽葅軟白飯)<두창13>
; 네 面을 ᄧᅮ드려 보ᄃᆞ랍게 ᄒᆞ고(搥四面令軟)<구상48>
; 부두럽고 믯믯게 ᄒᆞ야(令軟骨漸漸)<구하39>

'연ᄒ다'는 (軟)에 대한 대역이다. 『구상 · 구하』에는 '보ᄃ랍다, 부두럽다'로 『두시언해』에는 '보ᄃ랍다'로 『유합』에는 '부드러울'로 대역되었다.

熱 ; ᄯᄯ시 덥게ᄒ다(덥다, 덥달다, 봇다, 더여다, 덥다, 열)
  ; 김을 낸후의 ᄯᄯ시 덥게ᄒ야(然後出其水氣極熱)<두창29>
  ; 덥게ᄒ면 니 절로 열리라(令熱牙自開)<구상5>
  ; 지를 너무 봇디 말오(灰勿大熱)<구상72>
  ; 덥다라 알ᄂ닐(熱痛)<구하17>
  ; 초를 더여(醋熱煎)<태요52>
  ; 더온 믈의 프러 ᄂ리오(熱水化下)<납약6>
  ; 열이 나ᄂ니(發熱)<납약9>

  'ᄯᄯ시 덥게ᄒ다'는 (熱)에 대한 대역이다. 『구상 · 구하 · 태요 · 납약』에는 '덥다, 덥달다, 봇다, 더여다, 덥다, 열'로 『두시언해』에는 '덥다, 더위, 더운'으로 『석보상절 · 정속언해』에는 '덥'으로 『남명천계송언해』에는 '더위'로 『유합 · 천자문』에는 '더울'로 字釋되었다. 語形 'ᄯᄯ시 덥게ᄒ다'의 대역이 흥미롭다.

染 ; 두창
  ; 그 즙을 임의로 머그면 두창을 시작ᄒ니ᄂ 경ᄒ고(汁喫已豆任意服染則輕)<두창20>

  '두창'은 (染)에 대한 대역이다. 『두시언해』에는 '무티다, 믈드리다, 젖다'로 『석보상절』에는 '물들다, 묻다'로 『남명천계송언해』에는 '묻다, 무티다, 물드리다'로 『정속언해』에는 '닮다'로 『유합』에는 '믈들'로 『훈몽자회』에는 '믈, 므드릴'로 『천자문』 광주 본에는 '므들'로 석봉 본에는 '물들'로 주해 본에는 '더러일, 물들'로 대역되었다. 語形 '두창'은 한의서에서만 발견되는 특이한 대역이다.

葉 ; 닙(닙, 거적)
  ; 박하 서너 닙플(薄荷三四葉)<두창19>
  ; 가짓 줄기와 닙 이우닐 글혀 시스라(茄子莖葉枯者煮洗之)<구상8>
  ; 거적 ᄒ나 실고(一葉)<태요64>

‘닙’은 (葉)에 대한 대역이다. 『구상·태요』에는 ‘닙, 거적’으로 『두시언해』에는 ‘닙, 닢’으로 『석보상절·남명천계송언해』에는 ‘닢’으로 『훈몽자회·유합』에는 ‘닙’으로 대역되었다.

暎 ; 빗

; 가족과 슬 스이예 빗최여(暎於皮膚間)<두창25>

‘빗’은 (暎)에 대한 대역이다. 『두시언해』에는 ‘비취다’로 『훈몽자회』에는 ‘ㅂ 쉴’로 『유합·천자문』 광주 본에는 ‘ㅂ일’로 석봉 본에는 ‘비쵤’로 주해 본에는 ‘비쵤’로 字釋되었다. 語形 ‘ㅂ일, ㅂ쉴’은 消滅語로 볼 수 있다.

豫 ; 미리, 부으다(미리)

; 나미음 월경과 톄미고 둥약을 미리 출려 두엇다가(豫備糯米飮月經猪尾膏等藥隨)<두창 58>
; 사발 가온대 흙덩이 우희 씻텨 부으리(椀中土塊上豫備)<두창50>
; 막다히를 가져 미리 마고듸(持杖以豫防)<구하66>
; 나홀 돌애 미리 쟝만ᄒ여 둘 약믈둘히라(臨産預備藥物)<태요62>

‘미리, 부으다’는 (豫)에 대한 대역이다. 『구상·태요·두시언해·석보상절· 유합·천자문』 광주 본에는 모두 ‘미리’로 석봉·주해 본에는 ‘즐길, 깃글, 편알ᄒᆞᆯ, 미리’로 대역되었다. 語形 ‘부으다, 즐길, 깃글, 편안ᄒᆞᆯ’의 대역이 특이하다. 語形 ‘부으다’는 消滅語로 볼 수 있다.

穢 ; 더럽다(더럽다)

; 어믜 복듕위 더러운 거슬 머거셔(食母腹中穢液)<두창1>

‘더럽다’는 (穢)에 대한 대역이다. 『태요·유합』에 모두 ‘더럽다’로 대역되었다.

穢·汚 ; 더럽다(더럽다)

; 대변의 더러온 탁흔 씨긋튼 거슬 누워브릴 쩌시니(大便遺下汚穢濁㞍之物)<두창4>
; 더러운 므스롤(汝汚穢)<태요64>

　　'더럽다'는 (穢·汚)에 대한 대역이다. 『두창』에는 (穢·汚)에 대하여 '더럽다'로 『유합』에는 (穢)에 대한 대역으로 '더럽다'로 字釋되었다. 『두시언해』에는 (汚)에 대하여 '더럽다'로 대역되었다.

誤 ; 속이다(그르다)
; 쇽지로 사람 소기는 해가 이러듯 흐디라(俗之誤人也如是)<두창11>
; 낙슬 그르 습씨닐 고툐딘(治誤呑鉤)<구상50>

　　'속이다'는 (誤)에 대한 대역이다. 『구상』에는 '그르다'로 『두시언해』에는 '그르다, 외오'로 『석보상절』에는 '그르다, 외, 외오'로 『남명천계송언해』에는 '그르다'로 『정속언해』에는 '그릇, 외오'로 『유합』에는 '그를'로 대역되었다. 현대어 '속이다'는 『두창』에서 발견되고 있다. 語形 '외, 외오'는 消滅語로 볼 수 있다.

溫 ; 덥다, 드스흐다, 드스흐다(드사흐다, 드시흐다, 드슨, 듯다, 드시흐다, 더여다, 덥다, 드스히)
; 날이 오래고 구들이 더워(日久溫房)<두창12>
; 드스흔 믈의 기야 머기되(溫水送下)<두창2>
; 드스흐여 머그되(溫服)<두창18>
; 드사흐랴 머그라(溫服)<구상14>
; 半 호블 드시흐야 머구미 됴흐니라(半合溫服妙)<구상28>
; 드슨 므레 프러 브써(溫水調灌下)<구상4>
; 흐다가 그 므슴믈 듯게 아니코(若不先溫其心)<구상8>
; 칼근 지거미 믈로 드시흐야(以磨刀水溫)<태요25>
; 흔 잔 두 잔 식 더여 머그라(溫飮一二盃)<태요6>
; 블 퓌여 믜양 덥게흐고(生火常令溫煖)<태요26>
; 드스히 흐여 머그라(溫服)<납약10>

　　'덥다, ᄃᆞᄉᆞᄒᆞ다, ᄃᆞᄉᆞᄒᆞ다'는 (溫)에 대한 대역이다. 『구상ㆍ태요ㆍ납약』에는 '더ᄉᆞᄒᆞ다, ᄃᆞ시ᄒᆞ다, ᄃᆞᄉᆞᆫ, ᄃᆞᆺ다, ᄃᆞ시ᄒᆞ다, 더여다, 덥다, ᄃᆞᄉᆞ히'로 『두시언해』에는 '溫和ᄒᆞ다, 더위'로 『유합』에는 'ᄃᆞᄉᆞᆯ'로 『천자문』 주해 본에는 'ᄃᆞᄉᆞᆯ, 온쟈, 니킬'로 광주ㆍ석봉 본에는 'ᄃᆞᄉᆞᆯ'로 대역되었다.

瓦 ; 디애(디새, 딜)

　　; 새 디애 우희 노코(置新瓦上用)<두창3>
　　; 디새를 덥게ᄒᆞ야(瓦熱)<구상10>
　　; 딜 湯礶에 즙이 두텁게 글히고(瓦礶煎濃汁)<구상52>

　　'디애'는 (瓦)에 대한 대역이다. 『구상』에는 '디새, 딜'로 『두시언해ㆍ석보상절ㆍ남명천계송언해ㆍ훈몽자회ㆍ유합』 등에 모두 '디새'로 대역되었다.

椀 ; 사발(사발)

　　; 사발 가온대 흙덩이 우희ᄭᅵ텨 부으되(椀中土塊上豫備)<두창50>
　　; 믈 ᄒᆞᆫ 사발브어(水一椀)<태요61>

　　'사발'은 (椀)에 대한 대역이다. 『태요ㆍ유합』에는 '사발'로 『두시언해』에는 '椀'으로 표기한 형태만 보인다. 『훈몽자회』에서는 (盌)을 '사발'로 字釋되었다.

曰 ; ᄃᆞ려, 니로ᄃᆡ

　　; 쥬인ᄃᆞ려 니로ᄃᆡ(謂主人曰)<두창12>
　　; 쥬인이 웃고 니로ᄃᆡ(主人微笑曰)<두창12>
　　; 의혹 입문의 ᄀᆞᆯ오ᄃᆡ(醫學入門曰)<태요1>

　　'ᄃᆞ려, 니로ᄃᆡ'는 (曰)에 대한 대역이다. 『태요』에는 'ᄀᆞᆯ오ᄃᆡ'로 『두시언해』에는 '니ᄅᆞ시다, 닐오다'로 『유합ㆍ천자문』 광주ㆍ석봉 본에는 'ᄀᆞᆯ'로 주해 본에는 'ᄀᆞᆯ, 이예'로 대역되었다. 語形 '이예'의 대역이 특이하다.

外 ; 밧, 외요(밧긔)

; 밧겻티셔 ᄒᄂᆫ 이를 붉기 다 알 ᄡᅥ시여늘(皆可明言外間事)<두창9>
; 외요 잇ᄂᆫ 동ᄉᆡᆼ 아디 못ᄒ고(長兄在外不知)<두창45>
; 혜 과글이 부러나 입밧긔 나거든(舌忽脹出口外)<구상46>
; 안 밧긔 블 퓌다(內外生火)<태요26>

'밧, 외요'는 (外)에 대한 대역이다. 『구상·태요』에는 '밧긔'로 『두시언해』에는 '밧긔'로 『석보상절·남명천계송언해·정속언해』에는 '밧'으로 『훈몽자회·유합·천자문』광주·석봉 본에는 모두 '밧'으로 주해 본에는 '밧, 물리칠'로 대역되었다. 語形 '외요'는 消滅語로 볼 수 있다. 또 語形 '물리칠'의 대역이 특이하다.

煨 ; 굽다(굽다)
; 잣 호도 구은 밤 김(海松子胡桃煨栗)<두창13>
; 져즌 죠희예 ᄡᅡ 구으니와(濕紙裹煨)<구상1>

'굽다'는 (煨)에 대한 대역이다. 『구상』에도 '굽다'로 『유합』에는 '블그트렁이'로 字釋되었다. 語形 '블그트렁이'의 대역이 흥미롭다.

要 ; 종요롭다
; 종요로이 ᄂᆡ외를 안졍케ᄒ고(要令內外安靜)<두창14>
; 종요 뫼혼(集要)<태요1>

'종요롭다'는 (要)에 대한 대역이다. 『태요』에는 '종요롭다'로 『두시언해』에는 '맞다, 조소로이, 쳥ᄒ다, 要求ᄒ다, 要約ᄒ다, 要請ᄒ다'로 『석보상절·남명천계송언해』에는 '조ᄆ로이'로 『유합』에는 '종요'로 『천자문』광주 본에는 '요강'으로 석봉 본에는 '종요'로 주해 본에는 '종요, 부를, 구흘, 기ᄃ릴, 허리'로 대역되었다. 語形 '조소로이, 조ᄆ로이'는 消滅語로 볼 수 있다.

邀 ; 쳥ᄒ다
; 시험ᄒ야 쳥ᄒ거늘(試邀)<두창37>

'쳥ㅎ다'는 (邀)에 대한 대역이다. 『유합』에는 '무줄'로 字釋되었다.

腰 ; 허리(허리)

　; 허리 알ᄅ니가 이시니(作腰痛者)<두창16>
　; 허리를 구펴(曲腰)<태요47>

　'허리'는 (腰)에 대한 대역이다. 『태요 · 두시언해 · 훈몽자회 · 유합』 등에 모두 '허리'로 대역되었다.

浴 ; 모욕(沐浴)

　; 겨울 치위에도 닝슈의 모욕ᄒ고(冬月浴冷)<두창10>
　; 沐浴ᄒ면 곧 됴ᄒ리라(浴之便解)<구하59>

　'모욕'은 (浴)에 대한 대역이다. 『구하』에는 '沐浴'으로 『두시언해 · 훈몽자회 · 천자문』 등에 모두 '모욕'으로 대역되었다.

憂 ; 근심

　; 다 근심티 아닐 쩌시라(皆不足憂也)<두창21>

　'근심'은 (憂)에 대한 대역이다. 『두시언해』에는 '시름'으로 『유합』에는 '근심'으로 字釋되었다.

又 ; 또(쏘)

　; 쏘 금긔ᄂ(又忌)<두창14>
　; 쏘 百會를 七壯을 ᄯ라(又灸百會七壯)<구상3>
　; 쏘 향부ᄌ 밍ᄀ니(又香附)<태요5>
　; 쏘 과ᄀ리 듕붕ᄒ여 인ᄉ를 출히디 못ᄒ며(又治卒中風不省人事)<납약1>

　'쏘'는 (又)에 대한 대역이다. 『구상 · 태요 · 납약 · 두시언해 · 석보상절 · 유합』 등에 모두 '쏘'로 대역되었다.

遇 ; 만나다

　　; 풍한과 샤긔 샹박ᄒ믈 만나면(遇風寒邪氣相)<두창2>

　　‘만나다’는 (遇)에 대한 대역이다. 『두시언해』에는 ‘맛나다, 待遇ᄒ다’로 『유합』
에는 ‘만날’로 字釋되었다.

羽 ; 짓(짗)

　　; 머리털과 짓과 터려 ᄉ로(燒頭髮羽毛)<두창14>
　　; 들기 지츠로(雞羽)<구하10>

　　‘짓’은 (羽)에 대한 대역이다. 『구하』에는 ‘짗’으로 『두시언해』에는 ‘늘개, 살,
짗’으로 『훈몽자회 · 천자문』에는 모두 ‘짓’으로 대역되었다.

雄 ; 수, 슷(수, 수)

　　; 흘레 아닌 삿기 수돗글(未破陰小小雄猪)<두창31>
　　; 슷도틱 고기(雄猪肉)<두창13>
　　; 수돌기 머리옛 피 내아(以雄雞頭取血)<구상26>
　　; 암수 두 그르시 몬져도아(雌雄二器先就)<태요8>

　　‘수, 슷’은 (雄)에 대한 대역이다. 『구상 · 태요』에는 ‘수’로 『두시언해』에는
‘수, 雄壯ᄒ다’로 『훈몽자회 · 유합』에는 ‘수’로 字釋되었다.

元 ; 본듸, 원긔(제자해, 밑, 설날)

　　; 본듸 별증이 아닌 거슬(元非別症)<두창59>
　　; 원긔를 도로혀미 맛당ᄒ니라(以爲回元之地爲當)<두창65>
　　; 소ᄂ로 ᄲᅢᆺᄆᄃᆡ를 고텨 제자해가(以手整頓骨節歸元)<구하32>
　　; 혈믹에 드러 미틔 도라오디 몯ᄒ모로(經不得還元故)<태요54>
　　; 한 설날 아젹의(正元)<납약33>

　　‘본듸, 원긔’는 (元)에 대한 대역이다. 『구하 · 태요 · 납약』에는 ‘제자해, 밑, 설

날'로『두시언해 · 남명천계송언해』에는 '본딕'로『유합』에는 '머리'로 字釋되었
다. 語形 '제자해'는 消滅語로 볼 수 있고 '머리'의 대역도 특이하다.

謂 ; 니로딕(ᄀ로딕, 닐오다)

 ; 쥬인ᄃ려 니로딕(謂主人)<두창12>
 ; 허튀 몬져 나ᄂ니 ᄀ로딕 거스리 난ᄂ다 ᄒᄂ니(故脚先出謂之逆生)<구하81>
 ; 흔 이슬 믹ᄌ니 ᄀᄐ니 닐온 빅오(如一露珠謂之胚)<태요7>

　'니로딕'는 (謂)에 대한 대역이다.『구하 · 태요』에는 'ᄀ로딕, 닐오다'로『두시
언해』에는 '니ᄅ다, 너기다, 닐오다'로『석보상절』에는 '니ᄅ'로『남명천계송언
해 · 정속언해』에는 '니ᄅ, 니르'로『유합』에는 '니를'로『천자문』광주 · 석봉 본
에는 '니룰'로 주해 본에는 '닐을'로 字釋되었다.

圍 ; 둘러

 ; ᄉ면을 둘러 ᄉ로딕(四圍燒)<두창3>

　'둘러'는 (圍)에 대한 대역이다.『두시언해』에는 '쯰롓다, 쯰리다, 둘엣다'로
『석보상절』에는 '두르다, 에워리'로『남명천계송언해』에는 '두르다'로『유합』
에는 '에울'로 字釋되었다.

危 ; 위틱ᄒ다, 위틱롭다(위틱ᄒ다)

 ; 그러ᄒ니 먹이면 반ᄃ시 위틱ᄒ리라(與喫則必危)<두창11>
 ; 위틱로오니 급피 보유원탕을 쓰되(危急用保元湯)<두창41>
 ; 쳔증이 ᄀ쟝 위틱ᄒ여 주그리하니(喘極危多死)<태요55>

　'위틱ᄒ다, 위틱롭다'는 (危)에 대한 대역이다.『태요』에는 '위틱ᄒ다'로『두시
언해』에는 '높다, 바ᄃ랍다'로『유합』에는 '위틱'로 字釋되었다.

爲 ; 삼다(싯쟝, 밍글다, 짓다, 밍글다)

; 년ᄒᆞ야 삼 두음을 머겨 ᄒᆞ리기로 흔을 사마 ᄒᆞ라(連用三豆飮以差爲度)<두창60>
; 춤 ᄉᆞ쇠되 됴흔 신장ᄒᆞ라(嚥津以差爲度)<구상46>
; ᄀᆞ느라 ᄀᆞ라 ᄀᆞᄅᆞ 밍ᄀᆞ라(細研爲末)<구상7>
; 散을 지소되 服마다 서돈곰 ᄒᆞ야(爲散每服三錢)<구하41>
; 디허 ᄀᆞᄅᆞ 밍ᄀᆞ라(搗爲末)<태요2>
; 흔 졔를 삼을 씨니(爲一劑)<납약16>

    '삼다'는 (爲)에 대한 대역이다. 『구상·구하·태요·납약』에는 '신장, 밍ᄀᆞᆯ다, 짓다' 『두시언해』에는 'ᄃᆞ외다, 밍ᄀᆞᆯ다, 삼다, ᄒᆞ다, 爲ᄒᆞ다'로 『석보상절』에는 '삼다, 위ᄒᆞ다, ᄒᆞ다'로 『남명천계송언해』에는 'ᄃᆞ외다, 삼다, ᄒᆞ다, ᄒᆞ요다'로 『정속언해』에는 '삼다, ᄒᆞ다'로 『유합』에는 'ᄒᆞ다'로 『천자문』 광주·석봉 본에는 '홀'로 주해 본에는 '위ᄒᆞ다, ᄒᆞ다'로 대역되었다.

油 ; 길름(기름, 기름)
  ; 길름의 쵸ᄒᆞᄂᆞ 내(油炒)<두창14>
  ; 지즐워 기름 내야 ᄇᆞᄅᆞ다(壓取油塗之)<구상6>
  ; 도틱기름 춤기름(猪脂香油)<태요26>

    '길름'은 (油)에 대한 대역이다. 『구상·태요』에는 '기름'으로 『석보상절』에는 '기름, 기름'으로 『훈몽자회·유합』에는 모두 '기름'으로 字釋되었다.

由 ; 말믹암다
; 그 열의 씌어ᄒᆞᄂᆞ 말로 말믹암음이라(由於此談)<두창9>

    '말믹암다'는 (由)에 대한 대역이다. 『두시언해』에는 '말믹ᄒᆞ다, 브터'로 『석보상절』에는 '말믹ᄒᆞ다'로 『남명천계송언해』에는 '브터'로 『정속언해』에는 '좇다'로 『유합』에는 '말믹ᄒᆞ다'로 字釋되었다.

猶 ; 오히려
; 오히려 어두오니(猶以爲昏)<두창44>

; 순지 됴티 아니커든(猶不差捧)<구상36>

　　'오히려'는 (猶)에 대한 대역이다. 『구상』에는 '순지'로 『두시언해』에는 '오히려'로 『유합』에는 'ᄀᆞ틀, 그려도'로 『천자문』 광주 본에는 '오힐'로 석봉 본에는 'ᄀᆞ틀'로 주해 본에는 'ᄀᆞ틀, 개, 오히려, 쇠'로 대역되었다. 語形 '순지'는 消滅語로 볼 수 있다.

乳 ; 졋(졋, 졎, 젓)
; 다만 졋 먹이는 어미가(但乳母)<두창12>
; 사ᄅᆞ믜 졋과 三삼年년 무근 쟝과(人乳汁三年陣醬)<구상3>
; 왼 져제 믕울이 이시면(左乳房有核)<태요11>
; 졋 즙의 ᄂᆞ리오디(乳汁送下)<납약29>

　　'졋'은 (乳)에 대한 대역이다. 『구상·태요·납약』에는 '졋, 졎'으로 『두시언해』에는 '삿기, 졎'으로 『석보상절』에는 '졎'으로 『남명천계송언해·유합·훈몽자회』에는 모두 '졋'으로 대역되었다. 語形 '사기'의 대역이 특이하다.

愈 ; ᄒᆞ리다(됻ᄂᆞ니라, 살다, 둏다)
; 덕지 지어 ᄒᆞ리ᄂᆞ니(以作痂差愈)<두창28>
; 나 마초ᄒᆞ면 즉재 됻ᄂᆞ니라(年壯立愈)<구상2>
; 즉재 사ᄂᆞ니라(立愈)<구상16>
; 반ᄃᆞ시 됻ᄂᆞ니라(必愈)<태요13>
; 즉시 됴코(卽愈)<납약14>

　　'ᄒᆞ리다'는 (愈)에 대한 대역이다. 『구상·태요·납약』에는 '됻ᄂᆞ니라, 살다, 둏다'로 『두시언해』에는 '둏다, 더욱'으로 『석보상절』에는 '됴ᄒᆞ다'로 『유합』에는 '병됴흘, 더을'로 대역되었다. 語形 'ᄒᆞ리다'는 消滅語볼 수 있다.

陰 ; 흘레(그늘, ᄀᆞ늘)
; 데미고는 흘레아닌 삿기 수돗글(猪尾膏者未破陰小小雄猪)<두창31>

; 나못 그늘해 두고(安於樹之陰下)<구상11>
; ᄀ늘해 ᄆ로와(陰乾爲)<구하12>

　'흘레'는 (陰)에 대한 대역이다. 『구상·구하』에는 '그늘, ᄀ늘'로 『두시언해』에는 'ᄀ늘다, 어듭다, 陰氣'로 『정속언해』에는 '그으기'로 『훈몽자회·천자문』 광주 본에는 'ᄀ늘'로 『유합』과 석봉 본에는 '그늘'로 주해 본에는 '그늘, 음긔, 음다'로 대역되었다. 語形 '흘레'의 대역이 특이하다.

飮 ;먹다(마시다, 먹다, 먹다, 섈다, 마시다)
; 비로소 죽 믈을 머그니(始進粥飮)<두창44>
; 또 ᄆᆯ쏭을 ᄧᅡ 즈블 取ᄒᆞ야 마시라(又方馬屎絞取汁飮之)<구상24>
; 두 服에 ᄂᆞ화 머그면 돋ᄂᆞ니라(分二服飮至愈)<구상9>
; 드리워셔 흔 잔 두 잔 식 더여 머그라(溫飮一二盃)<태요6>
; 입이 조리혀 져즐 몯 섈ᄂᆞ니(撮口不飮乳)<태요69>
; ᄣᅢᄣᅢ로 마시면(時時飮)<납약3>

　'먹다'는 (飮)에 대한 대역이다. 『구상·테요·납약』에는 '미시다, 먹다, 섈다, 마시다'로 『두시언해』에는 '마시다, 먹다'로 『석보상절·남명천계송언해』에는 '마시다'로 『훈몽자회』에는 '마실'로 『유합』에는 '마실, 머길'로 대역되었다.

應 ; 디답
; 디답 아니ᄒᆞ고(不應)<두창67>

　'디답'은 (應)에 대한 대역이다. 『두시언해』에는 '당당이, 마초다, 相應ᄒᆞ다, 應當히, 應ᄒᆞ다'로 『석보상절』에는 '당다이다, 應ᄒᆞ다'로 『남명천계송언해』에는 '당다이다'로 『유합』에는 '디답, 일명'으로 대역되었다.

意 ; 뜻(ᄠᅳᆮ, 싱각ᄒᆞ다)
; 내 뜻의 혜오ᄃᆡ(余意以爲)<두창34>
; 病흔 사ᄅᆞ믜 ᄠᅳ들조차(隨病人意)<구상31>

; 싱각ᄒᆞᄂᆞ 거슬 머기면 반ᄃᆞ시 됴ᄂᆞ니라(臨意喫必愈)<태요13>

　'ᄠᅳᆺ'은 (意)에 대한 대역이다. 『구상·태요』에는 'ᄠᅳᆮ, 싱각ᄒᆞ다'로 『두시언해·석보상절·남명천계송언해·유합』에는 모두 'ᄠᅳᆮ'으로 『정속언해』에는 'ᄠᅳᆮ'으로 대역되었다.

宜 ; 맛당히(맛당ᄒᆞ다, 맛당ᄒᆞ다, 맛당이)
　; 맛당히 ᄒᆡ독 방풍탕 두어 텹을 ᄡᅥ(宜用解毒防風湯數貼)<두창53>
　; 져기 ᄎᆞ계ᄒᆞ야 머거ᅀᅡ 맛당ᄒᆞ리라(宜小冷爾)<구하54>
　; 고본건 양단과 오ᄌᆞ연종환이 맛당ᄒᆞ니라(宜固本健陽丹五子衍宗丸)<태요1>
　; 맛당이 ᄠᅢ로 젹게 머기면(宜時少與服)<납약32>

　'맛당히'는 (宜)에 대한 대역이다. 『구하·태요·납약』에는 '맛당ᄒᆞ다, 맛당이'로 『유합』에는 '맛당'으로 字釋되었다.

疑 ; 의심
　; 블근 뎜이 만히 도다시니 의심ᄐᆞᆫ 아니호ᄃᆡ(上多有紅點不以爲疑)<두창37>

　'의심'은 (疑)에 대한 대역이다. 『두시언해』에는 '疑心, 疑惑'으로 『석보상절』에는 '의심ᄒᆞ다'로 『유합·천자문』광주·석봉 본에는 모두 '의심'으로 주해 본에는 '의심, 비로셜'로 대역되었다. 語形 '비로셜'의 대역이 특이하다.

頤 ; 툭(특)
　; 혹 툭 ᄯᅥᄂᆞ니도 이시니(或有頤戰者)<두창65>
　; 숟가락ᄋᆞ로 그 툭ᄏᆞᆯ 둥기아(以チ指牽其頤)<구상79>

　'툭'은 (頤)에 대한 대역이다. 『구상·훈몽자회·유합』에 모두 '툭'으로 字釋되었다.

異 ; 다르다

; 병졍이 녜과 달라(病情與古有異)<두창55>

'다르다'는 (異)에 대한 대역이다. 『두시언해』에는 '다르다, 됴ᄒ다, 奇異ᄒ다'로 『석보상절』에는 '다르다, 달이, 닫다'로 『남명천계송언해·정속언해』에는 '다ᄅ다'로 『유합』에는 '다를'로 『천자문』광주 본에는 '다를'로 석봉·주해 본에는 '다를'로 字釋되었다.

已 ; 불셔, 임의(ᄒ마, 이미)
; 불셔 어제븟터 붓ᄂ 긔운이 이셔(已自昨日始有脹)<두창38>
; 임의 얼골이 이러(已成形)<두창1>
; 니 ᄒ마 구더 藥약 머귤 門몬 업스닐(牙已緊無門下藥)<구상5>
; 이미 주거셔도 니를 쎡고(已死折齒)<납약20>

'불셔, 임의'는 (已)에 대한 대역이다. 『구상·납약』에는 ᄒ마, 이미'로 『두시언해』에는 '불셔, ᄒ마'로 『남명천계송언해』에는 'ᄒ마'로 『정속언해』에는 '말다'로 대역되었다.

利 ; 들다(즈츼다, 快ᄒ다, 훤ᄒ다, 즈치기)
; 드ᄂ 칼로 그 꾀리 긋틀 흔치 남즉이 뼈이고(以利刀裂尾尖寸餘)<두창31>
; 즈츼요믈 하 ᄒ야든 그치라(利多則止之)<구상39>
; 小便이 快티 몯ᄒᄒ야(小便不利)<구상69>
; 大小便이 훤티 몯ᄒ닐(大小便不利)<구하28>
; 토ᄒ며 즈치기로 흔을 삼으라(以吐利爲度)<납약16>

'들다'는 (利)에 대한 대역이다. 『구상·구하·납약』에는 '즈츼다, 快ᄒ다, 훤ᄒ다, 즈치기'로 『두시언해』에는 '늘카롭다, 利ᄒ다'로 『유합』에는 '니흘'로 『천자문』 광주 본에는 '늘카올'로 석봉 본에는 '니흘'로 주해 본에는 '리흘, 칼들'로 대역되었다. 語形 '즈츼다, 즈치기'는 消滅語로 볼 수 있다.

弛 ; 긋치다

; ᄀ장 오래게야 셩이 긋치고(頗久怒弛)<두창31>

'긋치다'는 (弛)에 대한 대역이다. 『훈몽자회』에는 '활브리울'로 『유합』에는
'브리울'로 字釋되었다. 語形 '활브리울, 브리울'의 대역이 특이하다.

耳 ; 귀(귀)

; 귀도 ᄎ고(耳冷)<두창6>
; 귀 어러 허닐 고툐ᄃᆡ(治凍耳成瘡)<구상6>

'귀'는 (耳)에 대한 대역이다. 『구상 · 두시언해 · 석보상절 · 남명천계송언해 ·
훈몽자회 · 유합 · 천자문』에 모두 '귀'로 대역되었다. 주해 본에만 '귀, 어조ᄉ'
로 대역된 語例가 발견된다.

益 ; 더, 더욱(더으다)

; 쳥ᄒ야 더 ᄹᅳ라ᄒ나(請益刺破)<두창51>
; 만히 ᄒ도록 더욱 됴다(多多益善)<두창29>
; 혈을 더으고 혈을 구틸 약을 ᄡᅳ거시니(用益血固血之藥)<태요26>

'더, 더욱'은 (益)에 대한 대역이다. 『태요』에는 '더으다'로 『두시언해』에는
'더욱, 有益ᄒ다, 利益'으로 『석보상절』에는 '더욱'으로 『유합 · 천자문』에는 모
두 '더을'로 字釋되었다.

引 ; 켜다(ᄃᆞᆼ기다, 긋다, ᄃᆞᆼ긔다)

; 톱 켜ᄂᆞᆫ 소리 ᄀᆞᆺᄐᆞ니(如引鋸聲)<두창34>
; ᄌᆞᆨᄌᆞᆨ기 ᄃᆞᆼ기면(徐徐引)<구상49>
; ᄌᆞᆨᄌᆞᆨ기 긋어 내면(徐徐引)<구하45>
; ᄇᆡ 알키 허리과 등을 ᄃᆞᆼ긔면(腹痛引腰脊)<태요20>

'켜다'는 (引)에 대한 대역이다. 『구상 · 구하 · 태요』에는 'ᄃᆞᆼ기다, 긋다, ᄃᆞᆼ긔
다'로 『두시언해』에는 '혀다, 引接ᄒ다, 引ᄒ다'로 『유합』에는 '열댱, 혈'로 『훈

몽자회·천자문』광주·석봉 본에는 '혈'로 주해 본에는 '들릴, 길'로 대역되었
다. 語形 '혀다, 혈'은 消滅語로 볼 수 있다.

忍 ; 견듸다(춤다, 견듸다)
　　; 만일 알키를 춤아 견듸디 못ᄒ거든(若痛不可忍用)<두창30>
　　; 알포믈 춤디 몯ᄒ닐(痛不可忍.)<구상7>
　　; 견듸디 몯ᄒᄂ니(不可忍.)<태요49>

　　'견듸다'는 (忍)에 대한 대역이다. 『구상·태요』에는 '춤다, 견듸다'로 『두시언
해』에는 '견듸다, 견듸다, 춤다'로 『석보상절·남명천계송언해·정속언해·유합』
등에는 모두 '춤다'로 대역되었다.

咽 ; 목(목)
　　; 입때예 반듸시 목 알ᄂ 증이 이실 거시니(此時必有咽痛者)<두창30>
　　; 모기 마고 붓거든(咽塞)<구상41>

　　'목'은 (咽)에 대한 대역이다. 『구상·두시언해』에는 '목'으로 『유합』에는 '식
구무, 목멜'로 대역되었다. 語形 '식구무'의 대역이 특이하다.

日 ; 날, 낫, 낮, ᄒ르, ᄒ로, 희(ᄒ르, 날마다, 날, 힛빗, 날, ᄒ르)
　　; 날이 오래고 구들이 더워(日久溫房)<두창12>
　　; 밤낫 업시 싯기ᄂᆞᆯ 스므나믄 번식 ᄒ면(日夜數十次)<두창29>
　　; 나지나 밤이나(日夜)<두창47>
　　; ᄒ르 ᄉᆞ이로셔 다 머기면(一日之內用盡)<두창4>
　　; ᄒ로 두 복식 머기미 가ᄒ니라(日再服可也)<두창49>
　　; 희가 믈그니(日朗)<두창36>
　　; ᄒ르 세 버니나 다ᄉᆞᆺ 버니나 ᄒ라(日三五次)<구상6>
　　; 쇠 오조믈 날마다 두 번 딕고(牛溺日二點)<구하42>
　　; 겨집이 월경 나ᄂ 날브터(待經行之日)<태요4>
　　; 힛빗 먼듸 잇고(日色遠處)<태요25>

; 알는 날 새배(發日旦晨)<납약27>
; 흐르 두 번 식 머그라(日再服)<납약6>

'날, 낫, 낮, 흐르, 흐로, 히'는 (日)에 대한 대역이다. 『구상·구하·태요·납약』
에는 '흐르, 날마다, 날, 힛빗, 날'로 『두시언해』에는 '날, 낫, 낮, 아침, 적, 히,
힛빗'으로 『석보상절·남명천계송언해·정속언해·유합·천자문』에는 모두 '날'
로 『훈몽자회』에는 '나실'로 字釋되었다.

任 ; 임의

; 다 임의로 머기라(皆可任服)<두창17>

'임의'는 (任)에 대한 대역이다. 『두시언해』에는 '므던히, 믿다, 뻐, 任意'로 『석
보상절·정속언해』에는 '맛다, 맛디다'로 『남명천계송언해』에는 '맛다, 므던히,
뜯다히'로 『훈몽자회』에는 '맛쓸'로 『유합』에는 '맛딜, 감당'으로 『천자문』 광주
본에는 '금음'으로 석봉 본에는 '맛들'로 주해 본에는 '견딀, 맛들, 아당, 이긜,
임가'로 대역되었다. 語形 '뜯다히'의 대역이 특이하다.

入 ; 담다(들다, 차다, 넣다, 붓다)

; 대통의 약을 다마 즈조 불리(以竹筒吹入)<두창46>
; 비예 들에흐며(入腹)<구상10>
; 즈식 빈 겨집이 둘차셔 비알기(孕婦入月腹痛)<태요21>
; 강즙에 녀허(入汁)<태요43>
; 믈 흔 되 브어(入水一盞)<태요49>
; 너티 아니흐야(不入)<납약5>

'담다'는 (入)에 대한 대역이다. 『태요·납약』에는 '들다, 차다, 넣다, 붓다'로
『두시언해·석보상절·남명천계송언해·정속언해·유합·천자문』 광주·석봉 본
등에 모두 '들'로 대역되었다. 주해 본에만 '드릴, 들'로 대역된 語例가 발견되고
있다.

刺 ;ᄯᆞ다, 주다, 침(디르다, 디ᄅᆞ다, 뗄어다, 뗄이다, 가ᄉᆡ, 딜이다, 주다, 뗄어다)

; ᄒᆞᆷ빼예 다 ᄯᆞ디 못ᄒᆞᆯ거시니(不可一時盡刺)<두창52>

; ᄒᆞᆫ곳을 두 세 번 주면(一處數三刺)<두창52>

; 침주ᄂᆞᆫ 법은(刺破之法)<두창62>

; 믄득이 두미 갈ᄒᆞ로 디르ᄂᆞᆫ ᄃᆞᆺ ᄒᆞ야(卒着如人刀刺)<구상18>

; 冷氣分이 디ᄅᆞ저겨 알ᄑᆞ닐(冷氣刺痛)<구상6>

; 쏘 人中을 ᄉᆞᆫ토브로 오래 뗄어시며(又云爪刺人中良久)<구상40>

; 고깃 ᄡᅧ 뗄인ᄃᆡ 고티ᄂᆞ니라(治魚刺)<구상53>

; 가ᄉᆡ ᄉᆞᆯ해 들며(刺入肉)<구하2>

; ᄆᆞᆯ ᄡᅧ에 딜이며(馬骨所傷刺)<구하15>

; 아긔 밧바당을 ᄒᆞᆫ 픈 두 픈 들게 서너곧 주고(兒足心深一二分三四刺)<태요24>

; 뗄어 듧고(刺穿)<태요69>

'ᄯᆞ다, 주다, 침'는 (刺)에 대한 대역이다. 『구상 · 구하 · 태요』에는 '디르다, 디ᄅᆞ다, 뗄어다, 뗄이다, 가ᄉᆡ, 딜이다, 주다, 뗄어다'로 『두시언해』에는 '디ᄅᆞ다, 뗄어다'로 『남명천계송언해 · 유합』등에는 '디ᄅᆞ다, 디를'로 대역되었다.

者 ; 사람(사ᄅᆞᆷ)

; 마좀 ᄉᆡᆼ고기 주ᄂᆞᆫ 사람이 이셔(有餽生肉者)<두창12>

; 나히ᄂᆞᆫ 사ᄅᆞᆷ이 날회여(收生者徐徐)<태요23>

'사람'은 (者)에 대한 대역이다. 『태요』에는 '사ᄅᆞᆷ'으로 『두시언해』에는 '사ᄅᆞᆷ, 닌, 者'로 『석보상절 · 정속언해 · 천자문』 광주 · 석봉 본에는 '놈'으로 주해 본에는 '놈, 어조사'로 대역되었다.

自 ; 븟터, 스스로, 절로, ᄌᆞ연히(절로)

; 처음븟터 ᄆᆞᆺ도록(自始至終)<두창13>

; ᄀᆞ렵던거시 스스로 지ᄒᆞ고(痒者自止)<두창29>

; 절로셔 ᄯᆞᆷ나며(自汗)<두창6>

; ᄌᆞ연히 어육을 ᄉᆡᆼ각디 아니ᄒᆞᄂᆞᆫ 거ᄉᆞᆯ(自不思魚肉而)<두창11>

; 절로 열리라(自開)<구상2>

; 절로 됴호믈 기ᄃᆞ리라(候其自安也)<태요12>

  '븟터, 스스로, 절로, ᄌᆞ연히'는 (自)에 대한 대역이다. 『구상·태요』에는 '절로'로 『두시언해』에는 '그듸, 내, 스싀로, 저희, 절로 제, 브터'로 『남명천계송언해』에는 'ᄌᆞ걔, 제'로 『유합·훈몽자회』에는 '스스로'로 字釋되었다.

紫 ; 검블다(검블다)
  ; 빗치 넘우 블거 검븕기에 다ᄃᆞ른 거슨(色太紅近紫者) <두창48>
  ; 혹 검블그며 혹 거므며(或紫或黑)<태요1>

  '검블다'는 (紫)에 대한 대역이다. 『태요』에는 '검블다'로 『두시언해·천자문』에는 '블근'으로 『훈몽자회·유합』에는 'ᄌᆞ디'로 字釋되었다.

煮 ; 굽지지다(글히다, ᄉᆞᆯ다, 글히다, 달히다)
  ; 믈읫 ᄉᆞ로ᄂᆞᆫ 내 굽지지ᄂᆞᆫ(凡燒煮)<두창14>
  ; 가짓 줄기와 닙 이우닐 글혀 시스라(茄子莖葉枯者煮洗之)<구상8>
  ; 숧믄 므를 덥게ᄒᆞ야(煮汁熱)<구상6>
  ; 다시 글혀 파 닉거든 머기면 됴ᄒᆞ니라(再煮葱熱食之佳)<태요19>
  ; 무근 ᄡᅮᆨ 초의 달혀(陳艾醋煮)<태요6>
  ; 거믄 콩 달힌 즙을 먹고(黑豆煮汁服)<납약9>

  '굽지다'는 (煮)에 대한 대역이다. 『구상·태요·납약』에는 '글히다, ᄉᆞᆯ다, 글히다, 달히다'로 『두시언해』에는 '글히다, ᄉᆞᆯ다'로 『남명천계송언해』에는 '글히다'로 『훈몽자회·유합』에는 '슳믈'로 字釋되었다.

作 ; ᄆᆡᆫ들다, 짓다(ᄆᆡᆼᄀᆞᆯ다, 짓다, 알다, ᄆᆡᆼᄀᆞᆯ다)
  ; ᄀᆞ는 ᄀᆞ를 ᄆᆡᆫᄃᆞ라(作細末)<두창60>
  ; 덕지 지어 ᄒᆞ리ᄂᆞ니(以作痂差愈)<두창28>
  ; 두 服에 ᄆᆡᆼᄀᆞ라(作二服)<구상1>
  ; 다텨 구무 지ᅀᅥ(擷磕作)<구하35>

; 비알기 혹 알ㅎ며 혹 그치며(腹痛或作或止)<태요21>
; 샤향 반돈 ㄱ른 밍ㄱ라(麝香半錢右爲末作)<태요35>
; 혹 녹두마곰 환을 지어(或作丸菉豆大)<납약11>

　　'ᄆᆞ들다, 짓다'는 (作)에 대한 대역이다. 『구상 · 구하 · 태요 · 납약』에는 '밍ᄀᆞᆯ다, 짓다, 알다'로 『두시언해』에는 'ᄃᆞ외다, 밍ᄀᆞᆯ다, ᄠᅳ다, 짓다'로 『석보상절 · 남명천계송언해 · 정속언해』에는 '짓다'로 『유합 · 천자문』 광주 · 석봉 본에는 '지을'로 주해 본에는 '지을, 비ᄅᆞᆯ, 니러날'로 대역되었다. 語形 'ᄠᅳ다'의 대역이 흥미롭다.

暫 ; 수이
; 흔ᄣᅢ 둇그칠 수이 업고(無一時暫止)<두창34>

　　'수이'는 (暫)에 대한 대역이다. 『두시언해 · 유합』에는 '잠깐'으로 대역되었다.

雜 ; 석다
; 흙이 모래 섥기디 아니ᄒᆞ니로(土不雜砂)<두창50>

　　'석다'는 (雜)에 대한 대역이다. 『두시언해』에는 '셧다, 여러'로 『유합』에는 '섯글'로 字釋되었다.

將 ; 쟝ᄎᆞ(가지다)
; 니 쟝ᄎᆞ 진흘만 ᄒᆞ거든(烟將盡)<두창3>
; 쇼 ᄒᆞ나흘 가져(將牛一頭)<구상71>

　　'쟝ᄎᆞ'는 (將)에 대한 대역이다. 『구상』에는 '가지다'로 『두시언해』에는 '가지다, 쟝ᄎᆞ, 將次, 將軍, 將兵, 將帥'로 『정속언해』에는 '쟝ᄎᆞ'로 『유합』에는 '쟝슈, 쟝ᄎᆞ'로 『훈몽자회 · 천자문』 광주 · 석봉 본에는 모두 '쟝슈'로 주해 본에는 '나아갈, 가딜, 쟝슈, 쟝ᄎᆞ, 보낼'로 대역되었다.

長 ; 주라다(버리다, 기릐, 길다)

　　; 나히 주란 아희눈(年長者)<두창32>
　　; 또 주근 사로미 이블 버리혀(又方長死人口)<구상10>
　　; 쵸 두 寸ㅅ 기릐(梢二寸長)<구하15>
　　; 져지 펴디며 기러 フ놀고(乳伸長細)<태요59>

　　'주라다'는 (長)에 대한 대역이다. 『구상·구하·태요』에는 '버리다, 기릐, 길다'로 『두시언해』에는 '길다, 댱샹, 주라다, 크다'로 『석보상절』에는 '길다, 기리'로 『남명천계송언해』에는 '길다, 댱샹, 사만, 킈'로 『정속언해』에는 '얼운, 길다'로 『유합』에는 '긴, 길'로 『천자문』 광주·석봉 본에는 '긴' 주해 본은 '긴, 미양, 기릐, 어룬'으로 대역되었다. 語形 '사만'의 대역이 특이하다.

滓 ;지(즈의, 즈의)

　　; 젼의 쓰던 보원탕 두텹 지가 이시니(前用保元湯數貼之滓)<두창45>
　　; 즈의 업시ᄒ고(去滓)<태요36>
　　; 대쵸란 ᄇ리고 즈의조차 공심의 ᄃᄉ히 ᄒ여 머그라(去棗和滓空心溫服)<납약10>

　　'지'는 (滓)에 대한 대역이다. 『구상·태요·납약』에는 '즈의'로 『두시언해』에는 '즈싀, 즛의'로 『남명천계송언해』에는 '즁의'로 『훈몽자회』에는 '즈의'로 字釋되었다. 語形 '즈싀, 즛의, 즁'은 消滅語로 볼 수 있다.

再 ; 둘(다시, 또, 다시, 두)

　　; ᄒᄅ 두 복식 머기면(日再服)<두창26>
　　; 됴티 아니커든 다시 머그라(未差再服)<구상23>
　　; 디시 다엿 소큼 글혀(再煎五七沸)<태요43>
　　; 누을 제 또 모그되(臨臥再服)<태요2>
　　; 다시 ᄒ 환을 머거(再服一丸)<납약21>
　　; ᄒᄅ 두 번식 머그라(日再服)<납약6>
　　; 또 머그라(再服)<납약26>

'둘'은 (再)에 대한 대역이다. 『구상·태요·납약』에 '다시, 쏘, 두'로 『두시언해』에는 '다시, 두'로 『유합』에는 '두번'으로 『천자문』에는 '두'로 字釋된 語例가 발견되는 점으로 보와 '다시'의 의미 보다 '두, 두번'이라는 數量詞의 의미가 더 강한 것 같다.

在 ; 잇다(잇다)

　; 오로 입째예 이시니(全在此關)<두창38>
　; 본릐 븕근듸 이실식(本在明處)<구상22>
　; 즈식이 복듕에 이셔(子在腹中)<태요21>
　; 명치며 가슴의 머므러 이시며(留在心胸)<납약14>

　'잇다'는 (在)에 대한 대역이다. 『구상·태요·납약』에는 '잇다'로 『두시언해·유합·천자문』광주·석봉 본에는 모두 '이실'로 주해 본에만 '슬필, 이실'로 대역되었다.

菹 ; 짐칙

　; 외 짐칙 연흔 흰밥(苽菹軟白飯)<두창13>

　'짐칙'는 (菹)에 대한 대역이다. 『훈몽자회·유합』에 모두 '딤칙'로 字釋되었다.

猪 ; 돗, 돌(돌, 돗)

　; 데미고는 흘레아닌 삿기 수돗글(猪尾膏者未破陰小小雄猪)<두창31>
　; 양의 고기 도틱간(羊肉猪肝)<두창14>
　; 도틱 기르메 무라(猪脂調)<구상7>
　; 열돌 애랑 도틱 콩풋 쓰고(十月用猪腰子)<태요19>
　; 돗틱고기와 콩과 쇠고기과(猪肉豆牛肉)<납약6>

　'돗, 돌'은 (猪)에 대한 대역이다. 『구상·태요·납약』에 '돌, 돗'으로 『두시언해』에는 '돌'으로 『훈몽자회·유합』에는 모두 '돝'으로 字釋되었다.

適 ; 마즘(맛갑다)

; 마즘 그 형이 역질 피졉 가니(適見其兄避痘)<두창44>
; 츠며 듯호미 맛갑게ᄒᆞ야(適寒溫)<구상66>

'마즘'은 (適)에 대한 대역이다. 『구상』에는 '맛갑다'로 『두시언해』에는 '가다, 마초다, 맞다'로 『석보상절』에는 '맞다, 마초다, 마치다, 맛갑다'로 『남명천계송언해』에는 '맞다'로 『유합』에는 '마즐, 갈'로 『천자문』광주·석봉 본에는 '마즐'로 주해 본에는 '마즐, 갈, 뎍실, 마춤, 조츨'로 대역되었다. 語形 '맛갑다'는 消滅語로 볼 수 있다.

赤 ; 벌거ᄒᆞ다, 븕다(붉다)

; 온 몸이 벌거ᄒᆞ고 즛믈러(渾體赤爛)<두창44>
; 블근 풋 거믄 콩(赤小豆黑豆)<두창5>
; 블근 풋 半 되 술믄 므를 덥게ᄒᆞ야(赤小豆半升煮汁熱)<구상6>
; 블근 수둙 쓰고(用赤雄雞)<태요19>

'벌거ᄒᆞ다'는 (赤)에 대한 대역이다. 『구상·태요』에는 '븕다'로 『두시언해』에는 '븕다'로 『남명천계송언해』에는 '븕'로 『정속언해』에는 '벌거'로 『훈몽자회·유합·천자문』 등에 모두 '블글'로 字釋되었다.

籍 ; 빙쟈ᄒᆞ다

; 무녀드리 빙쟈ᄒᆞ야 니ᄅ되(女巫籍以爲言)<두창9>

'빙쟈ᄒᆞ다'는 (籍)에 대한 대역이다. 『두시언해』에는 '글월, 븥다'로 『훈몽자회·유합·천사문』 광주·석봉 본에는 모두 '글월'로 주해 본에만 '글월, 어즈러운'으로 대역되었다.

戰 ; 떨다

; 혹 톡이 떠ᄂᆞ니도 이시니(或有頤戰者)<두창65>

'떨다'는 (戰)에 대한 대역이다. 『두시언해·유합』에는 '사홈'로 『훈몽자회』에
는 '싸홈'으로 字釋되었다. 語形 '떨다'의 대역이 특이하다.

全 ; 오로, 온

; 오로 입쎄예 이시니(全在此關)<두창38>
; 온 몸과 머리 눗과 아래 우흘(全身頭面上下)<두창5>

'오로, 온'은 (全)에 대한 대역이다. 『두시언해』에는 '오ㅇ로, 오올다'로 『석보
상절』에는 '오ㅇ로, 오을다, 오올오다'로 『유합』에는 '오올'로 字釋되었다.

錢 ; 돈(돈)

; 감초 닷 돈을(甘草五錢)<두창5>
; 各 흔 돈을 사흐라 눈화(各一錢右件剉散分)<구상1>
; 다숫 돈(五錢)<태요3>

'돈'은 (錢)에 대한 대역이다. 『구상·태요·두시언해·남명천계송언해·훈몽
자회·유합』 등에 모두 '돈'으로 대역되었다.

煎 ; 달히다(글히다, 지지다, 더여다, 달히다)

; 칠 홉되게 달혀(煎至七合)<두창17>
; 닐굽 分을 글혀(煎七分)<구상5>
; 麻油로 지진 써글 딩ㄱ라(以麻油作煎餅)<구하44>
; 초를 더여(醋熱煎)<태요52>
; 황년황빅 달힌 믈을 츳게ㅎ여(黃連黃栢煎湯冷)<납약9>

'달히다'는 (煎)에 대한 대역이다. 『구상·구하·태요·납약』에는 '글히다, 지
지다, 더여다, 달히다'로 『두시언해』에는 '글히다, 글타'로 『훈몽자회』에는 '지
질'로 『유합』에는 '달힐'로 字釋되었다.

詮 ; 삼가

; 삼가 이 경계를 딕희라(詮守此戒)<두창14>

　　‘삼가’는 (詮)에 대한 대역이다. 『두시언해』에는 ‘말솜, 議論ᄒ다’로 대역되었다.

瘥 ; ᄒ리다
; 병이 엇디 말믜암아 ᄒ리이오다(病何由瘥乎)<두창55>

　　‘ᄒ리다’는 (瘥)에 대한 대역이다. 『두시언해』에는 ‘됸ᄂ다’로 『유합』에는 ‘병
됴홀’로 字釋되었다. 語形 ‘ᄒ리다’는 消滅語로 볼 수 있다.

切 ; 일졀(사할다, 잠간, 긋다, ᄀ장, 딮다, 싸홀다)
; 일졀 싱닝을 금긔호ᄃᆡ(切忌生冷)<두창14>
; 엿귀 줄기와 닙과랄 가나리 사하라(蓼莖葉細切)<구상32>
; 잢간도 그 주거믈 옮기디 말오(切勿移動其尸)<구상15>
; 빗복 줄기예 구디 ᄆᆡ여 ᄃᆞ니온 후에 긋고(繫臍帶垂重然後切斷)<태요36>
; ᄀ장 가티 아니ᄒ니(切不可)<태요37>
; 노흘 디픈둣 ᄒ며(如切繩)<태요20>
; 파흰밑 싸ᄒ라(葱白切)<태요42>

　　‘일졀’은 (切)에 대한 대역이다. 『구상 · 태요』에는 ‘사할다, 잠간, 긋다, ᄀ장,
딮다, 싸홀다’로 『두시언해』에는 ‘ᄀ리다, ᄀ장, 버히다, 셔울다’로 『유합』에는
‘졀홀’로 『천자문』광주 본에는 ‘ᄀᆞ졀’로 석봉 본에는 ‘그츨’로 주해 본에는 ‘ᄀᆞ졀,
급홀, 버힐’로 대역되었다.

絶 ; ᄭᅳᆫ나(긋나, 氣絶ᄒ나, 죽나, ᄆ즟나, 기졀, ᄆ즟나)
; 소릐 ᄭᅳᆫ촌 후에야(聲絶然後)<두창31>
; 氣킝分분이 긋거든(氣絶)<구상16>
; 닶겨 氣絶ᄒ닐(悶絶)<구하21>
; ᄯᅩ 中듕惡학 ᄒ야 가슴 알파 죽ᄂ닐 고툐ᄃᆡ(又方治中惡心痛欲絶) <구상16>
; 더욱 토커나 즈츼커든 그치뎌(加吐下則絶之)<태요12>

; 긔졀코져 ᄒᆞ니를 고티ᄂᆞ니(欲絶用)<태요34>
; 긔운이 그처 디는돗홀 재(氣絶者然)<납약22>

‘ᄭᅳᆫ다’는 (絶)에 대한 대역이다. 『구상·구하·태요·납약』에는 ‘긋다, 氣絶ᄒᆞ다, 죽다, 긏다, 기졀’로 『두시언해』에는 ‘ᄀᆞ장, 긋다, 긏다, 멀다’로 『석보상절·남명천계송언해·정속언해·유합』 등에 모두 ‘긏다’로 대역되었다.

點 ; 무티다(묻다, 플다, 처다, ᄇᆞ르다)
; 슈건의 무티 눌러 싯기면 됴ᄒᆞ니라(點洗可也)<두창52>
; 댱가라개 南星細辛ㅅ ᄀᆞᆯ을 무텨(中指點南星細辛末)<구상2>
; 一잃百빅 번 솟글흔 므레 프러 머기라(百沸湯點服) <구상31>
; 춤기르믈 브레 처디오(麻油點燈於)<구하81>
; 싱꿀 ᄇᆞ르니 즉시 됴터라(點生蜜便差)<태요69>

‘무티다’는 (點)에 대한 대역이다. 『구상·구하·태요』에는 ‘묻다, 플다, 처디다, ᄇᆞ르다’로 『두시언해』에는 ‘다히다, 무티다, 버리다’로 『유합』에는 ‘뎜’으로 字釋되었다. 語形 ‘플다’의 대역이 특이하다.

漸 ; 졈졈
; ᄎᆞ례로 졈졈 니ᄂᆞ니(次漸起)<두창38>

‘졈졈’은 (漸)에 대한 대역이다. 『두시언해』에는 ‘漸漸’으로 『유합』에는 ‘졈츳’으로 字釋되었다.

頂 ; 니마(머리뎡바기, 뎡바기)
; 니마 귀 ᄢᅥ뎌던것도 다 닐고(頂陷者皆起)<두창29>
; 믈인 사ᄅᆞ미 머리 뎡바깃 가온듸(咬之人頂心之)<구하71>
; 비록 뎡바기 내와다도(故雖露頂)<태요25>
; ᄌᆞ식 빈 겨집이 묵이 굳세고(孕婦項强)<태요38>

'니마'는 (頂)에 대한 대역이다. 『구하·태요』에는 '머리뎡바기, 뎡바기, 묵'으로 『두시언해』에는 '귿, 니마'로 『석보상절·남명천계송언해·훈몽자회·유합』 등에는 모두 '뎡바기'로 대역되었다.

正 ; 바로(바ᄅ, 올ᄒ다, 바ᄅ)

　; ᄎ마 바로 못 볼려라(不忍正視)<두창35>
　; 아히로 바ᄅ 앉고(令兒正座)<구상48>
　; 젼본이 올ᄒ니라(全本爲正)<태요8>
　; 바ᄅ 나ᄂ니ᄂ(正産)<태요22>

'바로'는 (正)에 대한 대역이다. 『구상·태요』에는 '바ᄅ, 올ᄒ다, 바ᄅ'로 『두시언해』에는 '고티다, 섨날'로 『남명천계송언해』에는 '바ᄅ다'로 『정속언해』에는 '졍ᄒ다, 正히'로 『유합·천자문』석봉 본에는 '졍홀'로 광주 본에는 '모'로 주해 본에는 '바롤, 정월, 손가온대'로 대역되었다. 語形 '손가온대'의 대역이 특이하다.

淨 ; 조히, 조초리ᄒ다(조히)

　; 믈로 입 헌ᄃᆡᄅ 조히 시스되(水洗淨)<두창46>
　; 조초리ᄒ면 병이 업ᄂ니(淨則無疾病)<두창1>
　; 또 모싓 불휘ᄅ 조히 시서(又紵根洗淨)<구상47>

'조히, 조초리ᄒ다'는 (淨)에 대한 대역이다. 『구상』에는 '조히'로 『두시언해』에는 '조히, 조ᄒ다'로 『유합』에는 '조홀'로 字釋되었다. 語形 '조히, 조초리ᄒ다, 조ᄒ다, 조홀'은 모두 消滅語로 볼 수 있다.

製 ; 짓다(봇ᄀ다)

　; 유형의 지은배니(有馨之所製也)<두창69>
　; 원디 강즙에 봇ᄀ니(遠志薑製)<태요2>

'짓다'는 (製)에 대한 대역이다. 『태요』에는 '봇ᄀ다'로 『두시언해』에는 '밍글다, 짓다'로 (制)와 동일한 의미로 대역되었다. 『유합』에는 '법제'로 字釋되었다.

臍 ; 비속(빗복)

  ; 빗소긔 더러온 것 머근 똥을 누이나니(下其臍糞之穢)<두창1>
  ; 附子 ㄴ를 빗복에 앗고(附子生去皮臍)<구상5>

  '빗속'은 (臍)에 대한 대역이다. 『구상·훈몽자회·유합』에는 모두 '빗복'으로 字釋되었다.

啼 ; 울다

  ; 울며 보채다(啼哭)<두창40>

  '울다'는 (啼)에 대한 대역이다. 『두시언해·훈몽자회·유합』에 모두 '울다'로 대역되었다.

朝 ; 아춤(아젹)

  ; 새볘붓터 아춤신지((自曉至朝)<두창43>
  ; 이른 아젹 공심의(早朝空心)<납약3>

  '아춤'은 (朝)에 대한 대역이다. 『납약』에는 '아젹'으로 『두시언해』에는 '아춤, 朝會, 朝廷'으로 『남명천계송언해·유합·천자문』 광주·석봉 본에는 '아춤'으로 주해 본에는 '아춤, 죠뎡, 됴회'로 『훈몽자회』에는 '아춤, 됴횟'으로 대역되었다.

調 ; 몰다(고ㄹ다, 몰다, 플다, 고르다, 플다, 됴화ㅎ다, 빠다)

  ; 년흔 쑬의 ᄆ라(調爛蜜)<두창2>
  ; 月水 고ㄹ디 아니ㅎ며(月水不調)<구하83>
  ; 밥 우희 뗘 ᄆ라 ᄇㄹ라(上飯蒸調塗)<구하13>
  ; 蘇송合햅圓원 세 丸을 프러 브소ᄃ(調蘇合香圓三圓灌下)<구상2>
  ; 혹 얼우여 고르디 아닌ㄴ니(或凝而不調)<태요1>
  ; 술 각 반 잔 식 합ㅎ야 플어(酒各半盞調和)<태요55>

; 몬져 경믹을 됴화홀 거시니(先調經脉)<태요7>
; 미음의 빠 ㄴ리오(米飮調下)<납약11>

　　'몰다'는 (調)에 대한 대역이다. 『구하·구상·태요·납약』에는 '고르다, 몰다, 플다, 고르다, 플다, 됴화ㅎ다, 빠다'로 『두시언해』에는 '曲調 , 調和ㅎ다'로 『정속언해』에는 '됴화ㅎ다'로 『유합』에는 '고롤'로 『천자문』 광주·석봉 본에는 '고르'로 주해 본에는 '고르, 곡됴, 셜, 됴룡'으로 대역되었다. 語形 '몰다, 플다, 빠다'의 대역이 흥미롭다.

條 ; ᄀ장(ᄀ늘다)

; ᄀ장 길ㅎ니(吉條)<두창15>
; ᄀ는 황금 ᄒ 냥(條黃芩一兩)<태요33>

　　'ᄀ장'은 (條)에 대한 대역이다. 『태요』에는 'ᄀ늘다'로 『두시언해』에는 '가지, 미요다, 올'로 『남명천계송언해』에는 '올'로 『훈몽자회』에는 '가지'로 『유합』에는 '가지, 쇼도'로 『천자문』 광주·석봉 본에는 '올' 주해 본에는 '가지, 됴목'으로 대역되었다.

照 ; 빗최다(뵈다, 보다)

; 희가 창의 비최여시되(日照雙窓)<두창44>
; ᄀ오누르이닐 불혀 뵈요미 몯ㅎ리니(魘忌燈火照)<구상22>
; 어름 띄워 두고보라(照冰)<태요25>

　　'빗최다'는 (照)에 대한 대역이다. 『구상·태요』에는 '뵈다, 보다'로 『두시언해·남명천계송언해』에는 '비취다'로 『훈몽지회·유합』에는 'ᄇ일'로 『천자문』 광주 본에는 'ᄇ일'로 석봉 본에는 '비췰'로 주해 본에는 '비췰'로 字釋되었다.

爪 ; 손톱

; 손톱의 희야디거나(爪破)<두창27>

‘손톱’은 (爪)에 대한 대역이다. 『두시언해』에는 ‘손톱’으로 『훈몽자회』에는 ‘숏돕’으로 『유합』에는 ‘톱’으로 字釋되었다.

助 ; 돕다
; 귀신의 도음을 엇디 못ᄒ고(不得神助)<두창10>

‘돕다’는 (助)에 대한 대역이다. 『유합』에는 ‘도올’로 『천자문』 광주 본에는 ‘도올’로 석봉 본에는 ‘도올’로 주해 본에는 ‘도을’로 字釋되었다.

足 ; 발(발, 차다)
; 발바당이 ᄎ고(足下冷)<두창6>
; 샐리 밠 엄지가락 아랫 ᄀᄅᆫ 그믈 ᄯᅮ듸(急灸足大趾下橫文)<구상2>
; 손톱 발톱블(手足爪甲)<태요12>
; ᄃᆞᆯ이 몯차 나니ᄂᆞᆫ(月不足者)<태요8>

‘발’은 (足)에 대한 대역이다. 『구상·태요』에는 ‘발, 차다’로 『두시언해』에는 ‘발, 足ᄒ다’로 『남명천계송언해·훈몽자회·유합·천자문』 광주·석봉 본에는 모두 ‘발’로 주해 본에는 ‘발, 보탤’로 『정속언해』에는 ‘ᄌᆞ래, ᄌᆞ라, ᄎ다’로 대역되었다. 語形 ‘ᄌᆞ래, ᄌᆞ라’의 대역이 특이하다.

卒 ; 졸현히(과ᄀᆯ이, 믄득, 가ᄆᆞ기, 과ᄀᆯ리)
; 졸현히 스이븐 변ᄒ기 어리오되(卒未易辨)<두창6>
; 과ᄀᆯ이 ᄀᆞ오눌엿거든(卒魘)<구상23>
; ᄯᅩ 믄득 中風ᄒ야(又方卒中風)<구상3>
; 가ᄆᆞ기 ᄇᆡ야미 가마 프디 아나ᄒ거든(卒爲蛇繞不解)<구하79>
; ᄯᅩ 과ᄀᆯ리 듕풍ᄒ여(又治卒中風)<납약1>

‘졸현히’는 (卒)에 대한 대역이다. 『구상·구하·납약』에는 ‘과ᄀᆯ이, 믄득, 가ᄆᆞ기, 과ᄀᆯ리’로 『두시언해』에는 ‘ᄆᆞ초매’로 『훈몽자회』에는 ‘군ᄉ’로 『유합』에는 ‘군졸, ᄆᆞ춤’으로 대역되었다. 語形 ‘과ᄀᆯ이, 가ᄆᆞ기, 과ᄀᆯ리’는 消滅語로 볼 수 있다.

終 ;뭇도록, 뭇춤내, 죵시
　; 처음붓터 뭇도록(自始至終)<두창13>
　; 약을 먹지 못ᄒ야 뭇춤내 구티 못ᄒᄂ니가(令服藥終至不救者)<두창9>
　; 죵시히 죽ᄂ니가 이시니(終至死者亦有)<두창10>

　　‘뭇도록, 뭇춤내, 죵시’는 (終)에 대한 대역이다. 『두시언해』에는 ‘ᄆ춤, ᄆ춤내, ᄆ춤, 뭇놋다, 뭇ᄃ록, 뭇도록’으로 『석보상절』에는 ‘ᄆᄎ다’로 『남명천계송언해·정속언해』에는 ‘내죵애, 내죵내’로 『훈몽자회·유합·천자문』에는 모두 ‘ᄆ춤’으로 字釋되었다.

剉 ; 써흘다(사홀다.싸홀다)
　; 가지 블근 버들이니 써흐러(赤枝之楊剉)<두창28>
　; 各各 ᄒ 돈을 사ᄒ라 ᄂ화(各一錢右件剉散分)<구상1>
　; 이를 싸ᄒ라(右剉)<태요3>

　　‘써흘다’는 (剉)에 대한 대역이다. 『구상·태요』에는 ‘사흘다, 싸흘다’로 한의서만 발견된다.

坐 ; 앉다(안치다, 앉다, 걸다, 오ᄅ다)
　; 이윽ᄒ니 니러 안자 밥 먹고(須臾起坐喫飯)<두창36>
　; ᄯᅩ 病ᄒᆞᆫ人신으로 이페 안치고(又方令病人當戶坐)<구상28>
　; 즉제 니러 아ᄌᄂ니라(卽起坐驗)<구상36>
　; 빗 여흐레 걸인ᄃᆺ ᄒ니(如舟坐灘)<태요26>
　; 거저긔 오ᄅ디 말라(不可坐草)<태요22>

　　‘앉다’는 (坐)에 대한 대역이다. 『구상·태요』에는 ‘안치다, 앉다, 걸다, 오ᄅ다’로 『두시언해』에는 ‘앉다’로 『석보상절』에는 ‘앉, 앗’로 『남명천계송언해』에 ‘앉’으로 『훈몽자회·유합·천자문』에는 모두 ‘안ᄌ’로 字釋되었다.

主 ; 웃씀

; 두창이 비위로 웃씀 삼는 증이니(痘以脾胃爲主)<두창13>

　　'웃씀'은 (主)에 대한 대역이다. 『두시언해』에는 '님금, 님자, 웃듬, 人生, 主人'으로 『석보상절』에는 '님자'로 『남명천계송언해』에는 '웃듬'으로 『정속언해』에는 '님자ㅎ, 항것'으로 『유합·천자문』 광주·석봉 본에는 '님'으로 주해 본에는 '님금, 쥬흘, 쥬인'으로 대역되었다.

走 ; 드라나다(드르다, 내왇다, 드르다)

; 이윽히 ㅎ다가 드라나거늘(良久起而走)<두창34>
; 주근 사르믈 지여 드르면(以溺人背搭走)<구상74>
; 내와드니는 겨집이라(走者女也)<태요10>
; 미쳐 드르며(狂走)<납약25>

　　'드라나다'는 (走)에 대한 대역이다. 『구상·태요』에는 '드르다, 내왇다, 드르다'로 『두시언해』에는 '드라나다, 든니다, 들이다'로 『유합』에는 '드롤'로 字釋되었다.

紬 ; 면듀

; 면듀 슈건의 즘슉 뭇쳐 온 닷츨 즈조 싯기되(用紬巾頻頻淋洗面顔)<두창29>

　　'면듀'는 (紬)에 대한 대역이다. 『훈몽자회』에는 '명디'로 『유합』에는 '면듀'로 字釋되었다.

粥 ;죽, 죽(죽)

; 춥슬 죽 귀오리 ᄀᆞᄅᆞ(糯米粥蕎麥麵)<두창13>
; 녹두 죽 젹두 죽(菉豆粥赤豆粥)<두창13>
; 粥죽 므를 漸쩜漸쩜 숨씨면(粥淸稍稍嗛之)<구상8>
; 춧뿔 죽에 파흰믿 세 너허(糯米作粥入葱白三莖)<태요19>

‘죽, 쥭’은 (粥)에 대한 대역이다. 『구상·태요』에는 ‘죽’으로 『석보상절』에는 한자 ‘粥’으로 『훈몽자회』에는 ‘쥭’으로 字釋되었다.

重 ; 듕ᄒ다, 저울(듕ᄒ다, 므긔, 블, 다시곰, 므거운, 쏘, 므즮ᄒ다)
　　; 쏘흔 듕ᄒ고(亦重)<두창21>
　　; 저울로 ᄃ라 오 분이어든(五分重)<두창3>
　　; 重ᄒ니란 地漿으로 브스면 씨ᄂ니(重者以地漿灌則醒)<구상10>
　　; 附子 므긔 닐굽돈 남즛ᄒ닐(附子重七錢許)<구상38>
　　; 뵈로 두서블 ᄣ려(用布三兩重裹)<구상58>
　　; 직를 다시곰 처(灰重羅)<구하12>
　　; 므거운 것 들며(擧重)<태요15>
　　; 사름의 몸이 쏘야셔 아홉 ᄃ래(人有重身九月而)<태요47>
　　; ᄂ 급ᄒ고 뒤히 므즮ᄒ며(裏急後重)<납약10>

　　‘듕ᄒ다, 저울’은 (重)에 대한 대역이다. 『구상·구하·태요·납약』에는 ‘듕ᄒ다, 므긔, 블, 다시곰, 므거운, 쏘, 므즮ᄒ다’로 『두시언해』에는 ‘ᄀᆞᆯ포, 다시, 도로, 둗겁다, 므겁다, ᄇ리, 블, 여러, 하다, 重疊ᄒ다, 重ᄒ다’로 『남명천계송언해』에는 ‘므겁다’로 『정속언해』에는 ‘듕ᄒ다’로 『유합』에는 ‘므겁다, 여러블’로 『천자문』광주·석봉 본에는 ‘므거울’로 주해 본에는 ‘다시, 무거울, 겹’으로 대역되었다. 語形 ‘ᄀᆞᆯ포, 블’은 消滅語로 볼 수 있다.

中 ; 가운대, 안(가온ᄃᆡ, 곶다, 굼긔, 싸흘, 맞다, 스싀, 안해, 가온대, 안해,
　　속, 맞다, 빗속)
　　; 그 더러온거시 입 가온대 잇ᄂ니(口中猶有不潔)<두창1>
　　; 근 사ᄇᆞᆯ 안희 노코(人置諸砂椀中)<두창50>
　　; 두 손 가온ᄃᆡ 가락 숏톱 아래(兩手中指爪下)<구상29>
　　; 핏굼긔 고ᄌ면 긋ᄂ니라(孔血中止) <구상66>
　　; 곳굼긔 부러 ᄌ치욤 호믈 기드려(吹入鼻中侯其噴嚏)<구상2)
　　; 뒷 털난 싸흘(後聚毛中)<구상20>
　　; 이 毒을 마조미 기퍼(此是中毒之深)<구상33>
　　; 一百낤 스싀예 ᄒᆞᆯ도(百日之中一日)<구하66>

; 허러 피 통안해 ᄀ득ᄒ야(傷血滿腹中)<구상17>
; 손 가온대 가락 ᄆ되를(手中指 節)<태요55>
; 뷘집 안해 쥐굼긔(空屋鼠穴中)<태요48>
; 잉뷔 빅소개(孕婦腹中作)<태요48>
; 발바당 가운대 ᄂ려(脚心中)<납약21>
; 과ᄀ리 긔된 샤긔를 마자(卒中客忤)<납약4>
; 감응원을 빗소기 허ᄒ여(感應元治虛中)<납약11>

'가온대, 안'은 (中)에 대한 대역이다. 『구상·구하·태요·납약』에는 '가온되, 곳다, 굼긔, 싸흘, 맞다, ᄉᆡ, 안해, 가온대, 안해, 속, 맞다, 빗속'으로 『두시언해』에는 '가온되, 다시, 맛다, 속, 솝, ᄉᆡ, 안해'로 『석보상절』에는 '가온되'로 『남명천계송언해』에는 '가온되, 안'으로 『유합』에는 '가온댓'으로 『훈몽자회·천자문』 광주·석봉 본에는 모두 '가온되'로 주해 본에는 '즁도, 가온대, 마치, 마즐'로 대역되었다.

卽 ; 즉제(즉제, 즉자히, 곧, 즉시, 믿, 즉시)
; 즉제 승마갈근탕을 ᄡ고(卽用升麻葛根湯)<두창15>
; 즉제 둗ᄂ니라(卽愈)<구상10>
; 氣킝分분이 ᄉᆞᄆᆞᆾ면 즉자히 사ᄂ니라(卽蘇續氣透)<구상34>
; 곧 能능히 말ᄒᄂ니라(卽能語) <구상20>
; 즉시 편안하고(卽安)<태요19>
; ᄌ식이 믿바다 나ᄂ니(兒卽隨産)<태요25>
; 즉시 됴코(卽愈)<납약14>

'즉제'는 (卽에 대한 대역이다. 『구상·태요·납약』에는 '즉제, 즉자히, 곧, 즉시, 믿'으로 『두시언해·석보상절』에는 '곧'으로 『남명천계송언해』에는 '즉재'로 『유합』에는 '곧'으로 『천자문』광주 본에는 '고'로 석봉 본에는 '즉제'로 주해 본에는 '나아갈, 즉제, 곳'으로 대역되었다.

汁 ; 진(즙, 집, 즙)
; 진이 흐ᄅ고 잠깐 움즈기면(流汁少或搖動)<두창44>

; 시혹 염굣 즈블 ᄀ라(或研韭汁)<구상19>
; 生싱뵈로 汁집을 짜(以生布絞汁)<구상3>
; 디허 즙 내여(搗取汁)<태요16>
; 거믄 콩 달힌 즙을 먹고(黑豆煮汁服)<납약9>

　　'진'은 (汁)에 대한 대역이다.『구상·태요·납약』에는 '즙, 집'으로『두시언해』
에는 한자 '汁'으로 표기되었다.

漬 ; 즘복 젹시다(ᄃᆞᆷ다, 불우다, 젖다, ᄌᆞ마다)

; 더운 슈양탕으로 즘복 적셔 ᄌᆞ조 ᄀ라 븟티면(漬以此水乘熱貼之)<두창29>
; 허튀를 ᄃᆞᄆᆞ면 즉재 사ᄂᆞ니라(以漬脚卽活)<구상26>
; 거믄 콩 ᄭᅳᆯ을 수레 불위 汁을 取ᄒᆞ야 머그라(以黑酒漬取汁服之)<구하45>
; 프른 뵈를 저져(靑布漬)<구하5>
; 즛시 앗고 ᄌᆞᄆᆞ라(去滓漬之)<구하80>

　　'즘복 젹시다'는 (漬)에 대한 대역이다.『구상·구하』에는 'ᄃᆞᆷ다, 불우다, 젖다,
ᄌᆞ마다'로『유합』에는 'ᄌᆞ즐'로 字釋되었다.

紙 ; 죠희(죠희)

; 둣거온 죠희과(厚紙)<두창50>
; 져즌 죠희예 짜 구으니와(濕紙裹煨)<구상1>
; 두터운 죠희로(厚紙)<태요43>

　　'죠희'는 (紙)에 대한 대역이다.『구상·태요·두시언해·훈몽지회·유합』등
에 모두 '죠희'로 대역되었다.

枝 ; 가지

; 가지 블근 버들이니(赤枝之楊)<두창28>
; 복셩홧 가지와 닙 글횬 므레 프러 브스라(桃枝葉湯調灌)<구상16>
; 사ᄉ나못 가지를 블에 구어(白楊樹枝燒取)<태요73>
; 복숑아 가지와 버들 가지 달힌 믈의 프러ᄂᆞ리오라(桃柳枝煎湯化下)<납약26>

'가지'는 (枝)에 대한 대역이다. 『구상·태요·납약·석보상절·두시언해·남명천계속언해·훈몽자회·유합·천자문』 등에 모두 '가지'로 대역되었다. 『천자문』 주해 본 에는 '가지, 견틔다'로 대역되었다. 語形 '견틔다'의 대역이 특이하다.

止 ; 그치다(말다, 근ᄂ다, 긋다)
 ; 션틔탕을 쓰면 즉시 그치ᄂ니(用蟬退湯卽止)<두창24>
 ; 츠거든 말면(冷卽止)<구상8>
 ; 술의 플어 머거도 근ᄂ니라(酒調服亦止)<태요48>
 ; 월명 긋거든(經止)<태요4>

'그치다'는 (止)에 대한 대역이다. 『구상·태요』에는 '말다, 근ᄂ다, 긋다'로 『두시언해』에는 '그치다, 쌴, 이시다'로 『훈몽자회·천자문』 석봉 본에는 '그칠'로 광주 본에는 '그츨'로 주해 본에는 '그칠, 어조ᄉ'로 대역되었다. 語形 '쌴, 이시다'의 대역이 특이하다.

至 ; 싯지, 니ᄅ다, 오로(니르다, 다돌다, ᄃ외다, 니르다, 니ᄅ히다)
 ; 츌두 죵일싯지ᄂ(至出痘終日)<두창16>
 ; 엾돌의 니ᄅ면(至十月)<두창1>
 ; 의복 비단 보화룰 오로 버러 느고(以至衣服錦繡紬紈寶貨)<두창10>
 ; 여듧 分에 니르거든(至八分)<구상32>
 ; 니예 다돌게 ᄒ면(至齒)<구상40>
 ; 믈 ᄒ 큰 잔 半을 ᄒ 자니 ᄃ외에 글혀(以水一大盞半煎至一盞)<구하91>
 ; 비알기 ᄌ고 나홀 쎄 니ᄅ 후(立待産候至然)<태요21>
 ; 닐곱 환의 니ᄅ히(至七丸)<납약18>

'싯지, 니ᄅ다, 오로'는 (至)에 대한 대역이다. 『구상·구하·태요·납약』에는 '니르다, 다돌다, ᄃ외다, 니ᄅ히다'로 『두시언해』에는 '오다, 니르다, 至極히'로 『석보상절·남명천계송언해』에는 '이르다'로 『정속언해』에는 '이르다, 지극기, 지어'로 『유합』에는 '리를'로 字釋되었다.

只 ; 다만(다하다)

　; 다만 면샹과 창나흔 곳만 시스미 가흐니라(只洗面上與瘡爛處可也)<두창30>
　; 흔 겨틔 다하니(一傍只)<태요24>

　　‘다만’은 (只)에 대한 대역이다. 『태요』에는 ‘다하다’로 『석보상절』에는 ‘다믄’
으로 『두시언해』에는 ‘오직’으로 대역되었다.

指 ; 손(가락, 손가락, 가락.까락.손ㄱ락)

　; 손으로 그 꾀리를 붓드러(以指扶其尾)<두창31>
　; 또 손발 열가락 그틀 針침흐야(又方針手足十指頭)<구상28>
　; 숤가락만 흐니와(如指頭)<구상37>
　; 손 가온대 가락 ᄆᄃ<른>를(手中指 節)<태요55>
　; 가온대 까락으로(以中指)<태요23>
　; 샐리 머리 터럭을 손ㄱ락의 가마(急以亂髮纏指頭)<태요72>

　　‘손’은 (指)에 대한 대역이다. 『구상·태요』에는 ‘가락, 손가락, 가락, 까락, 손
ㄱ락’로 『두시언해·남명천계송언해』에는 ‘숤가락, ㄱᄅ치다’로 『훈몽자회』에는
‘숤가락’로 『유합』에는 ‘손가락’으로 字釋되었다.

知 ; 알다(알외다)

　; 다만 흔나히 아라(只令一人知)<두창4>
　; 病흔 사ᄅ믈 알외디 말오(勿令患人知)<구상60>

　　‘알다’는 (知)에 대한 대역이다. 『구상』에는 ‘알외다’로 『두시언해·석보상
졀·남명젼계송언해·유합·천자문』 등에 모두 ‘알디’로 대역되있다.

遲 ; 더듸다

　; 더듸며 ᄲᄅ미 다ᄅ디 아니흐나(遲速不同)<두창58>

　　‘더듸다’는 (遲)에 대한 대역이다. 『두시언해』에는 ‘날호다, 더듸다’로 『남명천

계송언해』에는 '더듸다'로『유합』에는 '더딀'로 字釋되었다. 15세기 당시에는
'날호다와 더듸다'가 동등한 자격으로 사용되다가 後代에 오면서 '날호다'는 '더
듸다'에 의하여 消滅된 語辭로 볼 수 있다.

振 ; 모화

 ; 긔혈이 오로 모화(血氣大振)<두창53>

　'모화'는 (振)에 대한 대역이다.『두시언해』에는 '니르완다, 뻘다, 뮈우다, 振動
 다'로『유합』에는 '들틸'로『천자문』광주 본에는 '너털'로 석봉 본에는 '뻘'로
주해 본에는 '썰, 거둘, 만흘'로 대역되었다.

眞 ; 진짓(진디, 진짓)

 ; 좁뿔ᄀ티 도다시면 그거시 진짓 써시라(如粟起則爲眞也)<두창6>
 ; 진딧 血竭와 ᄒ다가 업거든(眞血竭如無)<구하90>
 ; 진짓 겨집의게(眞女中)<태요5>

　'진짓'은 (眞)에 대한 대역이다.『구하 · 태요』에는 '진디, 진짓'으로『두시언해』
에는 '진실'로『정속언해』에는 '진짓'으로『유합 · 천자문』에는 '춤진'으로 字釋
되었다.

盡 ; 극키, 다, 진ᄒ다(다, 다ᄒ다, 그믈다, 다)

 ; 그키 앗기 오니라(盡惜哉)<두창67>
 ; 홈ᄢᅢ예 다 쁘디 못홀 거시니(不可一時盡刺)<두창52>
 ; 닉 쟝ᄎ 진홀만 ᄒ거든(煙將盡)<두창3>
 ; 다 머그라(盡服之) <구상29>
 ; 다 ᄒ야ᅀᅡ 藥을 브툐리니(盡乃傅藥)<구하1>
 ; ᄒ다가 그 둘이 그믈거든(若月盡)<태요64>
 ; 약 다 먹고(藥盡)<태요4>

　'극키, 다, 진ᄒ다'는 (盡)에 대한 대역이다.『구상 · 구하 · 태요』에는 '다, 다ᄒ

다, 그믈다’로 『두시언해』에는 ‘다, 다ᄋ다, 다ᄒ다’로 『석보상절』에는 ‘다ᄋ다,
다ᄒ다’로 『남명천계송언해』에는 ‘다ᄋ다’로 『유합』에는 ‘ᄃᆞ올’로 『천자문』 광
주·석봉 본에는 ‘ᄃᆞ올’로 주해 본에는 ‘다흘, 극진’으로 대역되었다.

疾 ;녁질, 병(ᄲᆞᆯ리, 병, ᄲᆞᄅᆞ다, 병)

  ; 녁질의 다ᄃᆞ라 음식과 긔거를 제ᄒᆞ고(疾飲食起居)<두창9>

  ; 져근 즉 죵신토록 병이들고(小則爲終身之疾)<두창10>

  ; 그 숟가라글 ᄲᆞᆯ리 내욜디니(疾出其指)<구상79>

  ; 산젼 산후 모든 병을(産前産後諸疾)<태요17>

  ; 다 활ᄒᆞ고 ᄲᆞᄅᆞ다 ᄒᆞ고(滑而疾)<태요9>

  ; 모든 병을(諸疾)<납약28>

    ‘녁질, 병’은 (疾)에 대한 대역이다. 『구상·태요·납약』에는 ‘ᄲᆞᆯ리, 병, ᄲᆞᄅᆞ다,
병’로 『두시언해』에는 ‘ᄲᆞᆯ리, 병’으로 『훈몽자회·유합』에는 ‘병홀’로 字釋되었다.

執 ; 잡다

  ; 일절히 잡디 말고(切勿把持)<두창15>

    ‘잡다’는 (執)에 대한 대역이다. 『두시언해』에는 ‘잡다’로 『유합·천자문』 광
주·석봉 본에는 ‘자블’로 주해 본에는 ‘잡을’로 字釋되었다.

次 ; 번, 식, 츠례, -에(바거, 번, 버근)

  ; 밤낫 입시 싯기늘 스므니믄 번 식 ᄒᆞ면(日夜數十次)<두창29>

  ; 츠례로 졈졈 니ᄂᆞ니(次漸起)<두창38>

  ; 오 푼으로 세히 ᄂᆞ호(每五分作三次)<두창2>

  ; 바거 날회야(次緩)<구상4>

  ; ᄒᆞᄅᆞ 세 버니나 다숫 버니나 ᄒᆞ라(日三五次)<구상6>

  ; 쏘 버근 ᄃᆞᆯ 산도를 밧고아 써(則換寫次月圖)<태요64>

  ; 세 번 늬 번드시 다ᄃᆞᄂᆞ니(三次必收盡)<태요25>

‘번, 식, 츠례, -에’는 (次)에 대한 대역이다. 『구상 · 태요』에는 ‘바거, 번, 버근’
으로 『두시언해』에는 ‘머믈다, 버거, 次第’로 『석보상절 · 정속언해』에는 ‘버거ᄒ
다’로 『유합』에는 ‘츠례, ᄀᆞ음’으로 『천자문』 광주 본에는 ‘ᄀᆞ슴’으로 석봉 본에
는 ‘ᄀᆞ음’으로 주해 본에는 ‘조츠, 츠례, 머믈, 버금, 슈식’으로 대역되었다. 語形
‘바거, 버근’은 ‘버금’에 의하여 消滅된 語辭로 볼 수 있다.

饌 ; 음식
; 늙고 병든 어버이를 다 고기 음식을 폐ᄒ고(饌至於老病父母廢)<두창11>

　‘음식’은 (饌)에 대한 대역이다. 『두시언해』에는 ‘이받다, 차반’으로 『훈몽자회
· 유합』에는 ‘반찬’으로 字釋되었다.

窢 ; 팁ᄡᅳ다, 팁ᄢᅳ다
; 눈을 팁ᄡᅳ고 입을 다믈고(目窢口噤)<두창6>
; 눈청을 우흐로 팁ᄢᅳ고(目睛上窢)<두창34>

　‘팁ᄡᅳ다, 팁ᄢᅳ다’는 (窢)에 대한 대역이다. 『두시언해』에는 ‘숨다’로 대역되었
다. 語形 ‘팁ᄡᅳ다, 팁ᄢᅳ다’의 대역이 흥미롭다.

脹 ; 붓다(부러나다, 턍만ᄒ다, 티와텨)
; 붓기도 마치 역질과 ᄀᆞ티ᄒ오ᄃᆡ(起脹亦如)<두창37>
; 혜 과글이 부러나 입 밧긔 나거든(舌忽脹出口外)<구상46>
; 가슴 비 다 턍만ᄒ다(心腹俱脹)<구상29>
; 얼의 피 가ᄉ매 티와텨 ᄂᆞ치 프르고(瘀血脹心面青)<구하28>

　‘붓다’는 (脹)에 대한 대역이다. 『구상 · 구하』에는 ‘부러나다, 턍만ᄒ다, 티와
텨’로 『훈몽자회』에는 ‘턍만’으로 字釋되었다.

蒼 ; 프르다

; 누루고 혹 프른 밀빗 ▽ᄐ며(黃或蒼蠟色)<두창49>

　　'프르다' (蒼)에 대한 대역이다. 『두시언해』에는 '프르다'로 『유합』에는 '프를'로 字釋되었다.

處 ;곳, 딕(딕, 짜ᄒ, 딕)
　; 면샹과 창난 흔곳만 시스미 가ᄒ니라(洗面上與瘡爛處可也)<두창30>
　; 골려온 고딕(痒處)<두창27>
　; 알픈딕 시수딕(洗患處)<구상8>
　; 알픈 짜해 ᄇᄅ면(塗患處)<구하13>
　; 노픈딕 슈건을 ᄆ여 들고(高處懸掛手巾)<태요22>
　; 샹흔딕 ᄇᄅ고(塗傷處)<납약24>

　　'곳, 딕'는 (處)에 대한 대역이다. 『구상·구하·태요·납약』에는 '딕, 짜ᄒ'로 『두시언해』에는 '곧, 딕, 짜ᄒ'로 『석보상절·정속언해』에는 '딕'로 『남명천계송언해』에는 '곧'으로 『천자문』 광주 본에는 '곳'으로 석봉 본에는 '곧' 주해 본에는 '곳, 이실'로 대역되었다. 語形 '이실'의 대역이 특이하다.

穿 ; 굼기(ᄲᅦ다, 둘워, 닙다, 듧다)
　; 입시울이 굼기 ᄯᅮ러 녀실디라도(口脣穿破)<두창46>
　; 버거 念珠 세 다숫 나출 ᄲᅦ오(次穿數珠三五枚)<구상48>
　; 흔 구무 둘워 몬져 낫긴혜 ᄲᅦ오(通一竅先穿上鉤)<구상48>
　; 산부의 샹해 닙ᄂ 오슬(産婦尋常所穿衣)<태요31>
　; 벌어 듧고(刺穿)<태요69>

　　'굼기'는 (穿)에 대한 대역이다. 『구상·태요』에는 'ᄲᅦ다, 둘워, 닙다, 듧다'로 『두시언해』에는 '들워, 들올'로 『남명천계송언해』에는 '듧, 듦'으로 『훈몽자회』에는 '들올'로 『유합』에는 '들올'로 字釋되었다. 語形 '듧, 듦'의 대역이 특이하다.

淺 ; 엿트다

; 독이 깁프며 엿트미(毒之深淺)<두창38>

　'엿트다'는 (淺)에 대한 대역이다. 『두시언해』에는 '녙다, 녈다, 열다, 엽다'로 『유합』에는 '여틀'로 字釋되었다.

喘 ; 헐헐ᄒ다(숨, 헐헐ᄒ다)
; 숨이 쳔급ᄒ야 헐헐ᄒ고(氣促喘急)<두창34>
; 수미 ᄌᄌ닐(喘急)<구상67>
; 氣分이 헐헐ᄒ고(氣喘)<구상54>

　'헐헐ᄒ다'는 (喘)에 대한 대역이다. 『구상』에는 '숨, 헐헐ᄒ다'로 『두시언해』에는 '숨'으로 대역되었다. 語形 '헐헐ᄒ다'는 擬態語 성격의 대역으로 흥미롭다.

尖 ; 긋(부리, ᄀᆞ라기, 쏜론다, 긋티)
; 그 쇠리 긋튼 흔치 남즉이 픡이고(裂尾尖寸餘)<두창31>
; 것과 부리와 어우렁 ᄌᆞ를 앗고 ᄀ라(去皮尖雙仁硏) <구상70>
; 볏 ᄀᆞ라기로 밠바당 딜오미 더욱 됴ᄒ니라(用稻尖刺脚心尤妙)<구하82>
; 올흔 허튓 삿기 밠가락 쏘로든 그틀(右脚小趾尖頭)<구하87>
; 금빈혜나 옥빈혀 긋티(金玉簪尖)<태요69>

　'긋'은 (尖)에 대한 대역이다. 『구상·구하·태요』에는 '부리, ᄀᆞ라기, 쏜론다, 긋티'로 『두시언해』에는 '쏜론ᄒ다'로 『유합』에 '귿셜'로 字釋되었다. '부리'로 대역된 語例는 『朴通事諺解上13』에 '부리것고(捲尖)'에서 발견된다.

貼 ; 복(브티다, 븥다, 브티다)
; 세 복만 머기라(用三貼)<두창17>
; 왼녁 밠바당애 브티고(貼左脚)<구상63>
; ᄀ느리 ᄀ라 죠히예 브텨(硏細貼以紙)<구하7>
; 이를 셰말ᄒ야 두 복애 ᄂ화 딛게 달힌 뿍믈(右細末分二貼濃艾湯)<태요9>
; 여셩고를 뻐 엄의 뎡바기예 브트고(用如聖膏貼産母頂上)<태요25>

‘복’은 (貼)에 대한 대역이다. 『구상 · 구하 · 태요』에는 ‘브티다, 붙다’로 『훈몽
자회』에는 ‘팀바들’로 字釋되었다.

菁 ; 무우

; 무우 쉿무우 외 짐치(蔓菁蘿蔔苽菹)<두창13>

‘무우’는 (菁)에 대한 대역이다. 『훈몽자회』에는 ‘쉿무수’로 『유합』에는 ‘쉿무
우’로 字釋되었다.

靑 ; 플릭다(프르다, 프르다)

; 혹 플릭며 혹 거머(或靑或黑)<두창34>
; 느치 프르고(面色靑)<구상27>
; 입시우리 프르고(脣靑)<태요27>

‘플릭다’는 (靑)에 대한 대역이다. 『구상 · 태요 · 두시언해』에는 ‘프르다’로 『정
속언해』에는 ‘프르’로 『훈몽자회 · 유합 · 천자문』 석봉 본에는 ‘프를’로 광주 본
에는 ‘프를’로 주해 본에는 ‘푸를’로 字釋되었다.

替 ; 놓다

; 서로 블 우히 노화 더여(相替溫熱於火上)<두창29>

‘놓다’는 (替)에 대한 대역이다. 『두시언해』에는 ‘가놋다’로 대역되었다. 語形
‘가놋다’는 消滅語로 볼 수 있다.

體 ; 몸(몸, 일신)

; 그 몸을 들고(擧其體)<두창31>
; 스지과 일신이 곳바(肢體倦怠)<태요13>
; 몸을 굽게 아니ᄒ며(體不傴曲)<태요22>

‘몸’은 (體)에 대한 대역이다. 『태요』에는 ‘몸, 일신’으로 『두시언해』에는 ‘몸,

體'로『훈몽자회』에는 '몸'으로『유합』에는 '얼굴'로 字釋되었다. 語形 '얼굴'의
대역이 특이하다.

稍 ; 적다, 점점(적다, 적다, 잠깐)
  ; 져기 인ᄉ 아는 아히는(稍知人事之兒)<두창51>
  ; 열 긔운이 점점 ᄂ려(熱氣稍降)<두창44>
  ; 서르 닛우 져기 덥게ᄒ야(相繼稍熱)<구상46>
  ; 져기 더우닐 머르라(稍熱服之)<구상27>
  ; 포의 몯나 잠깐 오라면(胞衣不下稍久)<태요36>

  '적다, 점점'은 (稍)에 대한 대역이다.『구상·태요』에는 '적다, 점점, 져기, 저
기'로『두시언해』에는 '져기, 적적, 점점'으로『유합』에는 '점점'으로 字釋되었다.

初 : ᄀᆞᆺ, 처음(처엄, ᄀᆞᆯ)
  ; ᄀᆞᆺ난 아히 빗복 ᄡᅥ러딘 거슬(小兒初生臍帶脫浩)<두창3>
  ; 진나라 처엄 시졀부터 비로소 잇ᄂ니라(秦初始有之)<두창2>
  ; 처ᅥ메 잢간도 ᄎᆞᆫ것과 우믈 아랫 흙과 ᄢᅮᆯ와로 ᄇᆞᄅ니 마롤 디니(初愼勿以冷物及以井下
    泥蜜塗)<구하7>
  ; 아기 ᄀᆞᆯ나 디며 긔운이 긋고져ᄒ고(小兒初生氣欲絶)<태요67>
  ; ᄀᆞᆺ난 아히란(初小兒)<납약29>

  'ᄀᆞᆯ, 처음'은 (初)에 대한 대역이다.『구하·태요·납약』에는 '처엄, ᄀᆞᆯ'으로『두
시언해』에는 '처엄'으로『석보상절』에는 '첫'으로『남명천계송언해』에는 '처엄'
으로『정속언해』에는 '처엄'으로『유합』에는 '처엄, 원간'으로『천자문』에는 '처
엄'으로 字釋되었다. 語形 'ᄀᆞᆺ'의 대역이 특이하다.

焦 ; ᄆᆞᄅ다(쏘이다, 눋다)
  ; ᄆᆞᄅ 거머딘 거시(則焦黑者)<두창29>
  ; ᄎᆞᆞᆯ 흔 호ᄇᆞᆯ 봇교ᄃᆡ 솝ᄃᆞ리 누리 검거든(糯米右炒令透骨焦黑)<구하11>
  ; 블에 쏘여 눋거든(灸焦硏)<태요72>

‘ᄆᆞᄅᆞ다’는 (焦)에 대한 대역이다 『구하·태요』에는 ‘ᄯᅩ이다, 눋다’로 『두시언해』에는 ‘글탈놋다, 고ᄉᆞ미오다’로 『훈몽자회·유합』에는 ‘누를’로 字釋되었다. 語形 ‘글탈놋다, 고ᄉᆞ미오다’의 대역이 특이하다.

草 ; 새(거젹, 거적, 플)

; 새나 딥피나 혜디 말고(勿論郊草穀草)<두창27>

; 거져긔 안자(坐草)<구하87>

; 거저긔 올아 힘 쓰라(上草用力)<태요20>

; 플독 나모 독이며(草木)<납약24>

‘새’는 (草)에 대한 대역이다. 『구하·태요·납약』에는 ‘거젹, 거적, 플’로 『두시언해』에는 ‘새, 플’로 『남명천계송언해·훈몽자회·유합·천자문』 광주·석봉 본에는 모두 ‘플’로 주해 본에는 ‘플, 글초’로 대역되었다. 語形 ‘새’는 現代語에서도 제한적으로 쓰이는 경우를 제외하면 死語에 가깝다.

觸 ; ᄯᅩ이다(ᄲᅵᆯ이다)

; 풍한이나 ᄯᅩ일가 두려오니(恐觸風寒)<두창30>

; 쇠게 ᄲᅵᆯ여(牛觸)<구하29>

‘ᄲᅵᆯ이다’는 (觸)에 대한 대역이다. 『구하』에는 ‘ᄲᅵᆯ이다’로 『두시언해』에는 ‘다딜오다, 다디ᄅᆞ다, 다딜어다’로 『훈몽자회』에는 ‘ᄧᅵ를’로 『유합』에는 ‘다틸’로 字釋되었다.

燭 ; 쵸블

; 쵸블을 ᄲᅧ 달라ᄒᆞ더니(乞燃燭)<두창44>

‘쵸블’은 (燭)에 대한 대역이다. 『두시언해』에는 ‘촛블, 燭블’로 『훈몽자회·유합·천자문』 광주·석봉 본에는 ‘쵸’로 주해 본에는 ‘쵸, 비췰’로 대역되었다.

寸 ; 흔치

; 그 쇼리 긋틀 흔 치 남즉이 삑이고(裂尾尖寸餘)<두창31>

　　'흔치'는 (寸)에 대한 대역이다.『두시언해』에는 '져근, 죠고맛, 方寸, 寸'으로
『훈몽자회·유합·천자문』광주·석봉 본에는 '무뒤'로 주해 본에는 '치'로 字釋
되었다. 語形 '흔치, 치'의 대역이 흥미롭다.

葱 ; 파(파)
　; 믈감즈 유즈 귤 파 만을(水柑子柚子橘葱蒜)<두창14>
　; 파 누른 엄으로(以葱黃心)<구상20>
　; 엄파 마늘(芽葱蒜)<태요14>
　; 싱파와 소곰이라(生葱塩)<납약1>

　　'파'는 (葱)에 대한 대역이다.『구상·태요·납약·훈몽자회·유합』등에 모두
'파'로 대역되었다.

出 ; 나다, 돋다, 돗다(내다, 나ᄂᆞ다)
　; 비록 날다라도 경ᄒᆞ야(雖出赤輕)<두창5>
　; 두역 만히 도ᄃᆞ면(痘出太多)<두창23>
　; 두역 돗기를 거르게 만히 ᄒᆞ야(痘出太多)<두창22>
　; 춘 추미 흔 두 되만 나면(冷涎出一二升)<구상4>
　; 피 내오(出血)<구상28>
　; 머그면 즉시 나ᄂᆞ니(服止立出)<태요37>

　　'나다, 돗다, 돋다'는 (出)에 대한 대역이다.『구상·태요』에는 '내다, 나ᄂᆞ다'
로『두시언해』에는 '나가다, 나다, 내다, 特出ᄒᆞ다'로『석보상절·정속언해』에는
'나다'로『남명천계송언해』에는 '나가다, 나다, 내완다'로『유합·천자문』광주
·석봉 본에는 '날'로 주해 본에는 '날, 내칠'로 대역되었다

臭 ; 내
　; 사오나온 내가(惡臭)<두창12>

'내'는 (臭)에 대한 대역이다. 『두시언해 · 훈몽자회 · 유합』 등에 모두 '내'로
대역되었다.

置 ; 놓다, 두다
　; 새 디애 우희 노코(置新瓦上用)<두창3>
　; 사발 겻틱 둣다가(置于椀傍)<두창50>

　　'놓다, 두다'는 (置)에 대한 대역이다. 『두시언해』에는 '놓다, 두다'로 『석보상
절 · 정속언해 · 유합』에는 모두 '두다'로 대역되었다.

治 ; 다스리다, 다ᄉ리다(고티다, 고티다, 다ᄉ리다)
　; 밧그로 다스리는 약은(外治)<두창29>
　; 급피 다ᄉ리디 아니ᄒ리오(不急治乎)<두창60>
　; 惡학風붕이 만히 답답ᄒ야 죽ᄂ닐 고툐ᄃᆡ(治惡風心悶欲死)<구상2>
　; 부인의 오래 닝ᄒ여 ᄌ식 업ᄉ니를 고티ᄂᄂ니(治婦人及冷無子)<태요6>
　; 반혼단 다ᄉ리는 법(返魂丹治法)<태요16>
　; 다ᄉ 가지 뎐질이며 간질을 고티ᄂᄂ니(治五般癲癇)<납약6>
　; 장부의 여러히 오란 니질 다ᄉ리기예 ᄀ장 신긔로온(治臟腑積年久痢)<납약3>

　　'다스리다, 다ᄉ리다'는 (治)에 대한 대역이다. 『구상 · 태요 · 납약』에는 '고티
다, 고티다, 다ᄉ리다'로 『두시언해 · 남명천계송언해』에는 '다ᄉ리'로 『유합』에
는 '다ᄉ리, 다ᄉ것'으로 대역되었다.

沉 ; 듐다(ᄲᆞ다)
　; 대쵸 건시 ᄂ믄 믈감ᄌ(棗子乾柿沉水柑子)<두창14>
　; 꿀 죠고매 ᄲᅡ(入蜜少許沉)<태요47>

　　'듐다'는 (沉)에 대한 대역이다. 『태요』에는 'ᄲᅡ다'로 『두시언해』에는 '깊다,
디다, 듐기다, ᄌ마락'으로 『석보상절』에는 'ᄌᄆ다'로 『남명천계송언해』에는
'듐다'로 『유합』에는 '듐길'로 字釋되었다. 語形 'ᄌ마락'의 대역이 흥미롭다.

鍼 ; 침

  ; 은침으로 ㄱ로 쩌여주면(以銀鍼刺之橫貫)<두창51>

    '침'은 (鍼)에 대한 대역이다. 『훈몽자회 · 유합』에는 '바늘'로 字釋되었다. 語形 '바늘'의 대역이 흥미롭다.

快 ; 쾌히

  ; 쾌히 다 나고 알ᄂ거시 그치ᄂ니(快透痛止)<두창26>

    '쾌히'는 (快)에 대한 대역이다. 『두시언해』에는 'ᄲᄅ다, 훤히, 快히'로 『유합』에는 '싀훤'으로 자석되었다. '싀훤'은 현대어 '시원하다'의 뜻으로 사용되었다.

灘 ; 흐르다(여흘)

  ; 온 몸이 벌거ᄒ고 즛믈러 진이 흘러(渾體赤爛流汁淋灘))<두창44>
  ; 비 여흐레 걸인듯 ᄒ니(如舟坐灘)<태요2>

    '흐르다'은 (灘)에 대한 대역이다. 『태요 · 두시언해 · 훈몽자회』에는 모두 '여흘'로 대역되었다.

耽 ; 계워다

  ; 입 때예 혹 조오롬을 계워(此時或有耽睡呼)<두창67>

    '계워다'는 (耽)에 대한 대역이다. 『두시언해』에는 '즐기다, 耽ᄒ다'로 『유합』에는 '호딜'로 字釋되었다.

湯 ; 달힌물(쑥, 더운믈, 믈, 달힌믈, 믈)

  ; 박하 달힌 믈(薄荷湯)<두창15>
  ; 粥쥭 믈와 쟝ᄭ기 위두코(粥飮醬湯爲上)<구상9>
  ; 더운 므레 ᄃ마 것 밧기고(湯浸去皮)<구상6>

; 글는 므레 돔가(沸湯浸)<구상8>
; 달힌 믈의 풀어 머그면 피 즉제 근ᄂ니라(湯調下崩血卽止)<태요54>
; 인슴 달힌 믈에 프러 ᄂ리오(人蔘湯和下)<납약5>
; 달힌 믈을 ᄎ게ᄒ여(煎湯冷)<납약9>

　　'달힌 믈'은 (湯)에 대한 대역이다. 『구상 · 태요 · 납약』에는 '쑥, 더운믈, 믈, 달힌 믈, 믈'로 『두시언해』에는 '더운믈'로 『훈몽자회』에는 '탕'으로 『유합』에는 '글흘'로 字釋되었다.

太 ;거르기, 넘우(ᄀ장, 너무, 너무)

; 두역 돗기를 거르기 만히ᄒ야(痘出太多)<두창22>
; 빗치 넘우 블거 검븕기에 다ᄃ른 거슨(色太紅近紫者)<두창48>
; ᄀ장 虛험弱약ᄒᆫ(太叚虛)<구상14>
; 너무 젹게 마를디니(不可太稀)<구상58>
; 옷도 너무 덥데 말며(衣毋太溫)<태요15>

　　'거르기, 넘우'는 (太)에 대한 대역이다. 『구상 · 태요』에는 'ᄀ장, 너무'로 『두시언해』에는 'ᄀ장, 너무, 큰, 키'로 대역되었다. 語形 '거르기'는 消滅語로 볼 수 있다.

土 ; 흙(흙)

; 흙이 모래 섥기디 아니ᄒ니로(土不雜砂石)<두창50>
; 方방애 더운 흙과 봇근 더운 지로(方以熱土及熬熱灰)<구상9>
; 흙 ᄒᆫ 뎡이를 잉뷔 시버 슴ᄭᅵ면(土一塊令孕婦嚼之)<태요48>

　　'흙'은 (土)에 대한 대역이다. 『구상 · 태요』에는 모두 '흙'으로 『두시언해』에는 '짜ㅎ, 흙'으로 『남명천계송언해 · 훈몽자회 · 유합 · 천자문』 광주 · 석봉 본에는 모두 '흙'으로 주해 본에는 '흙, 나모겁질'로 대역되었다. 語形 '나모겁질'의 대역이 특이하다.

吐 ; 토ᄒ다(비왙다, 吐ᄒ다)

　; 혹 토ᄒ거나 혹 셜샤ᄅᆞᆯ ᄒ거나(或吐或瀉)<두창16>
　; ᄎ고든 비왙라(冷吐)<구상64>
　; 吐ᄒ면 곧 씨ᄂᆞ니라(吐卽醒)<구상4>
　; 아기 ᄀᆞᆺ나며 욕욕 토ᄒ야(小兒初生嘔吐)<태요70>
　; 크게 즈치고 혹 토ᄒ며(大瀉或吐)<납약9>

　　'토ᄒ다'는 (吐)에 대한 대역이다. 『구상・태요・납약・석보상절』에도 '토ᄒ다'로 『두시언해』에는 '비왇다'로 『훈몽자회』에는 '토ᄒᆞᆯ'로 『유합』에는 '비왙'로 字釋되었다. 15세기 까지만 하여도 두 語形이 동일한 의미로 사용되다가 現代語 '뱉다'와 '토하다'로 의미가 분화한 것으로 추정된다.

痛 ; 앓다(ᄆᆡ이, 알ᄑ다, 셟다, 아ᄑ다, 알이, 알ᄑ다)

　; 허리 알ᄒ니가 이시니(作腰痛者)<두창16>
　; ᄆᆡ이 ᄃᆞᆯ면(痛甚)<구상24>
　; 冷ᄅᆡᆼᄒᆞᆫ 氣킝分분이 디ᄅᆞ져겨 알ᄑ닐(冷氣刺痛)<구상6>
　; 비록 ᄀᆞ장 셜워도(雖極痛)<구하14>
　; 아니 아ᄑ면 ᄐᆡ 아니라(不痛爲無孕)<태요10>
　; ᄌᆞ식 빈 겨집이 ᄃᆞᆯ차셔 ᄇᆡ알기(孕婦入月腹痛)<태요21>
　; 아홉 가지 가슴 알키와(九種心痛)<납약17>
　; 목굼기 브어 알ᄑ며(咽喉腫痛)<납약7>

　　'앓다'는 (痛)에 대한 대역이다. 『구상・구하・태요・납약』에는 'ᄆᆡ이, 알ᄑ다, 셟다, 아ᄑ다, 알이, 알ᄑ다'로 『두시언해』에는 '슳다, 알ᄑ다'로 『남명천계송언해』에는 '앓다'로 『훈몽자회』에는 '알ᄑᆞᆯ'로 『유합』에는 '셜울'로 字釋되었다.

通 ; 처다(ᄢᅦ다, 通ᄒ다, 통ᄒ다, 누다)

　; 싀숨을 처(通溝渠)<두창14>
　; ᄒᆞᆫ 구무 둘워 몬져 낙긴혜 ᄢᅦ오(通一竅先穿上鉤)<구상48>
　; ᄒ다가 小숗便뼌이 通통티 아니커든(若小便不通)<구상17>
　; 절로 통ᄒᄂᆞ니(自通)<태요70>

; 아기 긋나며 오줌 쏭 몯누다(小兒初生大小便不通) <태요70>
; 대변을 누디 못홈을 고티며(治大便不通)<납약19>

    '처다'는 (通)에 대한 대역이다. 『구상·태요·납약』에는 '뻬다, 通ᄒ다, 통ᄒ다, 누다'로 『두시언해』에는 '스뭇다, 스뭊다, 通ᄒ다'로 『남명천계송언해』에는 '오올다'로 『유합·천자문』에는 '스ᄆ출'로 字釋되었다.

透 ; 나다, 내픠다(스뭊다, 스뭇다)
; 쾌히 다 나고 앐는 거시 그치ᄂᆞ니(快透痛止)<두창26>
; 도든거시 더 내픠고 신효ᄒᆞᄂᆞ니라(出透神效)<두창24>
; 氣킁分분이 스ᄆᆞᄎ면(氣透)<구상34>
; 스뭊 블ᄀᆞ닐 ᄀᆞᄂᆞ리 ᄀᆞ라(透明者細研)<구상41>

    '나다, 내픠다'는 (透)에 대한 대역이다. 『구상』에는 '스뭊다, 스뭇다'로 『유합』에 '스ᄆ출'로 字釋되었다.

怕 ; 두렵다
; 블김을 두려ᄒᆞᄂᆞᆫ 거시(怕火氣)<두창33>

    '두렵다'는 (怕)에 대한 대역이다. 『두시언해』에는 '저프다.저허ᄒᆞ다, 전ᄂᆞ다'로 『유합』에는 '저흘'로 字釋되었다. 語形 '저프다, 저허ᄒᆞ다'는 消滅語로 볼 수 있다.

破 ; 뜯다, ᄯ다, 주다, 터디다, 히야디다(ᄒᆞ야디다, 헐다, ᄲ리다, ᄠ다, 긁다, 뻬다, 펴디다)
; 손톱으로 ᄠ더 헌듸는 후의(爪破者後)<두창52>
; 쳥ᄒᆞ야 더 ᄯ라ᄒᆞ나(請益刺破)<두창51>
; 침 주는 법은(刺破之法)<두창62>
; 혹 터뎌 즙이 날디라도(或有顆粒自破汁出者)<두창52>
; 손톱의 히야디러나(爪破) <두창27>

; 시혹 心肺脉이 ᄒᆞ야디여(或心肺脉破)<구상54>
; 허닌 ᄆᆞ르닐 싸후미 됴ᄒᆞ니라(破者乾摻神妙)<구상7>
; 돌기 알홀 ᄣᅧ려(破雞子)<구하10>
; 갈ᄒᆞ로 빈야미 ᄭᅩ리를 ᄣᅳ고(以刀破蛇尾)<구하79>
; 침으로 손톱으로나 글거 업시ᄒᆞ고(以針爪破)<태요69>
; 큰 파민 ᄒᆡᆫ 디를 네헤 ᄣᅢ텨(大葱白一寸四破)<태요70>
; ᄌᆞ식 알저긔 그거시 ᄣᅥ디모로(子欲生時枕破故)<태요49>

'ᄣᅳ다, ᄣᅡ다, 주다, 터디다, 히야디다'는 (破)에 대한 대역이다. 『구상·구하·태요』에는 'ᄒᆞ야디다, 헐다, ᄣᅧ리다, ᄣᅳ다, 긁다, ᄣᅢ다, ᄣᅥ디다'로 『두시언해』에는 'ᄣᅢ다, ᄣᅧ리다, 헐다, 헤티다'로 『남명천계송언해』에는 'ᄣᅧ려디다, 헐우다'로 『유합』에는 '헤틸'로 字釋되었다.

頗 ; ᄀᆞ장

; ᄀᆞ장 오래게야 성이 긋치고(頗久怒弛)<두창31>

'ᄀᆞ장'은 (頗)에 대한 대역이다. 『두시언해』에는 'ᄀᆞ장, ᄌᆞ모'로 대역되었다.

廢 ; 폐ᄒᆞ다

; 늙고 병든 어버이를 다 고기 음식을 폐ᄒᆞ고(饌至於老病父母廢)<두창11>

'폐ᄒᆞ다'는 (廢)에 대한 대역이다. 『두시언해』에는 'ᄇᆞ리다, 廢ᄒᆞ다'로 『월인석보』에는 '노하ᄇᆞ릴, 말'로 『유합』에는 '폐홀'로 字釋되었다.

疱 ; 부론

; 부론 소귀 힝ᄒᆞ야(行疱裡)<두창49>

'부론'는 (疱)에 대한 대역이다. 『훈몽자회』에는 'ᄣᅳ리'로 字釋되었다. 語形 '부론'은 消滅語로 볼 수 있다.

風 ; 바람(ᄇᆞ름)

; ᄇᆞ람과 이슬(露風)<두창27>
; ᄇᆞ름마자 아즐ᄒᆞ며(風昏)<구상2>
; ᄇᆞ름으로 뒤틀리며(風搐)<납약4>

    'ᄇᆞ람'은 (風)에 대한 대역이다. 『구상·납약』에는 'ᄇᆞ름'으로 『두시언해』에는 'ᄇᆞ름, 風病'으로 『훈몽자회·유합』에는 모두 'ᄇᆞ름'으로 字釋되었다.

避 ; 피ᄒᆞ다(피ᄒᆞ다)

; 삼가 풍한을 피ᄒᆞ고(謹避風寒)<두창14>
; 다 피ᄒᆞ야 말라(並宜避忌)<태요64>

    '피ᄒᆞ다'는 (避)에 대한 대역이다. 『태요』에는 '피ᄒᆞ다'로 『두시언해』에는 '숨다, 避ᄒᆞ다'로 『유합』에는 '피홀'로 字釋되었다.

皮 ; 가족, 겁질(갓, 거플, 겄, 겇, 겁질, 갗)

; 가족과 술 ᄉᆞ이예 빗최여(曖於皮膚間)<두창25>
; 겁질이 열워오(皮薄)<두창44>
; 녀편네 의논이 극키 어려오니(婦人輩論說太峻)<두창12>
; 갓과 술쾌 헤여디여(皮膚破)<구상7>
; 거믄 거플 밧겨(去黑皮)<구상4>
; 더운 므레 ᄃᆞ마 겄 밧기고(湯浸去皮)<구상6>
; 몬져 皁쯩角각 시울와 거츨 앗고(先以皁角去弦皮)<구상2>
; 黃栢樹 겁질와(黃栢樹皮)<구하14>
; 사치나 굵서든 ᄢᆞ치라(皮乃坼)<태요73>
; 겁질조차 디허(連皮搗碎)<태요6>

    '가족, 겁질'은 (皮)에 대한 대역이다. 『구상·구하·태요』에는 '갓, 거플, 겄, 겇, 겁질, 갗'으로 『두시언해·남명천계송언해』에는 '갗, 거플'로 『유합』에는 '가족'으로 字釋되었다.

必 ; 반드시(모로매, 반드시, 번드시)

　; 그러흐니 먹이면 반드시 위틱흐리라(與喫則必危)<두창11>
　; 모로매 아히를 警戒흐야(必誡小弱)<구하66>
　; 반드시 틱긔 되디 몯흐느니(必不成孕)<태요1>
　; 세 번 닉 번드시 다 드느니(三次必收盡)<태요25>

　'반드시'는 (必)에 대한 대역이다.『구하·태요』에는 '모로매, 반드시, 번드시'
로『두시언해』에는 '반드기, 반드시'로『석보상절』에는 '모듸'로『정속언해』에
는 '의식, 반드시, 구틔여, 모듸, 모로미, 필연'으로『유합』에는 '반둣, 구틔여'로
대역되었다.

夏 ; 녀름(녀름, 녀름)

　; 녀름이 모욕을 굼기러 흐거든(夏月如浴之)<두창29>
　; 봆 무춤과 녀름 처어메(春末夏初)<구하66>
　; 녀름은 사흘이오 ᄀᆞ올은 닐웨오(厦三秋七)<납약5>

　'녀름'은 (夏)에 대한 대역이다.『구하·납약』에는 '녀름, 녀름'으로『두시인해
·석보상절·남명천계송언해·훈몽자회』에는 '녀름'으로『유합·천자문』광주·
석봉 본에는 '녀름'으로 주해 본에는 '녀름, 클, 집'으로 대역되었다. 語形 '집'은
한자 (厦)에 대한 誤譯으로 추정된다.

下 ; 누다, 놓다, 아래(ᄂᆞ리오다, 아래, 즈츼다, 밑, ᄂᆞ리다, 놓다)

　; 더러온 탁흔 씻ᄀᆞᆺ튼 거슬 누워 ᄇᆞ리 쩌시니(遺下汚穢濁垕之物)<두창4>
　; 셜상의 노화 비럿더니(禱薦于神床之下)<두창12>
　; 온 몸과 머리 눛과 아래 우흘(全身頭面上下)<두창5>
　; 찻믈 두 머굼만 흔듸 프러 ᄂᆞ리오(用茶淸兩呷許調下)<구상41>
　; 밠 엄지가락 아랫 ᄀᆞ른 그믈 ᄯᅮ듸(灸足大趾下橫文)<구상2>
　; 거즛말 ᄒᆞ며 시혹 ᄀᆞ장 즈츼리다(妄語或洞下)<구하61>
　; 주근 틱 아니 나느니(死胎不下)<태요15>
　; 잉뷔 븕근 것 흰 것 누느니를(孕婦下痢赤白)<태요43>

; 몬져 아긔 아래를 미러(先推兒下體)<태요23>
; 겨집 눕는 자리 미틱(婦臥席下)<태요11>
; 만일 틱긔 ㄱ독ㅎ야 ㄴ려와 눌러(若胎壓下)<태요41>
; 혹 젹빅니 누며(或下赤白)<납약10>
; ᄃᆞᆫ 술의 프러 ㄴ리오(溫水化下)<납약1>
; 명치 아래와 녑히 든든코 탕만ㅎ며(心下脇間堅滿)<납약11>

'누다, 놓다, 아래'는 (下)에 대한 대역이다. 『구상·구하·태요·납약』에는 '느리오다, 아래, 즈츼다, 밑, ㄴ리다, 놓다'로 『두시언해』에는 'ㄴ리다, 놋가오다, 디다, ᄆᆞᆺ촘, 아래, 흘리다'로 『남명천계송언해』에는 '아래'로 『정속언해』에는 '어리'로 『훈몽자회·유합·천자문』 광주·석봉 본에는 '아래'로 주해 본에는 '아래, ㄴ릴, ㄴᄌᆞ이ㅎ다'로 대역되었다. 語形 '누다'의 대역이 흥미롭다.

何 ; 므슨, 엇디

; 므슨 약을 뻐야 고티리 ㅎ여늘(用何樣可乎)<두창45>
; 열이 엇디 말믜암아 ㄴ리며(熱何由降)<두창55>

'므슨, 엇디'는 (何)에 대한 대역이다. 『두시언해』에는 '므스, 어느, 엇뎨'로 『남명천계송언해』에는 '어느'로 『정속언해』에는 '므슷'으로 『유합』에는 '엇뎨'로 字釋되었다.

呀 ; 니

; 니 골기를 극키 심히ㅎ야(咬呀太甚)<두창34>

'니'는 (呀)에 대한 대역으로 『두창』에서만 발견된다.

旱 ; ㄱ믈

; 큰 ㄱ믈의도 ᄆᆞᄅᆞ디 아니ㅎ는(大旱不斷)<두창28>

'ㄱ믈'은 (旱)에 대한 대역이다. 『두시언해·훈몽자회·유합』 등에 모두 'ㄱ믈'

로 대역되었다.

汗 ; 씀(씀)

   ; 절로셔 씀 나며(自汗)<두창6>

   ; 씀 내욤 들햇(發汗等)<구상12>

   ; 씀 내라(取汗)<태요46>

   ; 거믄 씀이 나야(出黑汗)<납약21>

    '씀'은 (汗)에 대한 대역이다. 『구상·태요·두시언해·남명천계송언해·훈몽자회·유합』에 모두 '씀'으로 대역되었다.

陷 ; 써디다(우묵ᄒ다, 뼈디다)

   ; 거머 써딘거슨(黑陷)<두창3>

   ; 네 활기옛 큰 ᄆᄃᆡ 우묵 근ᄃᆡ와(四肢大節陷)<구상76>

   ; 틔긔 뼈디여 ᄂᆞ려(胎氣陷下)<태요20>

    '뼈디다'는 (陷)에 대한 대역이다. 『구상』에는 '우묵ᄒ다'로 『두시언해』에는 '뼈디다, 陷沒ᄒ다'로 『석보상절』에는 '써디다'로 『남명천계송언해』에는 '뼈디다, 쌔디다'로 『훈몽자회·유합』에는 '뼈디다'로 字釋되었다. 語形 '우묵하다'의 대역이 흥미롭다.

醎 ; 쓰다(뿟다)

   ; 올희알 초싄것 쓴것(鴨卵醋酸醎)<두창14>

   ; 쁜것과 싄것과 들히(醎酸等物)<구상32>

   ; 싄것 쁜것슬 즐겨 먹고(喜啖酸醎)<태요12>

    '쓰'는 (醎)에 대한 대역이다. 『구상·태요』에는 '뿟다'로 『월인석보서』에는 '醎은 뿔씨라' 로 『유합·천자문』에는 모두 '뿔'로 字釋되었다.

合 ; 홉(어울다, 홉, 뫼호다, 암글다, 막다, 모도다, 아오다)

; 믈 흔 되 서 홉(水一升三合)<두창17>
; 어우디 아니ᄒ닐(不合)<구상79>
; 各각 닷 홉 과를(各五合)<구상3>
; 一字와를 뫼화(一字右合)<구상5>
; 헌ᄃᆡ 오래 암ᄀ디 아니ᄒ며(瘡永不合)<구하1>
; 입 마고믄 젼쵸 두양과(合口椒二兩)<구하74>
; 모도와 디허 고른게ᄒ고(合搗令匀)<구하2>
; 다시 아오디 아니케ᄒ라(不令再合)<태요69>
; 칠 홉 되거든(取七合)<태요39>

‘홉’은 (合)에 대한 대역이다. 『구상·구하·태요』에는 ‘어울다, 홉, 뫼호다, 암
글다, 막다, 모도다, 아오다’으로 『두시언해』에는 ‘맛당ᄒ다, 맞다, 모다’로 『석보
상절』에는 ‘맞다’로 『남명천계송언해』에는 ‘어울다’로 『정속언해』에는 ‘모도다’
로 『유합·천자문』 광주·석봉 본에는 ‘모들’로 주해 본에는 ‘모돌, 맛당, 마즐,
흔홉’으로 대역되었다. 語形 ‘홉, 암글다’의 대역이 특이하다.

解 ; 플다(글오다, 노기다, 밧고다, 플다, 나다)
; 경ᄒ여 플리고(輕解)<두창5>
; ᄌ늑ᄌ느기 글오ᄃᆡ(徐徐解)<구상75>
; 그 氣分을 ᄂ화 노기며(分解其氣)<구상12>
; 옷 밧고미를 보면(解衣帶眼)<구상52>
; 오조ᄆ로 플라(溺解之)<구상24>
; 어미과 ᄌ식이 분ᄒ야 나ᄂ니(母子分解)<태요8>

‘플다’는 (解)에 대한 대역이다. 『구상·태요』에는 ‘플다, 글오다, 노기다, 밧고
다’로 『두시언해』에는 ‘그르다, 밧다, 알다, 解散ᄒ다’로 『석보상절·남명천계송
언해』에는 ‘그르다’로 『유합』에는 ‘그즐’로 『천자문』 광주 본에는 ‘그를’로 석봉
본에는 ‘그를’로 주해 본에는 ‘글을, 풀다, 알다, 초시, 흐틀’로 대역되었다. 語形
‘밧고다, 초시, 흐틀’의 대역이 특이하다.

行 ; 행ᄒ다(가다, 나다)

; 부룬 소귀 힝ᄒ야(行疱裡)<두창49>
; 사ᄅ미 五웅里렁예 갈만ᄒ야(人行五里)<구상38>
; 겨집이 월경 나ᄂ 날브터(經行之日)<태요4>

    '행ᄒ다'는 (行)에 대한 대역이다. 『구상·태요』에는 '행ᄒ다, 가다'로 『두시언해』에는 '가다, 녀다, ᄃ니다, 行列, 行ᄒ다'로 『석보상절』에는 '가다, 녀다, ᄒ다, 行ᄒ다'로 『남명천계송언해』에는 '가다, 굴, 녀다, ᄃ니다, ᄒ다, 행뎍'으로 『정속언해』에는 '힝실'로 『훈몽자회』에는 '힝뎍'으로 『유합』에는 '힝실, 녈'로 『천자문』 광주·석봉 본에는 '녈'로 주해 본에는 '길ᄃ닐, 무리, 힝실, 줄' 등으로 대역되었다. 語形 '길ᄃ닐'의 대역이 흥미롭다.

響 ; 소리

; 목 안ᄒ 담소리(喉間痰響)<두창34>

    '소리'는 (響)에 대한 대역이다. 『두시언해』에는 '소리'로 『유합』에는 '마즌소리'로 字釋되었다. 語形 '마즌소리'의 대역이 흥미롭다.

向 ; 뎌즈음쁴

; 뎌즈음쁴 셜샤ᄒᆯ 째예(向也泄瀉時)<두창44>

    '뎌즈음긔'는 (向)에 대한 대역이다. 『두시언해』에는 '向ᄒ다'로 『유합』에는 '향ᄒᆯ'로 字釋되었다.

虛 ; 허ᄒ다(허ᄒ다)

; 빗치 ᄆᆰ고 희여 허ᄒ고(色痰白虛)<두창25>
; 빗소기 허ᄒ여(虛中)<납약11>

    '허ᄒ다'는 (虛)에 대한 대역이다. 『납약』에는 '허ᄒ다'로 『두시언해』에는 '뷔다, 虛空'으로 『유합·천자문』에는 모두 '뷔다'로 字釋되었다.

驗 ; 시험(험찰ᄒ다, 신험ᄒ다)

　; 글로도 시험ᄒ고(驗之然)<두창6>
　; 틱긔 험찰ᄒᄂ 법이라(驗胎)<태요9>
　; 난산의 ᄀ장 신험ᄒ니(難産極驗)<태요28>

　　‘시험’은 (驗)에 대한 대역이다. 『태요』에는 ‘험찰ᄒ다, 신험ᄒ다’로 『두시언해』
에는 ‘알다, 驗察ᄒ다, 效驗’으로 『유합』에는 ‘효험’으로 字釋었다.

蜆 ; 맛죠개

　; 기리 맛죠개로 ᄒ나 둘만ᄒ야셔(一二蜆穀)<두창4>

　　‘맛죠개’는 (蜆)에 대한 대역으로 『두창』에서만 발견된다.

脅 ; 엽(녑, 녑히)

　; 가슴과 엽피 알ᄅ니 이시되(有胸脅之痛)<두창63>
　; 가슴과 녀비 다 더우니(心脅但暖)<구상15>
　; 명치 아래와 녑히 든든코 탕만ᄒ며(心下脅間堅滿)<납약11>

　　‘녑히’은 (脅)에 대한 대역이다. 『구상 · 납약』에는 ‘엽, 녑’으로 『두시언해』에
는 ‘엽’으로 『훈민정음 해례본 합자』에는 ‘녑爲脅’로 『유합』에는 ‘녑’으로 字釋
되었다.

挾 ; 쩌시다(삐다)

　; 이제 열을 쩌시ᄆᄅ(今乃挾火故)<두창23>
　; 대쳐 머리를 ᄈᄅ리고 사긔 삐여(劈竹筋頭挾)<태요75>

　　‘쩌시다’는 (挾)에 대한 대역이다. 『태요 · 두시언해』에는 ‘삐다’로 『유합』에는
‘삘’로 字釋되었다.

形 ; 얼골(양ᄌ, 얼골)

; 임의 얼골이 이러(已成形)<두창1>
; 가히 양주를 보다 몬ㅎ거든(未見狗形)<구하72>
; 엄의 얼골 빗ᄎ로(以母形色)<태요33>

'얼골'은 (形)에 대한 대역이다. 『구하 · 태요』에는 '양주, 얼골'로 『두시언해 · 남명천계송언해 · 훈몽자회 · 유합』 등에 모두 '얼굴'로 대역되었다.

好 ; 둏다(둏다)

; 됴히 ᄒᆞᄂᆞ니도 잇고 혹 손상을 방 안히 오로 두로 버리고(好經痘疫者或各設床卓於房內) <두창10>
; 애초탕은 됴ᄒᆞᆫ 초의 뿍닙 달혀(艾醋湯好醋煮艾葉)<태요10>

'둏다'는 (好)에 대한 대역이다. 『태요』에는 '둏다'로 『두시언해』에는 '됴ᄒᆞ다, ᄉᆞ랑ᄒᆞ다, 즐기다'로 『석보상절』에는 '됴ᄒᆞ다'로 『남명천계송언해』에는 '둏다, 즐기다'로 『훈몽자회 · 유합 · 천자문』 광주 · 석봉 본에는 '됴ᄒᆞᆯ'로 주해 본에는 '됴ᄒᆞᆯ, 묘히너길, 구모'로 대역되었다. 語形 '구모'의 대역이 특이하다.

唬 ; 보채다

; 울며 보채다(啼唬)<두창40>

'보채다'는 (唬)에 대한 대역이다. 『두창』에만 발견된다.

呼 ; 부르다(쉬다)

; 조오롬을 계워 블러도(耽睡呼)<두창67>
; ᄒᆞᆫ 번 쉴제(一呼)<태요20>

'부르다'는 (呼)에 대한 대역이다. 『태요』에는 '쉬다'로 『두시언해』에는 '브르다'로 『훈몽자회』에는 '숨내쉴'로 『유합』에는 '브를, 웰'로 대역되었다.

或 ; 혹(시혹, 이나, 이나)

; 혹 절로 허러셔 피도 흐르며(或潰爛流血)<두창27>
; 춤기르미나 시혹(香油或)<구상3>
; 빗 소배셔 죽거나 둣믈릭 브트거나(死腹中或著脊)<구하87>
; 둣순 술이나 더운 믈뢰나(溫酒或白湯)<태요5>

　　'혹'은 (或)에 대한 대역이다. 『구상·구하·태요』에는 '시혹'으로 『두시언해』
에는 '시혹, 時或'으로 『남명천계송언해』에는 '시혹'으로 『정속언해』에는 '미혹
ᄒ다, 간대, 속'으로 『유합』에는 '혹홀'로 字釋되었다. 語形 '간대'는 消滅語로
볼 수 있다.

昏 ; 어득ᄒ다, 어듭다(아즐ᄒ다, 아득ᄒ다, 아득ᄒ다)
; 열이오 정신이 어득어득ᄒ야 씨티디 못ᄒᄂᆫ 것도(熱也昏昏不省者)<두창68>
; 오히려 어두오니(猶以爲昏)<두창44>
; ᄇ름마자 아즐ᄒ며(風昏)<구상2>
; 머리며 눈이 아득ᄒ야(頭目昏)<태요12>
; 정신이 아득 ᄒ믈(精神昏)<납약5>

　　'어득ᄒ다, 어듭다'는 (昏)에 대한 대역이다. 『구상·태요·납약』에는 '아즐ᄒ
다, 아득ᄒ다, 아득ᄒ다'로 『두시언해』에는 '어득ᄒ다, 어스름ᄒ다'로 『정속언해
·훈몽자회』에는 '어스름'으로 『유합』에는 '어으름'으로 字釋되었다.

渾 ; 온
; 온 몸이 벌거ᄒ고 즛믈러(渾體赤爛)<두창44>

　　'온'은 (渾)에 대한 대역이다. 『두시언해』에는 '다, ᄒ리나'ᄅ 『훈몽자회』에는
'얼윌'로 『유합』에는 '오록홀'로 字釋되었다. 語形 '얼의'의 대역이 특이하다.

忽 ; 홀연히(과글이)
; 홀연히 샹한을 듕히ᄒ야(忽病重)<두창37>
; 혀 과글이 부러나(舌忽脹)<구상46>

'홀연히'는 (忽)에 대한 대역이다. 『구상』에는 '과글이'로 『두시언해』에는 '므
더니, 믄듯, 忽然히'로 『유합』에는 '업시울, 믄득'으로 대역되었다.

火 ; 열
; 이제 열을 써시므로(今乃挾火故)<두창9>
; 다리우리예 블 다마 두녁 녀븝 죄야 덥게 ᄒᆞ면 ᄯᆞᆷ 나면 됻ᄂᆞ냐라(熨斗盛火灸兩脇下使熱
汗出愈)<구상22>

'열'은 (火)에 대한 대역이다. 『구상·석보상절·두시언해·훈몽자회·유합·
천자문』 광주·석봉 본에는 '블'로 주해 본에만 '불'로 대역되었다.

化 ; 타다(노기다, 늘이다, 슬다, 플다, 노기다, 삭다, 플다)
; 박하 달힌 믈의 포룡환을 타 머기라(薄荷湯化下)<두창15>
; 노겨 춤 ᄉᆞᆷ끼라(含化嚥)<구상44>
; ᄇᆞᄅᆞ매 늘윤(風化);<구상8>
; 입 버리혀고 브으면 痰땀이 슬어나(開口灌下化痰)<구상4>
; ᄃᆞᄉᆞᆫ 수레 프러 머그라(溫酒化服)<구상27>
; 머구머 노겨 ᄉᆞᆷ끼면 ᄀᆞ장 됴ᄒᆞ니라(大含化嚥之神效)<태요45>
; 머근 밥이 삭디 아니며(米穀不化中)<납약11>
; ᄃᆞᄉᆞᆫ 믈의 프러 ᄂᆞ리오(溫水化下)<납약1>

'타다'는 (化)에 대한 대역이다. 『구상·태요·납약』에는 '노기다, 늘이다, 슬
다, 플다, 노기다, 삭다, 플다'로 『두시언해』에는 '녹다, ᄃᆞ외다, 感化ᄒᆞ다, 敎化,
變化ᄒᆞ다'로 『훈몽자회·유합』에는 '도일, 도욀'로 각각 字釋되었다. 語形 '도일,
도욀'의 대역이 특이하다.

活 ; 믯킈럽다(살다)
; 비치 븕고 믯킈럽끠로 흔을 ᄒᆞ라(以紅活爲度)<두창47>
; ᄉᆞᆷ끼면 곧 사ᄂᆞ니(嚥之卽活)<구상8>
; 엄의 살고 ᄌᆞ식이 죽고(母活子死)<태요34>

‘믯끠럽다’는 (活)에 대한 대역이다.『구상·태요』에는 ‘살다’로『두시언해』에는 ‘사라, 사룰’로『유합』에는 ‘사룰’로 字釋되었다. 語形 ‘믯끠럽다’의 대역이 흥미롭다.

惶 ; 황겁ᄒ다(두렵다)

  ; 황겁ᄒ야 일절 고기를 머기디 아니ᄒ야(惶懼不敢與小許魚肉)<두창11>
  ; 놀라고 두려 긔운이 미쳐(驚惶氣結)<태요30>

  ‘황겁ᄒ다’는 (惶)에 대한 대역이다.『태요』에는 ‘두렵다’로『두시언해』에는 ‘놀래다’로『유합』에 ‘두릴’로 字釋되었다.

黃 ; 누르다(노른 자의, 누르다)

  ; 누루러 쟝즙이 부론 소긔 힝ᄒ야(黃也漿行疱裡)<두창49>
  ; 흰 ᄌ이 업시 노른 ᄌ의만 두고(去淸留黃)<태요43>
  ; 누른 수캐 ᄒ나흘 자바(取黃雄犬一口)<태요6>

  ‘누르다’는 (黃)에 대한 대역이다.『태요』에는 ‘노른자의, 누르다’로『두시언해』에는 ‘누른, 이울다’로『석보상절·남명천계송언해·정속언해』에는 ‘누르다’로『훈몽자회·유합·천자문』광주·석봉 본에는 모두 ‘누를’로 주해 본에는 ‘누로’로 字釋되었다. 語形 ‘노른 ᄌ의’의 대역이 특이하다.

回 ; 도로혀(도라오다, 돌다)

  ; 원긔를 도로혀미 맛당ᄒ니라(以爲回元之地爲當)<두창65>
  ; 氣分이 도라오믈 기드려ᅀ(待其氣回)<구상78>
  ; 왼녁크로 머리 도ᄂ니ᄂ(左回首者)<태요10>

  ‘도로혀’는 (回)에 대한 대역이다.『구상·태요』에는 ‘도라오다, 돌다’로『두시언해』에는 ‘도라가다, 돌다, 도ᄅ혀, 디위, 디위옴ᄒ다, 횟돌아’로『석보상절』에는 ‘블, 번’으로『남명천계송언해』에는 ‘돌다’로『유합』에는 ‘도로혈’로『천자문』석봉 본에는 ‘도라올’로 주해 본에는 ‘돌올, 샤곡ᄒ다, 도로’로 대역되었다. 語形

‘디위옴, 블, 샤곡ᄒ다’의 대역이 특이하다.

橫 ; ᄀ로(ᄀ른, 빗기다, 빗끼다)

; 은침으로 ᄀ로 쎠여주면(以銀鍼刺之橫貫)<두창51>
; 밠 엄지가락 아랫 ᄀ른 그믈 ᄯᅮ되(灸足大趾橫文)<구상2>
; 빗기 거스리 나하 손바리 몬져 나닐 고툐ᄃᆡ(治橫逆生手足先出)<구하82>
; ᄀ른 나며 갓고로 나ᄂᆞᆫ(産橫逆)<태요16>
; 혹 빗끼 낫커나 혹 거스리 나ᄂᆞᆫ 이ᄅᆞᆯ(或橫或逆)<납약28>

‘ᄀ로’는 (橫)에 대한 대역이다. 『구상·구하·태요·납약』에는 ‘ᄀ른, 빗기다, 빗끼다’으로 『두시언해』에는 ‘빗, 빗기다’로 『석보상절』에는 ‘ᄀᆞᄅᆞ’로 『훈몽자회』에는 ‘빗글’로 『유합』에는 ‘ᄀᆞᄅᆞ’로 『천자문』 광주 본에는 ‘비길’로 석봉 본에는 ‘빗낄’로 주해 본에는 ‘빗길, 거스릴’로 대역되었다.

曉 ; 새볘

; 새볘붓터 아춤ᄭᅵ지((自曉至朝)<두창43>

‘새볘’는 (曉)에 대한 대역이다. 『두시언해·훈몽자회·유합』에는 모두 ‘새배’로 대역되었다.

厚 ; 두터이, 둣거이(두터이두틔다, 두터이)

; 옷과 니블을 두터이 더프되(厚覆衣衾而)<두창44>
; 둣거온 죠희과 두에를(厚紙及盖子)<두창50>
; 소니나 옷으로 두터이 ᄡᅢ밋(手厚衾衣物緊)<구상78>
; 빗직로 ᄶᅡ해 ᄭᆞᆯ로되 두틔 다ᄉᆞᆺ寸촌에(恢布地今厚五寸)<구상71>
; 허리 아래를 두터이 더펴(仍厚覆下體)<태요26>

‘두터이, 둣거이’는 (厚)에 대한 대역이다. 『구상·태요』에는 ‘투터이, 둣거이, 두터이’로 『두시언해』에는 ‘둗겁다, 해’로 『석보상절』에는 ‘두텁다’로 『남명천계송언해』에는 ‘둗겁다’로 『정속언해』에는 ‘후히’로 『유합』에는 ‘두터울’로 字釋

되었다. 語形 ‘해’의 대역이 특이하다.

後; 뒤ㅎ(뒷, 뒤, 도로, 뒤히, 후의)
  ; 귀 뒤희 실ᄀ툰 블근 ᄆ익이 이실ᄡ어시니(耳後有紅縷赤脈)<두창6>
  ; 뒷털 난 ᄯ아홀(後聚毛中)<구상20>
  ; 아긔 압뒤 가슴등과 빗쪽 아래과(兒前後心幷臍下)<태요70>
  ; 도로 브르면 왼녁크로(後呼之左)<태요10>
  ; ᄂᆡ 급ᄒ고 뒤히 므즑ᄒ며(裏急後重)<납약10>
  ; ᄌ식 나흔 후의(産後)<납약4>

  ‘뒤ㅎ’는 (後)에 대한 대역이다. 『구상 · 태요 · 납약』에는 ‘뒷, 뒤, 도로, 뒤히,
후의’로 『두시언해』에는 ‘뒤, 後’로 『석보상절 · 남명천계송언해 · 훈몽자회 · 유
합 · 천자문』 광주 · 석봉 본에는 모두 ‘뒤’로 주해 본에는 ‘뒤, 나죵’으로 『정속언
해』에는 ‘後’로 표기되었다. 語形 ‘나죵’의 대역이 특이하다.

喉 ; 목(목, 입, 목굼기)
  ; 목 안히 담소릭 톱켜ᄂᆞᆫ 소릭 ᄀᆞ투니(喉間痰響如引鋸聲)<두창34>
  ; 모기 브어 죽ᄂᆞ닐(喉痺欲死者)<구상3>
  ; 손으로 입에 너허 욕욕ᄒ면(仍探喉中令嘔)<태요38>
  ; 목굼기 마키고 입이 다믈려(喉閉口噤)<납약8>

  ‘입’은 (喉)에 대한 대역이다. 『구상 · 태요 · 납약』에는 ‘목, 입, 목굼기’으로 『두
시언해』에는 ‘목’으로 『훈몽자회』에는 ‘목ᄭᅮ무’로 『유합』에는 ‘긔구무’로 字釋되
었다. 語形 ‘긔구무’의 대역이 특이하다.

搐 ; 썰다, 떨다(뒤틀리다)
  ; 놀나 썰기룰(驚搐)<두창6>
  ; 놀라고 떠ᄂᆞᆫ 증은(驚搐)<두창15>
  ; ᄇ람으로 뒤틀리며(風搐)<납약4>

'썰다, 떨다'는 (搐) 에 대한 대역이다. 『납약』에는 '뒤틀리다'로 '뒤틀다'로 대
역된 경우는 '뒤트는 증(搐)' <두창집요63>에 대역된 語形이 발견될 뿐이다.

胸 ; 가슴(가슴)

  ; 더러온 거시 가슴의 ᄀ득ᄒ얏다가(穢液滿胸)<두창1>

  ; 명치며 가슴의 머므러 이시며(留在心胸)<납약14>

   '가슴'은 (胸)에 대한 대역이다. 『납약·남명천계송언해』에는 '가슴'으로 『두
시언해』에는 '가슴, ᄆ슴'으로 대역되었다.

黑 ; 검다(검다)

  ; 거머 쩌딘거슨(黑陷)<두창3>

  ; 거믄 거플 밧겨(去黑皮)<구상4>

  ; 혹 검블그며 혹 거므며(或紫或黑)<태요1>

  ; 거믄 콩 달힌 즙을 먹고(黑豆煮汁服)<납약9>

   '검다'는 (黑)에 대한 대역이다. 『구상·태요·납약』에는 '검다'로 『두시언해』
에는 '검다, 어듭다'로 『훈몽자회·유합』에는 '거믈'로 字釋되었다.

稀 ; 드물다(눅다, 적다, 드물다, 묽다)

  ; 드믈고 드믄거슨(可稀稀者)<두창3>

  ; 누근 플ᄀ티ᄒ야 머그라(如稀糊啜服)<구상59>

  ; 너무 적게 마를지니(不可太稀)<구상58>

  ; 믈근 쥭으로(稀粥)<납약26>

   '드물다'는 (稀)에 대한 대역이다. 『구상·납약』에는 '눅다, 적다, 드물다, 묽
다'로 『두시언해』에는 '드므다'로 『석보상절』에는 '드므리'로 『남명천계송언해』
에는 '드믈'로 『유합』에 '드믈'로 字釋되었다.

戲 ; 희이치다

; 역질 신녕이 짐즛 희이치노라(痘神故欲戲)<두창11>

    '희이치다'는 (戲)에 대한 대역이다. 『두시언해』에는 '노ᄂ다, 노릇'으로 『훈몽자회』에는 '노릇'으로 『유합』에는 '희롱'으로 字釋되었다. '희이치다'로 대역된 語例는 <선조소학5;23>에는 '위완ᄂ 이 널로 뻐 완롱ᄒ야 흐이침 삼ᄂ 주를 아디 몯ᄒᄂ니라(不知承奉者以爾爲玩戲)에서 찾아 볼 수 있다. 語形 '희이치다'는 消滅語로 볼 수 있다.

4. 한자 대역어의 어휘구성

* 쌍형어

(乾) 모르다, 몰뢰다
(論) 헤다, 혜다
(母) 어믜, 어미
(沸) 쓸다, 쓸히다
(頻) 주로, 주조
(惜) 앗갑다, 앗가오다
(省) 씌다, 씌둣다
(時) 때, 째
(鵝) 거유, 게유
(餘) 남다, 남즉이
(吮) 쌘다, 쌜다
(溫) 두스학다, 두수학다
(雄) 수, 숫
(危) 위틱학다, 위틱롭다
(日) 낫, 낮, 학릭, 학로
(猪) 돗, 돝
(粥) 죽, 쥭
(竄) 팁쓰다, 팁뿟다

(出) 돈다, 돗다
(治) 다스리다, 다스리다
(昏) 어득학다, 어듭다
(擿) 썰다, 쩔다
(厚) 두터이, 둣거이

* 다의어

(可) 가히, 돗다, 즉시
(間) 스이, 스이스이, 안
(盖) 니다, 대개, 덥다
(去) 째히다, 업게학다
(故) 연고, 짐즛
(顆) 나다, 돈다
(拘) 걸리씌다, 붓들다
(近) 갓가이, 나믄, 다득르다
(起) 닐다, 돈다
(氣) 긔운, 김, 숨
(淡) 묽다, 희미학다

(大) 극키, 넙다, 오로
(爛) 모르다, 석다, 즛므르다
(冷) 식다, 치위
(論) 의논학다, 헤다, 혜다
(流) 나다, 흐르다
(滿) 구득학다, 붓다
(末) 굴, 기다
(明) 묽다, 븕다
(妙) 둏다, 싁원학다
(未) 못학다, 어렵다
(房) 구들, 방
(不) 말다, 못학다
(似) 굿트다, 둣학다
(索) 노학, 달나학다
(糝) 브르다, 쌔학다, 쎄코
(上) 돈다, 우희
(生) 살다, 싱
(徐) 날회다, 쳠
(善) 둏다, 잘, 잘학다
(泄) 셜샤, 내다
(盛) 만학다, 셩학다
(洗) 내다, 싯다

(小) ᄀ늘다, 삿기, 젹다
(俗) 세속, 속다
(試) 시험, 쓰다
(神) 귀신, 손님, 신령
(惡) 더럽다, 사오나온
(若) 혹, 만일
(如) ᄀᆞᆺᄐ, 만일
(與) 과, 그러ᄒ다
(豫) 미리, 부으다
(曰) 드려, 니ᄅᆞ되
(元) 본듸, 원긔
(日) 날 낫 낮 ᄒᆞᆯᄅᆞ, ᄒᆞ로, 히
(刺) ᄡᅳ다, 주다, 침
(自) 붓터, 스스로, 졀로, ᄌ 연히
(終) ᄆᆞᆺ도록, ᄆᆞᆺ춤내, 죵시
(重) 듕ᄒ다, 져울
(至) ᄭᅵ지, 니ᄅᆞ다, 오로
(盡) 극키, 다, 진ᄒ다
(稍) 젹다, 졈졈
(太) 거르기, 넘우
(透) 나다, 내픠다
(破) ᄠᅳᆮ다, ᄡᅳ다, 주다, 터 디다, 히야디다
(皮) 가족, 겁질
(下) 누다, 놓다, 아래
(何) 므슨, 엇디

*유의어

(恐) 두렵다, 저허ᄒ다

(當) 맛당히, 온당ᄒ다
(得) 밧다, 엇다
(方) 막, ᄇ야흐로
(瀉) 샤ᄒ다, 셜샤
(散) 퍼디다, 훗다
(消) 스ᄂ다, 슬다
(時) ᄠᅢ, 째, 젹
(始) 비로소, 처음
(餘) 남다, 남즉이
(吮) ᄲᆞᆫ다, 쌜다
(溫) 덥다, ᄃᆞᆺ스ᄒ다, ᄃᆞᆺ ᄒ다
(外) 밧, 외요
(雄) 수, 숫
(危) 위틱ᄒ다, 위틱롭다
(已) 블셔, 임의
(益) 더, 더옥
(日) 날, 낫, 낮, ᄒᆞᆯᄅᆞ, ᄒᆞ로, 히
(自) 스스로, 졀로
(作) ᄆᆞᆫ들다, 짓다
(赤) 벌거ᄒ다, 붉다
(全) 오로, 온
(淨) 조히, 조초리ᄒ다
(中) 가운대, 안
(疾) 녁질, 병
(次) 번, 식, ᄎ례
(處) 곳, 듸
(初) ᄀᆞᆺ, 처음
(出) 나다, 돋다, 돗다
(置) 놓다, 두다

*물명어

(家) 집
(痴) 덕지
(鉅) 톱
(巾) 슈건
(苽) 외
(㡓) 씩
(衾) 니블
(器) 그륵
(糯米) 나미, ᄎᆞᆸ슬
(卵) 알
(刀) 칼
(豆) 콩, 픗
(燈) 등잔불
(蘿) 쉿무우
(露) 이슬
(縷) 실
(梨) 비
(蔓) 무우
(麵) ᄀᆞᄅ
(毛) 털
(蜜) 쑬
(飯) 밥
(髮) 털
(房) 구들, 방
(餅) 씩
(葍) 쉿무우
(糞) 대변
(絲) 실
(索) 노ᄒ
(書) 편지
(粟) 좁쌀
(葉) 닙
(瓦) 디애
(椀) 사발

(羽) 짓
(油) 길음
(乳) 졋
(刺) 침
(滓) 지
(葅) 짐치
(錢) 돈
(紬) 면듀
(粥) 죽, 쥭
(紙) 죠히
(重) 저울
(菁) 무우
(燭) 쵸블
(葱) 파
(鍼) 침
(湯) 달힌물
(土) 흙
(皮) 가족, 겁질
(蜆) 맛쥬개

*동식물어

(莖) 줄기
(雞) 둙
(苽) 외
(糯米) 나미, 춥슬
(卵) 알
(豆) 콩, 풋
(蘿) 쉿무우
(梨) 비
(蔓) 무우

(尾) 쏘리
(蔔) 쉿무우
(蒜) 만을
(鵝) 거유, 게유
(鴨) 올희
(羊) 양
(楊) 버들
(魚) 믈고기
(猪) 돗, 돝
(菁) 무우
(草) 새
(葱) 파

*인체명어

(脚) 디리
(肝) 간
(拳) 주먹
(肌) 슬
(頭) 머리
(面) 눗
(毛) 털
(目) 눈
(髮) 털
(膚) 슬
(臂) 폴
(肩) 웃시욹
(身) 몸
(眼) 눈
(腰) 허리
(頤) 특

(耳) 귀
(咽) 목
(頂) 니마
(臍) 비속
(爪) 손톱
(足) 발
(指) 손
(體) 몸
(呀) 니
(形) 얼골
(喉) 목
(胸) 가슴

*색채어

(綠) 프르다
(白) 희다
(紫) 검블다
(赤) 벌거ᄒ다, 붉다
(靑) 플른다
(黃) 누르다
(黑) 검다

5. 고유어에 대응된 한자

가히(可) ; 가히

　; 가히 아닥 못ᄒᆞᆯ거시나(不可知)<두창9>

가슴(胸) ; 가슴

　; 더러온 거시 가슴의 ᄀᆞ득ᄒᆞ얏다가(穢液滿胸)<두창1>

가온대(中) ; 가운데

　; 그 더러온거시 입 가온대 잇ᄂᆞ니(口中猶有不潔)<두창1>

가족(皮) ; 가죽

　; 가족과 ᄉᆞᆯ ᄉᆞ이예 빗최여(暎於皮膚間)<두창25>

가지(枝) ; 가지

　; 가지 블근 버들이니(赤枝之楊)<두창28>

간(肝);간

　; 도틱간 엿 ᄃᆞᆰ의 알(猪肝飴飯鷄)<두창14>

감다(裹) ; 감다

　; ᄀᆞᄂᆞ 슈건으로 손가락의 가마(細巾裹手指)<두창52>

감초(甘草) ; 감초

　; 감초 닷 돈을(甘草五錢)<두창5>

갓가이(近) ; 가까이

　; 일졀히 갓가이 말고(一切不可近)<두창14>

갓구로(倒) ; 거꾸로

　; 혹 갓구로 되ᄂᆞ 뉴ᄂᆞ(倒厭面之類)<두창29>

거르기(太) ; 매우, 거창하게, 대단히, 뜻밖에

; 두역 돗기를 거르기 만히 ᄒᆞ야(痘出太多)<두창22>

거믄콩(黑豆) ; 검은콩

; 블근 풋 거믄 콩(赤小豆黑豆)<두창5>

거유·게유(鵝) ; 거위

; 거유알이 올희알(鵝鴨)<두창14>

; 아히ᄂᆞ 게유 알만이나 ᄒᆞ니(小兒則大如鵝卵)<두창65>

건디(喫豆) ; 건 디, 건더기

; 건디를 임의로 머그면(喫豆任意服)<두창5>

건시(乾柿) ; 건시, 홍시

; 건시 듬은 믈감ᄌ(乾柿沉水柑子)<두창14>

걸리ᄭᅵ다(拘) ; 거리끼다

; 역의 걸리ᄭᅵ디 아니홀 ᄽᅥ시니(則不拘此際)<두창30>

검다(黑) ; 검다

; 거머 ᄭᅥ딘거슨(黑陷)<두창3>

검블다(鮮紅·紫) ; 검붉다

; 역질 도돈 빗치 검블그면(痘色鮮紅)<두창26>

; 빗치 넘우 블거 검붉기에 다ᄃᆞᆯ 거슨(色太紅近紫者) <두창48>

검은 ᄌᆞ의(黑睛) ; 검은자위

; 거믄 ᄌᆞ의예도 범ᄒᆞ야(犯於黑睛)<두창59>

겁질(皮) ; 껍질

; 겁질이 열워오(皮薄)<두창44>

것다(捲) ; 걷다

; 맛치 ᄂᆡ과 안개 것고(似煙霧捲)<두창36>

것티다(碍) ; 거치다, 거리끼다

; 손의 것티디 아니ᄒᆞ며(不碍指)<두창34>

겨를(暇) ; 겨를

; 오히려 화독탕을 ᄡᅳᆯ거시니 겨를ᄒᆞ야(尙用化毒湯則似不暇)<두창30>

겨울(冬) ; 겨울

; 겨울 치위에도 닝슈의 모욕ᄒᆞ고(冬月浴冷)<두창10>

견듸다(忍) ; 견디다, 참다

　　; 만일 알키를 춤아 견듸디 못ᄒ거든(若痛不可忍用)<두창30>

겻틱(傍) ; 곁

　　; 사발 겻틱 둣다가(置于椀傍)<두창50>

경계ᄒ다(戒) ; 경계하다

　　; 기피 경계홀 ᄮ시니라(深戒也)<두창12>

계워다(耽) ; 못 이기다, 지다

　　; 입 ᄣᅢ예 혹 조오롬을 계워(此時或有耽睡呼)<두창67>

곤ᄒ다(困) ; 곤하다

　　; 이긔 탕홀 ᄲᅢ예 곤ᄒ야(此時困頻委懺)<두창40>

곰다(膿) ; 곰 다

　　; 불셔 곰기ᄂ 졈이 닛ᄂ니(已有向膿之漸)<두창49>

곳(處) ; 곳

　　; 면샹과 창난흔 곳만 시스미 가ᄒ니라(洗面上與瘡爛處可也)<두창30>

과(與) ; 과

　　; 면샹과 창난흔 곳만 시스미 가ᄒ니라(洗面上與瘡爛處可也)<두창30>

과연(果) ; 과연

　　; 과연 덕지 ᄠᅥ러딘 후의(果於落痂之後)<두창12>

광어(廣魚) ; 광어

　　; 조긔 광어 전복(石首魚廣魚鰒魚)<두창13>

구들(房) ; 구들

　　; 날이 오래고 구들이 더워(日久溫房)<두창12>

구멍(孔) ; 구멍

　　; 코구멍 입시욹 귀쑴긔(口脣鼻孔耳孔)<두창22>

구은밤(煨栗) ; 군밤

　　; 잣 호도 구은 밤 김(海松子胡桃煨栗)<두창13>

군말ᄒ다(譫語) ; 군말하다

　　; 조올며 군말ᄒ고(睡譫語)<두창6>

귤(橘) ; 귤

; 귤 파 만을 믈고기(橘葱蒜魚)<두창14>
굼기(穿) ; 구멍
　　; 입시울이 굼기 쭈러 녀실디라도(口脣穿破)<두창46>
굽다(煨) ; 굽다
　　; 잣 호도 구은 밤 김(海松子胡桃煨栗)<두창13>
굽지지다(煮) ; 굽고 지지다
　　; 믈읫 스로ᄂ 내 굽지지ᄂ(凡燒煮)<두창14>
긋(尖) ; 긑
　　; 그 쇼리 긋튼 흔치 남즉이 ᄣᅵ이고(裂尾尖寸餘)<두창31>
귀(耳) ; 귀
　　; 귀도 ᄎ고(耳冷)<두창6>
귀쑴긔(耳孔) ; 귓구멍
　　; 코구멍 입시욹 귀쑴긔(口脣鼻孔耳孔)<두창22>
귀신(鬼·神) ; 귀신
　　; 귀신이 눈의 뵈ᄂ 거시(見鬼者)<두창68>
　　; 귀신이 심업스믄(神之有無)<두창9>
귀오리(蕎麥) ; 귀리
　　; 춥슬 죽 귀오리 ᄀᄅ(糯米粥蕎麥麵)<두창13>
그(其·厥) ; 그
　　; 그 보디 못ᄒᄂ 바를 보며(見其所不見)<두창9>
　　; 그 집도 역질을 디낸가ᄒ야(厥家以爲已經)<두창37>
그디(君) ; 그대
　　; 그디 말이 올흔 줄을 아로디(知君言之爲是)<두창12>
그러ᄒ다(與) ; 그러하다
　　; 그러ᄒ니 먹이면 반ᄃ시 위틱ᄒ리라(與喫則必危)<두창11>
그릇(器) ; 그릇
　　; 두 그릇스로 서로 블 우희 노화 더여(以兩器相替溫熟於火上)<두창29>
그치다(止) ; 그치다
　　; 션틱탕을 쓰면 즉시 그치ᄂ니(用蟬退湯卽止)<두창24>

극키(盡·極·大) ; 극히

　　; 그키 앗기 오니라(盡惜哉)<두창67>

　　; 극키 듕ᄒ고(極重)<두창21>

　　; 극키 위틱ᄒ니 급피 뎡듕탕을 ᄡᅳ라(大危也急用定中湯)<두창50>

근심(憂) ; 근심

　　; 다 근심티 아닐 ᄭᅥ시라(皆不足憂也)<두창21>

금긔(忌) ; 금기

　　; 일졍 싱닝을 금긔호ᄃᆡ(切忌生冷)<두창14>

긋치다(弛) ; 그치다

　　; ᄀᆞ장 오래게야 셩이 긋치고(頗久怒弛)<두창31>

긔운(氣) ; 기운

　　; 열이 극ᄒ고 긔운이 약ᄒ야(熱劇氣弱)<두창53>

기도리다(待) ; 기다리다, 대령하다

　　; 약믈을 ᄀᆞ초아 ᄃᆡ령ᄒ야 기도로더니(備藥以待)<두창37>

기ᄅᆞ다(養) ; 기르다

　　; 잘 기ᄅᆞᄂᆞᆫ고로(善養)<두창2>

길름(油) ; 기름

　　; 길름의 쵸ᄒᆞᄂᆞᆫ 내(油炒)<두창14>

길ᄒ다(吉) ; 길하다

　　; ᄀᆞ장 길ᄒ니(吉條)<두창15>

김(海) ; 김

　　; 잣 호도 구은 밤 김(海松子胡桃煨栗)<두창13>

김(水氣·氣) ; 김

　　; 김을 낸후의 ᄯᅩᄯᅩ시 넙게ᄒᆞ야(然後出其水氣極熱)<두창29>

　　; 블김을 두려ᄒᆞᄂᆞᆫ 거시니(怕火氣)<두창33>

깁다(深) ; 깊다

　　; 독이 깁프여 엿튼미오(毒之深淺)<두창38>

깃츰(咳嗽) ; 기침

　　; 깃츰이 잇거든(有咳嗽)<두창15>

ㄱᄂᆞ(細) ; 가늘다

　　; ᄀᆞᄂᆞ ᄀᆞ롤(細末)<두창3>

ᄀᆞᄂᆞᆯ다(小) ; 가늘다

　　; 수세외 ᄀᆞᄂᆞᆯ고 ᄀᆞᄂᆞ(絲瓜小小)<두창4>

ᄀᆞ득ᄒᆞ다(滿·充滿) ; 가득하다

　　; 더러온 거시 가슴의 ᄀᆞ득ᄒᆞ얏다가(穢液滿胸)<두창1>

　　; 독흔 즙이 ᄀᆞ득ᄒᆞ야ᄂᆞᆫ 고로(毒漿充滿故)<두창53>

ᄀᆞ렵다(痒) ; 가렵다

　　; 입ᄢᅢ예 혹 ᄀᆞ려온증이 잇거든(此時或有痒症)<두창27>

ᄀᆞ로(橫) ; 가로

　　; 은침으로 ᄀᆞ로 ᄶᅥ여주면(以銀鍼刺之橫貫)<두창51>

ᄀᆞ믈(旱) ; 가물다

　　; 큰 ᄀᆞ믈의도 ᄆᆞᄅᆞ디 아니ᄒᆞᄂᆞ(大旱不斷)<두창28>

ᄀᆞ장(條·頗) ; 가장

　　; ᄀᆞ장 길ᄒᆞ니(吉條)<두창15>

　　; ᄀᆞ장 오래게야 셩이 긋치고(頗久怒弛)<두창31>

ᄀᆞ초다(備) ; 갖추다

　　; 약믈을 ᄀᆞ초아(備藥)<두창37>

ᄀᆞᆯ(末·麵) ; 가루

　　; ᄀᆞᄂᆞ ᄀᆞ롤(細末)<두창3>

　　; 춥슬 죽 귀오리 ᄀᆞᄅᆞ(糯米粥蕎麥麵)<두창13>

ᄀᆞᆯ다(咬) ; 갈다

　　; 니 ᄀᆞᆯ기롤 극키 심히ᄒᆞ야(咬牙太甚)<두창34>

ᄀᆞᆺ(邊) ; 갓

　　; 시내 ᄀᆞ의 닙 넙고(溪邊大葉)<두창28>

ᄀᆞᆺ낳다(初生) ; 갓낳다

　　; ᄀᆞᆺ난 아히 빗복 ᄶᅥ러딘 거슬(小兒初生臍帶脫浩)<두창3>

ᄀᆞᇀ(似·如) ; 같다

　　; 서로 ᄀᆞᇀ되(相似)<두창6>

; 경풍증 굿트니도 잇고(如風之症)<두창6>

끼다(末) ; 개다

; 빗 믈근 듀사를 벌업시 끼야(取朱砂光明者爲末)<두창2>

끼지(至) ; 까지

; 츌두 죵일끼지는(至出痘終日)<두창16>

끼다, 끼돗다(省) ; 깨다

; 어득어득ᄒ야 끼디디 못ᄒ는 것도(昏昏不省者)<두창68>

; 졋 샐기를 끼돗디 못ᄒ야(不省吮乳)<두창12>

써디다(陷) ; 꺼지다

; 거머 써딘거슨(黑陷)<두창3>

써시다(挾) ; 꺼다

; 이제 열을 써시므로(今乃挾火故)<두창23>

써여다(貫) ; 꿰다

; 은침으로 ᄀ로 써여주면(以銀鍼刺之橫貫)<두창51>

쇼리(尾) ; 꼬리

; 그 쇼리 굿튼 흔치 남즉이 쎡이고(裂尾尖寸餘)<두창31>

슐(蜜) ; 꿀

; 년흔 슐의 ᄆ라(調爛蜜)<두창2>

쓰다(滅) ; 끄다

; 닉에 쵸 쓰는내(烟臭滅燭)<두창14>

쓴다(絶) ; 끊다

; 소릭 쓴츤 후에야(聲絶然後)<두창31>

슬다 · 슬히다(沸) ; 끓다

, ᄆ이 달혀 슬론(猛煮六七沸)<두창28>

; 빅비탕을 막 슬흘 저긔(以百沸湯方其沸時)<두창50>

씻티다(豫備) ; 끼얹다

; 사발 가온대 흙덩이 우희 씻텨 부으되(椀中土塊上豫備)<두창50>

나다(出·顯·發·透·流·滴下) ; 나가다, 나오다, 태어나다

; 비록 날다라도 경ᄒ야(雖出赤輕)<두창5>

; 다만 세히나 다숫시나 나느니라(只三五顆而已)<두창5>

; 이틀만의 나느니도(三日發者)<두창21>

; 쾌히 다 나고 알는 거시 그치느니(快透痛止)<두창26>

; 피도 흐르며 즙도 나는 되롤(流血流汁)<두창27>

; 피가 나디 아니ᄒ다가(血不滴下)<두창31>

나믄(近);남짓

; 흔부인이 나히 셜흔나믄의(有婦人年近)<두창35>

나미(糯米) ; 찹쌀

; 금은화 차 나미 달힌 믈이나(金銀花茶或糯米煎水)<두창17>

나히(年) ; 나이

; 나히 즈란 아히는(年長者)<두창32>

날(日) ; 날

; 날이 오래고 구들이 더워(日久溫房)<두창12>

날듯말듯(未出隱) ; 날 듯 말듯

; 두역 도단거시 날듯말듯하야(痘粒欲出未出隱)<두창25>

날회다(徐徐) ; 천천히, 서서히

; 아직 날회라 ᄒ더니(徐徐)<두창12>

남다(餘) ; 남다

; 그려도 어믜 머근 조촐티 아니흔 나믄 긔운이(然母之不潔餘氣)<두창1>

남즉(餘) ; 남짓

; 그 쏘리 굿튼 흔치 남즉이 띄이고(裂尾尖寸餘)<두창31>

납셜수(臘雪水) ; 납설 수

; 납셜슈 대쵸 건시(臘雪水棗子乾柿)<두창14>

낫·낮(日) ; 낮

; 밤낫 업시 싯기놀 스므나믄 번 식 ᄒ면(日夜數十次)<두창29>

; 나지나 밤이나(日夜)<두창47>

내(余) ; 나

; 내 뜻의 혜오되(余意以爲)<두창34>

내(臭) ; 냄새

; 사오나온 내가(惡臭)<두창12>

내다(洗·泄) ; 내다

  ; 월경을 딘케 내여(濃洗月經)<두창25>

  ; 그 긔운을 내디 말기를 ᄀ장 이윽이 흔 후의(勿泄其氣良久之後)<두창50>

내픠다(透) ; 내피다

  ; 도든거시 더 내픠고 신효ᄒᄂ니라(出透神效)<두창24>

너출(蔓藤) ; 넌출

  ; 너출 실ᄀ튼니(蔓藤絲)<두창4>

넘우(太) ; 너무

  ; 빗치 넘우 블거 검븕기에 다ᄃ른 거슨(色太紅近紫者)<두창48>

넙다(大) ; 넓다

  ; 시내ᄀ의 닙 넙고(溪邊大葉)<두창28>

네(輩) ; 네, 들

  ; 녀편네 의논이 극키 어려오니(婦人輩論說太峻)<두창12>

녀름(夏) ; 여름

  ; 녀름이 모욕을 ᄀ미러 ᄒ거든(夏月如浴之)<두창29>

녀편네(婦人) ; 여편네, 아내, 여자

  ; 녀편네 의논이 극키 어려오니(婦人輩論說太峻)<두창12>

녁질(疾) ; 역질

  ; 녁질의 다ᄃ라 음식과 긔거를 제ᄒ고(疾飲食起居)<두창9>

녜(古) ; 옛

  ; 병졍이 녜과 달라(病情與古有異)<두창55>

노ᅙ(索) ; 노(繩)

  ; 그 노ᅙ로 든든이 ᄆᆡ고(用索縛)<두창31>

녹두(菉豆) ; 녹두

  ; 녹두 각 흔 되(菉豆各一升)<두창5>

녹두죽(菉豆粥) ; 녹두죽

  ; 녹두 죽 젹도 죽(菉豆粥赤豆粥)<두창13>

놀다(遊戲) ; 놀다

; 때때 놀고(時時遊戱)<두창21>
놀라다(驚) ; 놀라다

; 놀나 썰기를(驚搐)<두창6>
놓다(置·放·下·替) ; 놓다

; 새 디애 우희 노코(置新瓦上用)<두창3>

; 싸 우희 노코(放上地)<두창3>

; 설상의 노화 비럿더니(禱薦于神床之下)<두창12>

; 서로 블우 히 노화 더여(相替溫熱於火上)<두창29>
누다(下) ; 누다

; 더러온 탁흔 씨긋튼 거슬 누워 브리 쩌시니(遺下汚穢濁㞗之物)<두창4>
누로다(按) ; 누르다

; 손으로 진득진독 누로면(以手按磨)<두창27>
누르다(黃) ; 누렇다

; 누루러 쟝즙이 부론 소긔 힝ᄒ야(黃也漿行疱裡)<두창49>
눈(目·眼) ; 눈

; 눈을 팁쓰고 입을 다믈다(目竄口噤)<두창6>

; 눈아래 웃시욹과 코구멍 입시욹 귀쑴긔(眼眶口脣臭孔耳)<두창22>
눈 아래 웃시욹(眼眶) ; 눈자위

; 눈 아래 웃시욹과 코구멍 입시욹 귀쑴긔(眼眶口脣臭孔耳)<두창22>
눈쳥(目睛) ; 눈자위

; 눈쳥을 우흐로 팁뜻고(目睛上竄)<두창34>
늙다(老) ; 늙다

; 늙고 병든 어버이를 다 고기 음식을 폐ᄒ고(饌至於老病父母廢)<두창11>
니(呀·牙齒) ; 이

; 니 글기를 극키 심히ᄒ야(咬呀太甚)<두창34>

; 비록 니가 다 서거 써러디고(雖牙齒爛落)<두창46>
니다(盖) ; 이다, 지붕을 이다

; 무근집 닌거시니(多年盖屋)<두창27>
니로딕(謂·曰) ; 이야기하다, 말하다

; 쥬인ᄃ려 니로딕(謂主人)<두창12>

; 쥬인이 웃고 니로딕(主人微笑曰)<두창12>

니ᄅ다(至) ; 이르다

; 엷들의 니ᄅ면(至十月)<두창1>

니ᄅ다(言) ; 이르다, 말씀하다

; 무녀드리 빙쟝ᄒ야 니ᄅ되(女巫籍以爲言)<두창9>

니마(頂) ; 이마

; 니마 귀 ᄊ뎌던것도 다닐고(頂陷者皆起)<두창29>

니블(衾) ; 이불

; 옷과 니블을 두터이 더프되(厚覆衣衾而)<두창44>

니어(繼) ; 이어

; 니어 닉탁산을 ᄡ라(繼用內托散)<두창39>

니질(痢) ; 이질

; 니질 셜샤도 ᄒ며(痢下)<두창6>

닐다(起) ; 일다, 일어나다

; 즉시 닐고(可起)<두창3>

닙(葉) ; 잎

; 박하 서너 닙플(薄荷三四葉)<두창19>

닛무음(齒齦) ; 잇몸

; 닛무음이 드러나시니(齒齦露出)<두창45>

ᄂ리다(降) ; 내리다

; 열긔운이 졈졈 ᄂ려(熱氣稍降)<두창44>

ᄂ개(翅) ; 날개

; ᄆ리 발 ᄂ개 새혀 ᄇ리고(去頭足翅)<두창22>

ᄂ(面·面顔)) ; 낯

; 온 몸과 머리 ᄂ과 아래 우흘(全身頭面上下)<두창5>

; 면듀 슈건의 즘슉 뭇쳐 온 ᄂ츨 ᄌᄌ조 싯기되(用紬巾頻頻淋洗面顔)<두창29>

ᄂ(煙) ; 연기

; ᄂ 쟝ᄎ 진흘만 ᄒ거든(煙將盡)<두창3>

다(皆·盡·俱) ; 다

　　; 밧 겻틱셔ㅎ는 이를 붉기 다 알 쎠시여늘(皆可明言外間事)<두창9>

　　; 홈 째예 다 쓰디 못홀거시니(不可一時盡刺)<두창52>

　　; 긔혈이 다 허흔 째예(其氣血俱虛)<두창60>

다드르다(近) ; 다다르다

　　; 빗치 넘우 블거 검붉기예 다드른거슨(色太紅近紫者)<두창48>

다르다(異) ; 다르다

　　; 병졍이 녜과 달라(病情與古有異)<두창55>

다리(脚) ; 다리

　　; 폴과 다리과 손과 발(臂脚手足)<두창59>

다만(但·只) ; 다만

　　; 다만 셩이 닝이 닝흔 거시니(但性微寒)<두창3>

　　; 다만 면샹과 창 나흔 곳만 시스미 가ㅎ니라(只洗面上與瘡爛處可也)<두창30>

다믈다(噤) ; 다물다

　　; 눈을 팁쓰고 입을 다믈다(目竄口噤)<두창6>

다스리다, 다ᄉ리다(治) ; 다스리다

　　; 밧그로 다스리는 약은(外治)<두창29>

　　; 급피 다ᄉ리디 아니ㅎ리오(不急治乎)<두창60>

다시(更·復) ; 다시

　　; 다시 관계칠분을 가입ㅎ라(更加官桂七分)<두창39>

　　; 다시 위논티 아니ㅎ려니와(不復可論矣)<두창45>

달라ㅎ다(索·乞) ; 달라하다

　　; 아히가 비록 어육을 달라ㅎ야도(兒雖索魚肉)<두창11>

　　; 쵸블을 쎠 달라ㅎ더니(乞燃燭)<두창44>

달히다(煎) ; 달이다

　　; 칠 홉되게 달혀(煎至七合)<두창17>

달힌 믈(湯·水下) ; 달인 물

　　; 박하 달힌 믈(薄荷湯)<두창15>

　　; 셰쇽이 황년과 감초 달힌 믈로(俗以黃連甘草水下)<두창1>

담다(入) ; 담다

; 대통의 약을 다마 즈조 불리(以竹筒吹入)<두창46>

담당ᄒ다(擔當) ; 담당하다

; 내 담당ᄒ야 약을 쓰디 못ᄒ려니와(吾不最擔當用藥)<두창45>

담일(明日) ; 명일

; 담일로 기들러 쓰미 됴ᄒ리니와(明日用之甚善)<두창30>

대단히(大段) ; 대단히

; 대단히 방해로온 일이 업ᄂ니(無大段所妨)<두창53>

대쵸(棗子) ; 대추

; 대쵸 건시 듬은 믈감즈(棗子乾柿沉水柑子)<두창14>

대침(竹鍼) ; 댓 침

; 대침이라도 가ᄒ니라(竹鍼亦可)<두창52>

대통(竹筒) ; 대통

; 대통의 약을 다마 즈조 불리(以竹筒吹入)<두창46>

대개(盖) ; 대개

; 대개 싱각ᄒ니(盖想)<두창9>

대변(大便·糞) ; 대변

; 대변의 더러온 탁흔 씨곳튼 거슬 누워ᄇ릴 쩌시니(大便遺下汚穢濁垦之物)<두창4>

; 대변 쳐 ᄇ리기과 싀굼을 쳐(去糞穢通溝渠)<두창14>

더(益) ; 더

; 쳥ᄒ야 더 쓰라ᄒ나(請益刺破)<두창51>

더듸다(犀) ; 더디다

; 더듸며 ᄲᆞᄅ미 다ᄅ디 아니ᄒ나(犀速不同)<두창58>

더럽다(穢液·不潔·汚穢·惡) ; 너럽다

; 어믜 복듕위 더러운 기슬 머거서(食母腹中穢液)<두창1>

; 그 더러온 거시 입 가온대 잇ᄂ니(口中猶有不潔)<두창1>

; 대변의 더러온 탁흔 씨곳튼 거슬 누워ᄇ릴 쩌시니(大便遺下汚穢濁垦之物)<두창4>

; 더러온 내를 내디 말라(惡臭未發)<두창14>

더옥(益) ; 더욱

; 만히 ᄒ도록 더옥 둏다(多多益善)<두창29>

더ᄒᆞ다(加) ; 더하다

    ; 븟는 긔운이 더ᄒᆞ미오(浮氣盒加)<두창59>

덕지(痂) ; 딱지

    ; 과연 덕지 뻐러 딘후의(果於落痂之後)<두창12>

덥다(盖) ; 덥다

    ; 딜그릇 ᄀᆞᄐᆞᆫ 거스로 김 아니나게 더퍼(瓦盞之類盖)<두창3>

덥다(溫·熱) ; 덥다

    ; 날이 오래고 구들이 더워(日久溫房)<두창12>
    ; 김을 낸후의 ᄯᆞᄯᆞ시 덥게ᄒᆞ야(然後出其水氣極熱)<두창29>

덩이(塊) ; 덩이

    ; 주먹만ᄒᆞᆫ 덩이를(一塊如拳)<두창50>

뎌즈음ᄭᅴ(向) ; 저번에, 저즈음께

    ; 뎌즈음ᄭᅴ 셜샤ᄒᆞᆯ 째예(向也泄瀉時)<두창44>

도로혀(回) ; 도리어

    ; 원긔를 도로혀미 맛당ᄒᆞ니라(以爲回元之地爲當)<두창65>

돈(錢) ; 돈

    ; 감초 닷 돈을(甘草五錢)<두창5>

돋다(起 · 出 · 顆 · 上) ; 돋다

    ; 좁뿔ᄀᆞ티 도다시면(如粟起)<두창6>
    ; 두역 만히 도ᄃᆞ면(痘出太多)<두창23>
    ; 역질 도든거시 분명티 안여(痘顆隱暎) <두창34>
    ; 블근 뎜이 만히 도다시니(上多有紅點)<두창37>

돕다(助) ; 돕다

    ; 귀신의 도음을 엇디 못ᄒᆞ고(不得神助)<두창10>

돗다(出) ; 돋다

    ; 두역 돗기를 거르게 만히ᄒᆞ야(痘出太多)<두창22>

돗, 돝(猪) ; 돝, 돼지

    ; 데미고ᄂᆞᆫ 흘레아닌 삿기 수돗글(猪尾膏者未破陰小小雄猪)<두창31>
    ; 양의 고기 도틱간(羊肉猪肝)<두창14>

동싱(長兄) ; 동생

　　; 외요 잇는 동싱 아디 못ᄒ고(長兄在外不知)<두창45>

되(升) ; 되

　　; 녹두 각 ᄒᆫ 되(菉豆各一升)<두창5>

됴셥ᄒ다(調攝) ; 조섭하다

　　; ᄆᆞᄎᆞᆷ내 그 됴셥ᄒᆞᄂ 도리를 일허(終失調攝)<두창10>

둇다(可) ; 좋다

　　; 알른 고ᄃᆡ 쎠ᄒ면 둇ᄂ니라(糝於痛處可也)<두창48>

둏다(好·妙·善) ; 좋다

　　; 됴히 ᄒᆞᄂ니도 잇고 혹 손상을 방 안히 오로 두로 버리고(好經痘疫者或各設末卓於房內)
　　　<두창10>

　　; 쏘ᄒᆫ 됴ᄒ니라(亦妙)<두창16>

　　; 만히ᄒ도록 더옥 둏다(多多益善)<두창29>

두다(置) ; 두다

　　; 사발 겻ᄐᆡ 둣다가(置于椀傍)<두창50>

두렵다(恐·怕) ; 두렵다

　　; 풍한이나 쏘일가 두려오니(恐觸風寒)<두창30>

　　; 블김을 두려ᄒᆞᄂ거시(怕火氣)<두창33>

두어(數) ; 두어, 두엇

　　; 두어 날만의 즉으니(數日自盡)<두창12>

두에(盖子) ; 뚜껑

　　; 둣거온 죠희과 두에를(厚紙及盖子)<두창50>

누역(痘粒) ; 두역

　　; 두역 나ᄂ거시 날듯말듯ᄒ야(痘粒欲出未出隱)<누장25>

두용(匏瓜) ; 뒤웅박

　　; 나히 만ᄒᆫ 사람은 두용만이 나ᄒ고(年長者大如匏瓜)<두창65>

두창(染) ; 두창

　　; 두창을 시작ᄒᆞ니ᄂ 경ᄒ고(已染則輕)<두창20>

두텁다(厚) ; 두텁다

; 옷과 니블을 두터이 더프되(厚覆衣衾而)<두창44>

둘(再) ; 둘

; 호르 두 복식 머기면(日再服)<두창26>

둘러(圍) ; 둘러

; 스면을 둘러 스로딕(四圍燒)<두창3>

둣거이(厚) ; 두텁다

; 둣거온 죠희과 두에를(厚紙及盖子)<두창50>

듕ᄒ다(重) ; 중하다

; 쏘흔 듕ᄒ고(亦重)<두창21>

뒤(後) ; 뒤

; 귀 뒤희 실ᄀᆺ튼 블근 믹이 이실써시니(耳後有紅縷赤脉)<두창6>

드러나다(露出) ; 드러나다

; 닛무음이 드러나시니(齒齦露出)<두창45>

드믈다(稀) ; 드물다

; 드믈고 드믄거슨(可稀稀者)<두창3>

들다(利) ; 들다, 날카롭다

; 드는 칼로 그 쏘리 긋틀 흔치 남즉이 ᄢ이고(以利刀裂尾尖寸餘)<두창31>

들시다(拔) ; 들치다

; 니블을 들셔보니(試拔衾視)<두창44>

듯다(聞) ; 듣다

; 그 듯디 못ᄒᆞᆫ 멱슬 드ᄂᆞ거시(聞其所不聞) <두창9>

등잔블(燈) ; 등잔불

; 쵸 쯰ᄂᆞᆫ 내 등잔블 쯰ᄂᆞᆫ 내를(滅燭燈臭)<두창14>

디나다(過) ; 지나다

; 디난거시 업ᄂᆞ니라(無過)<두창29>

디내다(已經) ; 지나다

; 그 집도 역질을 디낸가 ᄒᆞ야(家以爲已經)<두창37>

디애(瓦) ; 기와

; 새 디애 우희 노코(置新瓦上用)<두창3>

딕희다(守) ; 지키다

　; 이 경계를 딕희라(守此戒)<두창14>

딘ᄒ다(濃) ; 진하다

　; 월경을 딘케 내여(濃洗月經)<두창25>

딜그릇(瓦盞) ; 질그릇

　; 따 우히 노코 딜그릇 ᄀᆞ튼 거스로(放土地上用瓦盞之類)<두창3>

딜식ᄒ다(窒塞) ; 질색(窒塞)하다

　; 딜식ᄒ고 눈을 우흐로 티ᄯ는 증이 이실디라(目竄窒塞)<두창15>

딥(穀草) ; 짚

　; 새나 딥피나 혜디 말고(勿論郊草穀草)<두창27>

ᄃᆞ라나다(走) ; 다라 나다

　; 이윽히 ᄒ다가 ᄃᆞ라나거ᄂᆞᆯ(良久起而走)<두창34>

ᄃᆞ려(曰) ; -더러

　; 쥬인ᄃᆞ려 니로ᄃᆡ(謂主人曰)<두창12>

ᄃᆞ스ᄒ다, ᄃᆞᄉᆞᄒ다(溫) ; 따뜻하다

　; ᄃᆞ스ᄒᆞᆫ 믈의 ᄀᆡ야 머기되(溫水送下)<두창2>

　; ᄃᆞᄉᆞᄒ여 머그되(溫服)<두창18>

ᄃᆞᆫᄃᆞᆫ이 덥다(合定) ; 단단히 덮다

　; 두에를 ᄃᆞᆫᄃᆞᆫ이 덥퍼(盖子合定)<두창50>

ᄃᆞᆰ(雞) ; 닭

　; ᄃᆞᆰ의 알 거유알 오희알(雞鵝鴨)<두창14>

ᄃᆞᆷ다(沉) ; 담다

　; 대쵸 건시 ᄃᆞᆷ은 믈감ᄌ(棗子乾柿沉水柑子)<두창14>

ᄂᆞᆺᄒ다(似) ; 늦하다

　; 조오ᄂᆞᆫᄃᆞᆺ 자ᄂᆞᆫᄃᆞᆺ(似睡非睡)<두창12>

ᄃᆡ(處) ; 데

　; ᄀᆞᆯ려온고 ᄃᆡ(痒處)<두창27>

ᄃᆡ답(應) ; 대답

　; ᄃᆡ답 아니ᄒ고(不應)<두창67>

빼빼(時時) ; 때때로

   ; 빼빼 놀고(時時遊)<두창21>

떨다(搐·戰掉·戰) ; 떨다

   ; 놀라고 떠는 증은(驚搐)<두창15>

   ; 손과 발을 떠느니(手足戰掉)<두창64>

   ; 혹 특이 떠느니도 이시니(或有頤戰者)<두창65>

뛰다(躍) ; 뛰다

   ; 몸을 벗고 뛰여내 드르니(裡身躍出)<두창57>

뜯다(破) ; 뜯다

   ; 손톱으로 뜨더 헌듸는 후의(爪破者後)<두창52>

뜻(意) ; 뜻

   ; 내 뜻의 혜오듸(余意以爲)<두창34>

뜻뜻다(點滴) ; 떨어지다

   ; 쳠쳠 적적 뜻뜻거든(徐徐小小點滴)<두창31>

짜(土地) ; 땅

   ; 짜 우히 노코(放土地)<두창3>

써러디다(脫落·落) ; 떨어지다

   ; 빗복 써러딘 거슬(臍帶脫落)<두창3>

   ; 과연 덕지 뻐러딘 후의(果於落痂之後)<두창12>

썩(餠) ; 떡

   ; 즌썩뎌로 믄드라(作餠)<두창60>

썰다(搐) ; 떨다

   ; 놀나 썰기룰(驚搐)<두창6>

째(時) ; 때

   ; 발열ᄒᆞ야 두역이 나고져홀 째예(發熱欲出痘時)<두창16>

째히다(去) ; 때이다

   ; 머리 발 늘개 째혀 ᄇᆞ리고(去頭足翅)<두창22>

쏘(又·亦) ; 또

   ; 쏘 금긔는(又忌)<두창14>

; 또흔 묘ᄒ니라(亦妙)<두창16>
쑤러디다(穿破) ; 뚫어지다
; 입시울이 굼기 쑤러 녀실디라도(口脣穿破)<두창46>
ᄯᅡ다(破·刺) ; 따다
; 쳥ᄒ야 더 ᄯᅡ라ᄒ나(請益刺破)<두창51>
; 흔ᄠᅢ예 다 ᄯᅡ디 못ᄒᆯ거시니(不可一時盡刺)<두창52>
ᄯᅡᄯᅡ시(熱) ; 따뜻이
; 김을 낸후의 ᄯᅡᄯᅡ시 덥게ᄒ야(然後出其水氣極熱)<두창29>
ᄯᅩᆯ와(隨) ; 따르다
; 즁을 ᄯᅩᆯ와 약을 쓰디 못ᄒ야(隨症用藥)<두창67>
ᄯᆞᆷ(汗) ; 땀
; 졀로셔 ᄯᆞᆷ나며(自汗)<두창6>
ᄯᆡ(垕) ; 때
; 대변의 더러온 탁흔 ᄯᆡᄀᆞᆺᄐᆫ 거슬 누워ᄇ릴 ᄭᅥ시니(大便遺下汚穢濁垕之物)<두창4>
마(薯蕷) ; 마
; 마 잣 호도 구은밤 김(薯蕷海松子胡桃煨栗)<두창13>
마즘(適) ; 마침
; 마즘 그형이 역질 피졉 가니(適見其兄避痘)<두창44>
막(方) ; 막
; 빅비탕을 막 ᄭᅳᆯᄒᆯ 저긔(以百沸湯方其沸時)<두창50
막다(防) ; 막다
; 두역 나기를 마그되(防痘出)<두창22>
만나다(遇) ; 만나다
; 풍한과 사긔 상박ᄒᆞᄆᆯ 만나면(遇風寒邪氣相)<두창2>
만을(蒜) ; 마늘
; 믈감ᄌᆞ 유ᄌᆞ 귤 파 만을(水柑子柚子橘葱蒜)<두창14>
만일(若·如) ; 만일
; 만일 신령이 이실쟉시면(若有神)<두창10>
; 만일 열휘 잇ᄭᅥ든(如有熱候)<두창25>

만히(多·多多·稠密) ; 많이

　; 만히란 쓰디 말라(不可多)<두창3>

　; 만히 ᄒ도록 더옥 둏다(多多益善)<두창29>

　; 만일 도든거시 만코(若稠密)<두창38>

만ᄒ다(累·盛) ; 많다

　; 쓰져마다 효험이 만ᄒ더라(妙累試輒效)<두창26>

　; 입뼤예 열휘가 반ᄃ시 만홀 거시니(此時熱候必盛)<두창53>

말(談) ; 말

　; 그 열의 씌어ᄒᄂᆫ 말로 말미암음이라(由於此談)<두창9>

말다(毋·不·勿) ; 말다

　; 경듕을 혜디 말고(毋論輕重)<두창29>

　; 일졀히 갓가이 말고(一切不可近)<두창14>

　; 일졀히 잡디 말고(切勿把持)<두창15>

말미암다(由) ; 말미암다

　; 그 열의 씌어ᄒᄂᆫ 말로 말미암음이라(由於此談)<두창9>

맛당히(宜·當) ; 마땅히

　; 맛당히 ᄒᆡ독 방풍탕 두어 텹을 뻐(宜用解毒防風湯數貼)<두창53>

　; 맛당히 보건탕 독ᄉᆞᆷ탕 등약을 뻐(當用保元湯獨參湯等藥)<두창65>

맛죠개(蜆) ; 맛조개

　; 기리 맛죠개로 ᄒ나 둘만 ᄒ야셔(一二蜆殼)<두창4>

머리(頭) ; 머리

　; 온 몸과 머리 ᄂᆞᆺ과 아래 우흘(全身頭面上下)<두창5>

머리털(頭髮) ; 머리털

　; 머리털과 짓과 터려 ᄉᆞ로(燒頭髮羽毛)<두창14>

먹다(喫·服·飮) ; 먹다

　; 그러ᄒ니 먹이면 반ᄃ시 위틱ᄒ리라(與喫則心危)<두창11>

　; 다 임의로 머기라(皆可任服)<두창17>

　; 비로소 죽믈을 머그니(始進粥飮)<두창44>

면듀(紬) ; 명주

　; 면듀 슈건의 즘슉 뭇쳐 온 ᄂᆞᆺ츨 ᄌᆞ조싯기되(用紬巾頻頻淋洗面顔)<두창29>

모래(砂石) ; 모래

　　; 흙이 모래 섥기디 아니ᄒ니로(土不雜砂石)<두창50>

메밀(木麥) ; 모밀

　　; 모밀 ᄀᆞ를 ᄀᆞ려온ᄃᆡ 만히 ᄲᅦ코(以木麥末糝於痒處)<두창27>

모욕(浴) ; 모욕

　　; 겨올 치위에도 닝슈의 모욕ᄒ고(冬月浴冷)<두창10>

모쥬(母酒) ; 모주

　　; 모쥬 죽 빅셜고 사당(母酒粥雪糕砂糖)<두창13>

모화(振) ; 모아, 모으다

　　; 긔혈이 오로 모화(血氣大振)<두창53>

목(咽·喉) ; 목

　　; 입때예 반ᄃᆞ시 목 알ᄂᆞᆫ 증이 이실 거시니(此時必有咽痛者)<두창30>

　　; 목 안희 담소리 톱켜ᄂᆞᆫ 소ᄅᆡ ᄀᆞᆺᄐᆞ니(喉間痰響如引鉅聲)<두창34>

몸(身·體·四體) ; 몸

　　; 온 몸과 머리 ᄂᆞᆺ과 아래 우흘(全身頭面上下)<두창5>

　　; 그 몸을 들고(擧其體)<두창31>

　　; 몸을 움즈기디 못ᄒ야(四體不動)<두창35>

못ᄒ다(未·不) ; 못하다

　　; 븐변티 못ᄒᆞᆯ제(未辨)<두창14>

　　; 다 아디 못ᄒ고(不省但覺)<두창35>

무녀(女巫) ; 무당

　　; 무녀드리 빙쟈ᄒᆞ야 니ᄅᆞ되(女巫籍以爲言)<두창9>

무딩(巫·女巫·巫覡) ; 무당

　　; 무당 밋ᄂᆞᆫ기시 진실로(信巫實)<두창9>

　　; 무당이 닐로되(女巫以爲)<두창11>

　　; 무당을 일졀히 문뎡의 드리디 말고(巫覡勿入門庭)<두창14>

무우(菁) ; 무

　　; 무우 숨무우 외 짐치(蔓菁蘿蔔苽菹)<두창13>

무티다(點) ; 묻히다

; 슈건의 무틱 눌러 싯기면 됴ᄒ니라(點洗可也)<두창52>
묵다(多年) ; 묵다

  ; 무근집 닌거시니(多年盖屋)<두창27>
므슨(何) ; 무슨

  ; 므슨 약을 뻐야 고티리 ᄒ여늘(用何樣可乎)<두창45>
믈감ᄌ(水柑子) ; 물 감자

  ; 믈감ᄌ 유ᄌ 귤 파 만을(水柑子柚子橘葱蒜)<두창14>
믈고기(魚) ; 물고기

  ; 믈고기 양의고기 도틱간(魚羊肉猪肝)<두창14>
믈읫(凡) ; 무릇

  ; 믈읫 이질이 열이 셩ᄒ므로(凡痘熱盛故)<두창11>
ᄆᆰ다(明·淡) ; 맑다

  ; 빗 ᄆᆞᆯ근 듀사ᄅᆞᆯ 벌업시 키야(取朱砂光明者爲末)<두창2>
  ; 두창 도든 빗치 ᄆᆰ고(痘色淡)<두창25>
믯ᄭ럽다(活) ; 미끄럽다

  ; 비치 붉고 믯ᄭ럽씌로 ᄒᆞᆯ ᄒᆞ라(以紅活爲度)<두창47>
미리(豫備) ; 미리

  ; 나미음 월경과 톄미고 등약을 미리 츌려 두엇다가(豫備糯米飮月經猪尾膏等藥隨)<두창
  58>
미치다(狂) ; 미치다

  ; 혹 번조ᄒ야 밋친ᄃᆞᆺ ᄒ며(或煩燥狂)<두창6>
민망ᄒ다(悶) ; 민망하다

  ; 긔운이 쳔촉ᄒ고 민망ᄒ야(氣促悶)<두창54>
밋다(信) ; 믿다

  ; 무당 밋ᄂᆞᆫ 거시 진실로(信巫實)<두창9>
밑골(尻) ; 밑바닥

  ; 미텨 골도 ᄎᆞ고(尻冷)<두창6>
ᄆᆞᄅᆞ다(斷·爛·焦·焦乾) ; 마르다

  ; 큰 ᄀᆞ믈의도 ᄆᆞᄅᆞ디 아니ᄒᄂ(大旱不斷)<두창28>

; 서거 믈른거시아(爲腐爛)<두창27>

; ᄆᆞ라 거머던거시(則焦黑者)<두창29>

; 임의 스스로 믈라(已自焦乾)<두창53>

ᄆᆡ양(每) ; 매양

; ᄆᆡ양 저젓게 ᄒᆞ여야(每令)<두창22>

ᄆᆞ음(心) ; 마음

; 사름의 마음이 본듸 허령ᄒᆞᆫ듸(心本虛靈)<두창9>

ᄆᆞᆾ다(喪) ; 마치다

; 큰즉 인ᄒᆞ야 병드러 몸을 ᄆᆞᆾ니(大則因病喪身至)<두창10>

ᄆᆡ이(猛·乘) ; 매우

; 댱뉴슈로 ᄆᆡ이 달혀(長流水猛煮)<두창28>

; 슈양탕으로 ᄆᆡ이 덥게ᄒᆞ야(以水楊湯乘熱)<두창52>

ᄆᆞᆫ들다(作) ; 만들다

; ᄀᆞ는 굴ᄅᆞᆯ ᄆᆞᆫ드라(作細末)<두창60>

ᄆᆞᆯ다(調) ; 말다

; 년ᄒᆞᆫ 꿀의 ᄆᆞ라(調爛蜜)<두창2>

ᄆᆞᆯ뢰다(乾) ; 말리다

; 너출실 ᄀᆞᇀᄐᆞ니로 ᄆᆞᆯ뢰와(蔓藤絲陰乾)<두창4>

ᄆᆞᄅᆡ(梁) ; 마루

; 다만 콧ᄆᆞ릐 블근 뎜이 뵈면(但鼻梁發紅點)<두창46>

ᄆᆞᆰ다(朗) ; 맑다

; 희가 ᄆᆞᆰ그니(日朗)<두창36>

ᄆᆞᆾ도록(終) ; 마치도록

, 처음붓디 ᄆᆞᆾ도록(自始至終)<두창13>

ᄆᆞᆾ춤내(終) ; 마침내

; 약을 머기디 못ᄒᆞ야 ᄆᆞᆾ춤내 구티 못ᄒᆞᄂᆞ니가(令服藥終至不救者)<두창9>

ᄆᆡ다(縛) ; 매다

; 그 노ᄒᆞ로 든든이 ᄆᆡ고(用索縛)<두창31>

ᄆᆡ오다(辛辣) ; 맵다

; 미온 것 부쳐졸(辛辣韭薤)<두창14>

바로(正) ; 바로

; 츠마 바로 못 볼려라(不忍正視)<두창35>

반(半) ; 반

; 두 돈 반(二錢半)<두창17>

반드시(必) ; 반드시

; 그러ㅎ니 먹이면 반드시 위틱ㅎ리라(與喫則必危)<두창11>

받다(承) ; 받다

; 그로소로 그 피를 바드되(以器承其血)<두창31>

발(足) ; 발

; 발바당이 츠고(足下冷)<두창6>

발바당(足下) ; 발바닥

; 발바당이 츠고(足下冷)<두창6>

밤낫(日夜) ; 밤낮

; 밤낫 업시 싯기ᄂᆞᆯ 스므나믄 번 식 ㅎ면(日夜數十次)<두창29>

밥(飯) ; 밥

; 흰밥 츱슬 쥭(白飯糯米粥)<두창13>

밧(外) ; 밖

; 밧겻틱셔 ㅎᄂᆞᆫ 이를 붉기다 알 쩌시여ᄂᆞᆯ(皆可明言外間事)<두창9>

밧다(得) ; 받다

; 그 피 훗 쓸혀 밧디 못ㅎ니(其血散洒不能多得故)<두창31>

밧사람(外人) ; 밖 사람

; 밧 사람과 즁(外人僧尼)<두창14>

방(房) ; 방

; 혹 손상을 방안히 오로 두로 버리고(或各設床卓於房內)<두창10>

방해(妨) ; 방해

; 다 방해롭디 아니ㅎ니라(皆不妨)<두창16>

백셜고(雪糕) ; 백설기, 백설고

; 모쥬 죽 빅셜고 사당(母酒粥雪糕砂糖)<두창13>

버들(楊) ; 버들

　; 가지 블근 버들이니(赤枝之楊)<두창28>

버리다(設) ; 벌이다

　; 혹 손상을 방 안히 오로 두로 버리고(或各設床卓於房內)<두창10>

번(次·度) ; 번, 식

　; 밤낫 업시 싯기놀 스므나믄 번 식 ᄒ면(日夜數十次)<두창29>

　; 닐곱 번을 누니(七度)<두창43>

벌거ᄒ다(赤) ; 벌겋다

　; 온 몸이 벌거ᄒ고 즛믈러(渾體赤爛)<두창44>

범ᄒ다(犯) ; 범하다

　; 거믄 ᄌ의예 범ᄒ야(犯於黑睛)<두창59>

벗다(裸) ; 벗다

　; 몸을 벗고 뛰여 내ᄃᄅ니(裸身躍出)<두창57>

벗기다(除去) ; 벗기다

　; 두에와 죠희를 벗기고(除去盖與紙)<두창51>

벙어리(啞) ; 벙어리

　; 소리가 벙어리ᄀ튼 쟈ᄂᆫ(聲啞者)<두창53>

병(疾) ; 병

　; 져근 즉 죵신토록 병이들고(小則爲終身之疾)<두창10>

보다(見·觀·視) ; 보다

　; 그 본디 못ᄒᄂᆫ 바를 보며(見其所不見)<두창9>

　; 그 증세 경즁을 보아 가며(觀其症輕重)<두창32>

　; 원ᄒ대 보기를 이윽히 ᄒ다가(默視良久)<두창34>

보채다(唬) ; 보채디

　; 울며 보채다(啼唬)<두창40>

복(貼) ; 복(服)

　; 세 복만 머기라(用三貼)<두창17>

복통(腹痛) ; 복통, 배앓이

　; 입떼예 혹 복통이 잇거든(此時或有腹痛者)<두창62>

본듸(本·元) ; 본디

　　; 사룸의 마음이 본듸 허령흔듸(心本虛靈)<두창9>

　　; 본듸 별증이 아닌거술(元非別症)<두창59>

부론(疱) ; 붓다

　　; 부론 소귀 힝흐야(行疱裡)<두창49>

부르다(呼) ; 부르다

　　; 조오롬을 계워 블러도(耽睡呼)<두창67>

부으다(豫備) ; 붓다(注), 더하다

　　; 사발 가온대 흙덩이 우희 씻텨 부으리(椀中土塊上豫備)<두창50>

부쳬·부치(韮菜·韮薤·韮采) ; 부추

　　; 부쳬를 즙내여 머기던 됴흐니라(韮菜取汁服之可也)<두창63>

　　; 부치졸 싱강 향내면 사오나온 내(韮薤生薑香臭惡臭)<두창14>

　　; 몬져 부치 불희과 쟉셜을 흔듸 농단케 달혀(先以韮采根與雀舌濃煎)<두창46>

분명티아니흐다(隱暎) ; 분명치 아니하다

　　; 역질 도든거시 분명티 안여(痘顆隱暎)<두창34>

블우다(濕) ; 불리다

　　; 다 블워 독긔가 안흐로 드디 아니흐고(皆濕爛毒不入裏)<두창29>

븕다(赤) ; 붉다

　　; 블근 풋 거믄 콩(赤小豆黑豆)<두창5>

블근 풋(赤小豆) ; 붉은팥

　　; 블근 풋 거믄 콩(赤小豆黑豆)<두창5>

블이(陰囊) ; 불알

　　; 입빼예 혹 블이 부어(此時或陰囊浮)<두창65>

붓다(脹·滿·浮) ; 붓다

　　; 붓기도 마치 역질과 굿티흐듸(起脹亦如)<두창37>

　　; 술지게 붓든 아니흐듸(不至肥滿)<두창37>

　　; 붓는 긔운이 더흐미오(浮氣益加)<두창59>

붓들다(扶·拘) ; 붙들다

　　; 손으로 그 꾀리를 붓드러(以指扶其尾)<두창31>

; 사롬으로 호여곰 붓드러자 밧고(使人拘執)<두창57>

붓디킈다(膠守) ; 붙어지키다

; 이 말을 붓디킈고(膠守此說)<두창55>

붓터(自) ; 부터

; 처음붓터 못도록(自始至終)<두창13>

비로소(始) ; 비로소

; 비로소 죽 믈을 머그니(始進粥飮)<두창44>

비록(雖) ; 비록

; 비록 날디라도 경호야(雖出亦輕)<두창5>

비위(脾胃) ; 비위

; 두창이 비위로 웃씀 삼는(痘以脾胃爲主)<두창13>

빌다(祈禱) ; 빌다

; 듀야로 비다가(日夜祈禱)<두창10>

빗(光·色·暎) ; 빛

; 빗 믈근 듀사를 벌업시 킈야(取朱砂光明者爲末)<두창2>
; 두창도 돈 빗치 묽고(痘色淡)<두창25>
; 가족과 술 ᄉ이예 빗최여(暎於皮膚間)<두창25>

빗다(梳) ; 빗다

; 머리 빗기를(梳頭)<두창14>

빗최다(照) ; 비치다

; 희가 창의 비최여시되(日照雙窓)<두창44>

빙쟈ᄒ다(籍) ; 빙자하다

; 무녀드리 빙쟈ᄒ야 니르되(女巫籍以爲言)<두창9>

ᄇᆞ람(風) ; 바람

; ᄇᆞ람과 이슬(露風)<두창27>

ᄇᆞ리다(遺) ; 버리다

; 더러온 탁흔 씩ᄀᆞᆺᄐᆞᆫ 거슬 누워ᄇᆞ릴 써시니(遺下汚穢濁垕之物)<두창4>

ᄇᆞᄅᆞ다(抹·糝) ; 바르다

; 두 가지 ᄀᆞᆯᄅᆞ 타 아히 입웃거흠의도 ᄇᆞᄅᆞ며(調和前兩味抹兒上顎)<두창4>

; 다 패초산으로 ㅂ루면(敗草散皆糝) <두창28>

부야흐로(方) ; 바야흐로

    ; 손과 발이 ㅂ야흐로(手足方)<두창59>

블셔(已) ; 벌써

    ; 블셔 어제 븟터 븟눈 긔운이 이셔(已自昨日始有脹)<두창38>

붉다(明) ; 밝다

    ; 밧겻틔셔 흐눈 이룰 붉기다 알 쩌시여늘(皆可明言外間事)<두창9>

비(梨) ; 배

    ; 비 홍시 슈박(梨紅柿西苽)<두창14>

비알키(腹痛) ; 배앓이

    ; ㅂ 알키 즉시 긋치고(腹痛立止)<두창24>

빗복(臍帶) ; 배꼽

    ; 빗복 쩌러딘 거슬(臍帶脫落)<두창3>

빗속(臍) ; 뱃속

    ; 빗 소긔 더러온 것 머근 쫑을 누이 나니(下其臍糞之穢)<두창1>

쌘다, 쌜다(吮) ; 뻘다

    ; 져즐 쌘디 못ㅎ야(不能吮乳)<두창40>

    ; 졋 쌜기룰 씬둣디 못ㅎ야(不省吮乳)<두창12>

쌜리(速) ; 빨리

    ; 또흔 셩취ㅎ기룰 쌜리ㅎ느니(且速成就)<두창29>

쎠ㅎ다(糝) ; 뿌리다

    ; 알른 고듸 쎠ㅎ면 둇느니라(糝於痛處可也)<두창48>

쎨히다(洒) ; 뿌리다

    ; 그 피 홋 쎨혀(其血散洒)<두창31>

쎄코(糝) ; 뿌리다

    ; 모밀 굴룰 굴려 온듸 만히 쎄코(以木麥末糝於痒處)<두창27>

사당(砂糖) ; 사탕

    ; 모쥬 쥭 빅셜고 사당(母酒粥雪糕砂糖)<두창13>

사람(者) ; 사람

; 마줌 싱고기 주는 사람이 이셔(有餽生肉者)<두창12>

사발(椀·砂鉢·砂椀) ; 사발

; 사발 가온대 흙덩이 우희씌텨 부으되(椀中土塊上豫備)<두창50>

; 사발 연지예 쥬사롤 타(砂鉢臙脂朱砂調)<두창22>

; 큰 사발 안희 노코(大置諸砂椀)<두창50>

사오나온(惡) ; 좋지 않다. 나쁘다

; 사오나온 내가(惡臭)<두창12>

살다(生) ; 살다

; 인ᄒ야 사라 나니라(因以全生)<두창36>

삼가(詮·愼·謹) ; 삼가 하다

; 삼가 이 경계롤 딕희라(詮守此戒)<두창14>

; 삼가 맛당히 봉폐ᄒ고(愼宜封閉)<두창55>

; 삼가 풍한을 피ᄒ고(謹避風寒)<두창14>

삼다(爲) ; 삼다

; 년ᄒ야 삼두음을 머겨 ᄒ리기로 흔을 사마ᄒ라(連用三豆飮以差爲度)<두창60>

삿기(小小) ; 새끼

; 흘레아닌 삿기 수돗글(未破陰小小雄猪)<두창31>

새(新) ; 새

; 새 디애 우희 노코(置新瓦上用)<두창3>

새(草) ; 새(芽)

; 새나 딥피나 혜디 말고(勿論郊草穀草)<두창27>

새베(曉) ; 새벽

; 새베붓터 아춤ᄭ지((自曉至朝)<두창43>

샤ᄒ다(瀉) ; 설사하다, 사하다

; 잇째예 토ᄒ며 샤ᄒ기ᄂ(此時吐瀉)<두창21>

샹한(病) ; 샹한(傷寒)」

; 홀연히 샹한을 듕히ᄒ야(忽病重)<두창37>

서너(三四) ; 서너

; 박하 서너 닙(薄荷三四葉)<두창19>

서로(相) ; 서로

  ; 서로 굿트니(相似)<두창6>

석다(腐·腐敗·爛) ; 썩다

  ; 브람과 이슬과 비마쟈 마제 서거 믈른 거시야 효험이 잇느니라(露風雨而極爲腐爛者)<두창27>

  ; 날이 오래고 구들이 더워 그 고기 석어(日久溫房以致腐敗)<두창12>

  ; 비록 니가 다 서거 써러디고(雖牙齒爛落)<두창46>

석다(雜) ; 섞다

  ; 흙이 모래 섯기디 아니ᄒ니로(土不雜砂)<두창50>

성(怒) ; 화나다

  ; ᄀ장 오래게야 성이 긋치고(頗久怒弛)<두창31>

셔샤(瀉) ; 설사

  ; 혹 토ᄒ거나 혹 셜샤를 ᄒ거나(或吐或瀉)<두창16>

션븨(士) ; 선비

  ; 흔 션븨 몃 사름이(有一士人)<두창56>

셜샤(泄瀉) ; 설사

  ; 입쌔예 만일 셜샤 곳ᄒ면(此時若泄瀉)<두창41>

성취ᄒ다(成就) ; 성취하다

  ; 쏘흔 셩취ᄒ기룰 섈리 ᄒ느니(且速成就)<두창29>

성ᄒ다(盛) ; 성하다

  ; 믈읫 이질이 열이 셩ᄒ므로(凡痘熱盛故)<두창11>

셰샹(世) ; 세상

  ; 셰샹이 원 손상 아니ᄒ고(世或有不設神床)<두창10>

셰쇽(俗) ; 세속

  ; 셰쇽이 황년과 감초 달힌 믈로(俗以黃連甘草水下)<두창1>

소릐(聲·響) ; 소리

  ; 소릐 쓴츤 후에야(聲絕然後)<두창31>

  ; 목 안희 담 소릐(喉間痰響)<두창34>

소릐지ᄅ다(怒吼) ; 소리 지르다

; 손으로 그 꼬리를 붓드러 소리지르는 때예는(以指扶其尾怒吼之時)<두창31>

소하다(素) ; 소하다

; 소하기도 오히려 가하거니와(素尙或可也)<두창12>

속(裡) ; 속

; 부론 소긔 힝하야(行疱裡)<두창49>

속이다(誤) ; 속이다

; 쇽지로 사람 소기는 해가 이러듯 흔디라(俗之誤人也如是)<두창11>

손(指) ; 손

; 손으로 그 꼬리를 붓드러(以指扶其尾)<두창31>

손님(神) ; 신(神), 신(神)에 대한 은어(隱語)

; 무당이 닐로되 즁 손님이라 하니(女巫以爲僧尼之神)<두창11>

손상(神床·床卓) ; 신상(神床), 손상은 신상(神床)에 대한 은어(隱語)로 볼 수
    있다.

; 셰샹이 원 손상 아니하고(世或有不設神床)<두창10>

; 혹 손상을 방안히 오로 두고 버리고(或各設床卓於房內)<두창10>

손톱(爪) ; 손톱

; 손톱의 히야디거나(爪破)<두창27>

속다(俗) ; 속다

; 무당을 밋기는 쇽긔로 비록 마디 못할 거시오(信巫俗忌雖不得不)<두창12>

수세외(絲瓜) ; 수세미외

; 수세외 ᄀᆞ눌고 ᄀᆞ는(絲瓜小小)<두창4>

수·슛(雄) ; 수

; 흘레아닌 삿기 수돗글(未破陰小小雄猪)<두창31>

; 슛도틱 고기(雄猪肉)<두창13>

숨(氣) ; 숨

; 숨이 쳔급하야 헐헐하고(氣促喘急)<두창34>

숫불(炭火) ; 숯불

; 숫불로 ᄉᆞ면을 둘러 ᄉᆞ로딕(炭火四圍燒)<두창3>

쉬쑹긔(顖) ; 숫구멍

; 쉬숑긔 붓텨(貼顖門)<두창23>

슈건(巾) ; 수건

; 면듀 슈건의 즘슉 뭇쳐 온 ᄂᆞᆺ츨 ᄌᆞ조 싯기되(用紬巾頻頻淋洗面顔)<두창29>

슈렴ᄒᆞ다(收斂) ; 수렴하다

; ᄯᅩ흔 슈렴ᄒᆞ기를 수이 ᄒᆞᄂᆞ니라(亦易收斂矣)<두창28>

슈박(西苽) ; 수박

; 비 홍시 슈박(梨紅柿西苽)<두창14>

슈비ᄒᆞ다(水飛) ; 수비(水飛)하다

; 감초ᄀᆞ로 엿 돈 쥬사 슈비ᄒᆞ야(甘草末六錢朱砂水飛)<두창19>

쉰무우(蔓·蘿蔔) ; 순무우

; 무우 쉰무우 외 짐칙(蔓菁蘿蔔苽菹)<두창13>

; 쉰무우 외 짐칙(蘿蔔苽菹)<두창13>

스ᄂᆞ다(消) ; 스러지다, 사라지다

; 즉시 스ᄂᆞ니(可消)<두창3>

스므나믄(數十) ; 스무 남은(二十餘)

; 밤낫 엽시 싯기놀 스므나믄 번 식 ᄒᆞ연(日夜數十以)<두창29>

스스로(自) ; 스스로

; ᄀᆞ렵던 거시 스스로 지ᄒᆞ고(痒者自止)<두창29>

스이븐(易) ; 쉽다, 쉬운

; 졸현이 스이븐 변ᄒᆞ기 어려오되(卒未易辨)<두창6>

슬다(消) ; 스러지다, 사라지다

; 스스로 슬고(自消)<두창37>

싀굼(溝渠) ; 시궁창

; 싀굼을 쳐(通溝渠)<두창14>

싀원ᄒᆞ다(妙) ; 시원하다

; 대개 두창 곰긴의 긔운이 밧그로 나매 준듸마다 ᄀᆞ장 싀원ᄒᆞ매(極妙盖痘氣外泄故)
    <두창51>

시내(溪) ; 시내

; 시내 ᄀᆞ의 닙 넙고(溪邊大葉)<두창28>

시험(驗·試) ; 시험

　　; 글로도 시험ᄒ고(驗之然)<두창6>

　　; 시험ᄒ야 (試邀)<두창37>

식(次) ; 씩

　　; 밤낫 업시 싯기ᄂᆞᆯ 스므나믄 번 식 ᄒ면(日夜數十次)<두창29>

식다(冷) ; 식다

　　; 졈졈 식기ᄅᆞᆯ 기두러(稍稍向冷)<두창50>

신령(神) ; 신령(神靈)

　　; 만일 신령이 이실쟉시면(若有神)<두창10>

실(絲·縷) ; 실

　　; 너출 실ᄀᆞᆺ튼니(蔓藤絲)<두창4>

　　; 실ᄀᆞᆺ튼 블근 ᄆᆡᆨ이 이실 ᄭᅥ시니(有紅縷赤脉)<두창6>

심히(甚) ; 심히

　　; 이 방문이 심히 묘ᄒ니(此方甚妙)<두창26>

싯다 · 싯끼다(洗·淋洗) ; 씻다

　　; 면듀 슈건의 즘슉 믓쳐 온 ᄂᆞᆺ출 ᄌᆞ조 싯기되(用紬巾頻頻淋洗面顏)<두창29>

　　; ᄌᆞ조 싯끼ᄂᆞᆫ거시 됴ᄒ니라(頻頻淋洗可也)<두창47>

ᄉᆞ나히(男兒·男子) ; 사나이

　　; 닙골 술의 ᄉᆞ나히 역질ᄒᄂᆞ니 이시되(有七歲男兒患痘)<두창34>

　　; 열닙곱의 ᄉᆞ나히 집 안히(有十七洗男子家)<두창37>

ᄉᆞ로다(燒) ; 사르다

　　; 숫불로 ᄉᆞ면을 둘러 ᄉᆞ로되(炭火四圍燒)<두창3>

ᄉᆞ이 · ᄉᆞ이ᄉᆞ이(間·隙·暫) ; 사이

　　; 오뉴월 ᄉᆞ이예(五六月間)<두창4>

　　; ᄉᆞ이ᄉᆞ이 뎨미고ᄅᆞᆯ 뻐 열을 ᄂᆞ리오미 가ᄒ니라(間用猪尾膏以降熱可也)<두창53>

　　; 열이 그 ᄉᆞ이ᄅᆞᆯ 타나시면(熱乘其隙發)<두창60>

술(膚) ; 살

　　; 가족과 술 ᄉᆞ이예 빗최여(暎於皮膚間)<두창25>

술(歲·肌) ; 살

; 닙골 술의 스나히 역질ᄒᆞᄂᆞ니 이시되(有七歲男兒患痘)<두창34>

; 술히 내 사라(自生肌)<두창42>

슬지다(肥) ; 살찌다

; 슬지게 붓들아니ᄒᆞᄃᆡ(不至肥滿)<두창37>

슬피다(審) ; 살피다

; ᄌᆞ셔히 슬펴(詳審)<두창54>

싱(生) ; 생

; 마줌 싱고기 주는 사람이 이셔(有饑生肉者)<두창12>

싱고기(生肉) ; 생고기

; 마줌 싱고기 주는 사람이 이셔(有饑生肉者)<두창12>

싱각(想·思) ; 생각

; 대개 싱각ᄒᆞ니(盖想)<두창9>

; ᄌᆞ연히 어육을 싱각디 아니ᄒᆞᄂᆞᆫ 거슬(自不思魚肉而)<두창11>

싱강(生薑) ; 생강

; 싱강 향내 사오나온 내(生薑香臭惡臭)<두창14>

ᄲᅡ둣다(收) ; 쌓아두다

; 두 냥 반만 졍히 ᄲᅡ 둣다가(約二兩半重收)<두창4>

ᄡᅩ이다(觸) ; 쏘이다, 쐬다

; 풍한이나 ᄡᅩ일가 두려오니(恐觸風寒)<두창30>

ᄡᅳ다(試) ; 쓰다

; ᄡᅳ젹마다 효험이 만ᄒᆞ더라(妙累試輒效)<두창26>

써흘다(剉) ; 썰다

; 가지 블근 버들이니 써흐러(赤枝之楊剉)<두창28>

아래(下) ; 아래

; 온 몸과 머리 눗과 아래 우흘(全身頭面上下)<두창5>

아ᄎᆞᆷ(朝) ; 아침

; 새볘붓터 아ᄎᆞᆷ싯지((自曉至朝)<두창43>

안(間·內·裏·中) ; 안

; 목 안히 담 소ᄅᆡ 톱켜는 소ᄅᆡ ᄀᆞᆺᄐᆞ니(喉間痰響如引鉅聲)<두창34>

; 혹 손상을 방안히 오로 두로 버리고(或各設床卓於房內)<두창10>

; 안흐로 드디 아니ᄒᆞ고(不入裏)<두창29>

; 큰 사발 안희 노코(大置諸砂椀中)<두창50>

안개(霧) ; 안개

; 맛치 뉘과 안개 것고(似烟霧捲)<두창35>

앉다(坐) ; 앉다

; 이윽ᄒᆞ니 니러 안자 밥먹고(須臾起坐喫飯)<두창36>

알(卵) ; 알

; 올희알 초쉰것 쩐것(鴨卵醋酸醎)<두창14>

알다(知·覺) ; 알다

; 다만 ᄒᆞ나히 아라(只令一人知)<두창4>

; 다 아디 못ᄒᆞ고(不省但覺)<두창35>

앓다(痛·痛楚) ; 앓다

; 허리 알ᄒᆞ니가 이시니(作腰痛者)<두창16>

; 입때예 만일 역질 도든디 알키를(此時若痛楚)<두창48>

앗가오다, 앗갑다(惜) ; 아깝다

; 극키 앗가오니라(盡惜哉)<두창67>

; 앗갑디 아니ᄒᆞ리오(惜哉)<두창12>

약믈(藥餌) ; 약물

; 음식과 약믈를 한냥ᄒᆞ고(飮食藥餌)<두창55>

약ᄒᆞ다(弱) ; 약하다

; 열이 극ᄒᆞ고 긔운이 약ᄒᆞ야(熱極氣弱)<두창53>

양(羊) ; 양

; 양의 고기 도틔간(羊肉猪肝)<두창14>

어득ᄒᆞ다, 어듭다(昏) ; 어둡다

; 열이오 졍신이 어득어득ᄒᆞ야 씨티디 못ᄒᆞᄂᆞᆫ 것도(熱也昏昏不省者)<두창68>

; 오히려 어두오니(猶以爲昏)<두창44>

어렵다(難·未) ; 어렵다

; 타 먹기 더 어려오니(尤難調服)<두창33>

; 졸현히 스이븐 변ᄒᆞ기 어리오되(卒未易辨)<두창6>

어믜·어미(母) ; 어미

　; 어믜 복듕의 더러운 거슬 머거서(食母腹中穢)<두창1>

　; 다만 졋먹이는 어미가(但乳母)<두창12>

어버이(父母) ; 어버이

　; 늙고 병든 어버이를 다 고기 음식을 폐ᄒ고(饌至於老病父母廢)<두창11>

어제(昨日) ; 어제

　; 볼셔 어제붓터 븟는 긔운이 이셔(已自昨日始有脹)<두창38>

어즈럽다(亂) ; 어지럽다

　; 어즈러워ᄒᄂ 거슬 그릇 슈압ᄒᄂ가 ᄒ야(亂而錯認爲收壓)<두창54>

얼골(形) ; 얼굴

　; 임의 얼골이 이러(已成形)<두창1>

업게ᄒ다(去) ; 없게 하다

　; 그 틱독을 업게ᄒ면(去其胎毒)<두창5>

엇다(得) ; 얻다

　; 귀신의 도음을 엇디 못ᄒ고(不得神助)<두창10>

엇디(何) ; 어찌

　; 열이 엇디 말믜암아 ᄂ리며(熱何由降)<두창55>

여러날(累日) ; 여러 날

　; 이러텻 ᄒ기를 여러 날이 되니(如是凡累日)<두창44>

연고(故) ; 연고

　; 연고를 아디 못호미라(不知故也)<두창59>

연ᄒ다(軟) ; 연하다

　; 외 짐치 연ᄒ 흰밥(苽菹軟白飯)<두창13>

열(火) ; 열

　; 이제 열을 쎠시므로(今乃挾火故)<두창9>

열다(薄) ; 엷다

　; 겁질이 열워오(皮薄)<두창44>

엽(脅) ; 옆

　; 가슴과 엽피 알ᄅ니 이시되(有胸脅之痛)<두창63>

엿(飴飯) ; 엿

 ; 엿 둙의 알 거유알 올희알(飴飯鷄鵝鴨)<두창14>

엿트다(淺) ; 옅다, 얕다

 ; 독이 깁프며 엿트미(毒之深淺)<두창38>

오로(大·全) ; 온전히

 ; 긔혈이 오로 모화(血氣大振)<두창53>

 ; 오로 입쌔예 이시니(全在此關)<두창38>

오로(至) ; 오로지

 ; 의복 비단 보화를 오로 버러느고(以至衣服錦繡紬紈寶貨)<두창10>

오히려(尙·猶) ; 오히려

 ; 오히려 가ᄒ거니와(尙或可也)<두창12>

 ; 오히려 어두오니(猶以爲昏)<두창44>

온(擧·全·渾) ; 온, 모든

 ; 온 집이 다 소ᄒ고(擧家素)<두창11>

 ; 온 몸과 머리 ᄂ<과 아래 우흘(全身頭面上下)<두창5>

 ; 온 몸이 벌거ᄒ고 즛믈러(渾體赤爛)<두창44>

온당ᄒ다(當) ; 온당(穩當)하다

 ; 온당ᄒ리라(爲當)<두창3>

올희(鴨) ; 오리

 ; 엿 둙의 알 거유알 올희알(飴飯鷄鵝鴨)<두창14>

올희알(鴨卵) ; 오리 알

 ; 올희알 초쉰것 ᄯᆫ것(鴨卵醋酸醶)<두창14>

외(苽) ; 외

 ; 외 짐치 년흔 흰밥(苽葅軟白飯)<두창13>

외요(外) ; 밖에

 ; 외요 잇ᄂ 동ᇰ 아디 못ᄒ고(長兄在外不知)<두창45>

우희(上) ; 위에

 ; 새 디애 우희 노코(置新瓦上用)<두창3>

울다(啼) ; 울다

   ; 울며 보채다(啼唬)<두창40>

움즈기다(動·搖動) ; 움직이다

   ; 몸을 움즈기디 못ᄒ야(四體不動)<두창35>

   ; 진이 흐르고 잠깐 움즈기면(流汁少或搖動)<두창44>

웃다(微笑) ; 웃다, 미소(微笑)

   ; 쥬인이 웃고 니로ᄃᆡ(主人微笑曰)<두창12>

웃시욹(脣) ; 윗입술

   ; 눈 아래 웃시욹과 코구멍 입시욹(眼眶口脣鼻孔)<두창22>

웃입시울(上脣) ; 윗입술

   ; 웃입시울이 다 서거(上脣已腐)<두창45>

원긔(元) ; 원기

   ; 원긔를 도로혀미 맛당ᄒ니라(以爲回元之地爲當)<두창65>

위틔ᄒ다·위틔롭다(危) ; 위태하다

   ; 그러ᄒ니 먹이면 반ᄃ시 위틔ᄒ리라(與喫則必危)<두창11>

   ; 위틔로오니 급피 보유원탕을 쓰되(危急用保元湯)<두창41>

유모(乳母) ; 유모

   ; 아히 입웃거흠의도 ᄇᄅ며 유모의 졋픠도 ᄇᆞ라(味抹兒上齶間及乳母乳頭上)<두창4>

유ᄌ(柚子) ; 유자

   ; 유ᄌ 귤 파 만을(柚子橘葱蒜)<두창14>

음식(饌·飮食) ; 음식

   ; 늙고 병든 어버이를 다 고기 음식을 폐ᄒ고(饌至於老病父母廢)<두창11>

   ; 음식과 약믈를 한 냥ᄒ고(飮食藥餌)<두창55>

읏쓤(主) ; 으뜸

   ; 두창이 비위로 읏쓤 삼는 즁이니(痘以脾胃爲主)<두창13>

의논ᄒ다(論) ; 의논하다

   ; 병의 경ᄒ며 듕ᄒ믈 의논티 말고(無論輕重)<두창9>

의심(疑) ; 의심

   ; 블근 뎜이 만히 도다시니 의심ᄐ 아니ᄒ되(上多有紅點不以爲疑)<두창37>

이슬(露) ; 이슬

; ᄇ람과 이슬(露風)<두창27>

이윽ᄒ다(須臾) ; 한참 있다가, 얼마 있다가

; 이윽ᄒ니 니러 안자 밥먹고(須臾起坐喫飯)<두창36>

이윽히(久·良久) ; 한참토록

; 원ᄒ대 보기를 이윽히 ᄒ다가(默視良久)<두창34>

; 보기를 이윽히 ᄒ다가(默視良久)<두창34>

이제(今·其時) ; 이제

; 이제 열을 ᄊ시므로(今乃挾火故)<두창9>

; 이제 ᄯ 감창으로(其時又有疳瘡)<두창45>

이질(痘) ; 이질

; 믈읫 이질이 열이 셩ᄒ므로(凡痘熱盛故)<두창11>

이틀(二日) ; 이틀

; 이틀 만의 나ᄂ니도(二日發者)<두창21>

인ᄉ(人蔘) ; 인삼

; 인ᄉ 감쵸 각 오분(人蔘甘草各五分)<두창18>

일(事) ; 일

; 밧곗ᄐ셔 ᄒᄂ 이를 붉기 다 알 ᄊ시여ᄂᆯ(皆可明言外間事)<두창9>

일졀(切·一切) ; 일절

; 일졀 싱닝을 금긔호ᄃᆡ(切忌生冷)<두창14>

; 일졀히 갓가이 말고(一切不可近)<두창14>

일흠(名) ; 이름

; 혹 일흠 짓디 못ᄒ고(或有難名之)<두창68>

잃다(失) ; 잃다

; ᄆ춤내 그 됴셥ᄒᄂ 누리를 일허(終失調攝)<두창10>

임의(已·旣已) ; 이미

; 임의 얼골이 이러(已成形)<두창1>

; 임의 거믄 닥지 짓ᄂ 고로(旣已成就故)<두창59>

임의(任) ; 임의

; 다 임의로 머기라(皆可任服)<두창17>

입때(此時) ; 이때

   ; 입때예 혹 놀라 떠는 증이나셔(此時或發驚搐)<두창15>

입ᄆᆞ르다(渴) ; 입 마르다, 목마르다

   ; 만일 입ᄆᆞ르고 갈ᄒᆞ거든(若煩渴)<두창40>

입시울·입시욹(口脣) ; 입 시울

   ; 입시울이 굼기 쑤러 녀실디라(口脣穿破)<두창46>

   ; 눈 아래 웃시욹과 코구멍 입시욹(眼眶口脣鼻孔)<두창22>

입웃거흠(上齶) ; 입천장

   ; 아히 입웃거흠의도 ᄇᆞᄅ며 유모의 졋긔도 블라(味抹兒上齶間及乳母乳頭上)<두창4>

잇다(在) ; 있다

   ; 오로 입쌔예 이시니(全在此關)<두창38>

잇튼날(次日) ; 이튿날

   ; 잇튼날 대변의(次日大便)<두창4>

잘·잘ᄒᆞ다(善) ; 잘

   ; 잘기ᄅᆞᄂᆞᆫ 고로(善養)<두창2>

   ; 창독 플기를 잘ᄒᆞ고(善解瘡毒)<두창28>

잠ᄭᅡᆫ(少) ; 잠깐

   ; 진이 흐르고 잠ᄭᅡᆫ 움즈기면(流汁少或搖動)<두창44>

잡다(把持·執) ; 잡다

   ; 일절히 잡디 말고(切勿把持)<두창15>

   ; 붓드러 자밧고(拘執)<두창57>

잣(海松子) ; 잣

   ; 잣 호도 구은밤 (海松子胡桃煨栗)<두창13>

쟝즙(漿水) ; 장물, 장즙

   ; ᄰᅮᆫ 후의 쟝즙이 즉시 도로 못난 고로(刺後漿水卽滿放)<두창52>

쟝ᄎᆞ(將) ; 장차

   ; 닉 쟝ᄎᆞ 진흘만 ᄒᆞ거든(烟將盡)<두창3>

저울(重) ; 저울

   ; 저울로 ᄃᆞ라 오 분이어든(五分重)<두창3>

저허ᄒᆞ다(恐) ; 저어하다, 두려워하다

　; 그 ᄲᅡ기를 넘우ᄒᆞ면 긔운이 허ᄒᆞ기 저허ᄒᆞ미니(恐其泄之太過而氣爲之虛也)<두창52>

적(時) ; 적, 때

　; 빅비탕을 막 슬흘 저긔(以百沸湯方其沸時)<두창50>

절로(自) ; 절로, 저절로

　; 절로셔 ᄯᆞᆷ 나며(自汗)<두창6>

젹다(小·稍) ; 적다

　; 져근 즉 죵신토록 병이들고(小則爲終身之疾)<두창10>

　; 져기 인ᄉᆞ 아ᄂᆞᆫ 아희ᄂᆞᆫ(稍知人事之兒)<두창51>

젹두 쥭(赤豆粥) ; 적두 죽

　; 녹두 쥭 젹두 쥭(菉豆粥赤豆粥)<두창13>

젹젹(少少·宜·小小) ; 작작, 조금씩, 조금조금

　; 뎨미고ᄅᆞᆯ 젹젹 쓰ᄂᆞᆫ거시(猪尾膏少少連用)<두창36>

　; 뎨미고ᄅᆞᆯ 젹젹 년ᄒᆞ야 쓰니(以猪尾膏量宜連用)<두창55>

　; 쳠쳠 젹젹 ᄠᅳᆺᄠᅳᆺ거든(徐徐小小點滴)<두창31>

젼복(鰒魚) ; 전복

　; 조긔 광어 젼복(石首魚廣魚鰒魚)<두창13>

졈졈(漸·稍) ; 점점

　; ᄎᆞ례로 졈졈 니ᄂᆞ니(次漸起)<두창38>

　; 열긔운이 졈졈 ᄂᆞ려(熱氣稍降)<두창44>

졋(乳) ; 젖

　; 다만 졋먹이ᄂᆞᆫ 어미가(但乳母)<두창12>

졍화슈(井華水) ; 정화수

　; 졍화슈의 ᄲᅡ셔(和於井華水)<두창60>

조긔(石首魚) ; 조기

　; 조긔 광어 젼복(石首魚廣魚鰒魚)<두창13>

조올다(睡) ; 졸다

　; 조올며 군말ᄒᆞ고(睡譫語)<두창6>

조초리(淨) ; 조촐히

; 조초리 ᄒᆞ면 병이 업ᄂᆞ니(淨則無疾病)<두창1>

조촐ᄒᆞ다(潔·淨) ; 조촐하다

; 그려도 어믜 머근 조촐티 아니ᄒᆞᆫ 나믄 긔운이(然母之不潔餘氣)<두창1>

; 조초리 ᄒᆞ면 병이 업ᄂᆞ니(淨則無疾病)<두창1>

조히(淨) ; 깨끗이

; 그 믈로 입 헌ᄃᆡᄅᆞᆯ 조히 시스되(水洗淨)<두창46>

졸현히(卒) ; 졸연(猝然)히

; 졸현히 스이븐 변ᄒᆞ기 어리오되(卒未易辨)<두창6>

좁ᄡᆞᆯ·좁ᄡᆞᆯ(粟米·粟) ; 좁쌀

; 맛치 좁ᄡᆞᆯ ᄀᆞᆺᄐᆞ야(如粟米)<두창37>

; 좁ᄡᆞᆯ ᄀᆞ티 도다시면 그거시 진짓 써시라(如粟起則爲眞也)<두창6>

종요롭다(要) ; 종요롭다

; 종요로이 ᄂᆡ외ᄅᆞᆯ 안정케ᄒᆞ고(要令內外安靜)<두창14>

죠곰(畧) ; 조금

; 죠곰도 의려ᄒᆞᄂᆞᆫ 일이 업더니(畧無疑廬)<두창37>

죠희(紙) ; 종이

; 둣거온 죠희과(厚紙)<두창50>

죵시(終) ; 종시, 종내

; 죵시히 죽ᄂᆞ니가 이시니(終至死者亦有)<두창10>

주검(屍) ; 주검, 시체

; ᄒᆞᆫ 주검이 되여시니(屍令人)<두창35>

주다(餽·刺·破) ; 주다

; 마줌 싱고기 주ᄂᆞ 사람이 이셔(有餽生肉者)<두창12>

; ᄒᆞᆫ곳을 두 세 번 주면(一處數三刺)<두창52>

; 침 주ᄂᆞ 법은(刺破之法)<두창62>

주먹(拳) ; 주먹

; 주먹만ᄒᆞ 덩이ᄅᆞᆯ(一塊如拳)<두창50>

죽, 죽(粥) ; 죽

; 춥ᄡᆞᆯ 죽 귀오리 ᄀᆞᄅᆞ(糯米粥蕎麥麵)<두창13>

; 녹두 죽 젹두 죽(菉豆粥赤豆粥)<두창13>

죽다(自盡) ; 죽다

　; 두어날 만의 죽으니(數日自盡)<두창12>

줄기(莖) ; 줄기

　; 파흰 줄기 세흘 너허(葱白三莖)<두창17>

즁(僧尼) ; 스님, 중

　; 즁 손님이라 ᄒ니(僧尼之神)<두창11>

즉시(可·立) ; 즉시

　; 즉시 닐고(可起)<두창3>

　; 비 알키 즉시 긋치고(腹痛立止)<두창24>

즉제(卽) ; 즉시, 곧

　; 즉제 승마갈근탕을 쓰고(卽用升麻葛根湯)<두창15>

즐기다(肯) ; 즐기다

　; 아희가 약 먹기를 즐겨 아니ᄒ니(兒輩本不肯服藥)<두창33>

즘슉믓쳐(淋) ; 듬뿍 적시다

　; 면듀 슈건의 즘슉 믓쳐 온 ᄂ츨 ᄌᄌ 싯기되(用紬巾頻頻淋洗面顔)<두창29>

즘복젹시다(漬) ; 듬뿍 적시다

　; 더온 슈양탕으로 즘복 적셔 ᄌᄌ ᄀ라 붓티면(漬以此水乘熱貼之)<두창29>

즛므르다(爛) ; 짓무르다

　; 온 몸이 벌거ᄒ고 즛믈러(渾體赤爛)<두창44>

진(汁·汁淋) ; 진

　; 진이 흐르고 잠짠 움즈기면(流汁少或搖動)<두창44>

　; 온 몸이 벌기ᄒ고 즛믈러 진이 흘러(渾體赤爛流汁淋灘))<두창44>

진득진독(磨) ; 진득진득

　; 손으로 진득진독 누로면 즉시 그치ᄂ니(以手按磨卽止)<두창27>

진실(實·誠) ; 진실

　; 무당 밋ᄂ 거시 진실로(信巫實)<두창9>

　; 이 말이 진실로 올커니와(此說誠是)<두창55>

진짓(眞) ; 진짜, 참, 진실

; 좁쌀 マ티 도다시면 그거시 진짓 쩌시라(如粟起則爲眞也)<두창6>

진ᄒ다(盡) ; 다하다, 진하다

; 닉 쟝ᄎ 진홀만 ᄒ거든(煙將盡)<두창3>

짐즛(故) ; 짐짓

; 역질 신년이 짐즛 희이치노라(痘神故欲戱)<두창11>

짐치(葅) ; 김치

; 외 짐치 연흔 흰밥(苽葅軟白飯)<두창13>

집(家) ; 집

; 온 집이 다 소ᄒ고(擧家素)<두창11>

짓(羽) ; 깃

; 머리털과 짓과 터려 ᄉ로(燒頭髮羽毛)<두창14>

짓다(製·作·成) ; 짓다

; 유형의 지은배니(有馨之所製也)<두창69>
; 덕지 지어 ᄒ리ᄂ니(以作痂差愈)<두창28>
; 비치 거머 덕지 짓ᄂ니라(色黑成痂)<두창53>

ᄌ라다(長) ; 자라다

; 나히 ᄌ란 아히ᄂ(年長者)<두창32>

ᄌ로(頻) ; 자주

; 반드시 ᄌ로 불라(必頻頻塗)<두창22>

ᄌ셔히(詳) ; 자세히

; ᄌ셔히 슬펴(詳審)<두창54>

ᄌ식(兒) ; 자식

; 병든 ᄌ식이 샹ᄒ리라(病兒必傷矣)<두창12>

ᄌ연히(自) ; 자연히

; ᄌ연히 어육을 싱각디 아니ᄒᄂ 거슬(自不思魚肉而)<두창11>

ᄌ조(頻) ; 자주

; 면듀 슈건의 즘슉 믓쳐 온 ᄂ출 ᄌ조 싯기되(用紬巾頻頻淋洗面顔)<두창29>

지(滓) ; 재

; 젼의 쓰던 보원탕 두텹 지가 이시니(前用保元湯數貼之滓)<두창45>

쯰이다(裂) ; 찢다, 찢어지다

  ; 그 꼬리 긋틀 흔치 남즉이 쯰이고(裂尾尖寸餘)<두창31>

쓰다(醎) ; 짜다

  ; 올희알 초쉰것 쓴것(鴨卵醋酸醎)<두창14>

처다(通) ; 치다

  ; 싁슘을 처(通溝渠)<두창14>

처엄(初·始) ; 처음

  ; 진나라 처엄시졀부터 비로소 잇느니라(秦初始有之)<두창2>
  ; 처엄붓터 못도록(自始至終)<두창13>

쳠쳠(徐徐) ; 천천히

  ; 쳠쳠 젹젹 뜻쯧거든(徐徐小小點滴)<두창31>

쳥ᄒ다(邀) ; 청하다

  ; 시험ᄒ야 쳥ᄒ거늘(試邀)<두창37>

쵸블(燭) ; 촛불

  ; 쵸블을 뼈 달라ᄒ더니(乞燃燭)<두창44>

침(刺·鍼) ; 침

  ; 침 주는 법은(刺破之法)<두창62>
  ; 은침으로 ᄀ로 ᄶ여주면(以銀鍼刺之橫貫)<두창51>

칼(刀) ; 칼

  ; 드는 칼로 그 꼬리 긋틀 흔치 남즉이 쯰이고(以利刀裂尾尖寸餘)<두창31>

켜다(引) ; 켜다

  ; 톱켜는 소ᄅ ᄀ트니(如引鉅聲)<두창34>

코구멍(鼻孔) ; 코 구멍

  ; 웃시욹과 코구멍 입시욹(口脣鼻孔)<두창22>

코물ᄅ(鼻梁) ; 콧마루

  ; 다만 콧물ᄅ 블근 뎜이 뵈면(但鼻梁發紅點)<두창46>

콩(豆) ; 콩

  ; 블근 풋 거믄 콩(赤小豆黑豆)<두창5>

쾌히(快) ; 쾌히

; 쾌히 다 나고 알는거시 그치느니(快透痛止)<두창26>

타다(化) ; 타다

; 박하 달힌 믈의 포룡환을 타 머기라(薄荷湯化下)<두창15>

터디다(破) ; 터지다

; 혹 터뎌 즙이 날디라도(或有顆粒自破汁出者)<두창52>

털(髮·毛) ; 털

; 머리털과 짓과 터려 ᄉ로(燒頭髮羽毛)<두창14>

토ᄒ다(吐) ; 토하다

; 혹 토ᄒ거나 혹 셜샤를 ᄒ거나(或吐或瀉)<두창16>

톱(鉅) ; 톱

; 톱켜는 소리 ᄀᄐ니(如引鉅聲)<두창34>

팁ᄡ다(竄) ; 치뜨다

; 눈을 팁ᄡ고 입을 다믈고(目竄口噤)<두창6>

팁ᄣ다(竄) ; 치뜨다

; 눈쳥을 우흐로 팁ᄣ고(目睛上竄)<두창34>

특(頤) ; 턱

; 혹 특 ᄠᅥ느니도 이시니(或有頤戰者)<두창65>

파(葱) ; 파

; 믈감ᄌ 유ᄌ 귤 파 마을(水柑子柚子橘葱蒜)<두창14>

펴디다(散) ; 퍼지다

; 실ᄀᄐ 거시 두루 펴디고(絲散漫)<두창59>

편지(書) ; 편지

; 본 집의 편지를 ᄒ야시되(書於本家)<두창44>

폐ᄒ다(廢) ; 폐하다

; 늙고 병든 어버이를 다 고기 음식을 폐ᄒ고(饌至於老病父母廢)<두창11>

푼(分) ; 푼

; 오 푼으로 세히 ᄂ호(每五分作三次)<두창2>

프르다(蒼·綠) ; 푸르다

; 누루고 혹 프른 밀빗 ᄀᄐ며(黃或蒼蠟色)<두창49>

; 혹 누르러 프르러 혼 쟈는(或黃綠色者)<두창49>

플다(解) ; 풀다

; 경ᄒ여 플리고(輕解)<두창5>

플르다(靑) ; 푸르다

; 혹 플르며 혹 거머(或靑或黑)<두창34>

피ᄒ다(避) ; 피하다

; 삼가 풍한을 피ᄒ고(謹避風寒)<두창14>

플(臂) ; 팔

; 입뗴예 플과 다리과 손과 발(此時必有臂脚手足)<두창59>

풋(小豆) ; 팥

; 블근 풋 거믄 콩(赤小豆黑豆)<두창5>

향내(香臭) ; 향내

; ᄉᆡᆼ강 향내 사오나온 내(生薑香臭惡臭)<두창14>

행ᄒ다(行) ; 행하다

; 부론 소귀 ᄒᆡᆼᄒ야(行疱裡)<두창49>

허리(腰) ; 허리

; 허리 알ᄅᆞ니가 이시니(作腰痛者)<두창16>

허물(瘢痕) ; 허물, 헌 곳

; 반ᄃᆞ시 허무리 되ᄂᆞ니(必瘢痕)<두창52>

허ᄒ다(虛) ; 허하다

; 빗치 ᄆᆞᆰ고 희여 허ᄒ고(色痰白虛)<두창25>

헐다(潰) ; 헐다

; 혹 질로 허러서 피도 흐르며(或潰爛流血)<두창27>

헐헐ᄒ다(喘) ; 헐헐하다

; 숨이 쳔급ᄒ야 헐헐ᄒ고(氣促喘急)<두창34>

헛말ᄒ다(譫語) ; 헛소리

; 입뗴예 헛말ᄒ고(此時譫語)<두창68>

헤다(論) ; 헤아리다

; 새나 딥피나 헤디 말고(勿論郊草穀草)<두창27>

혜다(計·論) ; 헤아리다

　　; 열의 만흠 져그믈 혜디 말고(不計熱之多少)<두창24>

　　; 날 수으로 혜면(以日限論)<두창44>

혜아리다(量) ; 헤아리다

　　; 아히 크며 져그믈 혜아려(量兒大小)<두창2>

호도(胡桃) ; 호도

　　; 잣 호도 구은밤 김(海松子胡桃煨栗)<두창13>

혹(若·或) ; 혹

　　; 혹 쏘리를 흔들면(若掉尾)<두칭31>

　　; 혹 절로 허러셔 피도 흐르며(或潰爛流血)<두창27>

홀연히(忽) ; 홀연히

　　; 홀연히 샹한을 듕히ᄒ야(忽病重)<두창37>

홉(合) ; 홉

　　; 믈 흔 되 서 홉(水一升三合)<두창17>

홍시(紅柿) ; 홍시

　　; 비 홍시 슈박(梨紅柿西苽)<두창14>

황겁ᄒ다(惶) ; 황겁하다

　　; 황겁ᄒ야 일졀 고기를 머기디 아니ᄒ야(惶懼不敢與小許魚肉)<두창11>

흐르다(流·灕) ; 흐르다

　　; 진이 흐ᄅ고 잠깐 움즈기면(流汁少或搖動)<두창44>

　　; 온 몸이 벌거ᄒ고 즛믈러 진이 흘러(渾體赤爛流汁淋灕))<두창44>

흔들다(掉) ; 흔들다

　　; 혹 쏘리를 흔들면(若掉尾)<두칭31>

흘레(陰) ; 교미(交尾)

　　; 데미고ᄂ 흘레아닌 삿기 수돗글(猪尾膏者未破陰小小雄猪)<두창31>

흙(土) ; 흙

　　; 진짓 졍 누로 비치 흙이 모래석끼디 아니ᄒ니로(眞正黃色土不雜砂石)<두창50>

흣다(散) ; 흩다

　　; 그 피 홋 ᄲ려(其血散洒)<두창31>

홋쓸히다(散洒) ; 흩어 뿌리다. 흩날리며 뿌리다

  ; 그 피 홋 쌜혀 밧디 못ᄒ니(其血散洒不能多得故)<두창31>

희다(白) ; 희다

  ; 흰밥 ᄎ 죽(白飯糯米粥)<두창13>

희미ᄒ다(痰) ; 희미하다

  ; 희미히 거믄 긔운이(痰黑)<두창39>

희이치다(戲) ; 희롱 하다, 희짓다

  ; 역질 신녕이 짐즛 희이치노라(痘神故欲戲)<두창11>

흰ᄌ의(白睛) ; 흰자위

  ; 눈 흰ᄌ의 우희(白睛之上)<두창59>

ᄒ로(日) ; 하루

  ; ᄒ로 두 복 식 머기미 가ᄒ니라(日再服可也)<두창49>

ᄒ리다(愈·痊) ; 낫다, 덜하다

  ; 덕지 지어 ᄒ리ᄂ니(以作痂差愈)<두창28>

  ; 병이 엇디 말믜암아 ᄒ리이오다(病何由痊乎)<두창55>

ᄒᄅ(日) ; 하루

  ; ᄒᄅ ᄉ이로셔 다 머기면(一日之內用盡)<두창4>

ᄒ여곰(使) ; 하여금

  ; 사름으로 ᄒ여곰 붓드러(使人拘)<두창57>

ᄒ가지(同) ; 한가지

  ; ᄒ가지로 달혀 머겨도 됴ᄒ니라(同煎亦得)<두창33>

ᄒ쌔(略刻·一時) ; 한때

  ; ᄒ쌔를 보젼티 못ᄒ가ᄒ야(莫保略刻)<두창34>

  ; ᄒ쌔 둣그칠 ᄉ이 업고(無一時暫止)<두창34>

ᄒ치(寸) ; 한 치

  ; 그 쏘리 긋틀 ᄒ치 남즉이 쯱이고(裂尾尖寸餘)<두창31>

홀리나(一日) ; 하루나

  ; 반ᄃ시 홀리나 젼긔ᄒ야(必先期一日)<두창49>

흠쯰(並) ; 함께

; 혹 토ᄒᆞ기과 혹 셜샤과 흠ᄱᅴ나도(或吐瀉並)<두창16>

히(日) ; 해

; 히가 ᄆᆞᆰ그니(日朗)<두창36>

히(次) ; -에

; 오 푼으로 세히 ᄂᆞᆫ호(每五分作三次)<두창2>

히야디다(破) ; 해어지다, 닳아서 떨어지다

; 손톱의 히야디러나(爪破) <두창27>

힛소옴(綿絮) ; 햇솜

; 힛소옴으로 그거 머 ᄶᅥ딘곳 대쇼를 헤야려(黑陷處則用綿絮 其大小)<두창29>

臘藥症治方諺解

1. 서론

　　본서 『臘藥症治方諺解』는 조선시대에 해마다 섣달(臘月)이 되면 內醫院
에서 그 다음해 한 해 동안에 수용될 여러 종류의 漢方 常備 藥方을 抄錄해
놓은 것이다. 이러한 方藥들을 臘藥이라 이름하여 일컫게 된 것은 이 藥들이
매년 臘月에 만들어지는 까닭에서 이다. 내용을 살펴보면 모두 三十七종의
藥方으로 되어있는데 그중 卷末에 보이는 外用藥인 臘香膏와 신년 설날에
피워서 一年 四季의 平安을 기원하는 神聖辟瘟丹을 제외하고는 그 나머지
三十五종 모두가 內服藥으로 되어있다. 그리하여 각 方藥마다 그 약이 쓰일만한
여러 가지 증상과 효용성 그리고 그 용법 등이 친절하게 설명되었으며 또한
그 약을 쓰는 동안에 금기해야 할 사항들이 상세하게 밝혀져 있다. 본서는
그 원상대로 잘 보존되어 오기는 했으나 본래 이 책에는 아무런 刊記가 없어
정확한 編纂年代는 알 길이 없고 다만 英祖年間에 이와 관련되는 유사한 의서들
이 編刊된 것으로 보아 그 무렵의 것이 아닌가 類推하기도 한다. 이 책에서
다루어진 수다한 藥名들과 그 약의 適應症 용법 등을 차근하게 해설한 그
諺解는 우리 옛 국어연구에 소중한 자료이다.[1]　따라서 본 연구는 1985년에
大提閣에서 영인한 자료를 이용하여 漢字 對譯에 나타난 어휘를 기타 한의서인
『救急方諺解·胎産集要諺解·痘瘡經驗方諺解』 등에 대역된 어휘와 비교를 통한

---

1) 본서의 해제는 한국학 연구원 참조.

어휘 意味의 특성을 考究하며, 아울러 보조적으로 詩歌문헌인『두시언해』
불교문헌인『석보상절·월인석보·남명천계송언해』그리고 한자 학습 초학서
인『훈몽자회·유합·천자문』등에 대역된 어휘와도 비교해 본다.2)

2) 詩歌文獻·佛教文獻·한자 학습 초학서에 對譯된 어휘를 비교함은 직접적으로 관련이 없지만,
   漢字가 문장에서 사용되는 위치에 따라 여러 語形으로 대역된다. 따라서 대역된 語例를 통하여
   漢字와 고유어간의 의미상의 특성을 살피는데 좋은 자료라 생각되어 비교 대상으로 삼았다.

2. 한자 대역어휘 분석

可 ; 가히(가ᄒ다,가히,둣다,즉시,어루)

  ; ᄯᅩᄒᆫ 가히 ᄇᆞᄅᆞᆯ ᄣᅵ니라(亦可塗之)<납약24>

  ; 여신산이 ᄯᅩ 가ᄒᆞ니라(如神散亦可)<태요27>

  ; 가히 아딕 못ᄒᆞᆯ거시나(不可知)<두창9>

  ; 알ᄅᆞᆫ 고ᄃᆡ ᄣᅧᄒᆞ면 둣ᄂᆞ니라(糝於痛處可也)<두창48>

  ; 즉시 닐고(可起)<두창3>

  ; 다 어루 이를 쓰리다(皆可用此)<구상2>

  ‘어루’는 (可)에 대한 대역이다. 『태요·두창·구상』[3])에는 ‘가ᄒ다, 가히, 둣다, 즉시, 어루’로 『두창』에는 ‘가히, 둣다, 즉시’로 대역된 어형들이 발견된다. 『두창』에 대역된 ‘둣다, 즉시’는 다른 문헌에서 찾아볼 수 없는 語形이다. 語形 ‘어루, 가히, 가ᄒ다’가 『유합』에는 ‘하얌직’으로 字釋되었다 . 또 다른 문헌에 대역 語形으로 ‘올홀, 올ᄒᆞᆯ, 올을, 오를’ 등으로 改新되어 現代語 ‘옳은’으로 대체 사용되고 있다.

脚 ; 다리, 발(다리, 다리, 발, 허튀)

  ; 서ᄉᆞᆸ 긔운으로 다리 알ᄂᆞᆫ 증이 된ᄃᆡ(四氣爲脚氣)<납약21>

  ; 왼발 초혜 ᄭᅡ리다(左脚草鞋)<태요27>

  ; ᄑᆞᆯ과 다리과 손과 발(臂脚手足)<두창59>

  ; ᄯᅩ 주근 사ᄅᆞᄆᆡ 두 다리를 구퍼(又方以屈死人兩脚)<구상74>

---

3) 『태요·납약·두창·구상·구하』의 略語는 각각 『태산집요언해·언해납약증치방·두창경험방언해·구급방언해 상·하』를 지칭한다.

; 두 밠 엄지가락 안해(兩脚大拇指)<구상22>
; 허튀를 ᄃᆞᄆᆞ면 즉재 사ᄂᆞ니라(以漬脚卽活)<구상26>

  ‘다리, 발’은 (脚)에 대한 대역이다.『태요·두창』에는 ‘발’로 『구상』에는 ‘발, 허튀’로 대역되었다. 같은 15세기 문헌인데도 『두시언해』에는 ‘발, 허틔’로 대역되었고 『석보상절·월인석보』에는 ‘다리, 허튀’로 『훈몽자회·유합』에서도 ‘발, 다리’로 字釋된 語例가 발견되는 점으로 보아 (脚)에 대한 對譯語로 ‘다리, 발, 허튀’가 15세기 당시에 공존하였음을 보여 주고 있다. 語形 ‘허튀’는 消滅語로 볼 수 있다.

角 ; 뿔(ᄲᅳᆯ)

; ᄲᅳᆯ활 뒤지은듯 ᄒᆞ며(角弓反張)<납약30>
; 사ᄉᆞ믜 ᄲᅳᆯ ᄉᆞ론 ᄌᆡ 섯거(和鹿角灰)<구하75>

  ‘뿔’은 (角)에 대한 대역이다.『구하』에는 ‘ᄲᅳᆯ’로 『두시언해』에는 ‘ᄲᅳᆯ, 吹角’으로 『훈몽자회 · 유합』에도 ‘ᄲᅳᆯ’로 字釋되었다.

趕 ; 좇다(구우리다)

; 쏘치여 발등의 다ᄃᆞ라면(趕到脚面上)<납약21>
; ᄆᆞᅀᆞᆷ 아래 구우류미 됴ᄒᆞ니라(心下趕下爲妙)<구하89>

  ‘좇다’는 (趕)에 대한 대역이다.『구하』에는 ‘구우리다’로 『훈몽자회』에도 ‘좇다’로 字釋되었다. ‘구우리다’는 『구급방언해』에서만 발견된 어형으로 現代語 ‘굴리다’이다.

肝 ; 간장(肝)

; 샤청환은 간장 열이며(瀉靑丸治肝熱)<납약9>
; 도틱간 엿 ᄃᆞᆰ의 알(猪肝飴飯鷄)<두창14>
; 미햇 ᄂᆞ믈 간과 고기와(野菜馬肝肉)<구하60>

　　'간장'은 (肝)에 대한 대역이다. 『두창·구하』에는 '간'으로 『두시언해』에는 '무슴, 애'로 『훈몽자회·유합』에도 '간'으로 字釋되었다. 語形 '무슴, 애'의 대역이 특이하다.

癎 ; 간질, 디랄증

　; 다ᄉᆞᆺ 가지 뎐질이며 간질을 고티ᄂᆞ니(治五般癲癎)<납약6>
　; 어린 아히 모든 디랄증이며(小兒諸癎)<납약4>

　　'간질, 디랄증'은 (癎)에 대한 대역이다. 『훈몽자회』에는 '경갓'으로 『구급간이방』에 '경간ᄒᆞ다'로 대역된 어형이 있다. '셜병과 시병에 무ᅀᆞ미 아니환ᄒᆞ야 미쳐 나ᄃᆞ로미 경간흔 사룸 ᄀᆞᆮᄒᆞ야'(熱病及時疾心躁亂狂走狀似癲癎) 하지만 '간질, 디랄증'으로 대역된 어형은 발견되지 않고 있다. 語形 '경갓'의 대역이 특이하다.

渴 ; 목무ᄅᆞ다(입무ᄅᆞ다, 목무ᄅᆞ다, 무ᄅᆞ다)

　; 답답ᄒᆞ고 목무ᄅᆞ고(煩渴)<납약9>
　; 만일 입무ᄅᆞ고 갈ᄒᆞ거든(若煩渴)<두창40>
　; ᄀᆞ장 목몰라(大渴)<구상34>
　; 이비 무ᄅᆞ고(口渴)<구하50>

　　'목무ᄅᆞ다'는 (渴)에 대한 대역이다. 『두창·구상·구하』에는 '입무ᄅᆞ다, 목무ᄅᆞ다, 무ᄅᆞ다'로 대역되었다. 『두시언해』에는 '목무ᄅᆞ다, 渴望ᄒᆞ다'로 『훈몽자회·유합』에는 '목무ᄅᆞ다'로 字釋되었다. 語形 '목무ᄅᆞ다, 무ᄅᆞ다'나 '입무ᄅᆞ다'도 같은 의미에서 사용된 어휘로 볼 수 있다. 『능엄경언해』에서는 '믈여월씨'로 특이하게 대역되었다.

葛 ; 츩(츩)

　; 츩 불회를 ᄭᅵ허(葛根搗)<납약9>
　; 츩 불휘ᄅᆞᆯ 달혀(以葛根煮)<구하45>

　　'츩'은 (葛)에 대한 대역이다. 『구하·두시언해·훈몽자회·유합』 등에 모두

'츩'으로 대역되었다.

疳 ; 감툥
; 오란 가슴 비 알히며 감툥이며 회툥이며 촌빅튱과 모든 튱증이며(久遠心腹痛疳蛔寸白諸虫)<납약16>

　　'감툥'은 (疳)에 대한 대역이다. 오늘 날 어린 아이의 위장병에 해당되는 것으로 사료된다. 다른 문헌에서는 대역 語形이 발견되지 않는다.

敢 ; 감히
; 귀신이 감히 갓갑디 못ᄒᆞ니라(神不敢近)<납약3>

　　'감히'는 (敢)에 대한 대역이다. 『두시언해』에는 '구틔여, 敢히'로 『남명천계송언해 · 유합 · 천자문』 주해 본에는 '구틔여'로 광주 본에는 '구틸'로 석봉 본에는 '구틸'로 字釋되었다. 고유어 '구티여'와 한자어 '감히' 쌍형으로 대역 사용되었지만 現代語에서는 그 의미가 분화되었다. 즉 '구티여'는 '일부러'의 뜻이고 '감히'는 '억지로'의 뜻으로 각각 독립된 어형으로 사용되고 있다.

絳 ; 븕다
; 블근 주머니예 녀허(絳囊盛)<납약4>

　　'븕다'는 (絳)에 대한 대역이다. 『두시언해 · 천자문』에 모두 '블글'로 대역되었다.

薑 ; 싱강(강즙, 싱)
; 혹 싱강 즙을 ᄉᆞ나희 아히 오줌의 ᄣᅡ 쓰라(或薑汁和童便用之)<납약5>
; 원지 강즙에 봇ᄀᆞ니(遠志薑製)<태요2>
; 약과 싱강 닐굽 뎜 너허(入藥薑七片)<태요40>

　　'싱강'은 (薑)에 대한 대역이다. 『태요』에는 '강즙, 싱'으로 『훈몽자회』에는

‘싱양’으로 『유합』에는 ‘싱강’으로 『천자문』 광주 본에는 ‘싱양’으로 석봉 본에는 ‘싱강’으로 주해 본에는 ‘시양’으로 字釋되었다.

開 ; 벌리다(열다, 열리다, 글희혀다, 뻐다)

　; 아괴를 버리디 못ᄒ거든(牙關不開)<납약22>
　; 창 지게를 열고(開啓窓戶)<태요25>
　; 절로 열리라(自開)<구상2>
　; 이블 글희혀 븟고(開口灌)<구하82>
　; 즉자히 누늘 뻐(卽開眼)<구하94>

　　‘벌리다’는 (開)에 대한 대역이다. 『태요 · 구상 · 구하』에는 ‘열다, 열리다, 글희혀다, 뻐다’로 『두시언해』에는 ‘뻐다, 벌리다, 열다, 페다, 피다’로 『남명천계송언해』에는 ‘뻐히다, 뜨다’로 대역되었다. 語形 ‘글희혀다’의 대역이 특이하다.

更 ; 다시(다시, 쏘)

　; 다시 닝슈로 손발을 ᄃᆞ므고(更以冷水浸手足)<납약9>
　; 다시 관계 칠 분을 가입ᄒ라(更加官桂七分)<두창39>
　; 쏘 蘇合香元을 머규미 됴ᄒ니라(更可與蘇合香元)<구상12>

　　‘다시’는 (更)에 대한 대역이다. 『두창 · 구상』에는 ‘다시, 쏘’로 『두시언해』에는 ‘쏘, 다시, 가시다, 더욱’로 『석보상절 · 남명천계송언해』에는 ‘고티다’로 『천자문』 광주 · 석봉 · 주해 본에는 ‘가실, 고틸, 고칠, 골ᄋᆞ들, 다시, 경영’으로 대역되었다.

去 ; ᄇ리다(벗기다, 내다, 업시ᄒ다, ᄇ리다, 쎄히디, 업게ᄒ디, 밧기다, 버히다, 앗다, 앗다, 아ᅀᆞᆯ다, 업게ᄒ다)

　; 대쵸란 ᄇ리고(去棗)<납약10>
　; 겁질 벗기다(去穀)<태요31>
　; ᄒᆞᆫ 되 가옷 되거든 닝어 내고(一盞半去魚)<태요40>
　; 디허 터럭 업시ᄒ고(杵去毛)<태요6>

; 즉제 시서 브리라(卽洗去)<태요31>

; 머리 발 늘개 째혀 브리고(去頭足翅)<두창22>

; 그 틱 독을 업게ᄒ면(去其胎毒)<두창5>

; 거믄 거플 밧겨(去黑皮)<구상4>

; ᄒᆫ 우희움을 두녁 그틀 버히고(一握去陃頭)<구상30>

; 시울과 거츨 앗고(去弦皮)<구상2>

; 므를 아ᄉ면 즉재 사ᄂ니라(去水卽活)<구상75>

; 바늘로 ᄯ 아ᄉᆯ디니(以針決去之)<구상18>

; 누에 ᄢᅳ를 조히 업게ᄒ고(去蠶子潔淨)<구상37>

　　'브리다'는 (去)에 대한 대역이다. 『두창·태요·구상』에는 '벗기다, 내다, 업시ᄒ다, 브리다, 째히다, 업게ᄒ다, 밧기다, 버히다, 앗다, 앗다, 아ᄉᆯ다'로 『두시언해』에는 '가다, 니거다, 버어리다, 버혀버리다, 벙으리다, 보내다, 브리다, 앗다, 업게ᄒ다'로 『석보상절』에는 '가다, 버올다'로 『남명천계송언해』에는 '브리다, 벙을다'로 『유합·천자문』에는 '갈'로 字釋되었다. 語形 '째히다'의 대역이 특이하다.

蹇 ; 이을프다

; 말이 어을프며 입과 눈이 기울며(言語蹇澁口眼喎斜)<납약1>

　　'어을프다'는 (蹇)에 대한 대역이다. 『두시언해』에는 '전나귀'로 대역되었다. 語形 전나귀는 '저는 나귀로' '전'은 곧 '절다'의 형태로 볼 수 있다. 語形 '어을프다'는 現代語 '어설프다'의 뜻으로 다른 문헌에서는 발견되지 않고 있다.

隔 ; 안날(디나다)

; 안날 밤 잘 ᄢᅢ예(隔夜臨睡)<납약26>

; ᄒᆫ밤 디나면(隔宿)<구하12>

　　'안날'은 (隔)에 대한 대역이다. 『구하』에는 '디나다'로 『두시언해』에는 'ᄉᆡ, 주움치다, 즈슴치다'로 『남명천계송언해·유합』에는 'ᄀ리다, ᄀ리올'로 대역되었다. 語形 '안날'의 대역이 특이하다.

堅 ; 든든ᄒ다(굳다, 둗둗ᄒ다)
  ; 녑히 든든코 탕만ᄒ며(脇間堅滿)<납약11>
  ; 니 ᄒ마 구더(牙已堅)<구상5>
  ; ᄆᅀᆷ 가온디 둗둗ᄒ며(心中堅)<구하61>

  '든든ᄒ다'는 (堅)에 대한 대역이다. 『구상·구하』에는 '굳다, 둗둗ᄒ다'로 『두시언해·유합·천자문』 등에는 모두 '굳다'로 대역되었다. 現代語 '단단하다'에 대응되는 '둗둗ᄒ다'의 대역이 특이하다.

犬 ; 개(개, 가히)
  ; 또 비암이며 개게 믈려 샹ᄒ니와(又蛇犬所傷)<납약24>
  ; 개고기 톳긔고기(犬肉兔肉)<태요14>
  ; 가히 목 아래(犬頸下)<구하49>

  '개'는 (犬)에 대한 대역이다. 『태요·구하』에는 '개, 가히'로 『두시언해·훈몽자회』에는 '가히'로 『유합』은 '개'로 字釋되었다.

驚 ; 놀라다, 경풍(놀라다, 놀라다)
  ; 놀라고 열ᄒ여(驚熱)<납약29>
  ; 급흔 경풍이며(怔驚)<납약4>
  ; 구러디니ᄂᆞᆫ 놀라시니(側者有驚)<태요28>
  ; 놀나 쩔기를(驚搐)<두창6>
  ; 곧 놀란피 솟고와 뻐니어(便驚血沸潰)<구하1>

  '놀라다, 경풍'은 (驚)에 대한 대역이다. 『태요·두창·구하』에는 '놀라다'로 『두시언해·석보상절·남명천계송언해·천자문』에는 '놀날'로 『유합』에는 '롤날'로 字釋되었다.

繼 ; 닛다혀다(이어, 닛다)

 ; 닛다혀 믈근 죽으로 됴리ᄒ라(繼以稀粥將理得宜)<납약26>
 ; 니어 늬탁산을 쓰라(繼用內托散)<두창39>
 ; 서르 닛우 져기 덥게ᄒ야(相繼稍熱)<구상44>

　　'닛다혀다'는 (繼)에 대한 대역이다. 『두창 · 구상』에는 '이어, 닛다'로 『두시언해』에는 '닝다'로 『유합』에는 '니ᅀᆞᆯ'로 字釋되었다.

苦 ; ᄆᆞᄅ다(ᄀᆞ장, 쓰다)

 ; 손 발이 흔편이 ᄆᆞᄅ고(手足偏苦)<납약5>
 ; ᄀᆞ장 목몰라 ᄒᄂ니(苦渴)<구상80>
 ; 쓴박 불휘를 니기 ᄢ허(苦葫蘆根爛擣)<구하75>

　　'ᄆᆞᄅ다'는 (苦)에 대한 대역이다. 『구상 · 구하』에는 'ᄀᆞ장, 쓰다'로 『두시언해』에는 'ᄀᆞ장, 셟다, 슈고롭다, 쓰다, 심히, 甚히, 苦롭다, 辛苦ᄒ다, 甚ᄒ다'로 『정속언해』에는 '슈구'로 대역되었다. 語形 'ᄆᆞᄅ다'의 대역이 특이하다.

枯 ; ᄆᆞᄅ다(ᄆᆞᄅ다, 이울다)

 ; 흔편이 ᄆᆞ라(偏枯)<납약22>
 ; 긔혈이 ᄆᆞ라 여위여(氣血枯涸)<태요61>
 ; 가짓 줄기와 닙 이우닐 글혀 시스라(茄子莖葉枯者煮洗之)<구상8>

　　'ᄆᆞᄅ다'는 (枯)에 대한 대역이다. 『태요 · 구상 · 두시언해』에는 모두 'ᄆᆞᄅ다, 이울다'로 『남명천계송언해 · 정속언해 · 훈몽자회 · 유합』 등에는 모두 '이울다'로 대역되었다.

滾 ; ᄭᅳᆯ히다

 ; ᄭᅳᆯ힌 믈이 ᄃᆞᄉ홈을 기드려(滾水待溫)<납약32>

　　'ᄭᅳᆯ히다'는 (滾)에 대한 대역이다. 다른 문헌에서는 대역된 語形이 발견되지 않고 있다.

過 ; 너모(넘다, 너무, 디나다, 넘다, 디나다)
　; 너모 머거 샹ᄒᆞ면(過服致傷)<납약9>
　; 챵ᄌᆞ ᄀᆞᄐᆞ야 빈 아래 넘고(如腸下過)<태요59>
　; 밥도 너무 빈브르게 말며(食毋過飽)<태요15>
　; 디난거시 업ᄂᆞ니라(無過)<두창29>
　; 두 服애 넘디 아니ᄒᆞ야(不過二服)<구상38>
　; 세 번 시수믈 디나디 아니ᄒᆞ야 됻ᄂᆞ니라(不過三洗效)<구상8>

　　'너모'는 (過)에 대한 대역이다. 『태요·두창·구상』에는 '넘다, 너무, 디나다, 넘다'로 『두시언해』에는 '건너다, ᄀᆞ장, 남다, 넘다, 디나다'로 『석보상절』에는 '너믈'로 『유합·천자문』 광주·석봉 본에는 '디날'로 주해 본에는 '디날, 허믈'로 대역되었다. 語形 '허믈'의 字釋은 주해 본에서 발견된다.

裹 ; ᄢᅡ다(감다, ᄢᅡ다)
　; 어린 아히 ᄒᆞᆫ 환을 ᄢᅡ(小兒裹一丸)<납약3>
　; 손ᄀᆞ락긔 감고(許裹手指)<태요69>
　; 더운 ᄌᆡ를 헌ᄃᆡ ᄲᅦ코 기브로 ᄢᅡ미라(熱灰以粉瘡中帛裹繫之)<구하68>

　　'ᄢᅡ다'는 (裹)에 대한 대역이다. 『태요·구하』에는 '감다, ᄢᅡ다'로 『두시언해』에도 'ᄢᅡ다'로 『유합』에는 '쁠'로 字釋되었다.

灌 ; 흘리다, 브ᅀᅳ리다(쳐드리다, 브어다, 븟다, ᄲᅳ리나)
　; 초의 프러 코해 흘리라(醋利灌鼻)<납약8>
　; 니를 ᄲᅥ고 브으라(折齒灌)<납약20>
　; 입에 쳐드리라(灌入口中)<태요72>
　; 서너 환 브어 머기면 즉제 사ᄂᆞ니라(灌三四丸卽活)<태요50>
　; 蘇合圓 세 丸을 프러 브소ᄃᆡ(調蘇合圓三圓灌下)<구상2>
　; 小便으로 ᄂᆞ치 ᄲᅳ리면(用小便灌其面)<구상26>

‘흘리다, 브으리다’는 (灌)에 대한 대역이다. 『태요·구상』에는 ‘쳐드리다, 브어다, 붓다, 쓰리다’로 『두시언해』에는 ‘믈흘리다’로 『유합』에는 ‘믈브을’로 字釋되었다.

狂 ; 미친병(미치다, 미치다)

 ; 미친병과 사긔증과(狂邪)<납약18>
 ; 혹 번조ᄒ야 밋친둣 ᄒ며(或煩燥狂)<두창6>
 ; 귓것 보아 미치거든(見鬼發狂)<구상19>

 ‘미친병’은 (狂)에 대한 대역이다. 『두창·구상』에는 ‘미치다’로 『두시언해』에는 ‘미치다, 어렵다’로 『훈몽자회』에도 ‘미치다’로 字釋되었다.

塊 ; 뭉긘(혈긔, 뎡이, 무적)

 ; 닐곱 가지 뭉긘증과(七種癖塊)<납약15>
 ; 얼굴 지은 혈긔 이시면(有成形塊)<태요48>
 ; 듁어 ᄒ 뎡이 너허 달혀 머기라(入竹茹一塊煎服)<태요45>
 ; 쏭 ᄒ 무저기(糞一塊)<구상37>

 ‘뭉긘’은 (塊)에 대한 대역이다. 『두창·태요·구상』에는 ‘혈긔, 뎡이, 무적’으로 『두시언해·훈몽자회』에는 모두 ‘ᄒᆰ무적’으로 대역되었다.

口 ; 입, 먹다(입, 어괴, 입, 굼)

 ; 목굼기 마키고 입이 다믈려(喉閉口噤)<납약8>
 ; 몬져 춘 믈 세버곰 머근 후에(先喫凉水三口然後)<납약19>
 ; 여슷 ᄃᆞ래 입과 눈이 일고(六月口目成)<태요8>
 ; 브석 머리과 괴예 ᄢᅥ두면(以籠竈頭及竈口)<태요31>
 ; 입 마고 므러 소리 몯하며(口噤失音)<구상6>
 ; 헌 굼글 쇠면 毒氣 즉재 나ᄂᆞ니라(以燻瘡口毒卽出)<구하63>

 ‘입, 먹다’는 (口)에 대한 대역이다. 『태요·구상·구하』에는 ‘입, 어괴, 굼’로

『두시언해』에는 '사름, 소리, 입'으로 『남명천계송언해』에는 '부우리'로 『유합·천자문』 석봉·주해 본에는 '입'으로 광주 본에는 '십'으로 字釋되었다.

拘 ; 거리씨다(걸리씨다, 붓들다)
  ; 때를 거리씨디 말고(不拘時)<납약6>
  ; 역의 걸리씨디 아니홀 써시니(則不拘此際)<두창30>
  ; 사름으로 ㅎ여곰 붓드러 자밧고(使人拘執)<두창57>

  '거리씨다'는 (拘)에 대한 대역이다. 『두창』에는 '걸리씨다, 붓들다'로 『두시언해』에는 '걸위다, 얽믜다'로 『석보상절』에는 '걸위다'로 『남명천계송언해』에는 '거리씨다'로 『유합』에는 '먹자블'로 字釋되었다. 語形 '먹자블'의 대역이 특이하다.

救 ; 구ㅎ다(구완ㅎ다, 救ㅎ다)
  ; 이 약은 급흔 병을 구ㅎ려코(此藥救怔)<납약5>
  ; 벽녁단을 써 구완ㅎ라(用霹靂丹救之)<태요27>
  ; 아니흔 스싀를 救굴티 아니ㅎ면 죽ㄴ니(須臾不救則死)<구상21>

  '구ㅎ다'는 (救)에 대한 대역이다. 『태요·구상』에는 '구완ㅎ다, 救ㅎ다'로 『두시언해』에는 '救濟ㅎ다, 救護ㅎ다, 救ㅎ다'로 『정속언해·유합』에는 모두 '구완ㅎ다'로 대역되었다.

嘔 ; 눅눅ㅎ다
  ; 술의 샹ㅎ야 토ㅎ며 눅눅ㅎ며(酒嘔吐惡心)<납약11>

  '눅눅ㅎ다'는 (嘔)에 대한 대역이다. 『훈몽지회』에는 '개올'로 字釋되었다. 語形 '개올'의 대역이 특이하다.

久 ; 오라다(오래, 이윽히)
  ; 오란 젹빅니질의 고롬 피 섯겨(久痢赤白膿相雜)<납약11>
  ; 부인의 오래 닝ㅎ여(婦人久冷)<태요6>

; 원ᄒᆞ대 보기를 이윽히 ᄒᆞ다가(默視良久)<두창34>
; 오라면 반ᄃᆞ기 말 ᄒᆞ리라(久當語)<구상3>
; 오래 씀비니 됴코(佳觸衣者久著)<구상16>

'오라다'는 (久)에 대한 대역이다. 『태요·두창·구상』에는 '오래, 이윽히, 오라, 오래'로 『두시언해·석보상절·남명천계송언해·정속언해』에는 모두 '오라, 오래'로 『유합』에는 '오랄'로 字釋되었다. 語形 '이윽히'의 대역이 특이하다.

菌 ; 버슷(버슷)

; 독흔 버스시며(惡菌)<납약24>
; 山中엣 남ᄀᆞᆺ 버스세 毒 마ᄌᆞ닐 고튜듸(治山中樹菌中毒)<구하47>

'버슷'은 (菌)에 대한 대역이다. 『구하·훈몽자회·유합』에 모두 '버슷'으로 字釋되었다.

倦 ; 거두다

; ᄉᆞ지 거두디 슬ᄒᆞ며(四肢倦怠)<납약11>

'거두다'는 (倦)에 대한 대역이다. 『두시언해』에는 'ᄀᆞᆺ가ᄒᆞ다, ᄀᆞᆺ브다, 이처ᄒᆞ다'로 『유합』에는 'ᄀᆞᆺ블'로 字釋되었다. 語形 '이처ᄒᆞ다'는 消滅語로 볼 수 있다.

鬼 ; 거즛, 귀신(귓것, 귀신, 귓것)

; 부인의 거즛 티긔며(婦人鬼胎)<납약25>
; 귀신이며 시병 긔운을 ᄀᆞ장 믈리 티고(最辟鬼疫之氣)<납약3>
; 귓것 본ᄃᆞ시 ᄒᆞ며(如見鬼)<태요57>
; 귀신이 눈의 뵈ᄂᆞᆫ 거시(見鬼者)<두창68>
; 누네 귓것 보며(眼見鬼)<구상15>

'거즛, 귀신'은 (鬼)에 대한 대역이다. 『태요·두창·구상』에는 '귓것, 귀신'으로 『두시언해·훈몽자회·유합』에는 모두 '귓것'으로 대역되었다.

極 ; 극히(ㄱ장, 극키, 지극)
 ; 플기 극히 어려오니(化開極難)<납약5>
 ; ㄱ장 아프고 눈에 블이나고(極眼中生火)<태요20>
 ; 극키 듕ㅎ고(極重)<두창21>
 ; 이 法법이 지극 됴ㅎ니라(此法極效)<구상16>

　　'극히'는 (極)에 대한 대역이다.『태요 · 두창 · 구상』에는 'ㄱ장, 극키, 지극'으로『두시언해』에는 'ㄱ장, 굿, 니르다, 至極ㅎ다'로『훈몽자회 · 천자문』광주 · 석봉 본에는 'ㄱ재'로 주해 본에는 'ᄆ릇, ㄱ장, 다홀'로『유합』에는 '막다ᄃ를'로 字釋되었다. 語形 '막다ᄃ를'로 字釋이 특이하다.

近 ; 갓갑다, 갓가오다(갓가이, 나믄, 다ᄃ르다)
 ; 귀신이 감히 갓갑디 못ㅎᄂ니라(神不敢近)<납약3>
 ; 오라며 갓가오며(遠近)<납약6>
 ; 일절히 갓가이 말고(一切不可近)<두창14>
 ; 흔 부인이 나히 셜흔나믄의(有婦人年近)<두창35>
 ; 빗치 넘우 블거 검븕기예 다ᄃ른 거슨(色太紅近紫者)<두창48>
 ; 傷샹호미 重듕ㅎ야 알파 소늘 갓가이 몯ㅎ리라(傷重刺痛手近不)<구하32>

　　'갓갑다, 갓가오다'는 (近)에 대한 대역이다.『두창 · 구하』에는 '갓가이, 나믄, 다ᄃ르다, 갓가이'로『두시언해』에는 '갓갑다, 요ᄉ이, 요조솜, 近間'으로『남명천계송언해』에는 '갓갑다'로『훈몽자회 · 천자문』광주 본에는 '갓가올'로 석봉 본에는 '갓까올'로 주해 본에는 '갓가이'로『유합』에는 '갓갸올'로 字釋되었다. 語形 '요사이, 요조솜, 近間'은『두시언해』에서만 발견된다.

根 ; 불회(불휘)
 ; 츩 불회를 찌허(葛根搗)<납약9>
 ; 가짓 불휘를 둡튜비 글혀(茄子也濃煎湯)<구상8>

　　'불회'는 (根)에 대한 대역이다.『구상』에는 '불휘'로『두시언해』에는 '낮, 밑,

불휘'로 『남명천계송언해 · 정속언해 · 유합 · 천자문』 광주 · 석봉 본에는 모두
'불휘'로 주해 본에는 '불히'로 대역되었다. 語形 '낯, 밑'의 대역이 특이하다.

噤 ; 다믈다(다믈다, 다믈다, 막다)
 ; ᄇᆞ름마자 입을 다믈며(中風口噤)<납약5>
 ; 모딘 피 아니 나고 입을 다믈고(惡露不下口噤)<태요34>
 ; 눈을 팁ᄡᅳ고 입을 다믈다(目竄口噤)<두창6>
 ; 입 마고므르 소리 몯ᄒᆞ며(口噤失音)<구상6>

　　'다믈다'는 (噤)에 대한 대역이다. 『태요 · 두창 · 구상』에는 '다믈다, 막다'로
『두시언해』에는 '미좇다, 버믜다'로 대역되었다. 語形 '미좇다'의 대역이 특이하다.

金 ; 쇠
 ; 쇠ㅅ 독 돌 독이며(金石)<납약24>

　　'쇠'는 (金)에 대한 대역이다. 『두시언해』에는 '금, 돈, 쇠, 金, 黃金'으로 『유합
· 훈몽자회 · 천자문』에는 모두 '쇠'로 『정속언해』에는 '금'으로 대역되었다. 語
形 '돈, 황금, 金'은 『두시언해』에서만 발견된다.

嚼 ; 머금다(십다, 먹다)
 ; ᄒᆞᆫ번의 ᄒᆞᆫ 환을 머금어 프러디게 ᄒᆞ며(每取一丸嚼化)<납약7>
 ; 흙 ᄒᆞᆫ 덩이를 잉뷔 시변(土一塊令孕婦嚼)<태요48>
 ; 졋바누어 세 다ᄉᆞᆺ버늘 머구머 노기면(仰臥嚼化三五丸)<구상51>

　　'머금다'는 (嚼)에 대한 대역이다. 『태요 · 구상』에는 '십다, 먹다'로 『훈몽자회』
에는 '씨블'로 字釋되었다.

急 ; 급ᄒᆞ다(급ᄒᆞ다, 섈리, 과글이, 섈리, 時急히, ᄌᆞ즈다, 되오, 뵈앗비다)
 ; 병이 급ᄒᆞ거든 ᄣᅢᄅᆞᆯ 거리ᄭᅵ디 말고(病急則不拘時)<납약3>
 ; 쳑믹이 더욱 급ᄒᆞ야(尺脉轉急)<태요20>

; 남진이 뒤흐로셔 섈리 브르면(夫從後急呼)<태요10>
; 또 中듕風붕ᄒ야 과글이 모기 브어 죽ᄂ닐 고툐ᄃᆡ(治中風急喉痺欲死者)<구상3>
; 섈리 밠 엄지가락 아랫 ᄀᄅᆫ 그믈 ᄣᅳᄃᆡ(急灸足大趾下橫文)<구상2>
; 時急히 고티디 아니ᄒ면(不急療)<구상68>
; 수미 ᄌᄌᆞ닐 고치ᄂᆫ 法은(喘急方)<구상67>
; 프른 뵈를 되오 ᄆᆞ라(靑布急卷)<구하63>
; ᄆᆞᅀᆞ미 뵈앗바 더우미 發ᄒ야(心急發熱)<구하61>

'급ᄒ다'는 (急)에 대한 대역이다. 『태요 · 구상 · 구하』에는 '급ᄒ다, 섈리, 과글
이, 時急히, 졷다, 되오, 뵈앗비다'로 『두시언해』에는 '쌛ᄅ다, 急히, 急促ᄒ다'로
『남명천계송언해』에는 '쌛ᄅ다'로 『정속언해』에는 '급피, 셜워ᄒ다'로 『유합』에
는 '급홀'로 字釋되었다. 語形 '과글이'는 消滅語로 볼 수 있다. 語形 '셜워ᄒ다'의
대역이 흥미롭다.

汲 ; 긷다(기르다, 긷다)
; ᄀᆺ 기른 우믈 믈의 빠ᄂ리오라(新汲水調下)<납약29>
; ᄀᆺ 기른 믈예 ᄆᆞ라(新汲水調)<태요74>
; 새 기른 므레(新汲水)<구하8>

'기르다'는 (汲)에 대한 대역이다. 『태요 · 구하』에는 '기르다'로 『두시언해』에
는 '기로다, 기르다'로 『훈몽자회 · 유합』에는 '기를'로 字釋되었다.

及 ; 밋쳐
; 믈의 녀허야 밋쳐 쓰리라(入水及用)<납약5>

'밋쳐'는 (及)에 대한 대역이다. 『두시언해』에는 '밋, 및'으로 『남명천계송언해
· 정속언해』에는 '및'으로 『유합』에는 '미츨'로 字釋되었다.

氣 ; 긔운(긔운, 내, 긔운, 김, 숨, 氣分)
; 크게 능히 긔운을 슌게ᄒ며(大能順氣)<납약3>

; 틱를 편안케ᄒ면 긔운놀 슌케ᄒ고(安胎順氣)<태요16>
; 그 내를 마티라(聞其氣)<태요52>
; 열이 극ᄒ고 긔운이 약ᄒ야(熱劇氣弱)<두창53>
; 블김을 두려ᄒᄂ 거시니(怕火氣)<두창33>
; 숨이 쳔급ᄒ야 헐헐ᄒ고(氣促喘急)<두창34>
; 冷링ᄒ 氣킝分분이 디ᄅ 저겨 알ᄑ닐 고티ᄂᄂ니(冷氣刺痛)<구상6>

'긔운'은 (氣)에 대한 대역이다. 『태요·두창·구상』에는 '긔운, 내, 긔운, 김, 숨'으로 『두시언해』에는 '氣運, 氣候, 氣'로 『남명천계송언해·유합·천자문』 등에는 모두 '긔운'으로 대역되었다. 語形 '김, 숨'의 대역이 흥미롭다.

忌 ; 금긔, 말다(말다, 금긔, 몯ᄒ다)
; 금긔ᄂ 붕어와 뎌온 국슈와(忌鯽魚熱麵)<납약1>
; 열ᄒ 거슬 먹디 말고(忌食熱物)<납약9>
; 다 피ᄒ야 말라(並宜避忌)<태요64>
; 일졀 싱닝을 금긔호딕(一切忌生冷)<두창14>
; ᄀ오누르이닐 블혀 뵈요미 몯ᄒ리니(魘忌燈火照) <구상22>

'금긔, 말다'는 (忌)에 대한 대역이다. 『태요·두창·구상』에는 '말다, 금긔, 몯ᄒ다'로 『두시언해』에는 '아쳐ᄒ다'로 『유합』에만 '쩌릴'로 字釋되었다. 語形 '아쳐ᄒ다'는 消滅語로 볼 수 있다.

飢 ; 주리다
; 주리거나 빅 브ᄅ러기로(飢飽)<납약11>

'주리다'는 (飢)에 대한 대역이다. 『두시언해』에는 '주리다, 주으리'로 『석보상절·남명천계송언해』에는 '주으리'로 『정속언해』에는 '주으리, 주우리, 주오리'로 『유합·천자문』에는 모두 '주릴'로 字釋되었다.

喫 ; 머곰(먹다, 먹다)

; 몬져 춘 믈 세머곰 머근 후에(先喫涼水三口然後)<납약19>
; 싱각ᄒᄂ 거슬 머기면 반ᄃ시 됴ᄂ니라(臨意喫必愈)<태요13>
; 그러ᄒ니 먹이면 반ᄃ시 위틱ᄒ리라(與喫則心危)<두창11>

　　'머곰'은 (喫)에 대한 대역이다. 『태요·두창·두시언해』에는 '먹다'로 대역되었다.

難 ; 어렵다(어렵다, 어렵다)
; ᄌ식 나키 어려이 호믈(難産)<납약4>
; 타 먹기 더 어려오니(尤難調服)<두창33>
; 小便이 어려워 빈 탕만ᄒ고(小便難滿)<구상68>

　　'어렵다'는 (難)에 대한 대역이다. 『두창·구상·남명천계송언해·정속언해』에는 모두 '어렵다'로 『두시언해』에는 '몯ᄒ다, 어렵다'로 『유합·천자문』석봉 본에는 '어려울'로 광주 본에는 '어려올'로 주해 본에는 '어려올, 화난, 론난, 셩활'로 대역되었다.

囊 ; 주머니(ᄂ뭊, 주머니)
; 블근 주머니예 녀허(絳囊盛)<납약4>
; ᄒ 냥을 블근 ᄂᄆ치(一兩絳囊)<태요12>
; 덥게ᄒ야 주머니예 너허(使煖囊盛)<구상8>

　　'주머니'는 (囊)에 대한 대역이다. 『태요·구상』에는 'ᄂ뭊, 주머니'로 『두시언해』에는 'ᄂ뭇, ᄂ뭊'으로 『남명천계송언해』에도 'ᄂ뭊'으로 『훈몽자회·유합·천지문』광주·석봉 본에는 모두 'ᄂ 뭊' 주해 본에ᄂ '주머니'로 字釋하였다. 15세기 당시에 이미 고유어 'ᄂ뭊 과 주머니'가 共存하다가 후대에 'ᄂ뭊'이 消滅된 것으로 추정된다.

年 ; 힌(나히)
; 장부의 여러 힌오(臟腑積年)<납약11>

; 나히 즈란 아히는(年長者)<두창32>

　'히'는 (年)에 대한 대역이다. 『두창』에는 '나히'로 『두시언해 · 석보상절』에는
'히, 나히'로 『남명천계송언해 · 정속언해 · 유합 · 천자문』에는 모두 '히'로 字釋
되었다.

膿 ; 고롬(곪다, 곯다)
　; 대변의 고롬 굿튼 것 나믈 고티고(便膿又治)<납약10>
　; 불셔 곰기는 졈이 닛느니(已有向膿之漸)<두창49>
　; 알포니 그츠며 곯디 아니ᄒ며(痛定不作膿)<구하35>

　'고롬'는 (膿)에 대한 대역이다. 『두창 · 구하』에는 '곪다, 곯다'로 대역되었다.
다른 문헌에 대역된 語形이 발견되지 않고 있다.

能 ; 능히
　; 크게 능히 긔운을 슌게ᄒ며(大能順氣)<납약3>
　; 쏘 能히 사ᄅᆞᆷ믈 주기느니(亦能殺人)<구상45>

　'능히'는 (能)에 대한 대역이다. 『구상 · 두시언해 · 석보상절』에는 '능히'로 『남
명천계송언해』에는 '능ᄒ다, 능히'로 『훈몽자회』에는 '어딜'로 『유합』에는 '릉홀'
로 『천자문』 광주 본에는 '능홀'로 석봉 본에는 '잘홀'로 주해 본에는 '능을, 즘승,
쟈라, 견딀'로 대역되었다. 語形 '어딜, 즘승, 쟈라, 견딀'의 대역이 특이하다.

茶 ; 차
　; 말간 차의 나리 오되(茶淸下)<납약8>
　; 찻믈 두 머굼만 흔되 프러 ᄂᆞ리오리(茶淸兩呷許調下)<구상41>
　; 보ᅀᅳ로 두퍼 흔 차 다릴ᄉᆡ 만커든 내야(碗覆一茶久取)<구상51>

　'차'는 (茶)에 대한 대역이다. 『구상 · 남명천계송언해 · 훈몽자회 · 유합』에는
'차'로 『두시언해』에는 '엿귀, 차'로 대역되었다. 語形 '엿귀'는 消滅語로 볼 수

있다.

斷 ; 긏다(긋다, 버히다, ᄆᆞ르다, 그치다)
　; 일로 인ᄒᆞ야 ᄌᆞ식 나키 그처시믈(因此斷産)<납약16>
　; 빗복 줄기예 구디 ᄆᆡ여 ᄃᆞ니온 후에 긋고(繫臍帶垂重然後切斷)<태요36>
　; 흔 엄의 머리털 죠곰 버혀(斷産母髮少)<태요69>
　; 큰 ᄀᆞ믈의도 ᄆᆞ르디 아니ᄒᆞᄂᆞᆫ(大旱不斷)<두창28>
　; 또 金금 瘡창 고티어 시혹 슬히 그치 디며 ᄣᅥ야 디거든(治金瘡或肌肉斷裂)<구상82>

　　‘긏다’는 (斷)에 대한 대역이다. 『태요・두창・구상』에는 ‘다긏다, 버히다, ᄆᆞ르다, 그치다’로 『두시언해』에는 ‘긏다, 決斷’으로 『석보상절・남명천계송언해』에는 ‘긏다’로 『유합』에는 ‘그칠’로 字釋되었다. 語形 ‘ᄆᆞ르다’의 대역이 특이하다.

痰 ; 담
　; 열흔 담이 마키믈(熱痰壅塞)<납약7>
　; 痰땀 盛셩ᄒᆞ니란 全쪈蠍혈 두 나출(痰盛者加全蠍二枚)<구상1>

　　‘담’은 (痰)에 대한 대역이다. 『구상』에도 ‘담’으로 『훈몽자회』에는 ‘춤’으로 字釋되었다. 現代語 ‘가래’로 대역된 語形은 발견되지 않고 있다.

當 ; 당ᄒᆞ다, 식(맛당ᄒᆞ다, 맛당ᄒᆞ다, 온당ᄒᆞ다, 모로매, 반ᄃᆞ기)
　; 가ᄉᆞᆷ의 당ᄒᆞ여 ᄶᅴ면(當心帶)<납약4>
　; 흔번의 닐곱 환 여듧 환 식(每七八丸當)<납약27>
　; 맛당이 노ᄑᆞᆫ디(當於高處)<태요22>
　; 맛당히 보젼탕 독ᄉᆞᆷ탕 등약을 ᄡᅥ(當用保元湯獨參湯等藥)<두창65>
　; 온당ᄒᆞ리라(爲當)<두창3>
　; 모로매 그 숤가라ᄀᆞᆯ ᄲᆞᆯ리 내율디니(當疾出其指)<구상79>
　; 오라면 반ᄃᆞ기 말ᄒᆞ리라(良久當語)<구상3>

　　‘당ᄒᆞ다, 식’은 (當)에 대한 대역이다. 『태요・두창・구상』에는 ‘맛당ᄒᆞ다, 당

ᄒᆞ다, 식, 맛당히, 온당ᄒᆞ다, 모로매, 반ᄃᆞ기'로 『두시언해』에는 '반ᄃᆞ기, 當ᄒᆞ다'
로 『석보상절』에는 '당다이, 當ᄒᆞ다'로 『정속언해』에는 '모로미'로 『유합』에는
'맛당'으로 字釋되었다.

對 ; 맞다(견주다, 마초다)
　　; 이 약이 만일 증의 마즈면(此藥若對症)<납약22>
　　; 노ᄒᆞ르 두 ᄇᆞᆯ톡 그틀 견주고(對以繩度兩肘尖頭)<구상36>
　　; 헌ᄃᆡ 마초아 쇠면(對瘡口熏)<구하81>

　　'맞다'는 (對)에 대한 대역이다. 『구상·구하』에는 '견주다, 마초다'로 『두시언
해』에는 '對ᄒᆞ다, 相對ᄒᆞ다'로 『석보상절』에는 '대ᄒᆞ다'로 『훈몽자회』에는 '싹'
으로 『유합·천자문』 석봉 본에는 'ᄃᆡ답'으로 광주 본에는 '샹ᄃᆡᆺ'로 주해 본에는
'ᄃᆡ답, ᄃᆡ흘'로 대역되었다.

待 ; 기도리다(기도리다)
　　; 져근덧 기도로면(小待)<납약22>
　　; 약믈을 ᄀᆞ초아 ᄃᆡ령ᄒᆞ야 기도로디니(備藥以待)<두장37>

　　'기도리다'는 (待)에 대한 대역이다. 『두창』에는 '기도리다'로 『두시언해』에는
'기들우다, 待接ᄒᆞ다'로 『남명천계송언해·유합』에는 '기드리다'로 대역되었다.

大 ; 크다, 마곰(ᄀᆞ장, 같다, 크다, 듕ᄒᆞ다, 극키, 넙다, 오로, 굵다, ᄀᆞ장, 너무,
　　미이, 크다, 하)
　　; 크게 즈츼고 혹 토ᄒᆞ며(大瀉或吐)<납약9>
　　; 혹 녹두마곰 환을 지어(或作丸菉豆大)<납약11>
　　; 술도 ᄀᆞ장 취케 말며(飮母大醉)<태요15>
　　; 탄ᄌᆞᄀᆞ티 비븨여 ᄆᆡ ᄒᆞᆫ 환을(彈子大每取一丸)<태요5>
　　; 큰 니근 셕뉴 ᄒᆞ나흘(大陳石榴一枚)<태요6>
　　; 듕케 지은 궁귀탕은 ᄒᆞᄅᆞ 세 복 식 먹고(服大劑芎歸湯日三)<태요59>
　　; 극키 위ᄐᆡᄒᆞ니 급피 뎡듕탕을 쓰라(大危也急用定中湯)<두창50>

; 시내 ㄱ의 닙 넙고(溪邊大葉)<두창28>

; 긔혈이 오로 모화(血氣大振)<두창53>

; 굴근 마늘 두서 알흘 ㄴㄹ니 십고(大蒜三兩辨細嚼)<구상10>

; ㄱ장 목몰라(大渴)<구상34>

; 짓를 너무 봇디 말오(灰勿大熱)<구상72>

; 미이 말홈과 우숨과(大言笑)<구상80>

; 믈 흔 큰 盞잔으로 글혀(水一大盞煎)<구상6>

; 그 證이 시혹 하 吐커나(其證或大吐)<구상54>

　　'크다, 마곰'은 (大)에 대한 대역이다. 『태요·두창·구상』에는 'ㄱ장, 긑다, 크다, 듕ᄒ다, 마곰, 극키, 넙다, 오로, 굵다, 너무, 미이, 하'로 『두시언해』에는 '굵다, ㄱ장, 너무, 크다, 키'로 『석보상절』에는 '크다, 굵다'로 『남명천계송언해·정속언해』에는 '크다, 키'로 『유합·천자문』광주·석봉 본에는 '큰'으로 주해 본에는 '큰, ㄱ장'으로 대역되었다. 語形는 '미이, 하'의 대역이 특이하다.

帶 ; 씌다(줄기, 치오다)

; 가슴의 당ᄒ여 씌면(當心帶)<납약4>

; 빗복 줄기예 구디 미여(繫臍帶)<태요36>

; 왼녁 허리에 치오고(帶身左腰)<태요12>

　　'씌다'는 (帶)에 대한 대역이다. 『태요』에는 '줄기, 치오다'로 『두시언해』에는 '닙다, 씌츠다, 차다, 츠다'로 『남명천계송언해·훈몽자회·유합·천자문』에는 모두 '씌'로 대역되었다.

袋 ; 주머니

; 블근 깁 주머니예 녀허(紅絹袋盛)<납약3>

　　'주머니'는 (袋)에 대한 대역이다. 『남명천계송언해』에는 '주머니'로 『훈몽자회·유합』에는 '쟈ᄅ'로 字釋되었다. 語形 '주머니, 쟈ᄅ'가 당시에 이미 의미가 분화되어 사용된 것으로 추정된다.

到 ; 다드르다(들다)

　; 또치어 발등의 다드르며(趕到脚面上)<납약21>
　; 소곰 氣分이 비예 들면(塩氣一到腹)<구상33>

　　　‘다드르다’는 (到)에 대한 대역이다.『구상』에는 ‘들다’로『두시언해』에는 ‘가
다, 니르다, 오다’로『석보상절』에는 ‘다들다’로『남명천계송언해』에는 ‘다들다,
니르다’로『유합』에는 ‘리를’로 字釋되었다.

桃 ; 복슝아(복샹화)

　; 복슝아 가지과 버들 가지 달힌 믈의 프러 느리오라(桃柳枝煎湯化下)<납약26>
　; 복샹화 나모와 버드 나못 가지를(桃柳枝)<구상11>

　　　‘복슝아’는 (桃)에 대한 대역이다.『구상』에는 ‘복샹화’로『두시언해』에는 ‘복
셩핫’으로『훈몽자회 · 유합』에는 ‘복셩화’로 字釋되었다.

搗 ; 찧다(즛디허, 딯다)

　; 츩 불회를 씨허(葛根搗)<납약9>
　; 냇믈에 효근 사요를 즛디허(溝渠中小鰕煉搗)<태요74>
　; 디허 구르딩 구라(搗爲末)<태요2>

　　　‘찧다’는 (搗)에 대한 대역이다.『태요』에는 ‘즛디허, 딯다’로 대역되었다.『구
상』을 비롯해서 다른 문헌에는 모두 (擣)에 대한 대역이다.『구상』에는 ‘딯다,
찧다’로『두시언해』에는 ‘디호다’로 『훈몽자회 · 유합』에는 ‘디흘’로 字釋되었다

塗 ; ᄇᆞ르다(ᄇᆞ르다, ᄇᆞ르다)

　; 믈의 구라 샹흔ᄃᆡ ᄇᆞ르고(水磨塗傷處)<납약24>
　; 소곰을 ᄇᆞ르고(以塩塗)<태요24>
　; 톳긔 머리 骨髓를 내야 ᄇᆞ르라(兔惱髓取塗之)<구상6>

　　　‘ᄇᆞ르다’는 (塗)에 대한 대역이다.『태요 · 구상』에는 ‘ᄇᆞ르다’로『두시언해』에

는 '길'로 『유합』에는 '홁ㅂ룰'로 字釋되었다. 語形 '길'은 漢字 '途'와 같은 뜻으로 대역하였다.

毒 ; 독

; 모든 독과 뫼 안개 긔운과(諸毒山嵐)<납약4>
; 山산中듕엣 남긧 버스세 毒독 마ᄌ닐 고튜딕(治山中樹菌中毒)<구하47>

　'독'은 (毒)에 대한 대역이다. 『구하』에는 '독'으로 『두시언해』에는 '모디다, 毒氣'로 『남명천계송언해』에는 '독ᄒ다'로 『유합』에는 '독홀'로 字釋되었다.

冬 ; 겨을(겨올, 겨슬)

; ᄀ올은 닐혜오 겨을은 열흘 만의(秋七冬十日)<납약6>
; 겨울 치위에도 닝슈의 모욕ᄒ고(冬月浴冷)<두창10>
; '겨스렌 부칫 불휘를 디허(冬月用韭根擣)<구상24>

　'겨을'은 (冬)에 대한 대역이다. 『두창 · 구상』에는 '겨올, 겨슬'로 『두시언해 · 남명천계송언해』에는 '겨슬'로 『정속언해』에는 '겨을'로 『훈몽자회』에는 '겨ᅀ'로 『유합』에는 '겨을'로 『천자문』 광주 본에는 '겨ᅀ'로 석봉 본에는 '겨ᅌ'로 주해 본에는 '겨을'로 字釋되었다.

童 ; ᄉ나희 아히

; ᄉ나희 아히 오줌의 ᄡ라 ᄡ라(和童便用之)<납약4>

　'ᄉ나희 아히'는 (童)에 대한 대역이다. 『두시언해 · 훈몽자회 · 유합』에는 모두 '아히'로 대역되었다.

疼 ; 앓다(셟다)

; 머리 알케와 니 알키며(頭痛牙疼)<납약25>
; 더운 므레 데어 셟거든(湯潑爛熱毒疼)<구하10>

　　'앓다'는 (疼)에 대한 대역이다. 『구하』에는 '셟다'로 『훈몽자회』에는 '알폴'로
字釋되었다.

同 ; 흔가지(흔듸, 넣다, 흔가지)

　　; ᄌᆞ금단과 흔가지로 되(紫金丹同) <납약25>
　　; 샤향 두 돈 흔듸 찌허(麝香二錢同搗)<태요31>
　　; 파흰밑 세 너허 달혀 머기라(葱白三莖同煎服)<태요46>
　　; 흔가지로 달혀 머겨도 됴ᄒᆞ니라(同煎亦得)<두창33>

　　'흔가지'는 (同)에 대한 대역이다. 『태요 · 두창』에는 '흔듸, 넣다, 흔가지'로 『두
시언해』에는 'ᄀᆞᆮ다, ᄀᆞᇀ다, 흔가지, 흔ᄢᅴ'로 『석보상절 · 유합』에는 '흔가지'로 『남
명천계송언해』에는 '흔듸, 흔가지'로 『천자문』 광주 · 석봉 본에는 '오힌'으로 주
해 본에는 '흔가지, 술그릇'으로 대역되었다. 語形 '술그릇'의 대역이 흥미롭다.

豆 ; 콩(콩, 콩, ᄑᆞᆺ)

　　; 거믄 콩 달힌 즙을 먹고(黑豆煮汁服)<납약9>
　　; 블근 ᄑᆞᆺ 거믄 콩(赤小豆黑豆)<두창5>
　　; 큰 콩낫만 ᄒᆞ닐(一大豆)<구상25>
　　; ᄑᆞᆺ ᄀᆞᄅᆞᆯ 므레 ᄆᆞ라(豆粉水調)<구하22>

　　'콩'은 (豆)에 대한 대역이다. 『두창 · 구상 · 구하』에는 '콩, ᄑᆞᆺ'으로 『두시언해』
에도 '콩'으로 『유합』에는 'ᄑᆞᆺ'으로 字釋되었다. (豆)에 대한 대역 語形이 '콩, ᄑᆞᆺ'
으로 나타남은 아주 특이하다.

頭 ; 머리(머리, 머리, ᄀᆞᇀ, 머리)

　　; 머리와 눈이 아득ᄒᆞ며(頭目昏)<납약5>
　　; 남진 머리털과 손톱 발토ᄇᆞᆯ(夫頭髮手足爪甲)<태요12>
　　; 온 몸과 머리 ᄂᆞᆾ과 아래 우흘(全身頭面上下)<두창5>
　　; ᄯᅩ 손발 열가락 그틀 針침ᄒᆞ야(又方針手足十指頭)<구상28>
　　; 주근 사ᄅᆞ미 머리를 져기 드러(小擧死人頭)<구상10>

‘머리’는 (頭)에 대한 대역이다. 『두창 · 태요 · 구상』 등에 모두 ‘머리, 긑’으로 『두시언해』에는 ‘머리, 긑, 우ㅎ’로 『석보상절 · 남명천계송언해 · 훈몽자회 · 유합』에는 모두 ‘머리’로 대역되었다.

等 ; 들을(ㄱ티, 곧다, 들해)
 ; 온갓 명의 열나ᄂᆞᆫ 증들을(一切病發熱等)<납약1>
 ; 오령지 포황을 ㄱ티ᄒᆞ야(五靈脂蒲黃等)<태요49>
 ; ᄯᅡᆷ 내욤 들햇(發汗等)<구상12>
 ; 고솜도틱 가츨 ᄀᆞᆯ게 ᄂᆞ호아(猬皮各等分)<구하66>

 ‘들을’은 (等)에 대한 대역이다. 『태요 · 구상 · 구하』에는 ‘ㄱ티, ㄱ다, 들해’로 『두시언해』에는 ‘ᄀᆞᆯᄒᆞ다, 둘히, ᄒᆞᆫ가지, 무리’로 『유합』에는 ‘등뎨’로 『천자문』 광주 · 석봉 본에는 ‘ᄀᆞ올’로 주해 본에는 ‘ㄱ족, 무리, 기ᄃᆞ릴, 츠례’로 대역되었다.

亂 ; 어즐어으다(어즈럽다)
 ; 피로 어즐코 답답고 어즐어으며(血暈悶亂)<납약4>
 ; 어즈러워ᄒᆞᄂᆞᆫ 거슬 그릇 슈압ᄒᆞᄂᆞᆫ가 ᄒᆞ야(亂而錯認爲收壓)<두창54>

 ‘어즐어으다’는 (亂)에 대한 대역이다. 『두창』에는 ‘어즈럽다’로 『두시언해』에 는 ‘셔다, 어즈럽다, ᄒᆞ다, 兵, 亂, 喪亂, 相亂, 逆亂’으로 『남명천계송언해 · 정속 언해 · 유합』에는 ‘어즈럽다, 어즈러이, 어러울’로 대역되었다.

藍 ; 족(족)
 ; ᄯᅩ 족 불휘과 사당을(又藍根砂糖)<납약9>
 ; 족은 ㄱ라 즈블 取ᄒᆞ야(以藍研取汁)<구상79>

 ‘족’은 (藍)에 대한 대역이다. 『구상 · 훈몽자회 · 유합 · 천자문』에 모두 ‘족’으 로 대역되었다.

嵐 ; 안개

; 모든 독과 뫼 안개 긔운(諸毒山嵐)<납약4>

'안개'는 (嵐)에 대한 대역이다. 대부분 '안개'에 대응된 한자로는 무(霧)이며
람(嵐)으로 대역된 경우는 특이하게 『납약』에서만 발견된다.

凉 ; 츠다(츠다)
; 츤 믈의 프러 노리오(凉水化下)<납약6>
; 츤 므를 마셔 노리오미 됴ᄒ니라(飮凉水送下妙)<구상28>

'츠다'는 (凉)에 대한 대역이다. 『구상』에는 '츠다'로 『두시언해』에는 '서늘하
다, 서늘ᄒ다, 칩다'로 『남명천계송언해』에는 '서늘ᄒ다, 서늘ᄒ다'로 『유합』에
는 '서늘ᄒ다, 서늘ᄒ다, 서늘'로 『천자문』 석봉 · 주해 본에는 '서늘' 광주 본에
는 특이하게 '간다올'로 字釋되었다. 語形 '간다올'은 消滅語로 볼 수 있다.

冷 ; 츠게ᄒ다(츠다, 닝ᄒ다, 식다, 식다, 치위)
; 달힌 믈을 츠게ᄒ여(煎湯冷)<납약9>
; ᄉ나히 졍긔 츠니(男子精冷)<태요1>
; 졍긔 닝흔 디니(精氣淸冷也)<태요1>
; 블예 ᄉ라오로 블거든 시겨 나여(火煅通紅候冷取出入)<태요50>
; 졈졈 식기를 기두러(稍稍向冷)<두창50>
; 겨울 치위예도 닝슈의 모욕ᄒ고(冬月浴冷)<두창10>
; 져기 식거든(少冷)<구상10>
; 츤 추미 흔 두 되만 나면(冷涎出一二升)<구상4>

'츠게ᄒ다'는 (冷)에 대한 대역이다. 『태요 · 두창 · 구상』에는 '츠다, 닝ᄒ다,
식다, 치위'로 『두시언해』에는 '묽다, 사늘ᄒ다, 서늘ᄒ다, 식다, 어름, 치워, 츠다,
冷ᄒ다'로 『석보상절』에는 '츠다'로 『유합』에는 '출'로 字釋되었다.

令 ; ᄒ여곰(ᄒ여다)
; 사름으로 ᄒ여곰(令人)<납약9>

; 사룸 ᄒᆞ여 ᄆᆞᆫ지라(令人摸)<태요10>

　'ᄒᆞ여곰'은 (令)에 대한 대역이다. 『태요』에는 'ᄒᆞ여다'로 『두시언해』에는 'ᄒᆡ여, ᄃᆢᄒᆞ, 어딘'으로 『훈몽자회』에는 '귀ᄀᆡᆯ홀'로 『유합』에는 '령, ᄒᆞ야곰'으로 『천자문』 광주 본에는 'ᄒᆡ'로 석봉 본에는 '어딜'로 주해 본에는 '어딜, 법령, ᄒᆞ야곰, 별솔'로 대역되었다.

療 ; 고티다(고티다, 얼의다)

; 오란 고곰을 고티고(遠年虐疾及療)<납약18>
; 자다가 ᄭᆡ디 몯ᄒᆞᆯ 고툐ᄃᆡ(療臥忽不悟愼)<구상24>
; 얼읜 피 ᄇᆡ 안해 이시 알ᄑᆞ고(遼血在腹中)<구하28>

　'고티다'는 (療)에 대한 대역이다. 『구상·구하』에는 '고티다, 얼의다'로 『두시언해』에는 '고티다'로 『유합』에는 '병고틸'로 字釋되었다.

留 ; 머믈다(두다)

; 명치며 가슴의 머므러 이시며(留在心胸) <납약14>
; 흰 ᄌᆞ의 업시 노른 ᄌᆞ의만 두고(去淸留黃)<태요43>

　'머믈다'는 (留)에 대한 대역이다. 『태요』에는 '두다'로 『두시언해』에는 '머믈다, 주다'로 『남명천계송언해·유합』에는 '머믈다'로 대역되었다.

瘤 ; 혹

; 두드러기며 혹이며(癮疹赤瘤)<납약24>

　'혹'은 (瘤)에 대한 대역이다. 『훈몽자회』에는 'ᄆᆞᆯ혹'으로 字釋되었다.

柳 ; 버들(버들)

; 뽁숑아 가지과 버들 가지 달힌 믈의 프러 ᄂᆞ리오라(桃柳枝煎湯化下)<납약26>
; 복샹화 나모와 버드 나못 가지ᄅᆞᆯ(桃柳枝)<구상11>

‘버들’은 (柳)에 대한 대역이다. 『구상 · 두시언해 · 훈몽자회 · 유합』 등 모든
문헌에 단일 語形으로 대역되었다.

裏 ; 닉(안, 안)

 ; 닉 급ᄒ고 뒤히 므즑ᄒ며(裏急後重)<납약10>
 ; 안흐로 드디 아니ᄒ고(不入裏)<두창29>
 ; 웃입시울 안흘 보ᄃᆡ(視其上脣齒裏)<구상18>

  ‘닉’는 (裏)에 대한 대역이다. 『두창 · 구상』에는 ‘안’으로 『두시언해』에는 ‘속,
안해’로 『석보상절 · 남명천계송언해 · 훈몽자회』에는 ‘솝’으로 『유합』에는 ‘속’
으로 字釋되었다.

痢 ; 니질(니질)

 ; 과ᄀ른 적빅니질이며(暴痢赤白)<납약3>
 ; 니질 셜샤도ᄒ며(痢下)<두창6>

  ‘니질’은 (痢)에 대한 대역이다. 『두창』에도 ‘니질’로 『훈몽자회』에는 ‘즈칠’로
字釋되었다. 語形 ‘즈칠’은 消滅語로 볼 수 있다.

狸 ; 숡(숡)

 ; 얼운이 여이며 숡긔 홀린 병들을 고티고(大人狐狸等疾)<납약3>
 ; 버믜 ᄲᅦ나 시혹 숡긔 ᄲᅦ나(虎骨或狸骨)<구상49>

  ‘숡’은 (狸)에 대한 대역이다. 『구상 · 훈몽자회』에 모두 ‘숡’으로 대역되었다.

臨 ; ᄣᅢ(제, 비르서, 다혀, 제)

 ; 안날 밤 잘 ᄣᅢ예(隔夜臨睡)<납약26>
 ; 누을 제 ᄯᅩ 머그되(臨臥再服)<태요2>
 ; ᄌᆞ식 비르서 놀라고 두려 긔운이 ᄆᆡ쳐(臨産驚惶氣結)<태요30>
 ; 쇼를 잇거고 우희 다혀(牽牛臨鼻上)<구상24>

; 空心과 낫과 누울 제와 머르라(空心日午臨臥服)<구상57>

'뻬'는 (臨)에 대한 대역이다. 『태요 · 구상』에는 '제, 비르서, 다혀'로 『두시언해』에는 '디러다, 臨ᄒ다'로 『석보상절』에는 '다ᄃᆞ다'로 『남명천계송언해』에는 '디르다'로 『유합』에는 '디늘'로 『천자문』 광주 본에는 '디늘' 석봉 본에는 '디늘'로 주해 본에는 '림홀, 곡'으로 대역되었다.

磨 ; 굴다(굴다, 매, 진득진득, 쎄븨다)
; 한슈석을 믈의 ᄀᆞ라 먹고(寒水石磨水服)<납약9>
; 칼ᄀᆞᆫ 지거미 믈로 드시ᄒᆞ야(以磨刀水溫)<태요25>
; 칠월의ᄂᆞᆫ 방하과 매예 잇고(七月在碓磨)<태요66>
; 손으로 진득진독 누로면 즉시 그치ᄂᆞ니(以手按磨卽止)<두창27>
; 굴근 마늘롤 밠 바다애 쎄븨여(用大蒜磨脚心)<구상32>

'굴다'는 (磨)에 대한 대역이다. 『태요 · 두창 · 구상』에는 '굴다, 매, 진득진득, 쎄븨다'으로 『두시언해』에는 '굴다'로 『훈몽자회』에는 '매'로 『유합 · 천자문』 광주·석봉 본에는 '굴다'로 주해 본에는 '굴다, 매'로 대역되었다. 語形 '진즉진득'의 대역이 흥미롭다.

痲 ; 잘이다

; 손발이 잘이고 범븨여 ᄡᅳ디 못ᄒᆞ며(手足痲痺不)<납약21>

'잘이다'는 (痲)에 대한 대역이다. 다른 문헌에는 '發痲'<漢淸文鑑8; 7>과 '痲啊'<同文類解ᅡ7>에 '저리다'로 내역된 용례가 빌견되나 흰자 표기기 다르다.

滿 ; 탕만ᄒ다(탕만ᄒ다, ᄀᆞ득ᄒ다, 븟다, ᄀᆞ득ᄒ다, 브르다)
; 녑히 든든코 탕만ᄒ며(脇間堅滿)<납약11>
; 만일 빗기슭이 탕만ᄒ야(若小腹滿)<태요54>
; 더러온 거시 가슴의 ᄀᆞ득ᄒ얏다가(穢液滿胸)<두창1>
; 슬지게 븟든 아니호ᄃᆡ(不至肥滿)<두창37>

; 허러 피 통 안해 ㄱ독ᄒ야(傷血滿腸中)<구상17>
; 피 솟고며 빈 브르날(血湧腹滿)<구하34>

'탕만ᄒ다'는 (滿)에 대한 대역이다. 『태요·두창·구상·구하』에는 '탕만ᄒ다, ㄱ독ᄒ다, 붓다, 브르다'로 『두시언해』에는 'ㄱ독ᄒ다, 츠다'로 『석보상절』에는 '츠다'로 『남명천계송언해』에는 'ㄱ독ᄒ다'로 『유합·천자문』에는 '츌'로 字釋되었다.

蟒 ; 구렁이
; 쥐며 구렁의게 믈리인 병(鼠蟒惡茵)<납약24>

'구렁이'는 (蟒)에 대한 대역이다. 『훈몽자회』에 '구렁이'로 字釋되었다.

每 ; 미양, 흔번(흔, ᄆ양, 미샹, 흔번)
; 미양 즈치고져ᄒ며(每欲下痢)<납약10>
; 흔번의 닐곱 환 여듧 환 식(每七八丸當)<납약27>
; 네복애 분ᄒ야 흔 복의 싱강 세뎜 너허(分作四貼每服生薑)<태요4>
; ᄆ양 저젓게 ᄒ여야(每令)<두창22>
; 미샹 뽈제 져기 取ᄒ야(每用時取少)<구하2>
; 自然汁 아사 흔번 머고매(取自然汁每服)<구하3>

'미양, 흔번'은 (每)에 대한 대역이다. 『태요·두창·구하』에 '흔, ᄆ양, 미샹, 흔번'으로 『두시언해』에는 '마다, 미샹, 每常'으로 『정속언해』에는 '미양'으로 『훈몽자회』에는 '믈, 니슬'로 『천자문』 광주 본에는 '니으'로 석봉 본에는 '미양'으로 주해 본에는 '미양, 아름다올'로 대역되었다. 語形 '아름다올'의 대역이 특이하다.

面 ; ᄂ치(ᄂ치, ᄂ치, ᄂ치)
; ᄂ치 누로고(面黃)<납약29>
; 엄의 ᄂ치나 등의나 쌔므면(噀産母面或背上)<태요25>
; 온 몸과 머리 ᄂ치과 아래 우흘(全身頭面上下)<두창5>

; 오직 ᄂᆞ치 춤 받고(但唾其面)<구상24>

　‘ᄂᆞᆾ’은 (面)에 대한 대역이다.『태요·두창·구상』에는 ‘ᄂᆞᆾ, ᄂᆞᆾ’으로『두시언해』에는 ‘ᄂᆞᆾ, ᄂᆞᆾ, 쌤, 앒, 面’으로『석보상절·남명천계송언해』에는 ‘ᄂᆞᆾ’으로『훈몽자회·유합·천자문』석봉·주해 본에는 ‘ᄂᆞᆾ’으로 광주 본 ‘ᄂᆞᆫ’으로 字釋되었다. 語形 ‘앒’의 대역이 특이하다.

麵 ; 국슈(밀ᄀᆞᄅᆞ, ᄀᆞᆯ, 밀ᄀᆞᄅᆞ, ᄀᆞᆯ)
; 금긔ᄂᆞᆫ 붕어와 뎌온 국슈와(忌鯽魚熱麵)<납약1>
; 밀 ᄀᆞᄅᆞ 너허(打麵)<태요6>
; 춥ᄡᆞᆯ 죽 귀오리 ᄀᆞᄅᆞ(糯米粥蕎麥麵)<두창13>
; 또 밄ᄀᆞᄅᆞ 혼 兩을 ᄃᆞᄉᆞᆫ믈 혼 中盞애(又方取麵一兩以溫水一中盞)<구상9>
; 酢로 ᄀᆞᆯ을 ᄆᆞ라 ᄇᆞᄅᆞ라(以酢和麨塗之)<구하36>

　‘국슈’는 (麵)에 대한 대역이다.『태요·두창·구상·구하』에는 ‘밀ᄀᆞᄅᆞ, ᄀᆞᄅᆞ, ᄀᆞᆯ’로『훈몽자회』에는 ‘ᄀᆞᄅᆞ’로 字釋되었다. 語形 ‘국슈’의 대역이 특이하다.

眠 ; 줌
; 줌 못자 번열ᄒᆞ며(不得眠煩燥)<납약10>

　‘줌’은 (眠)에 대한 대역이다.『두시언해』에는 ‘ᄌᆞ오롬, 조오롬’으로『석보상절·남명천계송언해』에는 ‘ᄌᆞ올’로『정속언해』에는 ‘줌’으로『훈몽자회·유합』에는 ‘조오롬’으로『천자문』광주 본에는 ‘조ᅀᆞ롬’으로 석봉·주해 본에는 ‘조올’로 字釋되어다.

鳴 ; 울다(울다, 울다)
; 비울기 믈소릐 ᄀᆞᄐᆞ며(腹鳴水聲)<납약10>
; 비 소개서 쇠붐 우둣ᄒᆞ거든(腹中作鐘鳴)<태요48>
; 오직 비 우디 아니ᄒᆞ고(但腹不鳴)<구상15>

‘울다’는 (鳴)에 대한 대역이다. 『태요 · 구상 · 두시언해 · 석보상절 · 남명계송언해 · 유합 · 천자문』 등에 모두 ‘울’로 대역되었다.

名 ; 일홈(명, 일흠, 일홈, 일홈)

  ; 일홈이 소감원이라(名蘇感元)<납약11>
  ; 최싱여셩산은 일명은(催生如聖散一名)<태요28>
  ; 혹 일흠 짓디 못흘고(或有難名之)<두창68>
  ; 氣킝分분을 吐통호미 ᄌᆞᄌᆞ면 일후미 ᄆᆞᆯ 목 브스미니(吐氣數名馬喉)<구상43>

    ‘일홈’은 (名)에 대한 대역이다. 『태요 · 두창 · 구상』에는 ‘일홈, 명, 일흠’으로 『두시언해 · 석보상절 · 남명천계송언해 · 훈몽자회 · 유합 · 천자문』에는 모두 ‘일홈’으로 『정속언해』에 ‘일홈, 일흠’으로 대역되었다.

木 ; 나모(나모)

  ; 플독 나모 독이며(草木)<납약24>
  ; 나모 돌해 누르어니와(木石所迮)<구하36>

    ‘나모’는 (木)에 대한 대역이다. 『구하』에도 ‘나모’로 『두시언해』에는 ‘나모, 남기’로 『석보상절 · 남명천계송언해 · 정속언해 · 훈몽자회 · 유합 · 천자문』에는 모두 ‘나모’로 대역되었다.

目 ; 눈(눈, 눈, 눈)

  ; 머리와 눈이 아득ᄒᆞ며(頭目昏)<납약5>
  ; 여슷 ᄃᆞᆯ애 입과 눈이 일고(六月口目成)<태요8>
  ; 눈을 팁쓰고 입을 다믈다(目竄口噤)<두창6>
  ; 눈니 돌면 이비 ᄯᅩ 열리니(目轉則口乃亦開)<구상8>

    ‘눈’은 (目)에 대한 대역이다. 『태요 · 구상 · 두창 · 두시언해 · 훈몽자회 · 유합 · 천자문』 등에 모두 ‘눈’으로 대역되었다

妙 ; 기묘(奇妙)하다, 긔특ᄒ다(됴다, 둏다, 싀원ᄒ다, 됴ᄒ다)

; ᄯᅩᄒᆫ 긔묘ᄒ니라(亦妙)<약납4>

; 더욱 긔특ᄒ니(尤妙)<납약20>

; ᄀᆞ장 됴ᄒ니(最妙)<태요37>

; ᄯᅩᄒᆫ 됴ᄒ니라(亦妙)<두창16>

; 대개 두창 곰긴의 긔운이 밧그로 나매 준듸 마다 ᄀᆞ장 싀원ᄒ매(極妙盖痘氣外泄故)
  <두창51>

; 도틱 기르메 ᄆᆞ라 브튜미 됴ᄒ니라(猪脂調傅妙)<구상7>

'기묘하다, 긔특ᄒ다'는 (妙)에 대한 대역이다. 『태요 · 두창 · 구상』에는 '둏다,
싀원ᄒ다, 됴ᄒ다'로 『두시언해』에는 '微妙ᄒ다, 精妙ᄒ다, 神妙ᄒ다'로 『유합』에
는 '神妙ᄒ다'로 字釋되었다. 語形 '싀원ᄒ다'의 대역이 특이하다.

無 ; 말다(업다, 아니ᄒ다)

; 뭇디 말고(無問)<납약6>

; 겨집이 ᄌᆞ식 업스니(婦人無子)<태요1>

; ᄯᅩ 믄득 귓것틴 病뼝을 어더 漸쪔漸쪔 아니ᄒ야(又方卒得鬼擊之病漸)<구상18>

'말다'는 (無)에 대한 대역이다. 『태요 · 구상』에는 '업다, 아니ᄒ다'로 『두시언
해』에는 '몯ᄒ다, 아니ᄒ다, 업다'로 『남명천계송언해 · 정속언해』에는 '업다'로
『유합 · 천자문』 광주 · 석봉 본에는 '업슬'로 주해 본에는 '업슬, 션흘'로 대역되
었다.

物 ; 것(갓)

; 초브터 싄 짓과(醋酸物)<납약1>

; ᄆᆞᄅᆞᆫ 것 시버 ᄂᆞ리오(下乾物)<태요5>

'것'은 (物)에 대한 대역이다. 『태요』에는 '것'으로 『두시언해』에는 '것, 文物,
萬物'로 『석보상절』에는 'ᄃᆞ'로 『남명천계송언해』에는 'ᄃᆞ, 시, 것, 이'로 『정속
언해』에는 '이'로 『훈몽자회』에는 '갓'으로 『유합』에는 '만물'로 『천자문』 광주

본에는 '갓'으로 석봉 본에는 '것'으로 주해 본에는 '것, 일'로 대역되었다. 語形
'ᄃᆞ, 시'의 대역이 특이하다.

尾 ; 낭죵(소리, 소리)
    ; 역질에 처음으로 낭죵싯지(痘疹首尾)<납약32>
    ; 그 소리 긋튼 ᄒᆞ치 남즉이 ᄢᅵ이고(裂尾尖寸餘)<두창31>
    ; 가히 소릴 ᄉᆞ라(燒犬尾)<구하68>

    '낭죵'은 (尾)에 대한 대역이다. 『두창·구하』에는 '소리'로 『두시언해』에는
'ᄀᆞᆮ, 소리'로 『훈몽자회·유합』에 모두 '소리'로 字釋되었다. 語形 '낭죵'의 대역
이 흥미롭다.

微 ; 잠간(잠짠, 잠짠)
    ; 잠간 주ᄒᆞ면(取微注)<납약11>
    ; 두 다리 잠짠 붓거든(兩脚微浮)<태요41>
    ; 잠짠 시버 미이 ᄉᆞᆷ소딘(微嚼猛嚥呑)<구상51>

    '잠간'은 (微)에 대한 대역이다. 『태요·구상』에는 '잠짠'으로 『두시언해』에는
'ᄀᆞ늘다, 젌간, 젹다, 죠고맛, 微微ᄒᆞ다, 微少ᄒᆞ다, 微賤ᄒᆞ다'로 『남명천계송언해』
에는 '죠고맛'으로 『정속언해』에는 '쟉다'로 『훈몽자회』에는 '아ᄎᆞᆯ'로 『유합』에
는 '쟈ᄀᆞᆯ'로 字釋되었다.

悶 ; 답답ᄒᆞ다(답답ᄒᆞ다, 민망ᄒᆞ다, 답깝다, 답답ᄒᆞ다)
    ; 피로 어즐코 답답고(血暈悶)<납약4>
    ; ᄆᆞᅀᆞᆷ이 어즐러워 답답ᄒᆞ며(心中憒悶)<태요13>
    ; 긔운이 쳔쵹ᄒᆞ고 민망ᄒᆞ야(氣促悶)<두창54>
    ; 모미 아즐코 답ᄶᅡ와(形體昏悶)<구상4>
    ; 惡風이 안히 답답ᄒᆞ야(惡風心悶)<구상2>

    '답답ᄒᆞ다'는 (悶)에 대한 대역이다. 『두창·태요·구상』에는 '답답ᄒᆞ다, 민망

ᄒ다, 답깝다'로 『두시언해』에는 '답깝다, 닶겨다'로 『유합』에는 '답답'으로 字釋
되었다.

反 ; 뒤지다(도ᄅ혀)

 ; 쏠활 뒤지은듯 ᄒ며(角弓反張)<납약30>
 ; 藥을 뻐 도ᄅ혀 다른 病나긔 호미 몯ᄒ리니(藥而反生他病)<구상12>

 '뒤지다'는 (反)에 대한 대역이다. 『구상』에는 '도ᄅ혀'로 『두시언해』에는 '도
라오다, 도로혀, 도ᄅ혀, 도로, 두위힐다, 反逆, 反ᄒ다'로 『유합』에는 '뒤혈'로
字釋되었다. 語形 '두위힐다'는 消滅語로 볼 수 있다.

斑 ; 덤

 ; 블근 덤 퍼디기 이 호험이니라(紅斑是其驗也)<납약29>

 '덤'은 (斑)에 대한 대역이다. 『두시언해』에는 '어루누기'로 대역되었다. 語形
'어루누기'의 대역이 특이하다.

發 ; 나다(나다, 앓다, 돋다, 나다, 내욤)

 ; 열이 나ᄂ니(發熱)<납약9>
 ; 산후에 열나는 증이라(發熱)<태요57>
 ; 알홀 날 새배 공심에 저어 ᄎ니를 머기라(發日早晨空心攪冷服)<태요44>
 ; 아기 ᄀ나며 단독이 도다(小兒初生發丹毒)<태요73>
 ; 이틀 만의 나ᄂ니도(三日發者)<두창21>
 ; 쏨 내욤 들 햇(發汗等)<구상12>

 '나다'는 (發)에 대한 대역이다. 『태요·두창·구상』에는 '나다, 앓다, 돋다,
내욤'으로 『두시언해』에는 'ᄀ다, 나가다, 나ᄂ다, 내다, 쌔혀다, 베푸다, 피다'
등으로 『유합·천자문』에만 '베풀'로 字釋되었다. 語形. '앓다'와 '돋다'의 대역
은 한의서에서만 찾아볼 수 있는 語辭들이다.

白 ; 슬히다(희다, 둏다, 희다, 밑, 희다)

　　; 슬힌 믈의 프러 ᄂ리오라(白湯化下)<납약27>
　　; 파흰믿 두 줌을 딛게 달혀(葱白二握濃者)<태요19>
　　; 도틱 기름과 됴흔 꿀 각 ᄒ 되(猪脂白蜜各一升)<태요35>
　　; 흰밥 춥슬 쥭(白飯糯米粥)<두창13>
　　; 도련고 흰天텬 南남星셩은(圓白天南星)<구상1>
　　; 薤韭미틀 뿔외 흔디 디허 ᄇᄅ라(薤白與蜜同搗)<구하15>

　　‘슬히다’는 (白)에 대한 대역이다.『태요 · 두창 · 구상 · 구하』에는 ‘희다, 둏다,
밑’로『두시언해』에는 ‘븰가, 새, 셰다, 허여ᄒ다, 희다’로『석보상절』에는 ‘희,
슓다’로『남명천계송언해』에는 ‘희, 슓다, 하아야’로『정속언해』에는 ‘희’로『훈
몽자회 · 유합 · 천자문』광주 · 석봉 본에는 ‘흰’으로 주해 본에는 ‘흰, 슬을’로 대
역되었다. 語形 ‘슓다’는 消滅語로 볼 수 있다.

百 ; 빅가지(빅가지, 온, 온가지)

　　; 빅가지 병을 다 고티ᄂ니(百病)<납약20>
　　; 빅가지 약이 효험 업ᄉ니룰(百藥不效)<태요49>
　　; 온 藥을 뻐도 됴티 아니ᄒ닐(百藥試之不效)<구하41>
　　; 온가지 벌에 귀에 드닐 고툐딕(治百虫入耳)<구하45>

　　‘빅가지’는 (百)에 대한 대역이다.『태요 · 구하』에는 ‘온, 온가지’로『두시언해』
에는 ‘온, 온가짓, 온번’으로『남명천계송언해』에는 ‘온, 온갓’으로『유합 · 천자
문』주해 본에는 ‘일빅’으로 광주 · 석봉 본과『훈몽자회』에는 ‘온’으로 字釋되었
다. 語形 ·‘빅가지’와 ‘일빅’ 만이 한자어고 나머지는 고유어로 대역되었다.

煩 ; 답답ᄒ다(번열ᄒ다)

　　; 말 못ᄒ며 어즐코 답답ᄒ며(不語恍惚煩)<납약1>
　　; ᄆ음이 번열ᄒ여(心煩躁)<태요39>

　　‘답답ᄒ다’는 (煩)에 대한 대역이다.『태요』에는 ‘번열ᄒ다’로『두시언해』에는

'어즈럽다, 煩多ᄒ다'로 『월인석보』에는 '만홀'로 『유합·천자문』 광주·석봉 본에는 '어즈러울'로 주해 본에는 '어즈러울, ᄌ블'로 대역되었다. 語形 'ᄌ블'의 대역이 특이하다.

凡 ; 므릇(믈읫, 믈읫, 大凡ᄒ다, 믈읫)

 ; ᄒᆞᆫ 방문에ᄂᆞᆫ 므릇 사름이(一方凡人)<납약3>
 ; 믈읫 겨집이(凡婦人)<태요1>
 ; 믈읫 이질이 열이 셩ᄒᆞ므로(凡痘熱盛故)<두창11>
 ; 믈읫 믄득 주구미(凡卒死)<구상10>
 ; 大凡ᄒᆞᆫ디 봆 ᄆᆞᄎᆞᆷ과 녀릆 처어메(凡春末夏初)<구하65>

  '므릇'은 (凡)에 대한 대역이다. 『태요·두창·구상·구하』에는 '믈읫, 大凡ᄒ다'로 『두시언해』에는 '사오납다, 샹녯, 믈읫, 凡常ᄒ다, 大凡ᄒ다'로 『석보상절·남명천계송언해·유합』에는 '믈읫'으로 『정속언해』에는 '믈의'로 대역되었다.

並 ; 다(다, 홈ᄢᅴ)

 ; 다 스나히 아히 오좀으로 ᄡᅥ 프러 ᄂᆞ리오면(並以童便化下)<납약3>
 ; 다 피ᄒᆞ야 말라(並宜避忌)<태요64>
 ; 혹 토ᄒᆞ기과 혹 셜샤과 홈ᄢᅴ나도(或吐瀉並)<두창16>

  '다'는 (並)에 대한 대역이다. 『태요·두창』에는 '다, 홈ᄢᅴ'로 『두시언해』에는 '글오다, 다'로 『유합』에는 '글올'로 字釋되었다. 語形 '글오다'는 消滅語로 볼 수 있다.

甁 ; 병

 ; 믈ᄀᆞᆫ 술 ᄒᆞᆫ 병의 ᄃᆞᆷ가(浸一甁淸酒)<납약3>

  '병'은 (甁)에 대한 대역이다. 『두시언해』에는 '甁'으로 『훈몽자회·유합』에는 '병'으로 字釋되었다.

服 ; 먹다(먹다, 먹다, 먹다, 번, 服)

; ᄒᆞᆯ 두 번 식 머그라(日再服)<납약6>
; 누을 제 ᄯᅩ 머그되(臨臥再服)<태요2>
; 다 임의로 머기라(皆可任服)<두창17>
; ᄒᆞᆫ 돈곰 머기라(服一錢)<구상2>
; 重ᄒᆞᆫ 세버네 넘디 아니ᄒᆞ리라(重者不過三服)<구하34>
; 셰 服쏙애 ᄂᆞᆫ화(分作三服)<구상38>

'먹다'은 (服)에 대한 대역이다. 『태요·두창·구상·구하』에는 '먹다, 번, 服'으로 『두시언해』에는 '옷, 降服ᄒᆞ다'로 『정속언해』에는 '거상옷, 몽상옷'으로 『유합』에는 '의장'으로 『천자문』 광주 본에는 '옷'으로 석봉 본에는 '니블'로 주해 본에는 '니블, 옷, 항복'으로 대역되었다. 대부분 대역 語形들의 의미가 옷에 관계된 것에 比하여 한의서에서 발견되는 것들은 藥을 服用하는 의미에 중점을 두고 있음이 특징이다.

腹 ; 빈(빈, 빗깃슭, 빈)

; 과글리 가슴 빈 알프며(卒心腹痛)<납약2>
; ᄌᆞ식 빈 겨집이 ᄃᆞᆯ차셔 빈 알기(孕婦入月腹痛)<태요21>
; 만일 빗기슭이 탕만ᄒᆞ야(若小腹滿)<태요54>
; 빈예 들에ᄒᆞ여(入腹)<구상10>

'빈'는 (腹)에 대한 대역이다. 『태요·구상』에는 '빈, 빗기슭, 빈'로 『두시언해·석보상절·훈몽자회·유합』에 모두 '빈'로 대역되었다. 語形 '빗기슬'의 대역이 흥미롭다.

不 ; 못ᄒᆞ다(몯, 말다, 못ᄒᆞ다, 몯)

; 듕풍으로 말 못ᄒᆞ며(中風不語)<납약1>
; 다 ᄐᆡ긔 몯 되ᄂᆞ니라(皆不成胎)<태요1>
; 일졀히 갓가이 말고(一切不可近)<두창14>
; 다 아디 못 ᄒᆞ고(不省但覺)<두창35>

; 氣厥ᄒ야 츠림 몯고(氣厥不省)<구상2>

　　‘몯ᄒ다’는 (不)에 대한 대역이다. 『태요 · 두창 · 구상』에는 ‘몯, 말다, 못ᄒ다’로 『두시언해』에는 ‘몯ᄒ다, 아니ᄒ다, 업다’로 『석보상절 · 남명천계송언해』에는 ‘아니ᄒ다’로 『정속언해』에서는 ‘말다, 아니ᄒ다, 몯ᄒ다’로 『유합』에는 ‘아닐’로 字釋되었다.

焚 ; 픠오다

; ᄒ 환을 픠오면(焚一炷)<납약33>

　　‘픠오다’는 (焚)에 대한 대역이다. 『두시언해』에는 ‘디르다, 브티다, 스라다, 퓌우다’로 『석보상절』에는 ‘딛’으로 『유합』에는 ‘블디를’로 字釋되었다. 語形 ‘딛’의 대역이 특이하다.

分 ; 훕(푼, ᄂ화다, 분ᄒ다, 푼, ᄂ호다)
; 대쵸 ᄒ 낫과 ᄒ듸 달혀 칠 훕만 ᄒ거든(棗一枚煎至七分)<납약0>
; 딘피 각 다ᄉ 푼(陳皮各五分)<태요19>
; 두 복애 ᄂ화(分二貼)<태요9>
; 네 복애 분ᄒ야(分作四貼)<태요4>
; 오 푼으로 세히 ᄂ호(每五分作三次)<두창2>
; 各 ᄒ 돈을 사ᄒ라 ᄂ화(各一錢右件剉散分)<구상1>

　　‘훕’은 (分)에 대한 대역이다. 『태요 · 두창 · 구상』에는 ‘푼, ᄂ화다, 분ᄒ다’로 『두시인해』에는 ‘ᄂᄒ디, 여희디, 性分, 義分, 職分’으로 『석보상절』에는 ‘난호다’로 『남명천계송언해』에는 ‘ᄂᄒ다’로 『정속언해』에는 ‘ᄂ호다’로 『유합 · 훈몽자회 · 천자문』 광주 · 석봉 본에는 ‘ᄂ홀’로 주해 본에는 ‘분수, ᄂ홀, 분촌’으로 대역되었다. 한의서에서 발견되는 語形들은 주로 數量詞 ‘푼, 훕’으로 대역된 것이 특징이다.

痞 ; 덧부록ᄒ다, 막히다

; 여듧 가지 덧부룩ᄒ여(八種痞)<납약17>
; 여듧 가지 막혀 탕만ᄒ증(八種痞滿)<납약15>

'덧부룩ᄒ다, 막히다'는 (痞)에 대한 대역이다. 다른 문헌에 대역된 漢字가 없다.

飛 ; 늘다(ᄂᆞᆯ다)

; 닐곱 가지 ᄂᆞ라 뎐ᄒᄂ 주검 긔운이며(七種飛尸)<납약15>
; ᄀ쟝 ᄀ늘어든 므레 늘여(極細水飛)<구하23>

'늘다'는 (飛)에 대한 대역이다. 『구하 · 석보상절 · 두시언해 · 남명천계송언해
· 훈몽자회 · 유합 · 천자문』 등에 모두 '늘'로 대역되었다.

痺 ; 범븨다(븟다)

; 손발이 잘이고 범븨여 쓰디 못ᄒ며(手足瘋痺不)<납약21>
; 모기 브ᅀᅥ(喉痺)<구상3>

'범븨다'는 (痺)에 대한 대역이다. 『구상』에는 '븟다'로 『두시언해』에는 '절웨
다'로 대역되었다. 語形 '범븨다, 절웨다'는 消滅語로 볼 수 있다.

鼻 ; 코(고ㅎ, 코, 고)

; 초의 프러 코해 흘리라(醋和灌鼻)<납약8>
; 아기 곧나며 고히 마켜(小兒初生鼻塞)<태요75>
; 산부의 코애 부러(吹鼻)<태요60>
; 믈로 곳굼긔 처디오(水滴入鼻孔)<구상10>

'코'는 (鼻)에 대한 대역이다. 『태요 · 구상』에 '고ㅎ, 코, 고'로 『두시언해 · 석
보상절 · 남명천계송언해 · 정속언해』에는 '고ㅎ'로 『유합』에는 '고'로 『훈몽자
회』에는 '고'와 俗呼라하여 '구무'로 字釋되었다.

思 ; 싱각(싱각)

; 음식을 싱각디 아니며(不思飮食)<납약10>
; 즈연히 어육을 싱각디 아니ᄒᆞᄂᆞᆫ 거슬(自不思魚肉而)<두창11>

　‘싱각’은 (思)에 대한 대역이다. 『두창』에는 ‘싱각’으로 『두시언해』에는 ‘뜯, ᄆᆞᅀᆞᆷ, ᄉᆞ랑ᄒᆞ다, 思慕ᄒᆞ다’로 『석보상절』에는 ‘혜다’로 『남명천계송언해』에는 ‘너기다, ᄉᆞ랑ᄒᆞ다’로 『정속언해』에는 ‘ᄉᆞ랑ᄒᆞ다’로 『유합』에는 ‘싱각, 뜯’으로 『천자문』 광주 본에는 ‘ᄉᆞ량’으로 석봉 본에는 ‘싱각’으로 주해 본에는 ‘싱각, 의ᄉᆞᆺ, 어조ᄉᆞ’로 대역되었다. 15세기 당시에는 ‘뜯, ᄆᆞᅀᆞᆷ, ᄉᆞ랑ᄒᆞ다, 思慕ᄒᆞ다’의 語辭들이 동등한 의미로 사용되던 것이 後代에 와서 의미가 분화된 것으로 사료된다.

死 ; 죽다(죽다, 죽다)
; 이미 주거셔도 니를 ᄲᅡ고(已死折齒)<납약20>
; 업더디니ᄂᆞᆫ 아기 주것고(覆者兒死)<태요28>
; 惡학風봉이 안히 답답ᄒᆞ야 죽ᄂᆞ닐 고툐ᄃᆡ(治惡風心悶欲死)<구상2>

　‘죽다’는 (死)에 대한 대역이다. 『구상·석보상절·두시언해·남명천계송언해·정속언해』에는 모두 ‘죽다’로 『훈몽자회·유합』에는 ‘주글’로 字釋되었다.

蛇 ; 비암(비얌, 비얌)
; 또 비암이며 개게 믈려 샹ᄒᆞ니와(又蛇犬所傷)<납약24>
; 비야미 헝울ᄒᆞ나(蛇蛻一條)<태요27>
; 비야미 毒 마ᄌᆞ닐(中蛇毒)<구하45>

　‘비얌’은 (蛇)에 대한 대역이다. 『태요·구하·두시언해·훈몽자회·유합』에는 ‘비얌’으로 『석보상절』에는 ‘ᄇᆞ얌’으로 『남명천계송언해』에는 ‘ᄇᆞ야미’로 대역되었다.

瀉 ; 즈치다(샤ᄒᆞ다, 셜샤, 즈치다)
; 크게 즈치고 혹 토ᄒᆞ며(大瀉或吐)<납약9>

; 입째예 토ᄒᆞ며 샤ᄒᆞ기ᄂᆞᆫ(此時吐瀉)<두창21>
; 혹 토ᄒᆞ거나 혹 셜샤를 ᄒᆞ거나(或吐或瀉)<두창16>
; 사ᄅᆞ미 아래로 즈츼여 ᄒᆞᄂᆞ니(令人下瀉)<구상31>

　　'즈츼다'는 (瀉)에 대한 대역이다. 『두창·구상』에는 '샤ᄒᆞ다, 셜샤'로 『두시언
해』에는 '흐르다'로 『훈몽자회』에 '즈칄'로 字釋되었다. 語形 '즈츼다'는 '셜샤'
에 의하여 消滅된 語辭로 볼 수 있다.

邪 ; 샤긔

; 온갓 샤긔옛 귀신이 감히 갓갑디 못ᄒᆞᄂᆞ니라(一切邪神不敢近)<납약3>

　　'샤긔'는 (邪)에 대한 대역이다. 『두시언해』에는 '奸邪ᄒᆞ다'로 『남명천계송언
해』에는 '邪ᄒᆞ다'로 『유합』에는 '샤특'으로 字釋되었다.

散 ; 허여디다(펴디다, 훗다, 흩다, 펴디다)

; 알히ᄂᆞ 거시 허여디디 아니ᄒᆞᄂᆞ니(痛不散)<납약21>
; 실ᄀᆞ튼 거시 두루 펴디고(絲散漫)<두창59>
; 그 피 훗 ᄲᆞᆯ혀(其血散洒)<두창31>
; 막힐며 ᄆᆡ요믈 흐트면(散其壅結)<구상12>
; 머리 펴디게 ᄒᆞ야(令頭散)<구하45>

　　'허여디다'는 (散)에 대한 대역이다. 『두창·구상·구하』에는 '펴디다, 훗다, 흩
다'로 『두시언해』에는 '헤여디다, 흩다, 흐러다'로 『남명천계송언해·정속언해』
에는 '흩다'로 『유합』에는 '흩다'로 『천자문』 광주 본에는 '흐롤'로 석봉 본에는
'흐틀'로 주해 본에는 '흐틀, 잡고기, 곡됴, 약골, 잔'으로 대역되었다. 語形 '잡고
기, 곡됴, 약골'의 대역이 특이하다.

山 ; 뫼(뫼)

; 모든 독과 믯 안개 긔운과(諸毒山嵐)<납약4>
; 묏골 ᄉᆞ미예(山谷間)<구하48>

'뫼'는 (山)에 대한 대역이다. 『구하·두시언해·훈몽자회·유합』 등에는 모두 '뫼'로 『석보상절·남명천계송언해』에는 '뫼ㅎ'로 대역되었다.

産 ; 낫다, ㅈ식낳다, 희산(낳다, ㅈ식비다, 낳다)
   ; 즉시 슌히 낫ᄂ니라(卽産)<납약28>
   ; ㅈ식 나흔 후의 피로 어즐코(産後血暈)<납약4>
   ; 보안환은 희산젼과 희산 후(保安丸治産前産後)<납약28>
   ; ㅈ식 비여 난는 종요 뫼혼 방문(諺解胎産集要)<태요1>
   ; ㅈ식 빈 겨집이 딕히 틱긔 뼈디여 ᄂ려(産婦直待胎氣陷下)<태요20>
   ; 아기 빈 겨지비 나호려홀 져긔(孕婦欲産時)<구하81>

   '낫다, ㅈ식낳다, 희산'는 (産)에 대한 대역이다. 『태요·구하』에는 '낳다, ㅈ식비다'로 『석보상절·정속언해』에는 '낳다'로 『두시언해』에는 '내다, 産業, 財産'으로 『훈몽자회·유합』에는 '나흘'로 字釋되었다. 語形 'ㅈ식비다, 産業, 財産'의 대역이 특이하다.

蒜 ; 마늘(마늘, 만을, 마늘)
   ; 파과 마늘과(葱蒜)<납약27>
   ; 싱강 엄 파 마늘(薑芽葱蒜)<태요14>
   ; 믈감ㅈ 유ㅈ 귤 파 만을(水柑子柚子橘葱蒜)<두창14>
   ; 굴근 마늘 두어 알흘(大蒜三兩)<구상10>

   '마늘'은 (蒜)에 대한 대역이다. 『태요·두창』에는 '마늘, 만을'로 『석보상절·훈몽자회』에는 '마늘'로 대역되었다.

參 ; 인삼
   ; 인삼 빅튤 달힌 믈의 ᄂ리오(參尤煎湯下)<납약30>

   '인삼'은 (蔘)에 대한 대역이다. 『유합』에는 '인삼'으로 字釋되었다.

常 ; 미양(미양, 샹녜, 댱샹)

　; 미양 낙틱ᄒ여(常墮)<납약27>
　; 미양 온화케ᄒ라(常使溫和)<태요26>
　; 시혹 샹녜 자다가(或常寢臥)<구상20>
　; 댱샹 ᄀ장 醉케ᄒ면((常令大醉)<구하64>

　　'미양'은 (常)에 대한 대역이다. 『태요·구상·구하』에는 '미양, 샹녜, 댱샹'으로 『두시언해』에는 '댱샹, 덛덛ᄒ다, 미양, 샹, 샹녜'로 『석보상절』에는 '내'로 『남명천계송언해』에는 '덛덛ᄒ다, 샹녜'로 『정속언해』에는 '샹녜'로 『천자문』 광주·석봉 본에는 '샹녜'로 주해 본에는 '덛덛, 샹녜'로 대역되었다.

傷 ; 샹ᄒ다(버히다, 헐다, 傷ᄒ다)
　; 주리거나 빅 브르기로 음식의 샹호미 이셔(有傷飢飽飮食)<납약11>
　; 얼골이 반ᄃ시 버히 나고(形必傷)<태요14>
　; 갈잠개예 허러(刀兵所傷)<구상17>
　; 모딘 사래 傷ᄒ야(毒箭所傷)<구하3>

　　'샹ᄒ다'는 (傷)에 대한 대역이다. 『태요·구상·구하』에는 '버히다, 헐다, 傷ᄒ다'로 『두시언해』에는 '슳다, 히야디다, 傷ᄒ다'로 『석보상절』에는 '허리다'로 『유합』에는 '샹홀'로 『천자문』 광주·석봉 본에는 '헐다'로 주해 본에는 '헐다, 슬플'로 대역되었다.

上 ; 올오다(오르다, 들다, 티완다, 돋다, 우희, ᄀ장, 언짜, 엿다, 오르다, 올이다, 우희, 웃)
　; 듕풍으로 긔운 올오며(中風上氣)<납약3>
　; 거저긔 올아 힘쓰라(上草用力)<태요20>
　; 뒤깐에 들적을(上圊時)<태요10>
　; ᄒᆞᆫ 겨트로 바르 티완다(一邊直上)<태요23>
　; 블근 뎜이 만히 도다시니(上多有紅點)<두창37>
　; 새 디애 우희 노코(置新瓦上用)<두창3>

; ᄀ장 됴흔 朱즁砂상롤(似上好朱砂)<구상16>
; 가슴과 비예 언꼬(頓其胸前幷腹肚上)<구상34>
; 묽고기 ᄲᅧ롤 머리예 연ᄌ면(魚骨安於頭上)<구상52>
; 더푸미 모ᄀ로 올아(涎潮於上)<구상4>
; ᄀ새 올이고(上岸)<구상71>
; 빗복 우희 두프면 됴ᄒ니라(壅其臍上佳)<구상9>
; 웃입시울 안홀 보디(視其上脣齒裏)<구상18>

'올오다'는 (上)에 대한 대역이다. 『태요·두창·구상』에 '오ᄅ다, 들다, 티완
다, 돋다, 우희, ᄀ장, 언ᄌ, 엱다, 올이다, 웃'으로 『두시언해』에는 '높다, 오르다,
오ᄅ다, 우ᄒ, 처섬, 타다'로 『석보상절』에는 '오ᄅ다, 우ᄒ'로 『남명천계송언해』
에는 '우ᄒ, 돋다'로 『정속언해』에는 '웋'으로 『훈몽자회·천자문』 광주 본에는
'마디'로 『유합』과 석봉 본에는 '웃'으로 주해 본에는 '오를, 더을, 슝샹'으로 대
역되었다.

塞 ; 마키다(마키다)
; 여듧 가지 덧부록ᄒ여 마키증과(八種痞塞)<납약17>
; 痰이 마켜 소리 몯ᄒᄂ닐(痰塞失音)<구상2>

'마키다'는 (塞)에 대한 대역이다. 『구상』에는 '마키다'로 『두시언해』에는 'ᄀ
득ᄒ다, ᄀ, 막다'로 『석보상절』에는 '메다'로 『유합·천자문』 석봉 본에는 '막
글'로 광주 본과 『훈몽자회』에는 'ᄀ'으로 주해 본에는 '변방, 막을, 예올'로 대역
되었다. 語形 '예올'의 대역이 특이하다.

生 ; 늘, 싱(나다, 늘, 뛰다, 돋다, 싱, 살다, 싱, 나다, 늘, 싱)
; 소곰과 늘피브티 써시라(塩生血物)<납약4>
; 싱ᄂ믈과 마늘과(生菜大蒜)<납약16>
; ᄌ식이 즉제 나ᄂ니라(其兒遂生)<태요22>
; 늘둙긔 알 세흘 솜ᄭᅵ고(生鷄卵三枚呑)<태요53>
; 안 밧긔 블 뛰다(內外生火)<태요26>
; 다ᄉ 둘애 터럭이 돋고(五月毛髮生)<태요8>

; 수믈탕의 싱간디황 황포황(四物湯加生乾地黃蒲黃)<태요53>
; 인흐야 사라 나니라(因以全生)<두창36>
; 마좀 싱고기 주는 사람이 이셔(有餽生肉者)<두창12>
; 다른 病 나긔호미 몯흐리니(生他病)<구상12>
; 늘蒼朮와(蒼朮生)<구상1>
; 生싱뵈로 汁즙을 짜(以生布絞汁)<구상3>

'늘, 싱'은 (生)에 대한 대역이다. 『태요·두창·구상』에는 '나다, 늘, 뛰다, 돋다, 싱, 살다, 싱'으로 『두시언해』에는 '나다, 낳다, 내다, 돋다, 사룸, 살다, 人生, 生'으로 『석보상절』에는 '나다, 살다'로 『남명천계송언해』에는 '나다, 낳다'로 『정속언해』에는 '나, 살다'로 『훈몽자회·유합·천자문』 광주·석봉 본에는 '날'로 주해 본에는 '날, 살'로 字釋되었다. 語形 '늘, 싱'은 現代語에서도 '날계란, 날고기, 날김치'와 '생맥주, 생고기, 생크림'과 같이 독립된 語辭로 사용되고 있다.

鼠 ; 쥐(쥐, 쥐)
; 쥐며 구렁의게 믈리인 병(鼠蟒惡茵)<납약24>
; 뷘 집 안해 쥐굼긔(空屋下鼠穴中)<태요48>
; 또 쉬쫑올 낫아(又方鼠屎末)<구상19>

'쥐'는 (鼠)에 대한 대역이다. 『태요·구상·두시언해·훈몽자회·유합』 등에 모두 '쥐'로 대역되었다.

旋 ; 어즐흐다(어즐흐다, 횟두르다)
; 머리 어즐흐며(頭旋)<납약11>
; 머리 횟두르며 누니 휘두르며(頭旋眼暈)<구상31>
; 머리 어즐흐야 吐코져호딕(頭旋欲吐)<구하49>

'어즐흐다'는 (旋)에 대한 대역이다. 『구상·구하』에는 '휘두르다, 어즐흐다'로 『두시언해』에는 '돌다, 횟돌다'로 『훈몽자회』에는 '두를'로 『유합』에는 '도로힐, 조초흘'로 대역되었다.

先 ; 몬져(몬져, 믿, 몬져)

; 몬져 찬 믈 세머곰 머근 후에(先喫涼水三口然後)<납약19>
; 혹 먼져 오며 혹 휴에 오며(或先或後)<태요1>
; 달혀 먹고 믿바다(煎取先飮)<태요42>
; 몬져 皂角시울와 거츨 앗고(先以皂角去弦皮)<구상2>

　　'몬져'는 (先)에 대한 대역이다. 『태요 · 구상』에는 '몬져, 믿'로『두시언해』에
는 '녯, 몬져, 볼셔'로『유합』에는 '먼져'로 字釋되었다.

泄 ; 즈치기(셜샤, 내다, 싀다, 나다)

; 즈치기를 도쉬 업스며(泄無度)<납약10>
; 입째예 만일 셜샤 곳ᄒ면(此時若泄瀉)<두창41>
; 그 긔운을 내디 말기를 ᄀ장 이윽이 흔 후의(勿泄其氣良久之後)<두창50>
; ᄒ다가 氣分이 싀면(若泄氣)<구상78>
; 더퍼 氣分이 ᄉᄆ차 나디 몯ᄒᄂ 것도(盖氣不泄)<구하62>

　　'즈치기'는 (泄)에 대한 대역이다. 『두창 · 구상 · 구하』에는 '셜샤, 내다, 싀다'
로『유합』에 '믈실'로 字釋되었다. 語形 '즈치기'는 '셜샤'에 의하여 消滅되었다.
語形 '믈실'의 대역도 특이하다.

舌 ; 혜(혜, 혀, 혜)

; 입과 혜 헐며(口舌生瘡)<납약7>
; 엄의 ᄂ치 붉고 혜 프르면(母面赤舌青者)<태요34>
; 혀 세닐 고됴딕(舌强)<구상3>
; 혜 과글이 부거나(舌忽脹)<구상46>

　　'혜'는 (舌)에 대한 대역이다. 『태요 · 구상』에는 '혜, 혀'로『두시언해』에는
'혀, 혜'로『석보상절 · 남명천계송언해 · 훈몽자회 · 유합』 등에 모두 '혀'로 대역
되었다.

醒 ; 씨다(씨다, 씨다, 숍숍ㅎ다)

　; 즉시 씨ᄂᆞ니(卽醒)<납약24>

　; 씨디 몯ㅎ거든(未醒)<태요53>

　; 즉재 씨ᄂᆞ니라(卽醒)<구상3>

　; 곧 숍숍ㅎᄂᆞ니라(便得醒醒)<구상4>

　　　'씨다'는 (醒)에 대한 대역이다.『태요 · 구상』에는 '씨다, 숍숍ㅎ다'로『두시언해 · 석보상절 · 남명천계송언해』등에 모두 '씨다'로『유합』에는 '씰'로 字釋되었다. 語形 '숍숍ㅎ다'는 消滅語로 볼 수 있다.

盛 ; 넣다(ᄀᆞ장, 담다, 만ㅎ다, 셩ㅎ다, 넣다, 담다)

　; 블근 깁 주머니예 녀허(紅綃袋盛)<납약3>

　; 열산은 닐온 ᄀᆞ장 더운제 아기 나커든(熱産謂盛暑解産)<태요25>

　; 동희예 담고(盛盆)<태요59>

　; 입때예 열휘가 반ᄃᆞ시 만홀 거시니(此時熱候必盛)<두창53>

　; 믈읫 이질이 열이 셩ㅎ므로(凡痘熱盛故)<두창11>

　; 덥게ㅎ야 주머니예 녀허(使煖囊盛)<구상8>

　; 다리우리예 블 다마(熨斗盛火)<구상22>

　　　'넣다'는 (盛)에 대한 대역이다.『태요 · 두창 · 구상』에는 'ᄀᆞ장, 담다, 만ㅎ다, 셩ㅎ다, 넣다'로『두시언해』에는 '盛ㅎ다, 하다'로『석보상절 · 남명천계송언해』에는 '담'으로『훈몽자회』에는 '다믈'로『유합 · 천자문』광주 · 석봉 본에는 '셩홀'로 주해 본에는 '셩홀, 담을'로 대역되었다.

省 ; 츨히다(인ᄉᆞ, 씨다, 씨듯다, 씨다, ᄎᆞ리다)

　; 인ᄉᆞ를 츨히디 못ㅎ며(不省)<납약22>

　; 인ᄉᆞ를 ᄎᆞ리디 몯ㅎ기 두 가지 인ᄂᆞ니(不省有二)<태요51>

　; 어득어득ㅎ야 씨디디 못ㅎᄂᆞ 것도(昏昏不省者)<두창68>

　; 졋 샐기를 씨듯디 못ㅎ야(不省吮乳)<두창12>

　; 즉재 씨ᄂᆞ니라(卽省)<구상24>

　; 氣킝厥궳ㅎ야 ᄎᆞ림 몯고(氣厥不省)<구상2>

'출히다'는 (省)에 대한 대역이다. 『태요 · 두창 · 구상』에는 '인ᄉ, 씨다, 씨돗다, 추리다'로 『두시언해 · 석보상절』에는 '술피다'로 『유합』에는 '술필, 조릴'로 대역되었다. 語形 '조릴'의 대역이 특이하다.

聲 ; 소리(소리)
　; 비울기 믈소리 ᄀᄐ며(腹鳴水聲)<납약10>
　; 소리 긋촌 후에야(聲絶然後)<두창31>

　　'소리'는 (聲)에 대한 대역이다. 『두창』에는 '소리'로 『두시언해』에는 '놀애소리, 소리'로 『유합 · 천자문』에는 모두 '소리'로 字釋되었다. 語形 '놀애소리'의 대역이 흥미롭다.

洗 ; 싯다(금다, 싯다, 내다, 싯다, 싯다)
　; 몬져 시슨 후의 ᄇᄅ라(先洗後塗)<납약33>
　; 머리 금디 말라(不可洗頭)<태요15>
　; 즉제 시서 ᄇ리라(卽洗去)<태요31>
　; 월경을 딘케 내여(濃洗月經)<두창25>
　; 면듀 슈건의 ᄌ슉 믓쳐 온 ᄂᆞᆺ출 ᄌᄌᄌ 싯기되(用紬巾頻頻淋洗面顏)<두창29>
　; 瘡창을 ᄃ마 시수디(浸洗瘡)<구상6>

　　'싯다'는 (洗)에 대한 대역이다. 『태요 · 두창 · 구상』에는 '금다, 싯다, 내다'로 『두시언해 · 석보상절 · 남명천계송언해』에는 '싯다'로 『훈몽자회 · 유합』에는 '시슬'로 字釋되었다. 語形 '금다, 내다'의 대역이 특이하다.

細 ; ᄀ놀다(ᄀ놀디, 졸다, ᄌ촌히, ᄂᄅ니, 셰만ᄒ다, ᄀᄂᆫ, ᄀᄂ리, ᄂ로니)
　; 혹 ᄀ놀게 십거나 혹 ᄇᄋ 후의(或嚼細或碎破然後)<납약5>
　; 져지 펴디여 기러 ᄀ놀고(乳伸長細)<태요59>
　; 이를 졸게 싸ᄒ라(右剉細)<태요50>
　; 춘춘 십고(細嚼)<태요5>
　; ᄂᄅ니 ᄀ라(細硏)<태요61>

; ᄀᆞ장 세말ᄒᆞ야(硏極細)<태요52>
; ᄀᆞᄂᆞᆫ ᄀᆞᄅᆞᆯ(細末)<두창3>
; ᄀᆞᄂᆞ리 ᄀᆞ라 ᄀᆞᄅᆞ 밍ᄀᆞ라(細研爲末)<구상7>
; ᄂᆞ로니 십고(細嚼)<구상11>

　　'ᄀᆞᄂᆞᆯ다'는 (細)에 대한 대역이다. 『태요 · 두창 · 구상』에는 'ᄀᆞᄂᆞᆯ다, 즐다, 츤
츤히, ᄂᆞ르니, 세말ᄒᆞ다, ᄀᆞᄂᆞᆫ, ᄀᆞᄂᆞ리, ᄂᆞ로니'로 『두시언해』에는 'ᄀᆞᄂᆞᆯ다'로 『남
명천계송언해 · 유합』에는 'ᄀᆞᄂᆞᆯ'로 대역되었다. 語形 '츤츤히, ᄂᆞ로니'의 대역이
특이하다.

歲 ; 솔(슬)
; ᄒᆞᆫ 솔 머근 아히란(一歲兒)<납약29>
; 닙골 솔의 ᄉᆞ나히 역질ᄒᆞᄂᆞ니 이시되(有七歲男兒患痘)<두창34>

　　'솔'은 (歲)에 대한 대역이다. 『두창』에는 '솔'로 『두시언해』에는 '나히, 설, 히,
歲月'로 『남명천계송언해』에는 '히, 설'로 『정속언해 · 훈몽자회 · 유합·천자문』
등에 모두 '히'로 대역되었다.

小 ; 젹다(죠고만, 죠고매, 효근, ᄀᆞᄂᆞᆯ다, 삿기, 젹다, 젹다, 져므니, 호근, 효근)
　; 져근덧 기도로면(小待)<납약22>
　; 섈리 죠고만 거슬 얼거(急以小物緊)<태요36>
　; 죠고매 부픈거시 조ᄲᆞᆯ낫 ᄀᆞᄐᆞ니(有小泡子如粟米)<태요69>
　; 냇믈에 효근 사요ᄅᆞᆯ 줏디허(溝渠中小鰕煉搗)<태요74>
　; 수세외 ᄀᆞᄂᆞᆯ고 ᄀᆞᄂᆞᆫ(絲瓜小小)<두창4>
　; 흘레아닌 삿기 수돗글(未破陰小小雄猪)<두창31>
　; 져근 즉 죵신토록 병이 들고(小則爲終身之疾)<두창10>
　; 주근 사ᄅᆞ미 머리 져기 드러(小拳死人頭)<구상10>
　; 늘그니와 져므니는 둘해 ᄂᆞ화 머그라(老小分二服)<구상30>
　; 또 호근 마ᄂᆞᆯ ᄒᆞᆫ 되를 사ᄒᆞ라(又方小蒜一升咬咀)<구상33>
　; 효근 마ᄂᆞᆳ 汁을 귓굼긔 처디라(用小蒜汁滴耳中)<구하44>

‘적다’는 (小)에 대한 대역이다. 『태요·두창·구상·구하』에는 ‘죠고만, 죠고매, 효근, ᄀᆞ놀다, 삿기, 적다, 져므니, 호근, 효근’으로 『두시언해』에는 ‘ᄀᆞ놀다, 적다, 죠고맛다, 효근’으로 『석보상절』에는 ‘혁다, 쟉, 쟉쟉, 혹’으로 『남명천계송언해』에는 ‘적다, 죠고매’로 『정속언해』에는 ‘죠고마’로 『유합』에 ‘자굴’로 字釋되었다. 語形 ‘효근, 호근, 효근’은 消滅語로 볼 수 있다.

消 ; 삭다, 스러디다(스ᄂᆞ다, 슬다, 노기다, 녹다, 슬다, 삭다)
 ; 히 오래여 머근거시 사가 ᄂᆞ리디 아니ᄒᆞ며(積年食不消下)<납약17>
 ; 헐므은 듸를 스러디게 ᄒᆞᄂᆞ니(消瘡疹)<납약7>
 ; 즉시 스ᄂᆞ니(可消)<두창3>
 ; 스스로 슬고(自消)<두창37>
 ; 믈 두 마래 글혀 노겨(以水二斗煮消)<구상26>
 ; 피를 슬며(血消)<구상44>
 ; 버거 밀 너허 노곰 기들워(次入蠟候消)<구하8>
 ; 가히 고기 먹고 삭디 아니ᄒᆞ야(食狗肉不消)<구하61>

 ‘삭다, 스러디다’는 (消)에 대한 대역이다. 『두창·구상·구하』에는 ‘스ᄂᆞ다, 슬다, 노기다, 녹다, 삭다’로 『두시언해』에는 ‘녹ᄂᆞ다, 스로다’로 『유합』에는 ‘스러딜’로 字釋되었다. 語形 ‘스러디다’의 대역이 특이하다.

首 ; 처엄(머리)
 ; 역질에 처엄으로 낭죵신지(痘疹首尾)<납약32>
 ; 윈넉크로 머리 도ᄂᆞ니ᄂᆞ(左回首者)<태요10>

 ‘처엄’은 (首)에 대한 대역이다. 『태요』에는 ‘머리’로 『두시언해』에는 ‘마리, 머리, 위두ᄒᆞ다, 爲頭ᄒᆞ다, 처섬’으로 『훈몽자회·유합』에는 ‘마리’로 『천자문』 광주·석봉 본에는 ‘머리’로 주해 본에는 ‘웃듬, 머리’로 대역되었다.

收 ; 거두다(건ᄂᆞ니다, 드ᄂᆞ니라, 빠듯다, 거두다)
 ; 손발을 거두디 못호몰(手足不收)<납1>

; 코애 부러 ᄌᆞ치옴 ᄒᆞ면 즉시 건나니라(吹鼻作嚏卽收)<태요60>
; 절로 드ᄂᆞ니라(自收)<태요25>
; 두 냥 반만 졍히 싸듯다가(約二兩半重收)<두창4>
; 네 활개를 거두디 몯ᄒᆞ며(四肢不收)<구상4>

'거두다'는 (收)에 대한 대역이다. 『태요·두창·구상』에는 '건ᄂᆞ니다, 드ᄂᆞ니라, 싸듯다, 거두다'로 『두시언해』로는 '가도다, 가도혀다, 갇다, ᄀᆞ초다, 收用ᄒᆞ다, 收復ᄒᆞ다, 收合ᄒᆞ다, 收取ᄒᆞ다, 얻다'로 『석보상절』에는 '갇다'로 『정속언해』에는 '거두다'로 『훈몽자회』에는 '거둘'로 『유합』에는 'ᄀᆞ초다, 거둘'로 『천자문』 광주 본에는 '가둘'로 석봉·주해 본에는 '거둘'로 字釋되었다. 語形 '싸듯다'의 대역이 흥미롭다.

受 ; 들다(받다)
; 비위에 습긔 들어(脾胃受濕)<납약10>
; ᄉᆞ나히 졍을 바다(乃受精)<태요7>

'들다'는 (受)에 대한 대역이다. 『태요』에는 '받다'로 『두시언해·석보상절』에는 '받다, 트다'로 『남명천계송언해』에는 '받다, 받ᄌᆞᆸ다'로 『정속언해』에는 '받다'로 『훈몽자회』와 석봉 본에는 '바들'로 『유합·천자문』 광주 본에는 '틀'로 주해 본에는 '바들'로 字釋되었다.

獸 ; 즘승(즁싱)
; 새 즘승의게(鳥獸)<납약24>
; 온가짓 즁싱이 간 먹고 毒 마ᄌᆞ닐 고튜ᄃᆡ(治百獸肝中毒)<구하60>

'즘승'은 (獸)에 대한 대역이다. 『구하』에는 '즁싱'으로 『두시언해』에는 '즘싱'으로 『석보상절』에는 '즁싱'으로 『남명천계송언해·훈몽자회·유합』에는 '즘싱'으로 『천자문』 광주·주해 본에는 '즘승'으로 석봉 본에는 '즘승'으로 字釋되었다.

嗽 ; 기츰 기츠다

; 담으로 기츰 기츠며(痰嗽潮)<납약32>

　　'기츰 기츠다'는 (嗽)에 대한 대역이다. 다른 문헌에는 주로 (咳)자를 기침으로
대역한 語形은 발견되나 (嗽)자의 대역은 『납약』에서만 발견된다.

瘦 ; 여위다(여위다)
　; 여위고 피곤ᄒ며(瘦疲困)<납약16>
　; 여윌 胎룰(瘦胎)<구하83>

　　'여위다'는 (瘦)에 대한 대역이다. 『구하·두시언해·석보상절·정속언해』에
는 '여위다'로 『남명천계송언해』에는 '여위시들'로 『훈몽자회·유합』에는 '여
월'로 字釋되었다.

睡 ; 자다, 조을다(자다, 조올다, 자다, ᄌ오다)
　; 안날 밤 잘 ᄠᅢ예(隔夜臨睡)<납약26>
　; 아득고 조읇며(昏睡)<납약32>
　; 오래 누어 자지 말며(勿多睡臥)<태요15>
　; 조올며 군말ᄒ고(睡譫語)<두창6>
　; 오래 사룸업스 ᄎᆫ 房방의 자다가(久無人居冷房睡中)<구상21>
　; ᄌ오다가 비야미 입 안해 드러(睡熟有蛇入口中)<구하78>

　　'자다, 조을다'는 (睡)에 대한 대역이다. 『태요·두창·구상·구하』에는 '자다,
조올다, ᄌ오다'로 『두시언해』에는 'ᄌ오다, 잠'으로 『유합』에는 '조오롬'으로 字
釋되었다.

順 ; 슌ᄒ다
　; 크게 능히 긔운을 슌케ᄒ며(大能順氣)<납약3>

　　'슌ᄒ다'는 (順)에 대한 대역이다. 『두시언해』에는 '順ᄒ다, 順호다'로 『남명천
계송언해』에는 '順ᄒ다, 順히'로 『유합』에는 '슌홀'로 字釋되었다.

濕 ; 습긔(불우다, 젖다)

   ; 비위에 습긔 들어(脾胃受濕)<납약10>
   ; 다 블워 독긔가 안흐로 드디 아니ᄒ고(皆濕爛毒不入裏)<두창29>
   ; 저즌 뵈 우희 藥약 볼라 피ᄂᆞ되 브티라(濕布上塗藥貼於患處)<구상65>

   '습긔'는 (濕)에 대한 대역이다. 『두창·구상』에는 '불우다'로 『두시언해』에는 '젖다, 즌'으로 『남명천계송언해』에는 '젖다'로 『유합』에는 '저즐'로 字釋되었다.

勝 ; 나으다

   ; 효험이 더 나으리라(功用尤勝)<납약3>

   '나으다'는 (勝)에 대한 대역이다. 『두시언해』에는 '느다, 더오다, 이긔다, 됴타, 더으다'로 『석보상절』에는 '이긔다, 늘다'로 『훈몽자회』에는 '이길'로 『유합』에는 '이길, 견딜'로 대역되었다.

時 ; ᄢ대(ᄢ대, 적, 제, ᄣ대, 새, 적, ᄢ대, 씽졇, 時節, 時刻, 잇다감, ᄢ의)

   ; ᄢ대롤 거리ᄢᅵ디 말고(不拘時)<납약3>
   ; 이 ᄢ대예 ᄌᆞ궁이 졍히 여러시니(此時子宮正開)<태요7>
   ; 이 저긔 남녀 명티 몯ᄒ여시므로(是時男女未定故)<태요11>
   ; 이제 마치 빅 여흐레 걸인듯 ᄒ니(此時如舟坐灘)<태요26>
   ; 발열ᄒ야 두역이 나고져홀 새예(發熱欲出痘時)<두창16>
   ; ᄢ대ᄢ대 놀고(時時遊)<두창21>
   ; 빅비탕을 막 쓸흘 저긔(以百沸湯方其沸時)<두창50>
   ; 이ᄀᆞ티 ᄒᆞᆫ 밥ᄢ대만 ᄒ면(此一飯時)<구상77>
   ; 時씽節졇을 븓들이디 마오(不拘時)<구상3>
   ; 時節을 븓들이디 말라(不拘時)<구상62>
   ; 時刻에 븓들이디 말라(不拘時)<구상57>
   ; 잇다감 發벓ᄒ며 잇다감 그처(時發時止)<구상13>
   ; 빅얌쉰 ᄢ의(蛇螫着時)<구하74>

   'ᄢ대'는 (時)에 대한 대역이다. 『태요·두창·구상·구하』에는 'ᄢ대, 적, 제, ᄣ대,

쌔, 씽젏, 時節, 時刻, 잇다감, 삒'로『두시언해』에는 '쁠, 삒, 적, 제, 時節'로『석
보상절』에는 '디, 삒, 적, 제'로『남명천계송언해』에는'삒, 적, 제'로『정속언해』
에는 '딛, 시절, 적, 제, 삒'로『유합·천자문』석봉 본에는 '시졀'로 광주 본에는
'삐니'로 주해 본에는 '시졀, 쌔'로 대역되었다. 語形 '잇다감, 딛, 삐니'의 대역이
흥미롭다.

視 ; 쁘다(보다)

　; 눈ᄌ의 티쁘이며(目睛上視)<납약30>
　; 원ᄒ대 보기를 이윽히 ᄒ다가(默視良久)<두창34>

　　'쁘다'는 (視)에 대한 대역이다. 『두창·두시언해』에는 '보다'로『훈몽자회·
유합』에는 '볼'로 字釋되었다. 語形 '쁘다'의 대역이 흥미롭다.

豉 ; 젼국

　; 쟝과 젼국과(醬豉)<납약8>
　; 梔子 열네 낫과 젼국 다ᄉ 호블(梔子十四枚豉五合)<구상29>

　　'젼국'은 (豉)에 대한 대역이다. 『구상·두시언해·훈몽자회』등에 모두 '젼국'
으로 대역되었다.

尸 ; 주검

　; 뎐염ᄒᄂ 주검 긔운과(傳尸)<납약2>
　; 證싱이 厂싱厥긇와 곧ᄒᄂ니(證與尸厥同)<구상15>

　　'주검'은 (尸)에 대한 대역이다. 『구상』에는 '尸厥'로『두시언헤』에도 '수검' ᄋ
로 대역되었다.

食 ; 먹다(밥)

　; 열ᄒ 거슬 먹디 말고(忌食熱物)<납약9>

; 겨집이 밥 몯 먹그되(婦人不能食)<태요12>

　　'먹다'는 (食)에 대한 대역이다. 『태요』에는 '밥'으로 『두시언해』에는 '먹다,
밥, 밥먹다'로 『석보상절·남명천계송언해』에는 '먹다'로 『정속언해』에는 '밥'으
로 『훈몽자회·천자문』 광주·석봉 본에는 '밥'으로 주해 본에는 '먹다, 음식, 일,
밥'으로 『유합』에는 '머글, 밥'으로 대역되었다.

新 ; 叉(叉, 선, 새, 叉, 새, 올히)
　　; 叉 기른 우믈 믈의 빠 ㄴ리오라(新汲水調下)<납약29>
　　; 叉 기른 믈에 ㅁ라(新汲水調)<태요74>
　　; 선밤을 버혀 내둣ㅎ야(採斫新栗)<태요31>
　　; 새 디애 우희 노코(置新瓦上用)<두창3>
　　; 叉 기룬 므레 프러 헌듸 ㅂㄹ로(新水調搽凍破瘡上)<구상7>
　　; 새 업거든 므레 ㅁㄹ닐 프러도 또 됴ㅎ니라(無新者水和乾者亦得)<구상24>
　　; 올히 난 횟횟가지(新生槐枝)<구상30>

　　'叉'은 (新)에 대한 대역이다. 『태요·두창·구상』에는 '叉, 선, 새, 叉, 올히'로
『두시언해·석보상절·남명천계송언해·유합·천자문』 등에 모두 '새'로 대역
되었다.

神 ; 귀신, 신긔롭다, 졍신(귀신, 손님, 신령, 神奇ㅎ다)
　　; 온갓 샤긔옛 귀신이 감히 갓갑디 못ㅎㄴ니라(一切邪神不取近)<납약3>
　　; ㄱ장 신긔로온 효험이 인ㄴ니라(最有神效)<납약11>
　　; 졍신을 평안케ㅎ며(安神)<납약32>
　　; 귀신이 심 업스믄(神之有無)<두창9>
　　; 무당이 닐로되 즁 손님이라ㅎ니(女巫以爲僧尼之神)<두창11>
　　; 만일 신령이 이실쟉시면(若有神)<두창10>
　　; 神씬奇긔킁흔 功공이 잇ㄴ니(有神功)<구상37>

　　'귀신, 신긔롭다, 졍신'은 (神)에 대한 대역이다. 『두창·구상』에는 '귀신, 손님,
신령, 神奇ㅎ다'로 『두시언해』에는 '精神, 神奇ㅎ다, 神靈, 神妙ㅎ다, 鬼神, 神,

ᄆᅀᅳᆷ’으로 『훈몽자회 · 유합 · 천자문』 석봉 본에는 ‘신령’으로 광주 본에는 ‘실령’으로 주해 본에는 ‘졍신, 귀신’으로 대역되었다.

腎 ; 신장(신장)
  ; 신장 긔운으로 알른 증을 고티ᄂᆞ니(腎氣痛)<납약12>
  ; 포의 믿낙이 신장의 믹엿고(胞絡者繫於腎)<태요47>

  ‘신장’은 (腎)에 대한 대역이다. 『태요』에는 ‘신장’으로 『훈몽자회 · 유합』에는 ‘콩팟’으로 字釋되었다.

悉 ; 다
  ; 그 병이 다 업ᄂᆞ니(其病悉除)<납약16>

  ‘다’는 (悉)에 대한 대역이다. 『두시언해』에는 ‘다’로 『능엄경』에는 ‘다, 다ᄒᆞ다’로 대역되었다.

實 ; 셩ᄒᆞ다(진실, 염글다)
  ; 풍열과 담이 셩ᄒᆞ여(風熱痰實)<납약32>
  ; 무당 밋ᄂᆞᆫ거시 진실로(信巫實)<두창9>
  ; 네냐치 술지고 염글오 좀먹디 아니ᄒᆞ닐 거믄 거플 밧겨(四介肥實幷蛀者去黑皮)<구상4>

  ‘셩ᄒᆞ다’는 (實)에 대한 대역이다. 『두창·구상』에는 ‘진실, 염글다’로 『두시언해』에는 ‘여름, 진실, 眞實, 實로’로 『석보상절』에는 ‘여름, 열다’로 『남명천계송언해』에는 ‘여름’으로 『유합』에는 ‘여믈’로 『천자문』 광주 본에는 ‘염믈’로 석봉 본에는 ‘념굴’로 주해 본에는 ‘얼매, 메올, 진실’로 대역되었다

心 ; 가슴, 명치, ᄆᆞᅀᆞᆷ(가슴, 념통, ᄆᆞ음, ᄆᆞᅀᆞᆷ, 가슴, ᄆᆞ슴, 안, 엄)
  ; 과ᄀᆞ리 가슴 ᄇᆡ 알프며(卒心腹痛)<납약2>
  ; 명치며 가슴의 머므러 이시며(留在心胸)<납약14>
  ; ᄆᆞᅀᆞᆷ과 졍신이 어즐홈과(心神恍惚)<납약5>

; 가슴 비 알프며(心腹痛)<태요17>
; 수도틱 념통 피예 모라(獖猪心血和)<태요27>
; 모음이 어즐러워 답답ᄒ며(心中憒悶)<태요13>
; 사름의 마음이 본틱 허령ᄒ되(心本虛靈)<두창9>
; 가스맷 노햇다가 ᄎ거든(以搏其心冷)<구상8>
; 모스미 더워 氣分이 通ᄒ며(心煖氣通)<구상8>
; 惡학風붕이 안히 답답ᄒ야(惡風心悶)<구상2>
; 파 누른 엄으로(以葱黃心)<구상20>

　'가슴, 명치, 모음'은 (心)에 대한 대역이다. 『태요·두창·구상』에는 '가슴, 념통, 모음, 마음, 명치'로 『두시언해』에는 '모슴, 가온데, 모음'으로 『석보상절·남명천계송언해』에는 '모슴'으로 『훈몽자회·천자문』 광주 본에는 '모슴'으로 석봉·주해 본과 『유합』에는 '모음'으로 각각 字釋되었다. 語形 '명치'의 대역이 흥미롭다.

牙 ; 니(니)

; 머리 알키와 니 알키며(頭痛牙疼)<납약25>
; 세말ᄒ야 니예 뿌ᄃ(爲末擦牙)<구상65>

　'니'는 (牙)에 대한 대역이다. 『구상』에는 '니'로 『두시언해』에는 '엄, 니'로 『석보상절·남명천계송언해·훈몽자회』 등에 모두 '엄'으로 대역되었다.

惡 ; 독ᄒ다, 샹ᄒ다(구지다, 모디다, 슬허ᄒ다, 더럽다, 사오나온)

; 독ᄒᆫ 버스시며(惡菌)<납약24>
; 술의 샹ᄒ여 토ᄒ며 눅눅ᄒ며(酒嘔吐惡心)<납약11>
; ᄌ식 구지 셔ᄂ 병의 일홈이라(惡阻)<태요12>
; 모딘 피 안쌔예 흘러 드루 모로(惡血流胞中故)<태요36>
; ᄌ식 빈 겨집이 음식 슬허ᄒ거든(姙婦惡食)<태요13>
; 더러온 내를 내디 말라(惡臭未發)<두창14>
; 사오나온 내가(惡臭)<두창12>

‘독ᄒ다, 샹ᄒ다’는 (惡)에 대한 대역이다. 『태요·두창』에는 ‘구지다, 모디다, 슬허ᄒ다, 더럽다, 사오나온’으로 『두시언해』에는 ‘모디다, 믜여ᄒ다, 사오납다, 아쳗다’로 『석보상절』에는 ‘멎다’로 『남명천계송언해』에는 ‘모딜다’로 『유합』에는 ‘모딜, 아쳐’로 『훈몽자회·천자문』 광주·석봉 본에는 ‘모딜다’로 주해 본에는 ‘사오나올, 뮈올, 엇지’로 대역되었다. 語形 ‘아쳗다’는 消滅語로 볼 수 있다.

安 ; 편안ᄒ다(안치다, 편안ᄒ다, 둏다, 간대로, 두다, 便뼌安안ᄒ다, 놓다)
 ; 편안히 아니 홈을(不安)<납약27>
 ; 벽 우희 안치다(安博上)<태요52>
 ; 틱를 편안케ᄒ며 긔운늘 슌케ᄒ고(安胎順氣)<태요16>
 ; 절로 도호믈 기들우라(後其自安也)<태요12>
 ; 간대로 춤야ᄉ며 쯥 내욤들 햇(安投取涎發汗等)<구상12>
 ; 나못 그늘해 두고(安於樹之陰下)<구상11>
 ; 즉재 便뼌安안 ᄒᄂ니라(卽安)<구상42>
 ; 귓구뭇 ᄀ색 노하 두면(安耳孔邊)<구하43>

 ‘편안ᄒ다’는 (安)에 대한 대역이다. 『태요·구상·구하』에는 ‘안치다, 편안ᄒ다, 둏다, 간대로, 두다, 便뼌安안ᄒ다, 놓다’로 『두시언해』에는 ‘어느, 엇뎨, 편안ᄒ다’로 『남명천계송언해·정속언해·유합·천자문』 광주·석봉 본에는 모두 ‘편안’으로 주해 본에는 ‘엇디’로 字釋되었다. 語形 ‘간대로’는 消滅語로 볼 수 있다.

縊 ; 목믹다(목믹다)
 ; 목 믹야 수그니며(自縊死)<납약24>
 ; 믈잇 목 믹야 주구ᄂ(凡縊者)<구상77>

 ‘목믹다’는 (縊)에 대한 대역이다. 한의서에서만 발견되고 있다.

夜 ; 밤
 ; 안날 밤 잘 ᄢᅦ예(隔夜臨睡)<납약26>

; 그 證징이 바미 시혹 뒷간내 오르거나(其證暮夜或登厠或出)<구상15>

    '밤'은 (夜)에 대한 대역이다. 『구상·석보상절·두시언해·남명천계송언해·
훈몽자회·유합·천자문』 광주·석봉 본에는 모두 '밤'으로 대역되었다. 주해
본에는 '밤, 익읍'으로 字釋되었다. 語形 '익읍'의 대역이 특이하다.

野 ; 산(묏, 미햇)
    ; 산뎨고기과 쟝과 젼국과(野猪肉及醬豉)<납약8>
    ; 묏도틱 기름을(野猪脂)<태요62>
    ; 미햇 ᄂᆞ믈와 ᄆᆞᆯ 간과 고기와(野菜馬肝肉)<구하60>

    '산'은 (野)에 대한 대역이다. 『태요·구하』에는 '묏, 미햇'으로 『두시언해』에
는 '드르, 미해'로 『남명천계송언해』에는 '드르ㅎ, 뫼ㅎ'로 『훈몽자회』에는 '미'
로 『유합』에는 '들'로 『천자문』 광주 본에는 '뫼'로 석봉 본에는 '드르'로 주해
본에는 '들, 야흘'로 대역되었다. 語形 '드르, 미해'의 대역으로 볼 때 당시에는
'산과 들'이 같은 의미로 사용된 것으로 추정된다.

若 ; 만일(만일, ᄒᆞ다가, 혹, 만일, ᄒᆞ다가)
    ; 이 약이 만일 중의 마즈면(此藥若對症)<납약22>
    ; 만일 빗기슭이 턍만ᄒᆞ야(若小腹滿)<태요54>
    ; ᄒᆞ다가 긔혈리 브죡ᄒᆞ거든(若氣血不足)<태요32>
    ; 혹 ᄭᅩ리를 흔들면(若掉尾)<두칭31>
    ; 만일 신령이 이실쟉시면(若有神)<두창10>
    ; ᄒᆞ다가 그 ᄆᆞᅀᆞᆷ믈 덥게 아니코(若不先溫其心)<구상8>

    '만일'은 (若)에 대한 대역이다. 『태요·두창·구상』에는 '만일, ᄒᆞ다가, 혹'으
로 『두시언해』에는 '다, 어느, ᄒᆞ다가, 만일'로 『석보상절·정속언해』에는 'ᄒᆞ다'
로 『유합·천자문』 광주·석봉 본에는 모두 'ᄀᆞ툴'로 주해 본에는 'ᄀᆞ툴, 향초,
슌흘, 너, 지혜'로 대역되었다. 語形 'ᄒᆞ다가, ᄒᆞ다'는 消滅語로 볼 수 있다. 語形
'향초, 슌흘, 너, 지혜'의 대역이 특이하다.

語 ; 말(말)

  ; 듕풍으로 말 못ᄒ며(中風不語)<납약1>
  ; 中風ᄒ야 말 몯고(中風不語)<구상3>

　　'말'은 (語)에 대한 대역이다.『구상』에도 '말'로『두시언해』에는 '닐오다, 말ᄉ
ᆷ하다'로『남명천계송언해』에는 '말ᄉᆷ, 말ᄒ다'로『유합 · 천자문』광주 · 석봉
본에는 '말ᄉᆷ'으로 주해 본에는 '말ᄉᆷ, 닐을'로 대역되었다.

如 ; 만일(ᄃᆞᆺᄒ다, 마곰, 마치--드시, ᄀᆞᆺ튼, 만일, ᄀᆞᆮᄒ다, 만, 만ᄒ다, ᄒ다가)

  ; 만일 인ᄉᆞᆷ 달힌 믈과 싱강즙이 업거든(如無人蔘湯薑汁)<납약5>
  ; 노흘 디픈 ᄃᆞᆺᄒ며(如切繩)<태요20>
  ; 잉도마곰 비븨여(如櫻桃)<태요45>
  ; 정산은 마치 밤니거 ᄲᅥ러디ᄃᆞᆺ ᄒ여(正産如栗熟子落)<태요31>
  ; 도틱 발 네흘 먹드시(猪蹄四隻治如食)<태요61>
  ; 경풍증 ᄀᆞᆺ튼니도 잇고(如風之症)<두창6>
  ; 만일 열휘 잇써든(如有熱候)<두창25>
  ; 기장ᄡᆞᆯ ᄀᆞᆮᄒ니(如黍米) <구상18>
  ; 콩낫만 곳굼긔 믈블라(如豆大吹鼻中)<구상18>
  ; 大棗ㅅ ᄌᆞᆺ만ᄒ닐(如棗核)<구상23>
  ; ᄒ다가 알픠 藥약이 업거든(如無前藥)<구상21>

　　'만일'은 (如)에 대한 대역이다.『태요 · 두창 · 구상』에는 'ᄃᆞᆺᄒ다, 마곰, 마치--
드시, ᄀᆞᆺ튼, 만일, ᄀᆞᆮᄒ다, 만, 만ᄒ다, ᄒ다가'로『두시언해』에는 'ᄀᆞᆮ다, ᄀᆞᇀ다'로
『석보상절』에는 '두시, ᄃᆞᆺᄒ다'로『남명천계송언해』에는 'ᄀᆞᆮᄒ다, ᄀᆞᇀ, 두시, ᄃᆞᆺᄒ
다'로『정속언해』에는 'ᄀᆞᆮ티'로『유합』에는 'ᄀᆞᇀᆯ, 만일'로『천자문』광주 · 석봉
본에는 'ᄀᆞᇀᆯ'로 주해 본에는 'ᄀᆞᇀᆯ, 갈, 엇시'로 내역되있다. 語形 '엇지'의 대여
이 특이하다.

逆 ; 거스리다, 거ᄉᆞ리다(갓고로, 거슬다, 왜틀다)

  ; 혹 빗씨 낫커나 혹 거스리 나ᄂᆞ 이를(或橫或逆)<납약28>

; 긔운이 거스리 켜며(氣逆)<납약3>

; ᄀᆞᆯ 나며 갓고로 나ᄂᆞᆫ(産橫逆)<태요16>

; 氣킝 分분이 거스러(逆氣上)<구상12>

; 발와 슬괘 왜트러 ᄎ 주리 가거든(四肢逆冷命在須臾)<구하49>

  '거스리다, 거ᄉᆞ리다'는 (逆)에 대한 대역이다. 『태요·구상·구하』에는 '갓고로, 거슬다, 왜틀다'로 『두시언해』에는 '거슬ᄡᅳ다, 거슬다'로 『남명천계송언해』에는 '거슬, 거스리'로 『유합』에는 '거스릴'로 字釋되었다. 語形 '왜틀다'는 消滅語로 볼 수 있다.

亦 ; ᄯᅩ흔(ᄯᅩ, ᄯᅩ흔, ᄯᅩ)

; ᄯᅩ흔 긔묘ᄒᆞ니라(亦妙)<납약4>

; 여신산이 ᄯᅩ 가ᄒᆞ니라(如神散亦可)<태요27>

; ᄯᅩ흔 됴ᄒᆞ니라(亦妙)<두창16>

; 혀 아래 너후미 ᄯᅩ 됴ᄒᆞ니라(納於舌下亦得)<구상23>

  'ᄯᅩ흔'은 (亦)에 대한 대역이다. 『태요·두창·구상』에 'ᄯᅩ, ᄯᅩ흔'으로 『두시언해』에는 'ᄯᅩ'로 『유합』에는 '도'로 『천자문』 광주·석봉 본에는 'ᄯᅩ'로 주해 본에는 'ᄯᅩ, 겨ᄃᆞ랑'으로 대역되었다.

疫 ; 시병

; 귀신이며 시병 긔운을 ᄀᆞ장 믈리 티고(最辟鬼疫之氣)<납약3>

  '시병'은 (疫)에 대한 대역이다. 『훈몽자회』에는 '쟝셕'으로 남광우 고어사전에 수록된 용례에 보면 『東續三綱.孝19』에 '큰시병에 어미 병이 디텃거늘'(大疫母疫篤)에서 대역된 어형이 발견되나 다른 문헌에서는 찾아볼 수 없다. 語形 '쟝셕'은 消滅語로 볼 수 있다.

研 ; ᄀᆞᆯ다(ᄀᆞᆯ다, ᄀᆞᆯ다, 디허)

; 술의 ᄀᆞ라 흘녀 ᄂᆞ리오라(酒研灌下)<납약22>

; 더운 믈에 ᄀ라 머그면(溫水研服)<태요29>
; 各 닷 홉과ᄅᆞᆯ 셧거 ᄀ라(各五合右和研)<구상3>
; 므르 디허 보까 덥게ᄒ야(爛研炒令熱)<구상68>

  'ᄀᆞᆯ다, 디허'는 (研)에 대한 대역이다. 『태요·구상』에는 'ᄀᆞᆯ다, 디허'로 『훈몽자회·유합』에 는 'ᄀᆞᆯ다'로 字釋되었다.

嚥 ; 슴기다(슴ᄭᅵ다, 슴ᄭᅵ다)
; 머굼어 프러디거든 슴ᄭᅵ라(噙化嚥之)<납약8>
; 노겨 슴ᄭᅵ면 ᄀ장 됴ᄒ니라(化嚥之神效)<태요45>
; 粥죽 므를 漸졈漸졈 슴ᄭᅵ면(粥清稍稍嚥之)<구상8>

  '슴기다'는 (嚥)에 대한 대역이다. 『태요·구상』에는 '슴ᄭᅵ다'로 『훈몽자회』에 는 '슴낄'로 字釋되었다.

熱 ; 덥다, 열(더여다, ᄯᆞᆺᄯᆞ시덥게ᄒ다, 덥게ᄒ다, 봇다, 덥달다)
; 더온 믈의 프러 ᄂᆞ리오(熱水化下)<납약6>
; 열이 나ᄂᆞ니(發熱)<납약9>
; 초ᄅᆞᆯ 더여(醋熱煎)<태요52>
; 김을 낸 후의 ᄯᆞᆺᄯᆞ시 덥게ᄒ야(然後出其水氣極熱)<두창29>
; 덥게ᄒ면 니 절로 열리라(令熱牙自開)<구상5>
; 지ᄅᆞᆯ 너무 봇디 말오(灰勿大熱)<구상72>
; 덥다라 알ᄂᆞ닐(熱痛)<구하17>

  '덥다, 열'은 (熱)에 대한 대역이다. 『태요·두창·구상·구하』에는 '더여다, ᄯᆞᆺᄯᆞ시 덥게ᄒ다, 덥게ᄒ다, 봇다, 덥달다'로 『두시언해』에는 '덥다, 더위, 너운'으로 『석보상절·정속언해』에는 '덥'으로 『남명천계송언해』에는 '더위'로 『유합·천자문』에는 '더울'로 字釋되었다. 語形 'ᄯᆞᆺᄯᆞ시 덥게ᄒ다, 덥달다'의 대역이 흥미롭다.

塩 ; 소곰(소곰)

　　; 싱파와 소곰이라(生葱塩)<납약1>
　　; 소곰 흔 돈을(塩一錢)<구상16>

　　‘소곰’은 (塩)에 대한 대역이다. 『구상·두시언해·훈몽자회·유합』에 모두 ‘소곰’으로 대역되었다.

忤 ; 샤긔

　　; 과골리 긱된 샤긔를 마자(卒中客忤)<납약4>

　　‘샤긔’는 (忤)에 대한 대역이다. 『두시언해』에는 ‘거슬뼈, 거슯지’로 『유합』에는 ‘거스릴’로 字釋되었다. 語形 ‘거슬뼈, 거슯지’는 消滅語로 볼 수 있다.

溫 ; 두스히(드시ᄒ다, 더여다, 덥다, 덥다, 두스ᄒ다, 두ᄉᄒ다, 두사ᄒ다, 두시 ᄒ다, 두ᄉ, 둣다)

　　; 두ᄉ히 ᄒ여 머그라(溫服)<납약10>
　　; 칼ᄀ 지거미 믈로 드시ᄒ야(以磨刀水溫)<태요25>
　　; 흔 잔 두 잔 식 더여 머그라(溫飮一二盃)<태요6>
　　; 블 퓌여 미양 덥게ᄒ고(生火常令溫煖)<태요26>
　　; 날이 오래고 구들이 더워(日久溫房)<두창12>
　　; 두스흔 믈의 기야 머기되(溫水送下)<두창2>
　　; 두ᄉᄒ여 머그되(溫服)<두창18>
　　; 두사ᄒ랴 머그라(溫服)<구상14>
　　; 半 호블 두시ᄒ야 머구미 됴ᄒ니라(半合溫服妙)<구상28>
　　; 두ᄉ 므레 프러 브ᅀᅥ(溫水調灌下)<구상4>
　　; ᄒ다가 그 ᄆᅀᆞᄆᆞᆯ 둣게 아니코(若不先溫其心)<구상8>

　　‘두ᄉ히’는 (溫)에 대한 대역이다. 『태요·두창·구상』에는 ‘드시ᄒ다, 더여다, 덥다, 두스ᄒ다, 두ᄉᄒ다, 두사ᄒ다, 두ᄉ, 둣다’로 『두시언해』에는 ‘溫和ᄒ다, 더위’로 『유합』에는 ‘두슬’로 『천자문』 주해 본에는 ‘두슬, 온쟈, 니킬’로 광주

· 석봉 본에는 '두슐'로 字釋되었다.

壅 ; 마키다(둪다, 얹다)

  ; 풍열과 담이 셩ᄒ여 마켜(風熱痰實壅)<납약32>

  ; 빗복 우희 두프면 됴ᄒ니라(壅其臍上佳)<구상9>

  ; 길헷 더운 흘ᄀ로 가ᄉ매 언꼬(取道上熱塵土以壅心上)<구상9>

    '마키다'는 (壅)에 대한 대역이다. 『구상』에는 '둪다, 얹다'로 『유합』에는 '마
굴'로 字釋되었다.

用 ; 쓰다(쓰다, 비븨다)

  ; 흔번의 두 세 환으로 다숫 환에 니르히 쓰되(每用二三丸至五)<납약5>

  ; 다 어루 이를 쓰리라(皆可用此)<구상2>

  ; 깁 오를 작게 비븨여(用小絹)<구하82>

    '쓰다'는 (用)에 대한 대역이다. 『구상 · 구하』에는 '쓰다, 비븨다'로 『두시언해』
에는 '뻐다, 뿌다, 쓰다'로 『석보상절 · 정속언해』에는 '쓴다'로 『남명천계송언해』
에는 '쓰다, 뻐다'로 『유합 · 천자문』 광주 · 석봉 본에는 '뻐다'로 주해 본에는
'쓸'로 字釋되었다.

又 ; 쏘(쏘, 쏘, 쏘)

  ; 쏘 과ᄀᆞ리 둥둥ᄒ여 인ᄉ를 출히디 몯ᄒ며(又治卒中風不省人事)<납약1>

  ; 쏘 향부ᄌᆞ 빙ᄀᆞ니(又香附)<태요5>

  ; 쏘 금긔는(又忌)<두창14>

  ; 쏘 百會를 七壯을 쓰라(又灸百會七壯)<구상3>

    '쏘'는 (又)에 대한 대역이다. 『태요 · 두창 · 구상 · 두시언해 · 석보상절 · 유합』
등에 모두 '쏘'로 대역되었다.

尤 ; 더옥(ᄀᆞ장, 더)

; 더옥 긔특ᄒ니(尤妙)<납약20>
; ᄀ장 급ᄒ니 숨튝음을 ᄡᅥ(尤急宜用參尤飮)<태요41>
; ᄀ 기룬 므리 더 됴ᄒ니라(新汲水尤佳)<구상28>

　　'더옥'은 (尤)에 대한 대역이다. 『태요·구상』에는 'ᄀ장, 더'로 『두시언해·유
합』에는 '더옥'으로 字釋되었다.

暈 ; 어즐ᄒ다(어즐ᄒ다, 휫두르다)

; 피로 어즐코 답답고 어즐어으며(血暈悶亂)<납약4>
; 산 후에 어즐ᄒ야(産後血暈)<태요51>
; 머리 휫두르며 누니 휘두르며(頭旋眼暈)<구상31>

　　'어즐하다'는 (暈)에 대한 대역이다. 『태요·구상』에는 '어즐ᄒ다, 휫두르다'로
『훈몽자회』에는 '모로'로 字釋되었다. 語形 '휘두르다'의 대역이 특이하다.

鬱 ; 답답ᄒ다(곰ᄯᅳ다, 물ᄯᅳ다)

; 긔운이 답답ᄒ며(氣鬱)<납약3>
; 곰ᄯᅳ 고기와 져즌 肺肉괏 毒을 고튜ᄃᆡ(治鬱肉濕肺毒)<구하61>
; 밤 디난 거슬 물ᄯᅳᄂᆞ니(經宿者鬱)<구하61>

　　'답답ᄒ다'는 (鬱)에 대한 대역이다. 『구하』에는 '곰ᄯᅳ다, 물ᄯᅳ다'로 『두시언해』
에는 '답답ᄒ다'로 『유합』에는 '답답'으로 字釋되었다. 語形 '곰ᄯᅳ다, 물ᄯᅳ다'의
대역이 특이하면서도 消滅語로 볼 수 있다.

元 ; 설날(밑, 본ᄃᆡ, 원긔, 제자해)

; 한 설날 아젹의(正元)<납약33>
; 혈ᄆᆡᆨ에 드러 미틔 도라오디 몯ᄒᆞᆯᄆᆞ로(經不得還元故)<태요54>
; 본ᄃᆡ 별증이 아닌 거슬(元非別症)<두창59>
; 원긔를 도로혀미 맛당ᄒ니라(以爲回元之地爲當)<두창65>
; 소ᄂᆞ로 ᄲᅢᆺ ᄆᆞᄃᆡ를 고텨 제자해가(以手整頓骨節歸元)<구하32>

‘설날’은 (元)에 대한 대역이다. 『태요 · 두창 · 구하』에는 ‘밑, 본되, 원긔, 제자
해’로 『두시언해 · 남명천계송언해』에는 ‘본되’로 『유합』에는 ‘머리’로 字釋되었
다. 語形 ‘제자해, 머리’의 대역이 특이하다.

遠 ; 오라다(먼)

  ; 오라며 갓가오믈 뭇디 말며(無問遠近)<납약21>

  ; 먼되 잇고(遠處)<태요25>

  ; 바느리 가치 들어든 히 멀며 날 갓가옴 묻디 마오(針入皮膚不問遠年日近)<구하7>

  ‘오라다’는 (遠)에 대한 대역이다. 『태요』에는 ‘먼’으로 『구상 · 석보상절 · 훈
몽자회 · 유합 · 천자문』 등에는 모두 ‘멀’로 『두시언해』에는 ‘머리, 먼, 멀, 머러’
로 『남명천계송언해』에는 ‘멀, 머리’로 『정속언해』에는 ‘멀다, 머리ᄒ다’로 대역
되었다.

月 ; 들, 월경(들)

  ; 네 다ᄉ 들만의(四五月)<납약27>

  ; 월경이 막히며(月閉)<납약2>

  ; 동짓 들애는 화뢰예 잇고(十一月在爐)<태요66>>

  ‘들, 월경’은 (月)에 대한 대역이다. 『태요 · 석보상절 · 두시언해 · 남명천계송
언해 · 훈몽자회 · 유합 · 천자문』 등에 모두 ‘들’로 대역되었다.

爲 ; 삼다(밍글다, 삼다, 싯장, 밍글다, 짓다)

  ; 혼 졔를 삼을 씨니(爲一劑)<납약16>

  ; 디허 ᄀᄅ 밍ᄀ라(搗爲末)<대요2>

  ; 년ᄒ야 삼두음을 머겨 흐리기로 혼을 사마ᄒ라(連用三豆飮以差爲度)<두창60>

  ; 춤 ᄉ쇼되 됴흔 싯장ᄒ라(嚥津以差爲度)<구상46>

  ; ᄀᄂ라 ᄀ라 ᄀᄅ 밍ᄀ라(細研爲末)<구상7>

  ; 散을 지오되 服마다 서 돈곰ᄒ야(爲散每服三錢)<구하41>

'삼다'는 (爲)에 대한 대역이다. 『태요 · 두창 · 구상 · 구하』에는 '밍굴다, 삼다, 싱장, 짓다'로 『두시언해』에는 '드외다, 밍굴다, 삼다, ᄒ다, 爲ᄒ다'로 『석보상절』에는 '삼다, 위ᄒ다, ᄒ다'로 『남명천계송언해』에는 '드외다, 삼다, ᄒ다, ᄒ요다'로 『정속언해』에는 '삼다, ᄒ다'로 『유합』에는 'ᄒ다'로 『천자문』 광주 · 석봉 본에는 '홀'로 주해 본에는 '위ᄒ다, ᄒ다'로 대역되었다.

乳 ; 졋(졎, 졋)

; 졋 즙의 ᄂ리오듸(乳汁送下)<납약29>
; 왼 져제 뭉올이 이시면(左乳房有核)<태요11>
; 다만 졋 먹이ᄂ 어미가(但乳母)<두창12>
; 사ᄅ미 졋과 三삼年년 무근 醬쟝(人乳汁三年陣醬)<구상3>
; 두 졎 가온듸 ᄣ오라(灸兩乳中間)<구상40>

'졋'은 (乳)에 대한 대역이다. 『태요 · 두창 · 석보상절 · 남명천계송언해』에는 모두 '졎'으로 『구상』에는 '졋, 졎'으로 『두시언해』에는 '사기치다, 졋'으로 『훈몽자회 · 유합』에는 '졋'으로 字釋되었다. 語形 '사기치다'의 대역이 특이하다.

愈 ; 둏다(둏다, 흐리다, 돋ᄂ니라, 살다)

; 즉시 됴코(卽愈)<납약14>
; 반ᄃ시 돋ᄂ니라(必愈)<태요13>
; 덕지 지어 흐리 ᄂ니(以作痂差愈)<두창28>
; 나 마초ᄒ면 즉재 돋ᄂ니라(年壯立愈)<구상2>
; 즉재 사ᄂ니라(立愈)<구상16>

'둏다'는 (愈)에 대한 대역이다. 『태요 · 두창 · 구상』에는 '둏다, 흐리다, 돋ᄂ니라, 살다'로 『두시언해』에는 '둏다, 더욱'으로 『석보상절』에는 '됴ᄒ다'로 『유합』에는 '병됴홀, 더을'로 대역되었다.

有 ; 잇다(잇다)

; 주리거나 비 브르기로 음식의 샹호미 이셔((有傷飢飽飲食)<납약11>

; 즈식 잇게흔 방문(有子方)<태요6>
; 힌 기시 기장뿔 근흐니 잇ᄂ니(白如黍米)<구상11>

　　'잇다'는 (有)에 대한 대역이다. 『태요 · 구상』에는 '잇다'로 『두시언해』에는 '겨시다, 두다, 잇다'로 『남명천계송언해』에는 '겨시다, 이시다'로 『정속언해』에는 '잇다'로 『유합 · 천자문』 광주 · 석봉 본에는 '이실'로 주해 본에는 '이실, 쏘'로 대역되었다.

肉 ; 고기(고기, 슬, 고기, 갗)

; 노올이며 고기 독 이며(蠱毒肉毒)<납약4>
; 믈고기 나귀고기(馬肉驢肉)<태요14>
; 다온 블근 슬만 잇거든(但是紅肉)<태요73>
; 진 羊익 기름과 고기와(肥羊脂肉)<구상51>
; 하 덥게흐야 가치 헐에 말라 츠거든(令大熱恐破肉冷則易之)<구하36>

　　'고기'는 (肉)에 대한 대역이다. 『태요 · 구상 · 구하』에는 '고기, 슬, 갗'으로 『두시언해』에는 '고기, 슬ㅎ'로 『월인석보』에는 '슬'로 『훈몽자회 · 유합』에는 '고기'로 字釋되었다. 15세기 당시에는 두 語形이 동일한 의미로 사용되던 것이 後代에 오면서 '살'과 '고기'로 의미가 분화된 것으로 사료된다.

飮 ; 마시다(먹다, 썰다, 먹다, 마시다, 먹다)

; 때때로 마시면(時時飮)<납약3>
; 드리워서 흔 잔 두 잔 식 더여 머그라(溫飮一二盃)<태요6>
; 입이 조리혀 져즐 몯 쌘ᄂ니(撮口不飮乳)<태요69>
; 비로소 죽믈을 머그니(始進粥飮)<두창44>
; 쏘 믈쏭을 빠 즈블 取흐야 마시라(又方馬屎絞取汁飮之)<구상24>
; 두 服에 ᄂ화 머그면 됻ᄂ니라(分二服飮至愈)<구상9>

　　'마시다'는 (飮)에 대한 대역이다. 『태요 · 두창 · 구상』에는 '먹다, 썰다, 마시다'로 『두시언해』에는 '마시다, 먹다'로 『석보상절 · 남명천계송언해』에는 '마시다'로 『훈몽자회』에는 '마실'로 『유합』에는 '마실, 머길'로 대역되었다.

凝 ; 응긔다(얼의다)

  ; 어혈이 엉긔여 막혀(瘀血凝滯)<납약16>
  ; 졍혈이 얼의여(精血凝)<태요7>

  '응긔다'는 (凝)에 대한 대역이다. 『태요 · 석보상절 · 두시언해 · 남명천계송언해 · 유합』 등에 모두 '얼의다'로 대역되었다.

宜 ; 맛당이(맛당ᄒ다, 맛당히, 맛당하다)

  ; 맛당이 때로 젹게 머기면(宜時少與服)<납약32>
  ; 고본건 양단과 오ᄌ연종 환이 맛당ᄒ니라(宜固本健陽丹五子衍宗丸)<태요1>
  ; 맛당히 히독방풍탕 두어 텹을 ᄡ여(宜用解毒防風湯數貼)<두창53>
  ; 져기 ᄎ게ᄒ야 머거ᅀᅡ 맛당ᄒ리라(宜小冷爾)<구하54>

  '맛당이'는 (宜)에 대한 대역이다. 『태요 · 두창 · 구하』에는 '맛당ᄒ다, 맛당히' 로 『두시언해』에는 '둏다, 맛당ᄒ다'로 『유합』에는 '맛당'으로 字釋되었다.

李 ; 외앗

  ; 복슝아와 외앗과 춤새(桃李雀)<납약1>

  '외앗'은 (李)에 대한 대역이다. 『남명천계송언해』에는 '외얒'으로 『훈몽자회』에는 '외엿'으로 『유합』에는 '오얏'으로 字釋되었다.

已 ; 이미(블셔, 임의, ᄒ마)

  ; 이미 주거셔도 니를 ᄭ고(已死折齒)<납약20>
  ; 블셔 어제붓터 붓ᄂ 긔운이 이셔(已自昨日始有脹)<두창38>
  ; 임의 얼골이 이러(已成形)<두창1>
  ; 니 ᄒ마 구더 藥약 머굴 門몬 업스닐(牙已緊無門下藥)<구상5>

  '이미'는 (已)에 대한 대역이다. 『납약 · 두창 · 구상』에는 '블셔, 임의, ᄒ마'로 『두시언해』에는 '블셔, ᄒ마'로 『남명천계송언해』에는 'ᄒ마'로 『정속언해』에는

‘말다’로 대역되었다.

利 ; 즈치기(들다, 즈츼다, 快ᄒ다, 훤ᄒ다)
   ; 토ᄒ며 즈치기로 흔을 삼으라(以吐利爲度)<납약16>
   ; 드ᄂᆞᆫ 칼로 그 쇠리 긋틀 흔치 남즉이 쩍이고(以利刀裂尾尖寸餘)<두창31>
   ; 즈츼요믈 하 ᄒ야든 그치라(利多則止之)<구상39>
   ; 小便이 快티 몯ᄒ야(小便不利)<구상69>
   ; 大小便이 훤티 몯ᄒ닐(大小便不利)<구하28>

   ‘즈츼기’는 (利)에 대한 대역이다. 『두창 · 구상 · 구하』에는 ‘들다, 즈츼다, 快
ᄒ다, 훤ᄒ다’로 『두시언해』에는 ‘늘카롭다, 利ᄒ다’로 『유합』에는 ‘니홀’로 『천
자문』 광주 본에는 ‘늘카올’로 석봉 본에는 ‘니홀’로 주해 본에는 ‘리홀, 칼들’로
대역되었다. 語形 ‘즈츼기, 훤ᄒ다’의 대역이 특이하면서도 ‘즈츼기’는 消滅語로
볼 수 있다.

因 ; 인ᄒ다
   ; 일로 인ᄒ야 ᄌᆞ식 나키 그처시믈(因此斷産)<납약16>
   ; 사ᄅᆞ미 이ᄅᆞᆯ 因힌ᄒ야(人因事)<구상12>

   ‘인ᄒ다’는 (因)에 대한 대역이다. 『구상 · 석보상절 · 두시언해 · 남명천계송언
해』에는 모두 ‘因ᄒ다’로 『유합』에는 ‘인홀’로 字釋되었다.

日 ; 날, ᄒᆞᄅᆞ(날, 희, 날, 낫, 낮, ᄒᆞᄅᆞ, ᄒᆞ로, 희, ᄒᆞᄅᆞ, 날마다)
   ; 알ᄂᆞᆫ 날 새배(發日早晨)<납약27>
   ; ᄒᆞᄅᆞ 두 번 시 머그라(日再服)<납약6>
   ; 겨집이 월경 나ᄂᆞᆫ 날브터(待經行之日)<태요4>
   ; 힛빗 먼듸 잇고(日色遠處)<태요25>
   ; 날이 오래고 구들이 더워(日久溫房)<두창12>
   ; 밤낮 업시 싯기ᄂᆞᆯ 스므나믄 번 식 ᄒ면(日夜數十次)<두창29>
   ; 나지나 밤이나(日夜)<두창47>

; ᄒᆞᄅᆞ ᄉᆞ이로셔 다 머기면(一日之內用盡)<두창4>
; ᄒᆞ로 두 복식 머기미 가ᄒᆞ니라(日再服可也)<두창49>
; 히가 ᄆᆞᆰ그니(日朗)<두창36>
; ᄒᆞᄅᆞ 세버니나 다ᄉᆞᆺ 버니나 ᄒᆞ라(日三五次)<구상6>
; 쇠 오조믈 날마다 두 번 딕고(牛溺日二點)<구하42>

'날, ᄒᆞᄅᆞ'는 (日)에 대한 대역이다. 『태요·두창·구상·구하』에는 '날, 히, 낫, 낮, ᄒᆞᄅᆞ, ᄒᆞ로, 날마다'로 『두시언해』에는 '날, 낫, 낮, 아침, 적, 히, 힛빗'으로 『석보상절·남명천계송언해·정속언해·유합·천자문』에는 '날'로 『훈몽자회』에는 '나실'로 字釋되었다.

入 ; 넣다(차다, 넣다, 붓다, 담다, 들다)
; 너티 아니ᄒᆞ야(不入)<납약5>
; ᄌᆞ식 빈 겨집이 ᄃᆞᆯ차셔 비알기(孕婦入月腹痛)<태요21>
; 강즙에 녀허(入汁)<태요43>
; 믈 ᄒᆞᆫ 되 브어(入水一盞)<태요49>
; 대통의 약을 다마 ᄌᆞ조 불리(以竹筒吹入)<두창46>
; ᄇᆡ예 들에 ᄒᆞ며(入腹)<구상10>

'넣다'는 (入)에 대한 대역이다. 『태요·두창·구상』에는 '차다, 넣다, 붓다, 담다'로 『두시언해·석보상절·남명천계송언해·정속언해·유합·천자문』 광주·석봉 본 등에 모두 '들'로 대역되었다. 단 주해 본에만 '드릴, 들'로 대역되었다.

煮 ; 달히다(글히다, 달히다, 굽지지다, 글히다, 숡다)
; 거믄 콩 달힌 즙을 먹고(黑豆煮汁服)<납약9>
; 다시 글혀 파 닉거든 머기면 됴ᄒᆞ니라(再煮葱熱食之佳)<태요19>
; 무근 ᄡᅮᆨ 초의 달혀(陳艾醋煮)<태요6>
; 믈읫 ᄉᆞ로ᄂᆞᆫ 내 굽지지ᄂᆞᆫ(凡燒煮)<두창14>
; 가짓 줄기와 닙 이우닐 글혀 시스라(茄子莖葉枯者煮洗之)<구상8>
; 술믄 므롤 덥게ᄒᆞ야(煮汁熱)<구상6>

‘달히다’는 (煮)에 대한 대역이다. 『태요·두창·구상』에는 ‘글히다, 달히다, 굽지지다, 솖다’로 『두시언해』에는 ‘글히다, 솖다’로 『남명천계송언해』에는 ‘글히다’로 『훈몽자회·유합』에는 ‘솔 믈’로 字釋되었다. 語形 ‘굽지지다’의 대역이 흥미롭다.

作 ; 짓다(알다, 밍글다, 믄들다, 짓다, 뭉글다, 짓다)
  ; 혹 녹두마곰 환을 지어(或作丸菉豆大)<납약11>
  ; 빈알기 혹 알흐며 혹 그치며(腹痛或作或止)<태요21>
  ; 샤향 반 돈 フ른 밍フ라(麝香半錢右爲末作)<태요35>
  ; フᄂᆞ 굴룰 믄드라(作細末)<두창60>
  ; 덕지 지어 ᄒ리ᄂᆞ니(以作痂差愈)<두창28>
  ; 두 服에 밍フ라(作二服)<구상1>
  ; 다텨 구무 지어(搥磕作)<구하35>

  ‘짓다’는 (作)에 대한 대역이다. 『태요·두창·구상·구하』에는 ‘알다, 밍글다, 믄들다, 짓다, 짓다’로 『두시언해』에는 ‘ᄃ외다, 밍글다, 빳다, 짓다’로 『석보상절·남명천계송언해·정속언해』에는 ‘짓다’로 『유합·천자문』 광주·석봉 본에는 ‘지을’로 주해 본에는 ‘지을, 비르슬, 니러날’로 대역되었다. 語形 ‘알다’의 대역이 특이하다.

嚼 ; 십다(십다, 십다)
  ; 혹 フᄂᆞᆯ게 십거나 혹 ᄇᆞᆫ 후의(或嚼細或碎破然後)<납약5>
  ; 츤츤 십고(細嚼)<태요5>
  ; ᄂᆞ로니 십고(細嚼)<구상11>

  ‘십다’는 (嚼)에 대한 대역이다. 『태요·구상·두시언해』에도 ‘십다’로 『훈몽자회』에는 ‘십두드릴’로 『유합』에는 ‘시블’로 字釋되었다. 語形 ‘십두드릴’의 대역이 특이하다.

雀 ; 춤새(새, 새)

; 복숑아와 외앗과 춤새(桃李雀)<납약1>
; 새알의 무라(雀卵丸)<태요6>
; 새 머릿 骨곬髓셩로 ᄇᆞᄅ면(雀兒腦髓塗之)<구상8>

‘춤새’는 (雀)에 대한 대역이다. 『태요·구상』에는 ‘새’로 『두시언해·정속언해』에는 ‘새’로 『훈몽자회·유합』에는 ‘새, 춤새’로 字釋되었다. 일반적으로 새를 지칭하는 한자는 (鳥)이다. 그러나 (鳥)를 ‘춤새’로 대역된 語形는 발견되지 않는 반면에 雀에 대한 대역으로 ‘새’와 ‘춤새’로 대역된 語形이 발견된다.

盞 ; 되(잔, 되, 잔, 그릇)
; 흔번의 흔 환을 믈 흔 되예(每一丸水一盞)<납약10>
; 지남셕 달힌 믈 흔 잔을 머그면(飮磁石前湯一盞)<태요25>
; 흔 되 가옷(一盞半)<태요40>
; 믈 흔 盞잔 半반으로(水一盞半)<구상5>
; ᄀᆞ린거시 그르세 디여(瞖膜隨落盞中)<구하41>

‘되’는 (盞)에 대한 대역이다. 『태요·구상·구하』에는 ‘잔, 되, 그릇’으로 『두시언해』에는 한자어 ‘盞’으로 『훈몽자회·유합』에 모두 ‘잔’으로 字釋되었다.

臟 ; 오장
; ᄇᆞᄅ미 오장의 마자(風中臟)<납약5>
; 理리中듕湯탕은 五옹臟장이 中듕寒ᄒᆞᆫᄒᆞ야 입 마고므러 소리 몯ᄒᆞ며(理中湯治五臟中寒口噤失音)<구상6>

‘오장’은 (臟)에 대한 대역이다. 『구상』에는 한자어 ‘五臟’으로 『유합』에 ‘오장’으로 字釋되었다.

醬 ; 쟝
; 쟝과 전국과(醬豉)<납약8>

‘쟝’은 (醬)에 대한 대역이다. 『훈몽자회』에 ‘쟝’으로 字釋되었다.

再 ; 다시, 두, 쏘(다시, 쏘, 둘, 다시)
　　; 다시 흔 환을 머거(再服一丸)<납약21>
　　; 흐릭 두 번 식 머그라(日再服)<납약6>
　　; 쏘 머그라(再服)<납약26>
　　; 다시 다엿 소솜 글혀(再煎五七沸)<태요43>
　　; 누을 제 쏘 모그되(臨臥再服)<태요2>
　　; 흐릭 두 복식 머기면(日再服)<두창26>
　　; 됴티 아니커든 다시 머그라(未差再服)<구상23>

　　‘다시, 두, 쏘’는 (再)에 대한 대역이다. 『태요 · 두창 · 구상』에는 ‘다시, 쏘, 두’로 『두시언해』에는 ‘다시, 두’로 『유합』에는 ‘두번’으로 『천자문』에는 ‘두’로 字釋된 語例가 발견되는 점으로 보와 ‘다시’의 의미 보다 ‘두, 두번’이라는 數量詞의 의미가 더 강한 것 같다.

在 ; 잇다(잇다, 잇다, 잇다)
　　; 명치며 가슴의 머므러 이시며(留在心胸)<납약14>
　　; 즈식이 복듕에 이셔(子在腹中)<태요21>
　　; 오로 입째예 이시니(全在此關)<두창38>
　　; 본릭 볼근딕 이실식(本在明處)<구상22>

　　‘잇다’는 (在)에 대한 대역이다. 『태요 · 두창 · 구상 · 두시언해 · 유합 · 천자문』 광주 · 석봉 본에는 모두 ‘이실’로 주해 본에만 ‘술필, 이실’로 대역되었다.

滓 ; 즈의(즈의, 직, 즛의)
　　; 대쵸란 브리고 즈의조차 공심의 두스히 ᄒ여 머그라(去棗和滓空心溫服)<납약10>
　　; 즈의 업시ᄒ고(去滓)<태요36>
　　; 젼의 쓰던 보원탕 두텹 직가 이시니(前用保元湯數貼之滓)<두창45>
　　; 즛의 앗고 두스닐 머그라(去滓溫服)<구상6>

‘즈의’는 (滓)에 대한 대역이다. 『태요 · 두창 · 구상』에는 ‘즈의, 지, 즛의’로 『두시언해』에는 ‘즈의, 즛의’로 『남명천계송언해』에는 ‘즁의’로 『훈몽자회』에는 ‘즈의’로 字釋되었다.

猪 ; 돗틱(돝, 돗, 돌, 돑)

; 돗틱고기와 콩과 쇠고기과(猪肉豆牛肉)<납약6>
; 열둘애랑 도틱 콩풋 쓰고(十月用猪腰子)<태요19>
; 데미고는 흘레아닌 삿기 수돗글(猪尾膏者未破陰小小雄猪)<두창31>
; 양의 고기 도틱간(羊肉猪肝)<두창14>
; 도틱 기르메 ᄆᆞ라(猪脂調)<구상7>

‘돗틱’는 (猪)에 대한 대역이다. 『태요 · 두창 · 구상』는 ‘돝, 돗’으로 『두시언해 · 남면천계송언해』에는 ‘돝’으로 『훈몽자회 · 유합』에는 모두 ‘돋’으로 字釋되었다.

積 ; 쌓다(모다)

; 빗소기 허ᄒᆞ여 닝이 싸혀(虛中積冷)<납약11>
; 가슴 빗에 피 모다(積血心腹)<구하34>

‘쌓다’는 (積)에 대한 대역이다. 『구하』에는 ‘모다’로 『두시언해』에는 ‘답사ᄒᆞ다, 사핫다’로 『석보상절』에는 ‘믈다’로 『남명천계송언해』에서는 ‘샇다, 사히다, 지샇’으로 『정속언해』에는 ‘쌓다’로 『유합』에는 ‘사홀, 누리’로 『천자문』 광주 본에는 ‘믈다’로 석봉 본에는 ‘사홀’로 주해 본에는 ‘사홀’로 字釋되었다. 語形 ‘믈다’의 대역이 특이하다.

煎 ; 달히다(더여다, 달히다, 글히다, 지지다)

; 황년황빅 달힌 믈을 ᄎᆞ게ᄒᆞ여(黃連黃栢煎湯冷)<납약9>
; 초를 더여(醋熱煎)<태요52>
; 칠 홉되게 달혀(煎至七合)<두창17>
; 닐굽 分을 글혀(煎七分)<구상5>
; 麻油로 지진 쩌글 닝ᄀᆞ라(以麻油作煎餅)<구하44>

‘달히다’는 (煎)에 대한 대역이다.『태요 · 두창 · 구상 · 구하』에는 ‘더여다, 달히다’로『두시언해』에는 ‘글히다, 글타’로『훈몽자회』에는 ‘지질’로『유합』에는 ‘달힐’로 字釋되었다.

傳 ; 뎐염(븥다, 브티다)

 ; 소합원은 뎐염ᄒᆞᄂᆞᆫ 주검 긔운과(蘇合元治傳)<납약2>
 ; 미를 노거 므레 프러 브티라(蠟和水傳之)<구상79>
 ; 믈ᄀᆞᆫ 므레 ᄆᆞ라 브티라(滑調傳)<구상7>

 ‘뎐염’은 (傳)에 대한 대역이다.『구상』에는 ‘뎐염’으로『두시언해』에는 ‘傳ᄒᆞ다’로『유합』에는 ‘뎐ᄒᆞᆯ, 경주’로『천자문』광주 · 석봉 본에는 ‘옴길’로 주해 본에는 ‘전ᄒᆞᆯ, 글월, 역전’으로 대역되었다.

癲 ; 뎐질, 딜알

 ; 다ᄉᆞᆺ 가지 뎐질이며 간질을 고티ᄂᆞ니(治五般癲癇)<납약6>
 ; 다ᄉᆞ 가지 딜알과(五種癲疾)<납약15>

 ‘뎐질, 딜알’은 (癲)에 대한 대역이다.『훈몽자회』에는 ‘미칠’로 字釋된 어형이 발견될 뿐 다른 문헌에서는 찾아볼 수 없다.

絶 ; 긏다(긏다, 기졀, 싇다, 긋다, 氣絶ᄒᆞ다, 죽다)

 ; 긔운이 그처 디ᄂᆞᆫ듯 ᄒᆞᆯ재(氣絶者然)<납약22>
 ; 더욱 토커나 즈츼커든 그치며(加吐下則絶之)<태요12>
 ; 긔졀코져 ᄒᆞ니를 고티ᄂᆞ니(欲絶用)<태요34>
 ; 소리 싇츤 후에야(聲絶然後)<두창31>
 ; 氣킝分분이 긋거든(氣絶)<구상16>
 ; 닶겨 氣絶ᄒᆞ닐(悶絶)<구하21>
 ; 쏘 中듕惡학ᄒᆞ야 가ᄉᆞᆷ 알파 죽ᄂᆞ닐 고툐ᄃᆡ(又方治中惡心痛欲絶)<구상16>

 ‘긏다’는 (絶)에 대한 대역이다.『태요 · 두창 · 구상 · 구하』에는 ‘긏다, 기졀,

슨다, 긋다, 氣絶ᄒ다, 죽다'로 『두시언해』에는 'ᄀ장, 긋다, 긏다, 멀다'로 『석보
상절 · 남명천계송언해 · 정속언해 · 유합』 등에는 모두 '긏다'로 대역되었다.

折 ; 썩다

 ; 니를 썩고(折齒)<납약20>
 ; 一읿切쳉傷샹ᄒ며 것근딀 고티며(一切傷折理)<구하27>
 ; 네 활기 것거디여(四肢摧折)<구하29>

  '썩다'는 (折)에 대한 대역이다. 『구하』에는 '젺다, 것거디다'로 『두시언해』에
는 '젺다, 뻐디다'로 『석보상절』에는 '젺다'로 『남명천계송언해』에는 '벟다'로 『
유합』에는 '것글'로 字釋되었다. 이중 『남명천계송언해』에 '벟다'의 대역이 특이
하다.

睛 ; ᄌ의(눇ᄌᅀᅵ)

 ; 눈 ᄌ의 티ᄠ이며(目睛上視)<납약30>
 ; 눇ᄌᅀᅵ 物에 傷ᄒ야(睛爲物所傷)<구하42>

  'ᄌ의'는 (睛)에 대한 대역이다. 『구하』에는 '눇ᄌᅀᅵ'로 『훈몽자회』에는 '눈ᄌ
ᅀᅵ'로 字釋되었다.

怔 ; 급ᄒ다, 급흔병

 ; 급흔 경풍이며(怔驚)<납약4>
 ; 이 약은 급흔 병을 구ᄒ려코(此藥救怔)<납약5>

  '급ᄒ다, 급흔병'은 (怔)에 대한 대역이다. 다른 문헌에서는 발견되지 않는 어
형이다.

井 ; 우믈(우물)

 ; 우믈 믈을 만히 머거(多飮井水)<납약14>
 ; 우믌 가온딕 므레(井花水)<구하85>

'우물'은 (井)에 대한 대역이다. 『구하 · 두시언해 · 남명천계송언해 · 훈몽자회 · 유합』 등에 모두 '우믈'로 대역되었다.

諸 ; 모든(다, 모든, 여러, 잡)

; 모든 독과 믯 안개 긔운과(諸毒山嵐)<납약4>
; 모든 병을 다 고티고(一切諸病)<태요16>
; 모든 혈믹에 드러(入於諸經)<태요54>
; 여러 法법으로 고티디 몯ㅎ거든(諸術不治)<구상17>
; 잡ᄂ 믈해 毒 마ᄌ닐 고튜딕(治諸菜中毒)<구하46>

'모든'는 (諸)에 대한 대역이다. 『태요 · 구상 · 구하』에는 '다, 모든, 여러, 잡'으로 『두시언해 · 석보상절 · 남명천계송언해』에는 '여러'으로 『유합 · 천자문』 광주 · 석봉 본에는 모두 '모들'로 주해 본에는 '모들, 어조ᄉ'로 대역되었다.

除 ; 덜다, 업다(ᄂ다, 아소다)

; 풍열을 덜며(除風熱)<납약7>
; 병근이 업ᄂ니라(除根)<납약21>
; 시스면 즉재 ᄂᄂ니라(淋之卽除)<구하75>
; 붓어딘 쎼를 아소딕(除碎骨)<구하1>

'덜다, 업다'는 (除)에 대한 대역이다. 『구하』에는 'ᄂ다, 이소다'로 『두시언해』에는 '덜다, ᄇ리다, 업게ᄒ다, 더러ᄇ리다, 미다, 아ᄉ다'로 『석보상절 · 남명천계송언해 · 유합』에는 모두 '덜'로 대역되었다. 語形 '아소다'는 消滅語로 볼 수 있다.

啼 ; 울다(울다)

; 샤긔예 열로 놀나 울며(邪熱驚啼)<납약29>
; 울며 보채다(啼呼)<두창40>

'울다'는 (啼)에 대한 대역이다. 『두창 · 두시언해 · 남명천계송언해 · 훈몽자회 · 유합』에 모두 '울다'로 대역되었다.

劑 ; 제(짓다)

　; 혼 제를 삼을 씨니(爲一劑)<납약16>
　; 궁귀탕을 둥히 지어(大劑芎歸湯)<태요53>

　　'제'는 (劑)에 대한 대역이다. 『태요』에는 '짓다'로 대역된 語形이 있을 뿐이다.

調 ; 뺘다(고르다, 플다, 됴화ᄒ다, 믈다, 고ᄅ다, 믈다, 플다)

　; 미음의 뺘 ᄂ리오(米飮調下)<납약11>
　; 혹 얼우여 고르디 아닌ᄂ니(或凝而不調)<태요1>
　; 술 각 반 잔 식 합ᄒ야 플어(酒各半盞調和)<태요55>
　; 몬져 경믹을 됴화홀 거시니(先調經脉)<태요7>
　; 년흔 꿀의 ᄆ라(調爛蜜)<두창2>
　; 蘇송合합圓원 세 丸을 프러 브소ᄃ(調蘇合香圓三圓灌下)<구상2>
　; 月水 고ᄅ디 아니ᄒ며(月水不調)<구하83>
　; 밥 우희 뼈 ᄆ라 ᄇᄅ라(上飯蒸調塗)<구하13>

　　'뺘다'는 (調)에 대한 대역이다. 『태요·두창·구상·구하』에는 '고르다, 플다, 됴화ᄒ다, 믈다, 고ᄅ나'로 『두시언해』에는 '曲調, 調和ᄒ다'로 『정속언해』에는 '됴화ᄒ다'로 『유합』에는 '고롤'로 『천자문』 광주·석봉 본에는 '고ᄅ'로 주해 본에는 '고ᄅ, 곡됴, 셜, 됴룡'으로 대역되었다. 語形 '뺘다, 플다, 됴룡'의 대역이 특이하다.

朝 ; 아젹(아츰)

　; 이른 아젹 공심의(早朝空心)<납약3>
　; 새볘붓터 아춤ᄭ지((自曉至朝)<두창43>

　　'아젹'은 (朝)에 대한 대역이다. 『두창』에는 '아춤'으로 『두시언해』에는 '아춤, 朝會, 朝廷'으로 『남명천계송언해·유합·천자문』 광주·석봉 본에는 '아춤'으로 주해 본에는 '아춤, 죠명, 됴회'로 『훈몽자회』에는 '아춤, 됴횟'으로 대역되었다.

旱 ; 아젹, 이르다(올, 아츰, 올)

　; 이튼날 아져긔(次日旱)<납약26>
　; 이른 아젹 공심의(早朝空心)<납약3>
　; 흰 올벼뿔 굴롤(白旱米粉)<태요73>
　; 아츰브터 나조히 니르닌(旱至晩)<구상77>
　; 올볏 딥 ᄉ론 직롤(旱禾稈燒灰)<구하50>

　　‘아젹, 이르다’는 (旱)에 대한 대역이다. 『태요·구상·구하』에는 ‘올, 아츰’으로 『두시언해』에는 ‘오, 일, 이르다, 이른’으로 『남명천계송어해』에는 ‘일’로 『훈몽자회·유합·천자문』 광주 본에는 모두 ‘이를’로 석봉 본에는 ‘이를’로 주해 본에는 ‘일를’로 字釋되었다.

棗 ; 대쵸(대쵸, 大棗)

　; 대쵸 흔 낫과 흔 되 달혀(棗一枚煎)<납약10>
　; 대쵸 두 낫 너허(棗二枚)<태요44>
　; 大棗 흔 ᄂ과 흔 되 글혀(棗一枚同煎)<구상14>

　　‘대쵸’는 (棗)에 대한 대역이다. 『태요·구상』에는 ‘대쵸, 大棗’로 『두시언해』에는 한자어와 정음표기인 ‘大棗, 대쵸’로 『훈몽자회·유합』에는 모두 ‘대초’로 字釋되었다.

潮 ; 오락가락

　; 뒤틀리기 오락가락ᄒ며 몸이 열ᄒ고(潮搐身熱昏睡)<납약31>

　　‘오락가락’은 (潮)에 대한 대역이다. 『두시언해』에는 ‘潮水, 潮’로 『남명천계송언해·훈몽사회·유합』에는 모두 ‘빌믈’로 字釋되었다. 語形 ‘오락가락’의 대역이 흥미롭다.

鳥 ; 새

　; 새 즘승의게(鳥獸)<납약24>

‘새’는 (鳥)에 대한 대역이다. 『석보상절·두시언해·남명천계송언해·훈몽자
회·유합·천자문』 등에 모두 ‘새’로 대역되었다.

弔 ; 혀이다

; 어린 아히 틱 듕의셔 놀라셔 안히 혀이며 비 든든코(小兒胎驚內弔腹肚)<납약30>

‘혀이다’는 (弔)에 대한 대역이다. 『두시언해』에는 ‘弔問ᄒᆞ다’로 『천자문』 광
주·석봉 본에는 ‘됴문’으로 주해 본에는 ‘됴문, 니를’로 대역되었다. 語形 ‘혀이
다’는 消滅語로 볼 수 있다.

卒 ; 과굴리(졸현히, 과굴이, 믄득, 가ᄆᆞ기)

; 쏘 과굴리 듕풍ᄒᆞ여(又治卒中風)<납약1>
; 졸현히 스이븐 변ᄒᆞ기 어리오되(卒未易辨)<두창6>
; 과굴이 ᄀᆞ오눌엿거든(卒魘)<구상23>]
; 쏘 믄득 中風ᄒᆞ야(又方卒中風)<구상3>
; 가ᄆᆞ기 비야미 가마 프디 아나ᄒᆞ거든(卒爲蛇繞不解)<구하79>

‘과굴리’는 (卒)에 대한 대역이다. 『두창·구상·구하』에는 ‘졸현히, 과굴이,
믄득, 가ᄆᆞ기’로 『두시언해』에는 ‘ᄆᆞᄎᆞ매’로 『훈몽자회』에는 ‘군ᄉᆞ’로 『유합』에
는 ‘군졸, ᄆᆞ촘’으로 대역되었다. 語形 ‘과굴리, 가ᄆᆞ기’는 消滅語로 볼 수 있다.

種 ; 가지(가짓)

; 아홉 가지 가슴 알키와(九種心痛)<납약17>
; 아홉 가짓 가슴 알힐 고툐딕(治九種心痛)<구상30>

‘가지’는 (種)에 대한 대역이다. 『구상』에는 ‘가짓’로 『두시언해』에는 ‘가지,
삿기, 삐, 심다, 種類’로 『석보상절·남명천계송언해·정속언해』에는 모두 ‘가지’
로 『유합』에는 ‘시믈, 삐’로 『훈몽자회』에는 ‘시믈’로 字釋되었다. 語形 ‘삿기’의
대역이 특이하다.

腫 ; 붓다, 죵긔(붓다, 븟다)
  ; 목굼기 브어 알프며(咽喉腫痛)<납약7>
  ; 창질과 독흔 죵긔를(瘡毒腫)<납약19>
  ; 온 몸이 붓고 비 브르고(遍身浮腫腹脹)<태요40>
  ; 손밠 언 瘡이 브스며(手足凍瘡腫)<구상6>

  '붓다, 죵긔'는 (腫)에 대한 대역이다. 『태요·구상』에는 '붓다, 븟다'로 『훈몽자회』에 '브슬'로 字釋되었다.

痊 ; 뉴주ᄒ다
  ; 열 가지 뉴주ᄒᄂ 샤긔며(十種痊忤)<납약15>

  '뉴주ᄒ다'는 (痊)에 대한 대역이다. 다른 문헌에서는 발견되지 않는다.

走 ; ᄃᆞᆯ다(내ᄃᆞ니다, ᄃᆞ라나다, ᄃᆞ르다)
  ; 미쳐 ᄃᆞᆯ며(狂走)<납약25>
  ; 내와ᄃᆞ니ᄂ 겨집이라(走者女也)<태요10>
  ; 이윽히 ᄒ다가 ᄃᆞ라 나거ᄂᆞᆯ(良久起而走)<두창34>
  ; 주근 사ᄅᆞᆷ을 지여 ᄃᆞᆯ면(以溺人背搭走)<구상74>

  'ᄃᆞᆯ다'는 (走)에 대한 대역이다. 『태요·두창·구상』에는 '내와ᄃᆞ니다, ᄃᆞ라나다, ᄃᆞᆯ다'로 『두시언해』에는 'ᄃᆞ라나다, ᄃᆞ니다, ᄃᆞᆯ이다'로 『유합』에는 'ᄃᆞᆯ'로 字釋되었다.

中 ; 가운대, 맞다, 빗속(가온대, 안해, 속, 가운대, 안, 가온ᄃᆡ, 곳다, 굼긔, 싸홀, 맞다, ᄉᆞᅴ, 안해)
  ; 발바당 가운대 ᄂᆞ려(脚心中)<납약21>
  ; 과글리 ᄀᆞ된 샤긔를 마자(卒中客忤)<납약4>
  ; 감응원을 빗소기 허ᄒᆞ여(感應元治虛中)<납약11>
  ; 손 가온대 가락 ᄆᆞᄃᆡ를(手中指 節)<태요55>

; 뷘 집 안해 쥐굼긔(空屋鼠穴中)<태요48>

; 잉뷔 비 소개(孕婦腹中作)<태요48>

; 그 더러온 거시 입 가온대 잇ᄂᆞ니(口中猶有不潔)<두창1>

; 큰 사발 안희 노코(大置諸砂椀中)<두창50>

; 두 손 가온듸 가락 숏톱 아래(兩手中指爪下)<구상29>

; 핏굼긔 고ᄌᆞ면 긋ᄂᆞ니라(孔血中止) <구상66>

; 곳굼긔 부러 ᄌᆞ치욤 호믈 기드려(吹入鼻中俟其噴嚏)<구상2)

; 뒷털 난 ᄽᅡ홀(後聚毛中)<구상20>

; 이 毒ᄋᆞᆯ 마조미 기퍼(此是中毒之深)<구상33>

; 一百낤 ᄉᆞ싀예 ᄒᆞᄅᆞ도(百日之中一日)<구하66>

; 허러 피 통안해 ᄀᆞ득ᄒᆞ야(傷血滿腹中)<구상17>

　　'가온듸, 맞다, 빗속'은 (中)에 대한 대역이다. 『태요 · 두창 · 구상 · 구하』에는 '가온대, 안해, 속, 가운대, 안, 가온듸, 곳다, 굼긔, ᄽᅡ홀, 맞다, ᄉᆞ싀, 안해'로 『두시언해』에는 '가온듸, 다시, 맞다, 속, 솝, ᄉᆞ싀'로 『석보상절』에는 '가온듸'로 『남명천계송언해』에는 '가온듸, 안'으로 『훈몽자회 · 천자문』 광주 · 석봉 본에는 모두 '가온듸'로 주해 본에는 '즁도, 가온대, 마치, 마즐'로 『유합』에는 '가온댓'으로 대역되었다. 語形 '빗속'의 대역이 흥미롭다.

重 ; 므즑ᄒᆞ다(므거운, ᄡᅩ, 듕ᄒᆞ다, 저울, 듕ᄒᆞ다, 므긔, 블, 다시곰)

; 닉 급ᄒᆞ고 뒤히 므즑ᄒᆞ며(裏急後重)<납약10>

; 므거운 것 들며(擧重)<태요15>

; 사름의 몸이 ᄡᅩ야셔 아홉 ᄃᆞᆯ애(人有重身九月而)<태요47>

; ᄡᅩᄒᆞᆫ 듕ᄒᆞ고(亦重)<두창21>

; 저울로 ᄃᆞ라 오 분이 어든(五分重)<두창3>

; 重ᄒᆞ니란 地漿으로 브스면 씌ᄂᆞ니(重者以地漿灌則醒)<구상10>

; 附子 므긔 닐굽 돈 남즛ᄒᆞ닐(附子重七錢許)<구상38>

; 뵈로 두서볼 ᄢᅵ려(用布三兩重裹)<구상58>

; 지를 다시곰 처(灰重羅)<구하12>

　　'므즑ᄒᆞ다'는 (重)에 대한 대역이다. 『태요 · 두창 · 구상 · 구하』에는 '므거운,

또, 듕ᄒ다, 저울, 므즑ᄒ다'로 『두시언해』에는 '굴포, 다시, 도로, 둗겁다, 므겁다, 브리, 볼, 여러, 하다, 重疊ᄒ다, 重ᄒ다'로 『남명천계송언해』에는 '므겁다'로 『정속언해』에는 '듕ᄒ다'로 『유합』에는 '므겁다, 여러볼'로 『천자문』 광주·석봉 본에는 '므거울'로 주해 본에는 '다시, 무거울, 겹'으로 대역되었다. 語形 '굴포, 볼'은 消滅語로 볼 수 있다.

卽 ; 즉시(즉시, 믿, 즉제, 즉제, 즉자히, 곧)

 ; 즉시 됴코(卽愈)<납약14>
 ; 즉시 편안하고(卽安)<태요19>
 ; ᄌ식이 믿바다 나ᄂ니(兒卽隨産)<태요25>
 ; 즉제 승마갈근탕을 쓰고(卽用升麻葛根湯)<두창15>
 ; 즉제 돋ᄂ니라(卽愈)<구상10>
 ; 氣킝分분이 ᄉᄆᄎ면 즉자히 사ᄂ니라(卽蘇續氣透)<구상34>
 ; 곧 能능히 말ᄒᄂ니라(卽能語) <구상20>

　　'즉시'는 (卽에 대한 대역이다. 『태요·두창·구상』에는 '즉시, 믿, 즉제, 즉자히, 곧'으로 『두시언해·석보상절』에는 '곧'으로 『남명천계송언해』에는 '즉재'로 『유합』에는 '곧'으로 『천자문』 광주 본에는 '고'로 석봉 본에는 '즉제'로 주해 본에는 '나아갈, 즉제, 곳'으로 대역되었다.

汁 ; 즙(즙, 진·즙·집)

 ; 거믄 콩 달힌 즙을 먹고(黑豆煮汁服)<납약9>
 ; 디허 즙내여(搗取汁)<태요16>
 ; 진이 흐ᄅ고 잠깐 움즈기면(流汁少或搖動)<두창44>
 ; 시혹 염곳 즈블ᄀ라(或硏韭汁)<구상19>
 ; 生싱뵈로 汁집을 ᄧ(以生布絞汁)<구상3>

　　'즙'은 (汁)에 대한 대역이다. 『태요·두창·구상』에는 '즙, 진, 집'으로 『두시언해』에는 한자어인 '汁'으로 대역되었다.

至 ; 니르히다(니르다, 신지, 니르다, 오로, 니르다, 다들다, 두외다)
　; 닐곱 환의 니르히(至七丸)<납약18>
　; 비 알기 즛고 나흘 때 니른 후(立待産候至然)<태요21>
　; 츌두 죵일신지는(至出痘終日)<두창16>
　; 엷들의 니르면(至十月)<두창1>
　; 의복 비단 보화를 오로 두로 버러느고(以至衣服錦繡紬紈寶貨)<두창10>
　; 여듧 分에 니르거든(至八分)<구상32>
　; 니예 다들게 ᄒ면(至齒)<구상40>
　; 믈 흔 큰 잔 半을 흔 자니 두외에 글혀(以水一大盞半煎至一盞)<구하91>

　　　'니르히다'는 (至)에 대한 대역이다. 『태요·두창·구상·구하』에는 '니르다,
신지, 니르다, 오로, 다들다, 두외다'로 『두시언해』에는 '오다, 니르다, 至極히'로
『석보상절·남명천계송언해』에는 '이르다'로 『정속언해』에는 '이르다, 지극기,
지어'로 『유합』에는 '리를'로 字釋되었다.

枝 ; 가지(가지, 가지)
　; 복숭아 가지와 버들 가지 달힌 믈의 프러 느리오라(桃柳枝煎湯化下)<납약26>
　; 사ᄉ나못 가지를 블에 구어(白楊樹枝燒取)<태요73>
　; 가지 블근 버들이니(赤枝之楊)<두창28>
　; 복샹화 나모와 버드 나못 가지를(桃柳枝)<구상11>

　　　'가지'는 (枝)에 대한 대역이다. 『태요·두창·구상·석보상절·두시언해·남
명천계송언해·훈몽자회·유합·천자문』 광주·석봉 본에는 모두 '가지'로 주해
본에는 '가지, 견딜'로 대역되었다. 語形 '견딜'의 대역이 특이하다.

志 ; 뜻
　; 졍신과 뜻을 뎡티 못ᄒ며(神志不定)<납약1>

　　　'뜻'은 (志)에 대한 대역이다. 『두시언해·훈몽자회·천자문』 광주·석봉 본에
는 '뜯'으로 주해 본에는 '쁫, 긔록홀'로 대역되었다.

鎭 ; 딘뎡ᄒ다

　; 놀라믈 딘뎡ᄒ며(鎭驚)<납약32>

　　'딘뎡ᄒ다'는 (鎭)에 대한 대역이다.『두시언해』에는 '눌러, 鎭定ᄒ다, 鎭ᄒ다, 鎭守ᄒ다'로『능엄경언해·유합』에는 '누를'로 대역되었다.

疾 ; 병(병, 샌ᄅ다, 녁질, 병, 샐리)

　; 모든 병을(諸疾)<납약28>
　; 산젼 산후 모든 병을(産前産後諸疾)<태요17>
　; 활ᄒ고 샌ᄅ다ᄒ고(滑而疾)<태요9>
　; 녁질의 다ᄃ라 음식과 긔거를 제ᄒ고(疾飮食起居)<두창9>
　; 져근 즉 죵신토록 병이들고(小則爲終身之疾)<두창10>
　; 그 숛가라글 샐리 내욜디니(疾出其指)<구상79>

　　'병'은 (疾)에 대한 대역이다.『태요·두창·구상』에는 '병, 샌ᄅ다, 녁질, 샐리'로『두시언해』에는 '샐리, 병'으로『훈몽자회·유합』에는 '병홀'로 字釋되었다.

此 ; 이(이, 이)

　; 이 약 ᄒ 뎡의 소합원 네 환을 합ᄒ여(此藥一錠蘇合元四丸合和)<납약11>
　; 이제 마치 빅 여흐레 걸인듯 ᄒ니(此時如舟坐灘)<태요26>
　; 다 어루 이를 쓰리다(皆可用此)<구상2>

　　'이'는 (此)에 대한 대역이다.『태요·구상·석보상절·남명천계송언해·유합·전자문』등에는 모두 '이'로『두시언헤』에는 '이, 이어긔'로 대역되었다

瘡 ; 창질, 헐다(헐다)

　; 모딘 창질과 독한 죵긔를(惡瘡毒腫)<납약19>
　; 입과 혜 헐며(口舌生瘡)<납약7>
　; 귀 어러 허닐 고툐ᄃ(治凍耳成瘡)<구상6>

‘창질, 헐다’는 (瘡)에 대한 대역이다.『구상·두시언해』에는 ‘헐다’로『훈몽자
회』에는 ‘헐므슬’로 字釋되었다.

菜 ; ᄂᆞ믈(ᄂᆞ믈)

  ; 싱ᄂᆞ믈과 마늘과(生菜大蒜)<납약16>
  ; 여러 가짓 ᄂᆞ믈 먹고 毒을 마자 미처(食諸菜中毒發狂)<구하45>

  ‘ᄂᆞ믈’은 (菜)에 대한 대역이다.『구하』에는 ‘ᄂᆞ믈’로『두시언해』에는 ‘ᄂᆞ믈,
菜蔬’로『남명천계송언해·훈몽자회·유합·천자문』에는 모두 ‘ᄂᆞ믈’로 대역되
었다. 한자어 ‘菜蔬’는『두시언해』에서만 발견되고 있다.

處 ; 듸(듸, 곳, 듸, 듸, 싸ㅎ)
  ; 샹ᄒᆞᆫ듸 ᄇᆞᄅᆞ고(塗傷處)<납약24>
  ; 노ᄑᆞᆫ듸 슈건을 ᄆᆡ여 둘고(高處懸掛手巾)<태요22>
  ; 면샹과 창난ᄒᆞᆫ 곳만 시스미 가ᄒᆞ니라(洗面上與瘡爛處可也)<두창30>
  ; 클려온 고듸(痒處)<두창27>
  ; 알픈듸 시수듸(洗患處)<구상8>
  ; 알픈 싸해 ᄇᆞᄅᆞ면(塗患處)<구하13>

  ‘듸, 싸ㅎ’는 (處)에 대한 대역이다.『태요·두창·구상·구하』에는 ‘듸, 곳,
싸ㅎ’로『두시언해』에는 ‘곧, 듸, 싸ㅎ’로『석보상절·정속언해』에는 ‘듸’로『남
명천계송언해』에는 ‘곧’으로『천자문』광주 본에는 ‘곳’으로 석봉 본에는 ‘곧’
주해 본에는 ‘곳, 이실’로 대역되었다.

捷 ; ᄲᆞᄅᆞ다

  ; 더옥 ᄲᆞᄅᆞ니라(尤捷)<납약2>

  ‘ᄲᆞᄅᆞ다’는 (捷)에 대한 대역이다.『두시언해』에는 ‘샐리, 이긔다, 즈릆’으로
『유합』에는 ‘늘랄’로 字釋되었다.

滯 ; 막히다, 톄ᄒ다

  ; 어혈이 엉긔여 막혀(瘀血凝滯)<납약16>
  ; 어린 아히 톄흔거시 샹ᄒ여(小兒傷滯)<납약11>

  ‘막히다, 톄ᄒ다’는 (滯)에 대한 대역이다. 『두시언해』에는 ‘머믈다, 留滯ᄒ다’로 『유합』에는 ‘멍긜’로 字釋되었다. 語形 ‘멍긜’의 대역이 특이하다.

遞 ; 믄득

  ; 믄득 쓸째예 플기 극히 어려오니(遞用時化開極難)<납약>

  ‘믄득’은 (遞)에 대한 대역이다. 『두시언해』에는 ‘가다, 서르 멀리’로 대역되었다.

綃 ; 깁

  ; 블근 깁 주머니예 녀허(紅綃袋盛)<납약3>

  ‘깁’은 (綃)에 대한 대역이다. 『두시언해 · 훈몽자회 · 유합』 등에 모두 ‘깁’으로 대역되었다.

初 ; ᄀᆞᆺ(곧, ᄀᆞᆺ, 처음, 처엄)

  ; ᄀᆞᆺ난 아히란(初小兒)<납약29>
  ; 아기 곧나 디며 긔운이 긋고져ᄒ고(小兒初生氣欲絶)<태요67>
  ; ᄀᆞᆺ난 아히 빗복 써러딘 거슬(小兒初生臍帶脫浩)<두창3>
  ; 진나라 처엄 시절부터 비로소 잇ᄂ니라(秦初始有之)<두창2>
  ; 처서메 잢간도 춘 것과 우믈 아랫 흙과 꿀와로 ᄇᆞ르니 마를디니
   (初愼勿以冷物及以井下泥蜜塗)<구하7>

  ‘ᄀᆞᆺ’은 (初)에 대한 대역이다. 『태요 · 두창 · 구하』에는 ‘곧, ᄀᆞᆺ, 처엄, 처셈’으로 『두시언해』에는 ‘처셈’으로 『석보상절』에는 ‘첫’으로 『남명천계송언해』에는 ‘처셈’으로 『정속언해』에는 ‘처엄’으로 『유합』에는 ‘처엄, 원간’으로 『천자문』에는 ‘처엄’으로 字釋되었다. 語形 ‘원간’의 대역이 특이하다.

草 ; 플(거적, 새, 거적)
　; 플 독 나모 독이며(草木)<납약24>
　; 거저긔 올아 힘쓰라(上草用力)<태요20>
　; 새나 딥피나 혜디 말고(勿論郊草穀草)<두창27>
　; 거져긔 안자(坐草)<구하87>

　　‘플’은 (草)에 대한 대역이다. 『태요·두창·구하』에는 ‘거적, 새, 거적’으로『두시언해』에는 ‘새, 플’로『남명천계송언해·훈몽자회·유합·천자문』광주·석봉본에는 모두 ‘플’로 주해 본에는 ‘플, 글초’로 대역되었다. 語形 ‘글초’의 대역이 특이하다.

葱 ; 파(파, 파, 파)
　; 싱파와 소곰이라(生葱塩)<납약1>
　; 엄 파 마늘(芽葱蒜)<태요14>
　; 믈감ᄌ 유ᄌ 귤 파 만을(水柑子柚子橘葱蒜)<두창14>
　; 파 누른 엄으로(以葱黃心)<구상20>

　　‘파’는 (葱)에 대한 대역이다. 『태요·두창·구상·훈몽자회·유합』에 모두 ‘파’로 대역되었다.

最 ; ᄀ장(잘, 믓)
　; ᄀ장 신긔로온 효험이 인ᄂ니라(最有神效)<납약14>
　; 난산을 잘 고티 ᄂ니라(最治難産)<태요30>
　; 그 부릴 어더 머그면 믓 됴ᄒ니라(其嗪最效)<구상53>

　　‘ᄀ장’은 (最)에 대한 대역이다. 『태요·구상』에 ‘잘, 믓’로『두시언해』에는 ‘ᄀ장, 안직’으로『석보상절』에는 ‘믓다’로『유합』에는 ‘ᄀ장’으로 字釋되었다.

秋 ; ᄀ을
　; ᄀ을은 닐헤오 겨을은 열흘 만의(秋七冬十日)<납약6>

‘ㄱ을’은 (秋)에 대한 대역이다. 『두시언해 · 남명천계송언해 · 훈몽자회 · 천자문』 광주 본에는 ‘ㄱ슬’로 『유합』에는 ‘ㄱ올’로 『천자문』 석봉 본에는 ‘ㄱ올’로 주해 본에는 ‘ㄱ을’로 字釋되었다.

春 ; 봄(봄)

; 봄은 닷째오 녀름은 사흘이오(春五夏三)<납약6>
; 봄ㅁ춤과 녀름 처서메(春末夏初)<구하65>

　　‘봄’은 (春)에 대한 대역이다. 『납약 · 두시언해 · 남명천계송언해 · 훈몽자회 · 유합』 등에 모두 ‘봄’으로 대역되었다.

虫 ; 버러지, 튱증(벌에)

; 빅가지 버러지게(百虫)<납약24>
; 모든 튱증이며 오래 싸힌 담으로(諸虫久積痰)<납약16>
; 더운 제 시스면 벌에와(熱洗之虫)<구하41>

　　‘버러지, 튱증’은 (虫)에 대한 대역이다. 『구하』에는 ‘벌에’로 『두시언해』에는 ‘벌어지’로 『석보상절 · 유합』에는 ‘벌에’로 대역되었다.

取 ; 내다(내다, 얻다, 잡다, 받다, 비븨다, 아소다, 츙ㅎ다, 내다, 싸, ㄷ외다, 앉다)

; 즙 내여(取汁)<납약9>
; 씀 내라(取汗)<태요46>
; 초혜 흔 짝글 어더(草鞋一隻取)<태요28>
; 누른 수케 흔나흘 자바(取黃雄犬一ㄴ)<태요6>
; 달혀 먹고 믿바다(煎取先飲)<태요42>
; 오동ㅈ ㄱ티 비븨여(梧子大每取)<태요2>
; 모기 건 낙술 아소딕(取喉釣)<구상48>
; 엿귀를 두터이 글혀 汁집을 取츙ㅎ야(濃煮蓼取汁)<구상9>
; 骨髓를 내야 ㅂㄹ라(髓取塗之)<구상6>

; 汁집 째 두서 호블 브스면(取汁二三合灌下)<구상16>
; 믈 서 되를 달혀 두 되 드외어든(用水三升煮取二升)<구하88>
; 또 만히 구어 아싸(仍多煨取)<구하35>

　　'내다'는 (取)에 대한 대역이다. 『태요 · 구상 · 구하』에는 '내다, 얻다, 잡다, 받다, 비븨다, 아소다, 츙ᄒ다, 째, 드외다, 앗다'로 『두시언해』에는 '받다'로 『유합』에는 '가질'로 『천자문』 광주 · 석봉 본에는 '아올'로 주해 본에는 '가딀, 자불, 혼츄'로 대역되었다.

齒 ; 니(니, 니)

; 니를 꺽고(折齒)<납약20>
; 니 똥이라ᄒ고 침으로나 손톱으로나(齒糞以針爪)<태요69>
; 시혹 늘근 生薑이나 그 니예 뿌츠라(或老生薑擦其齒)<구상71>

　　'니'는 (齒)에 대한 대역이다. 『태요 · 구상』을 비롯하여 『두시언해 · 석보상절 · 남명천계송언해 · 훈몽자회 · 유합』 등에 모두 '니'로 대역되었다.

治 ; 고티다, 다ᄉ리다(고티다, 다ᄉ리다, 다스리다, 다ᄉ리다, 고티다)

; 다삿 가지 뎐질이며 간질을 고티ᄂ니(治五般癲癎)<납약6>
; 장부의 여러히 오란 니질 다ᄉ리기예 ᄀ장 신긔로온(治臟腑積年久痢)<납약3>
; 부인의 오래 닝ᄒ여 ᄌ식 업스니를 고티ᄂ니(治婦人及冷無子)<태요6>
; 반혼단은 다ᄉ리는 법(返魂丹治法)<태요16>
; 밧그로 다스리는 약은(外治)<두창29>
; 급피 다ᄉ리디 아니ᄒ리오(不急治乎)<두창60>
; 惡학風붕이 만히 답답ᄒ야 죽ᄂ닐 고됴딕(治惡風心悶欲死)<구상2>

　　'고티다, 다ᄉ리다'는 (治)에 대한 대역이다. 『태요 · 두창 · 구상』에는 '고티다, 다ᄉ리다, 다스리다'로 『두시언해 · 남명천계송언해』에는 '다ᄉ리'로 『유합』에는 '다ᄉ리, 다ᄉ것'으로 대역되었다.

浸 ; 돔다(둠다, 돔다, 불우다, 즈모다)

  ; 물근 술 혼 병의 두므(浸淸酒一甁)<납약6>
  ; 술의 두무니(酒浸)<태요2>
  ; 더운 므레 두마 것 밧기고(湯浸去皮)<구상6>
  ; 사룸미 졋 汁을 불위 즈조 디그라(以人乳汁浸頻頻點)<구하40>
  ; 모시 즈몬 므를(浸苧水)<구하89>

  '돔다'는 (浸)에 대한 대역이다. 『태요·납약』에는 '돔다'로 『두시언해』에는 '깊다, 디다, 듣기다, 즈마락'으로 『석보상절』에는 '즈므다'로 『남명천계송언해』에는 '둠다'로 『유합』에는 '둠길'로 字釋되었다. 語形 '즈마락'의 대역이 흥미롭다.

稱 ; 일홈

  ; 일홈을 만병원이라(稱爲萬病元)<납약16>

  '일홈'은 (稱)에 대한 대역이다. 『두시언해』에는 '니른다, 맛다, 맛도다, 일른다'로 『유합·천자문』 석봉 본에는 '일ㅋ룰'로 광주 본에는 '잇ㄱ룰'로 주해 본에는 '일ㅋ룰, 저울, 둘다, 들다, 맛ㄱ즐'로 대역되었다. 語形 '맛ㄱ즐'의 대역이 특이하다.

墮 ; 낙틱(누르다, 디다, 디다)

  ; 미양 낙틱ᄒ여(常墮)<납약27>
  ; 틱 아니 누르면(胎不墮)<태요42>
  ; 피 흐르고 틱 디ᄂ니(漏血墮胎)<태요17>
  ; 노픈틱 ᄂ려 디여(從高墮下)<구하26>

  '낙틱'는 (墮)에 대한 대역이다. 『태요·구하』에는 '누르다, 디ᄂ다, 디다'로 『두시언해』에는 '디다'로 『유합』에는 'ᄂ려딜, 헐'로 대역되었다.

呑 ; 숨끼다(숨끼다, 숨끼다)

; 열 환 식 숨끼라(十丸呑下)<납약11>
; 아젹긔 소곰믈이나 드슨 술의나 숨끼고(空心塩湯或溫酒呑下)<태요2>
; 젹젹 숨쎠 느리오라(細細呑下)<구상43>

　　'숨끼다'는 (呑)에 대한 대역이다. 『태요·구상·유합』에도 '숨끼다'로『두시
언해』에는 '숨끼다, 먹다'로 대역되었다.

湯 ; 달힌믈(달힌믈, 달힌믈, 쑥, 더운믈, 믈)
　; 인숨 달힌 믈에 프러 느리오(人蔘湯和下)<납약5>
　; 달힌 믈을 ᄎ게ᄒ여(煎湯冷)<납약9>
　; 달힌 믈의 풀어 머그면 피 즉제 귿ᄂ니라(湯調下崩血卽止)<태요54>
　; 박하 달힌 믈(薄荷湯)<두창15>
　; 粥쥭 믈와 쟝ᄯ기 위두코(粥飮醬湯爲上)<구상9>
　; 더운 므레 두마 것 밧기고(湯浸去皮)<구상6>
　; 글는 므레 돔가(沸湯浸)<구상8>

　　'달힌 믈'은 (湯)에 대한 대역이다. 『태요·두창·구상』에는 '달힌 믈, 쑥, 더운
믈, 믈'로『두시언해』에는 '더운믈'로『훈몽사회』에는 '탕'으로『유합』에는 '글
흘'로 字釋되었다.

怠 ; 슬ᄒ다
　; 머리 어즐ᄒ며 ᄉ지 거두디 슬ᄒ며(頭旋四肢倦怠)<납약11>

　　'슬ᄒ다'는 (怠)에 대한 대역이다. 『두시언해』에는 '키'로『훈몽자회·유합』에
는 '게으를'로 字釋되었다. 語形 '슬ᄒ다'의 대역이 특이하다.

胎 ; 틱긔(잉틱, ᄌ식비다, 틱긔)
　; 부인의 거즛 틱긔며(婦人鬼胎)<납약25>
　; 잉틱흔 믹(胎脉)<태요8>
　; ᄌ식 비여 난는 죵요 뫼혼 방문(諺解胎産集要)<태요1>

; 다 틱긔 몯 되느니라(皆不成胎)<태요1>

　　'틱긔'는 (胎)에 대한 대역이다. 『태요』에는 '잉틱, 즈식비다, 틱긔'로 『유합』에
는 '틱'로 字釋되었다.

吐 ; 토ᄒ다(토ᄒ다, 비와퇴다, 吐ᄒ다)
　; 크게 즈쳐고 혹 토ᄒ며(大瀉或吐)<납약9>
　; 혹 토ᄒ거나 혹 셜샤를 ᄒ거나(或吐或瀉)<두창16>
　; 츠고든 비와퇴라(冷吐)<구상64>
　; 吐통ᄒ면 곧 씨느니라(吐卽醒)<구상4>

　　'토ᄒ다'는 (吐)에 대한 대역이다. 『태요 · 두창 · 구상』에는 '토ᄒ다, 비와퇴다,
吐ᄒ다'로 『석보상절』에도 '토ᄒ다'로 『두시언해』에는 '비완다'로 『훈몽자회』에
는 '토홀'로 『유합』에는 '비와틀'로 字釋되었다. 이때까지만 하여도 두 語形이
동일한 의미로 사용되다가 後代에 와서 '뱉다 와 토하다'로 의미가 분화된 것으
로 생각된다.

通 ; 누다(누다, 통ᄒ다, 처다, 뻬다, 通ᄒ다)
　; 대변을 누디 못홈을 고티며(治大便不通)<납약19>
　; 절로 통ᄒ느니(自通)<태요70>
　; 아기 ᄀ나며 오좀 똥 몯누다(小兒初生大小便不通) <태요70>
　; 쇠숨을 처(通溝渠)<두창14>
　; ᄒᆫ 구무 둘워 몬져 낫긴혜 뻬오(通一竅先穿上鉤)<구상48>
　; ᄒ다가 小ᄉᆞᆯ便뻔이 通통 티 아니커든(若小便不通)<구상17>

　　'누다'는 (通)에 대한 대역이다. 『태요 · 두창 · 구상』에는 '누다, 통ᄒ다, 처다,
뻬다, 通ᄒ다'로 『두시언해』에는 'ᄉᄆᆺ다, ᄉᄆᆺ다, 通ᄒ다'로 『남명천계송언해』
에는 '오올다'로 『유합 · 천자문』에는 'ᄉᄆᆽ츨'로 字釋되었다. 語形 '오올다'는 消
滅語로 볼 수 있다.

痛 ; 알이, 알프다(알이, 알프다, 앓다, 믜이, 알프다, 셟다)
　; 아홉 가지 가슴 알키와(九種心痛)<납약17>
　; 목굼기 브어 알프며(咽喉腫痛)<납약7>
　; 아니 아프면 틱 아니라(不痛爲無孕)<태요10>
　; 즈식 빈 겨집이 들차셔 비알키(孕婦入月腹痛)<태요21>
　; 허리 알흐니가 이시니(作腰痛者)<두창16>
　; 믜이 믈면(痛齧)<구상24>
　; 冷링ᄒᆞᆫ 氣킝分분이 디ᄅᆞ 져겨 알프닐(冷氣刺痛)<구상6>
　; 비록 ᄀᆞ장 셜워도(雖極痛)<구하14>

　　　‘알이, 알프다’는 (痛)에 대한 대역이다. 『태요 · 두창 · 구상 · 구하』에는 ‘알이,
알프다, 앓다, 믜이, 셟다’로 『두시언해』에는 ‘슳다, 알프다’로 『남명천계송언해』
에는 ‘앓다’로 『훈몽자회』에는 ‘알폴’로 『유합』에는 ‘셜울’로 字釋되었다. 語形
‘믜이’의 대역이 특이하다.

佩 ; 츠다(츠다)
　; 가슴의 당ᄒᆞ여 츠면(當心佩)<납약3>
　; 원츈리 쏫츨 츠고(萱草化佩)<태요12>

　　　‘츠다’는 (佩)에 대한 대역이다. 『태요』에는 ‘츠다’로 『두시언해』에는 ‘츠다,
찻다, 佩’로 『훈몽자회』에는 ‘노리개’로 『유합』에는 ‘출’로 字釋되었다. 語形 ‘노
리개’의 대역이 흥미롭다.

閉 ; 마키다, 막히다(ᄀᆞᆷ다, 닫다, 막다, 막키다, ᄀᆞᆷ다)
　; 목굼기 마키고 입이 다믈려(喉閉口噤)<납약8>
　; 월경이 막히며(月閉)<납약3>
　; 산후에 눈ᄀᆞᆷ고 말 몯ᄒᆞᄂᆞᆫ 중에(産後閉目不語)<태요56>
　; 방문을 ᄌᆞ오기 닫고(密閉房戶)<태요26>
　; 氣分이 마가 通티 몯ᄒᆞ닐(氣閉不通)<구상4>
　; 氣分이 마켜 通티 몯홀ᄉᆡ(氣閉不通故)<구상39>
　; 눈ᄀᆞᆷ고 말 몯고(閉目不語)<구상13>

'마키다, 막히다'는 (閉)에 대한 대역이다. 『태요·구상』에는 '굼다, 닫다, 막다, 막키다'로 『두시언해』에는 '굼다, 닫다'로 『석보상절·남명천계송언해』에는 '닫다'로 『유합』에는 '다들'로 字釋되었다.

便 ; 오좀

; 亽나희 아히 오좀으로 뻐 프러 느리오면(以童便化下)<납약3>

　'오좀'은 (便)에 대한 대역이다. 『두시언해』에는 '곧, 됴혼, 便安ᄒ다, 便ᄒ다'로 『정속언해』에는 '편편ᄒ다, 편ᄒ다'로 『훈몽자회』에는 '오좀'으로 『유합』에는 '쟉마줄, 편안'으로 대역되었다.

偏 ; 혼편

; 혼편이 무라(偏枯)<납약22>

　'혼편'은 (偏)에 대한 대역이다. 『두시언해』에는 '기울다, 깊다, ᄀ장, 偏僻ᄒ다'로 『남명천계송언해』에는 'ᄀ두기'로 『유합』에는 '칙두를'로 字釋되었다. 語形 '칙두를'은 消滅語로 볼 수 있다.

飽 ; 빅브르다(빅브르다)

; 주리거나 빅 브르러기로(飢飽)<납약11>
; 밥도 너무 빅브르게 말며(食毋過飽)<태요15>

　'빅브르다'는 (飽)에 대한 대역이다. 『태요』에는 '빅브르다'로 『두시언해·남명천계송언해』에는 '브르다, 빅브르다'로 『훈몽자회·유합·천자문』 석봉 본에는 '빅브르다'로 광주 본에는 '빅출'로 주해 본에는 '빅불을'로 字釋되었다.

暴 ; 과ᄀ른, 모디다(믈뢰다, 과글이, 가ᄀ기)

; 과ᄀ른 젹빅니질 이며(暴痢赤白)<납약3>
; 바다싀 모딘 긔운으로된 고곰이며(瘴瘧暴)<납약2>

; 아홉 번 믈뢰여(九暴)<태요6>
; 목져지 과글이 브스닐 고툐듸(治懸瘫暴腫)<구상42>
; 가ㅁ기 뷔여 진치디 몯ᄒ야(暴許未得安靜)<구하94>

   ‘과ㅁ른, 모디다’는 (暴)에 대한 대역이다. 『태요·구상·구하』에는 ‘믈뢰다,
과글이, 가ㅁ기’로 『두시언해』에는 ‘모딜다’로 『정속언해』에는 ‘가ᄀ히다’로 『훈
몽자회』에는 ‘모딜’로 『유합』에는 ‘과ㅁ를, 모딜’로 대역되었다. 語形 ‘믈뢰다,
과글이, 가ㅁ기, 가ᄀ히다’는 消滅語로 볼 수 있다.

風 ; ᄇ름(바람, ᄇ름)

; ᄇ름으로 뒤틀리며(風搐)<납약4>
; 바람과 이슬(露風)<두창27>
; ᄇ름마자 아즐ᄒ며(風昏)<구상2>
; ᄇ름마자 아즐ᄒ며(風昏)<구상2>

   ‘ᄇ름’은 (風)에 대한 대역이다. 『두창·구상』에는 ‘바람’으로 『두시언해』에는
‘ᄇ름, 風病’으로 『훈몽자회·유합』에 모두 ‘ᄇ름’으로 字釋되었다.

辟 ; 믈리티다

; 귀신이며 시병 긔운을 ㅁ장 믈리티고(最辟鬼疫之氣)<납약3>

   ‘믈리티다’는 (辟)에 대한 대역이다. 『훈몽자회』에 ‘님굼’으로 字釋된 語形이
발견될 뿐이다. ‘믈리티다’로 대역된 例는 ‘소합원 아홉 환을 ᄒᆞᆫ 병 술에 ᄃᆞᆷ가
때때로 머그면 ㅁ장 시긔를 믈리티ᄂᆞ니라(蘇合元每取九丸浸一瓶酒時時飲之最
辟鬼疫之氣)<辟新13>에서 찾아볼 수 있을 뿐이다. 語形 ’님굼‘의 대역이 특이하다.

夏 ; 녀름(녀름, 녀름)

; 녀름은 사흘이오 ㅁ올은 닐웨오(夏三秋七)<납약5>
; 녀름이 모욕을 ᄀᆞᆷ기러ᄒᆞ거든(夏月如浴之)<두창29>
; 봄 ᄆᆞ춤과 녀륾 처서메(春末夏初)<구하66>

　‘녀름’은 (夏)에 대한 대역이다.『두창·구하』에는 ‘녀롬, 녀름’으로『두시언해
·석보상절·남명천계송언해·훈몽자회』에는 ‘녀름’으로『유합·천자문』광주·
석봉 본에는 ‘녀름’으로 주해 본에는 ‘녀름, 클, 집’으로 대역되었다.

下 ; 누다, ᄂᆞ리다, 아래(낳다, 누다, 아래, 밑, ᄂᆞ리다, 누다, 놓다, 아래, ᄂᆞ리오다,
　　아래, 즈츼다)
　　; 혹 젹빅니 누며(或下赤白)<납약10>
　　; ᄃᆞᄉᆞ 술의 프러 ᄂᆞ리오(溫水化下)<납약1>
　　; 명치 아래와 녑히 든든코 탕만ᄒᆞ며(心下脇間堅滿)<납약11>
　　; 주근 ᄐᆡ 아니 나ᄂᆞ니(死胎不下)<태요15>
　　; 잉뷔 븕근 것 흰 것 누ᄂᆞ니를(孕婦下痢赤白)<태요43>
　　; 몬져 아긔 아래를 미러(先推兒下體)<태요23>
　　; 겨집 눕ᄂᆞᆫ 자리 미틔(婦臥席下)<태요11>
　　; 만일 ᄐᆡ긔 ᄀᆞ득ᄒᆞ야 ᄂᆞ려와 눌러(若胎壓下)<태요41>
　　; 더러온 탁흔 씨ᄀᆞᆺᄐᆞᆫ 거슬 누워 ᄇᆞ리 ᄡᅥ시니(遺下汚穢濁疸之物)<두창4>
　　; 셜상의 노화 비럿더니(禱薦于神床之下)<두창12>
　　; 온몸과 머리 ᄎᆞᆺ과 아래 우흘(全身頭面上下)<두창5>
　　; 찻믈 두 머굼만 ᄒᆞᄃᆡ 프러 ᄂᆞ리오(用茶淸兩呷許調下)<구상41>
　　; 밝 엄지가락 아랫 ᄀᆞ른 그믈 ᄯᅮᄃᆡ(灸足大趾下橫文)<구상2>
　　; 거즛말ᄒᆞ며 시혹 ᄀᆞ장 즈츼리다(妄語或洞下)<구하61>

　‘누다, ᄂᆞ리다, 아래’는 (下)에 대한 대역이다.『태요·두창·구상·구하』에는
‘낳다, 누다, 아래, 밑, ᄂᆞ리다, 놓다, ᄂᆞ리오다, 즈츼다’로『두시언해』에는 ‘ᄂᆞ리
다, ᄎᆞᆺ가오다, 디다, ᄆᆞᄎᆞᆷ, 아래, 흘리다’로『남명천계송언해』에는 ‘아래’로『정속
언해』에는 ‘어리’로『훈몽자회·유합·천자문』광수·석봉 본에는 ‘아래’로 주
해 본에는 ‘아래, ᄂᆞ릴, ᄂᆞᄌᆞ이ᄒᆞ다’로 대역되었다. 語形 ‘어리, 즈츼다’의 대역이
특이하다.

瘧 ; 고곰
　　; 바다싀 모딘 긔운으로 된 고곰이며(瘴瘧暴)<납약2>

‘고곰’은 (癆)에 대한 대역이다. 『두시언해』에는 ‘고곰, 고봄’으로 『훈몽자회』에는 ‘고곰’으로 그리고 동경대학교 중앙도서관본 中34에는 ‘고봄’으로 字釋된 語形도 발견된다.

汗 ; 쏨(쏨, 쏨, 쏨)

  ; 거믄 쏨이 나아(出黑汗)<납약21>
  ; 쏨 내라(取汗)<태요46>
  ; 졀로셔 쏨 나며(自汗)<두창6>
  ; 쏨 내욤 들햇(發汗等)<구상12>

  ‘쏨’은 (汗)에 대한 대역이다. 『태요 · 두창 · 구상 · 두시언해 · 남명천계송언해 · 훈몽자회 · 유합』에 모두 ‘쏨’으로 대역되었다.

頷 ; 특

  ; 특 아래와 보죠개 블거 브으며(頷頬赤腫)<납약7>

  ‘특’은 (頷)에 대한 대역이다. 『훈몽자회』에는 ‘특’으로 『유합』에는 ‘특아래’로 字釋되었다.

蛤 ; 춤죠개

  ; 춤죠개와 고싀와 마늘과 청어 젓과(蛤胡荽大蒜青魚鮓)<납약1>

  ‘춤죠개’는 (蛤)에 대한 대역이다. 『훈몽자회 · 유합』에는 ‘죠개’로 字釋되었다.

虛 ; 허ᄒ다(허ᄒ다)

  ; 빗소기 허ᄒ여(虛中)<납약11>
  ; 빗치 묽고 희여 허ᄒ고(色痰白虛)<두창25>

  ‘허ᄒ다’는 (虛)에 대한 대역이다. 『두창』에는 ‘허ᄒ다’로 『두시언해』에는 ‘뷔다, 虛空’으로 『유합 · 천자문』에는 모두 ‘뷔다’로 字釋되었다.

眩 ; 아득ᄒ다(어즐ᄒ다)

　; 모든 ᄇ름증으로 아득고 어즐ᄒ며(諸風眩暈)<납약5>
　; 머리며 눈이 아득하야 어즐코(頭目昏眩)<태요12>

　　'아득ᄒ다'는 (眩)에 대한 대역이다. 『태요』에는 '어즐ᄒ다'로 『남명천계송언해 · 유합』에는 '어즐ᄒ다, 어즐'로 대역되었다.

脇 ; 녑히(엽, 녑)

　; 명치 아래와 녑히 든든코 탕만ᄒ며(心下脇間堅滿)<납약11>
　; 가ᄉᆷ과 엽피 알ᄅ니이시되(有胸脅之痛)<두창63>
　; 가ᄉᆷ과 녀비 다 더우니(心脇但暖)<구상15>

　　'녑히'는 (脇)에 대한 대역이다. 『두창 · 구상』에는 '엽, 녑'으로 『두시언해』에는 '엽'으로 『훈민정음 해례본 합자』에는 '녑爲脇'로 『유합』에는 '녑'으로 字釋되었다.

頰 ; 보죠개(쌤)

　; 특 아래와 보죠개 블거 브으며(頷頰赤腫)<납약7>
　; 쌔매 닛고(連頰)<구상43>

　　'보죠개'는 (頰)에 대한 대역이다. 『구상 · 두시언해』에는 '쌤'으로 『훈몽자회』에는 '보죠개'로 字釋되었다. 語形 '보죠개'의 대역이 흥미롭다.

狐 ; 여이

　; 얼운이 여이며 숡긔 흘린 병들을 고티고(大人狐狸等疾)<납약3>

　　'여이'는 (狐)에 대한 대역이다. 『두시언해』에는 '여ᅀᅵ, 엿'으로 『남명천계송언해』에는 '여스'로 『훈몽자회 · 유합』에는 '여으'로 字釋되었다.

昏 ; 아득ᄒ다(아득ᄒ다, 어득ᄒ다, 어듭다)
   ; 정신이 아득호믈(精神昏)<납약5>
   ; 머리며 눈이 아득ᄒ야(頭目昏)<태요12>
   ; 열이오 정신이 어득어득ᄒ야 ᄉᆡ티디 못ᄒᄂᆞᆫ 것도(熱也昏昏不省者)<두창68>
   ; 오히려 어두오니(猶以爲昏)<두창44>

   '아득ᄒ다'는 (昏)에 대한 대역이다. 『태요·두창』에는 '아득ᄒ다, 어득ᄒ다, 어듭다'로 『두시언해』에는 '어득ᄒ다, 어스름ᄒ다'로 『정속언해·훈몽자회』에는 '어스름'으로 『유합』에는 '어으름'으로 字釋되었다.

紅 ; 븕다(븕다)
   ; 블근 깁 주머니예 녀허(紅綃袋盛)<납약3>
   ; 블근 숫브를 지업게 블오(紅炭火吹去灰)<구하35>

   '븕다'는 (紅)에 대한 대역이다. 『구하·두시언해·훈몽자회·유합』에는 모두 '븕다'로 대역되었다.

化 ; 삭다, 플다(노기다, 타다, 노기다, 늘이다, 슬다, 플다)
   ; 머근 밥이 삭디 아니며(米穀不化中)<납약11>
   ; ᄃᆞᄉᆞᆫ 믈의 프러 ᄂᆞ리오(溫水化下)<납약1>
   ; 머구머 노겨 ᄉᆞᆷ끼면 ᄀᆞ장 됴ᄒ니라(大含化嚥之神效)<태요45>
   ; 박하 달힌 믈의 포룡환을 타 머기라(薄荷湯化下)<두창15>
   ; 노겨 춤 ᄉᆞᆷ끼라(含化嚥)<구상44>
   ; ᄇᆞ룸매 늘욘(風化); <구상8>
   ; 입 버리혀고 브스면 痰땀이 슬어나(開口灌下化痰)<구상4>
   ; ᄃᆞᄉᆞᆫ 수레 프러 머그라(溫酒化服)<구상27>

   '삭다, 플다'는 (化)에 대한 대역이다. 『태요·두창·구상』에는 '노기다, 타다, 늘이다, 슬다, 플다'로 『두시언해』에는 '녹다, ᄃᆞ외다, 感化ᄒ다, 敎化, 變化ᄒ다'로 『훈몽자회·유합』에는 '도읠, 도욀'로 대역되었다. 語形 '늘이다'의 대역이 특이하다.

和 ; 좋다, 뺘다, 플다(뺘다, 믈다, 합ᄒ다, 밍글다, 믈다, 셔다, 플다)

  ; 대쵸란 ᄇ리고 즈의조차 공심의 ᄃ스히 ᄒ여 머그라(去棗和滓空心溫服)<납약10>
  ; ᄉ나희 아히 오좀의 뺘 쓰라(和童便用之)<납약5>
  ; 인ᄉ 달힌 믈에 프러 ᄂ리오(人蔘湯和下)<납약5>
  ; 술의 믈뺘 ᄒ룻밤 듐가(酒水和淹一宿)<태요6>
  ; 플수어 ᄆ라(糊和)<태요6>
  ; 술 각 반 잔 식 합ᄒ야 플어(酒各半盞調和)<태요55>
  ; ᄀᄅ 밍ᄀ라(末和)<태요6>
  ; ᄯ 명마긔 쏭을 뿌레 ᄆ라(又方胡鷰屎蜜和)<구상70>
  ; 各각 닷 홉과ᄅᆯ 셧거 ᄆ라(各五合右和研)<구상3>
  ; 므레 프러 머그면(水和服) <구상17>

    '좋다, 뺘다, 플다'는 (和)에 대한 대역이다. 『태요·구상』에는 '뺘다, 믈다, 합ᄒ다, 밍글다, 셔다, 플다'로 『두시언해』에는 '셔다, 溫和ᄒ다, 和答ᄒ다, 和親ᄒ다'로 『유합·천자문』 광주·석봉 본에는 '고를'로 주해 본에는 '고를, 딕답, 화홀'로 대역되었다.

蛔 ; 회튱

  ; 오란 가슴비 알히며 감튱이며(久遠心腹痛疳蛔)<납약16>

    '회튱'은 (蛔)에 대한 대역이다. 다른 문헌에서는 발견되지 않는다.

橫 ; 빗ᄢ다(ᄀᄅ, ᄀ로, ᄀᄅᆫ, 빗기다)

  ; 혹 빗ᄢ 낫커나 혹 거스리 나ᄂ 이ᄅᆯ(或橫或逆)<납약28>
  ; ᄀᄅ나며 갓고로 나ᄂ(産橫逆)<태요16>
  ; 은침으로 ᄀ로 ᄶ여 주면(以銀鍼刺之橫貫)<두창51>
  ; 밠 엄지가락 아랫 ᄀᄅᆫ 그믈 ᄯᅮ딕(灸足大趾橫文)<구상2>
  ; 빗기 거스리 나하 손바리 몬져 나닐 고툐딕(治橫逆生手足先出)<구하82>

‘빗끼다’는 (橫)에 대한 대역이다.『태요 · 두창 · 구상 · 구하』에는 ‘ㄱ르, ㄱ로, ㄱ른, 빗기다’로『두시언해』에는 ‘빗, 빗기다’로『석보상절』에는 ‘ㄱ르’로『훈몽자회』에는 ‘빗글’로『유합』에는 ‘ㄱ르’로『천자문』광주 본에는 ‘비길’로 석봉 본에는 ‘빗낄’로 주해 본에는 ‘빗길, 거스릴’로 대역되었다.

效 ; 효험(효험, 듣ᄂ니라)

; ㄱ장 신긔로온 효험이 인ᄂ니라(最有神效)<납1약1>
; 빗복을 만히 쁘면 효험 인ᄂ니라(多灸臍中有效)<태요7>
; 즉제 듣ᄂ니라(立效)<구상8>

‘효험’은 (效)에 대한 대역이다.『태요 · 구상』에는 ‘효험, 듣ᄂ니다’로『두시언해』에는 ‘받줍다, 본받다’로『남명천계송언해』에는 ‘본받다’로『유합』에는 ‘볼, 효험’으로『천자문』광주 본에는 ‘즈월’로 석봉 본에는 ‘본볼’ 주해 본에는 ‘드릴, 본볼, 효힘’으로 대역되었다. 語形 ‘즈월’은 消滅語로 볼 수 있다.

後 ; 뒤, 후(뒤, 도로, 뒤, 뒤)

; ᄂ 급ᄒ고 뒤히 므즑ᄒ며(裏急後重)<납약10>
; ᄌ식 나흔 후의(産後)<납약4>
; 아긔 압 뒤 가슴등과 빗복 아래과(兒前後心幷臍下)<태요70>
; 도로 브르면 왼넉크로(後呼之左)<태요10>
; 귀 뒤희 실ᄀᄐ 블근 믹이 이실써시니(耳後有紅縷赤脉)<두창6>
; 뒷 털난 싸홀(後聚毛中)<구상20>

‘뒤, 후’는 (後)에 대한 대역이다.『태요 · 두창 · 구상』에는 ‘뒤, 도로’로『두시언해』에는 ‘뒤, 後’로『석보상절 · 남명천계송언해 · 훈몽자회 · 유합 · 천자문』광주 · 석봉 본에는 모두 ‘뒤’로 주해 본에는 ‘뒤, 나종’으로『정속언해』에는 ‘後’로 표기되었다. 語形 ‘나종’의 대역이 특이하다.

喉 ; 목굼기(입, 목, 목)

; 목굼기 마키고 입이 다믈려(喉閉口噤)<납약8>

; 손으로 입에 너허 욕욕ᄒ면(仍探喉中令嘔)<태요38>
; 목 안히 담소릐 톱켜ᄂ 소릐 ᄀᆺ트니(喉間痰響如引鉅聲)<두창34>
; 모기 브ᅀᅥ 죽ᄂ닐(喉痺欲死者)<구상3>

'목굼기'는 (喉) 대한 대역이다. 『태요·두창·구상』에는 '입, 목'로 『두시언해』
에는 '목'으로 『훈몽자회』에는 '목ᄭᅮ무'로 『유합』에는 '긔구무'로 字釋되었다. 語
形 '긔구무'의 대역이 특이하다.

搐 ; 뒤틀리다(썰다, 떨다)

; ᄇ룸으로 뒤틀리며(風搐)<납약4>
; 놀나 썰기를(驚搐)<두창6>
; 놀라고 뼈ᄂ 증은(驚搐)<두창15>

'뒤틀리다'는 (搐) 에 대한 대역이다. 『두창』에는 '썰다, 떨다'로 語形 '뒤틀다'
로 대역된 경우는 '뒤트ᄂ 즁; 搐 <두창집요63>에 발견될 뿐이다.

胸 ; 가슴(가슴)

; 명치며 가슴의 머므러 이시며(留在心胸)<납약14>
; 더러온 거시 가슴의 ᄀ득ᄒ얏다가(穢液滿胸)<두창1>

'가슴'은 (胸)에 대한 대역이다. 『두창·남명천계송언해』에는 '가슴'으로 『두
시언해』에는 '가슴, ᄆ슴'으로 대역되었다.

黑 ; 섬다(섬다, 검다, 검나)

; 서믄 콩 달히 즙을 믹고(黑豆煮汁服)<납약9>
; 혹 검블그며 혹 거므며(或紫或黑)<태요1>
; 거머 쎠딘거슨(黑陷)<두창3>
; 거믄 거플 밧겨(去黑皮)<구상4>

'검다'는 (黑)에 대한 대역이다. 『태요·두창·구상』에는 '검다'로 『두시언해』

에는 '검다, 어듭다'로 『훈몽자회 · 유합』에는 '거믈'로 字釋되었다.

稀 ; 묽다(드믈다, 눅다, 젹다)

　; 믈근 죽으로(稀粥)<납약26>
　; 드믈고 드믄거슨(可稀稀者)<두창3>
　; 누근 플 ▽티ᄒ야 머그라(如稀糊啜服)<구상59>
　; 너무 젹게 마를지니(不可太稀)<구상58>

　'묽다'는 (稀)에 대한 대역이다. 『두창 · 구상』에는 '드물다, 눅다, 젹다'로 『두시언해』에는 '드므다'로 『석보상절』에는 '드므리'로 『남명천계송언해』에는 '드믈'로 『유합』에 '드믈'로 字釋되었다.

3. 한자 대역어의 어휘구성

* 쌍형어

(近) 갓갑다, 갓가오다
(逆) 거스리다, 거스리다
(鬼) 귓, 귀신
(熱) 덥다, 더온
(猪肉) 돗틔고기, 돗틔고기
(怔) 급ᄒ다, 급흔병
(痛) 알이, 알프다
(閉) 마키다, 막히다

* 다의어

(癎) 간질, 디랄증
(驚) 놀라다, 경풍
(灌) 브으다, 흘리다
(口) 입, 먹다
(鬼) 거줏, 귀신
(忌) 금긔(禁忌), 말다
(當) 당ᄒ다, 식

(大) 크다, 마곰
(每) 미양, 흔번
(妙) 기묘(奇妙)하다, 긔특
　　ᄒ다
(痞) 덧부록ᄒ다, 막히다
(産) 낫다, ᄌ식낳다, 희산
(生) 늘, 싱
(消) 삭다, 스러디다
(嗽) 기츰ᄎ다, 기침하다
(睡) 자다, 조을다
(神) 귀신, 신긔롭다, 정신
(心) 가슴, 명치, 모음
(惡) 독ᄒ다, 샹ᄒ다
(熱) 덥다, 열
(月) 들, 월경
(日) 날, ᄒ르
(再) 다시, 두, 또
(癲) 뎐질, 디랄
(怔) 급ᄒ다, 급흔병
(除) 덜다, 업다
(早) 아젹, 이르다
(腫) 붓다, 죵긔
(中) 가운대, 맞다, 빗속

(瘡) 창질, 헐다
(滯) 막히다, 톄ᄒ다
(虫) 버러지, 튱증
(治) 고티다, 다스리다
(湯) 달힌믈, 믈
(痛) 알이, 알프다
(閉) 마키다, 막히다
(暴) 과ᄀ른, 모디다
(下) 누다, ᄂ리다, 아래
(化) 삭다, 플다
(和) 좇다, 뺘다, 플다
(後) 뒤, 후

* 유의어

(痰) 건춤, 담
(再) 다시, 쏘
(癲) 뎐질, 디랄
(滯) 막히다, 톄ᄒ다
(治) 고티다, 다스리다
(痛) 알이, 알프다

(中風) ᄇᆞ름맞다, 듕풍
(下) 누다, ᄂᆞ리다
(和) ᄩᅡ다, ᄑᆞᆯ다
(後) 뒤, 후

* 물명어

(黑豆) 검은콩
(肉) 고기
(麵) 국슈
(蘆笋羹) 굴슌국
(蠱毒) 노올
(菉豆) 녹두
(凉水) 닝슈
(棗) 대쵸
(猪肉) 돗틔고기
(溫酒) ᄃᆞ슨술
(溫水) ᄃᆞ슨믈
(米飮) 미음
(淸酒) ᄆᆞᆯ근술
(海藻) ᄆᆞᆯ자반
(瓶) 병
(砂糖) 사탕
(野猪肉) 산뎨고기
(塩) 소곰
(牛肉) 쇠고기
(薑) 싱강
(生薑) 싱강
(薑汁) 싱강즙
(生菜) 싱ᄂᆞ믈
(羊肉) 양고기
(飴糖) 엿
(井水) 우믈믈

(醬) 쟝
(豉) 전국
(乳汁) 졋즙
(井華水) 정화수
(粟米) 좁솔
(藍葉汁) 족닙즙
(袋·囊) 주머니
(汁) 즙
(茶) 차
(靑魚鮓) 청어젓

* 동식물어

(甘草) 감초
(犬) 개
(薺苨) 계로기
(胡荽) 고싀
(蟒) 구렁이
(木) 나모
(草) 플
(竹葉) 댓닙
(蘿葍) 댓무우
(蒜) 마늘
(柳) 버들
(虫) 버러지
(菌) 버슷
(桃) 복숑아
(鯽魚) 붕어
(莧菜) 비름
(蛇) ᄇᆡ얌
(菘菜) 비치
(鳥) 새
(狸) 숡

(生葱) 싱파
(狐) 여이
(李) 외앗
(參, 人蔘) 인슴
(鼠) 쥐
(菖蒲) 창푀
(寸白虫) 촌빅듕
(葛) 츩
(雀) 춤새
(蛤) 춤죠개
(豆) 콩
(葱) 파
(蛔) 회튱

* 인체어

(心·心頭·胸) 가슴
(肝) 간장
(目) 눈
(目睛) 눈ᄌᆞ의
(齒·牙) 니
(面) ᄂᆞᆺ
(脚) 다리
(頭) 머리
(心) 명치
(咽喉·喉) 목굼기
(脚面) 발등
(脚心) 발바당
(頰) 보죠개
(脾胃) 비위
(腹) 비
(中) 빗속
(手足) 손발

(腎) 신장
(牙關) 아괴
(胞衣) 안끼
(臟) 오장
(乳) 졋
(鼻) 코
(頷) 특아래
(舌) 혜
(瘤) 혹

* 시령·수량어

(冬) 겨을
(秋) ᄀ올
(四五) 네다숫
(夏) 녀름
(五六) 대엿
(歲) 돌
(再) 두
(二三) 두셋
(月) 둘
(臨·時) 때
(時時) 때때로
(夜) 밤
(春) 봄
(早晨) 새배
(元) 설날
(歲) 솔
(朝·早) 아젹
(嵐) 안개
(隔) 안날
(發日) 알ᄂ날
(連年·積年) 여러히

(早) 이르다
(次日) 이튼날
(正元) 한설날
(日) ᄒ르

* 색채어

(黑) 검다
(紅) 븕다
(絳) 븕다
(藍) 족

* 한자어

(霍亂) 곽란
(難産) 난산
(淋疾) 님질
(冷氣) 닝긔
(冷水) 닝슈
(痰) 담
(大便) 대변
(毒) 독
(中風) 듕풍
(婦人) 부인
(脾胃) 비위
(砂糖) 사탕
(産婦) 산뷔
(心氣) 심긔
(生薑) 싱강
(眼疾) 안질
(熱) 열

(飲食) 음식
(人事) 인ᄉ
(人蔘) 인슴
(臟腑) 장부
(醬) 쟝
(精神) 졍신
(汁) 즙
(菖蒲) 창푀
(風熱) 풍열
(黃疸) 황달
(後) 후

* 합성어

가(可)히
감(敢)히
곤븨(困憊)ᄒ다
구(救)ᄒ다
극(極)히
급(急)ᄒ다
긔묘(奇妙)ᄒ다
능(能)히
당(當)ᄒ다
발작(發作)ᄒ다
부족(不足)ᄒ다
샹(傷)ᄒ다
슌(順)ᄒ다
위급(危急)ᄒ다
인(因)ᄒ다
토(吐)ᄒ다
피곤(疲困)ᄒ다
허(虛)ᄒ다

4. 고유어에 대응된 한자

가슴(心, 心頭·胸) ; 가슴

　　; 과굴리 가슴 비 알프며(卒心腹痛)<납약2>

　　; 가슴의 드슨 긔운 인는 쟈를(心頭溫者)<납약24>

　　; 명치며 가슴의 머므러 이시며(留在心胸)<납약14>

가슴알이(心痛) ; 가슴 아프다. 폐병(肺病)

　　; 아홉 가지 가슴 알키와(九種心痛)<납약17>

가운데(中) ; 가운데

　　; 발바당 가운대 느려(脚心中)<납약21>

가지(種) ; 종류

　　; 아홉 가지 가슴 알키와(九種心痛)<납약17>

가지(枝) ; 나무 가지

　　; 복숭아 가지와 버들 가지 달힌 믈의 프러 느리오라(桃柳枝煎湯化下)<납약26>

가히(可) ; 가하다

　　; 또흔 가히 브를 씨니라(亦可塗之)<납약24>

간장(肝) ; 간

　　; 샤청환은 간장 열이며(瀉靑丸治肝熱)<납약9>

간질(癎) ; 간질

　　; 다삿 가지 뎐질이며 간질을 고티느니(治五般癲癎)<납약6>

감초(甘草) ; 감초

　　; 감초 달힌 즙을 머그면(甘草煎汁服)<납약14>

감튱(疳) ; 감질 병, 감 충(많이 먹는 병)

; 오란 가슴 비 알히며 감튱이며(久遠心腹痛疝)<납약16>
감히(敢) ; 감히

　; 귀신이 감히 갓갑디 못ᄒᆞᄂᆞ니라(神不敢近)<납약3>
갓갑다(近) ; 가깝다

　; 귀신이 감히 갓갑디 못ᄒᆞᄂᆞ니라(神不敢近)<납약3>
갓가오다(近) ; 가깝다

　; 오라며 갓가오며(遠近)<납약6>
개(犬) ; 개

　; 또 ᄇᆡ얌이며 개게 믈려 샹ᄒᆞ니와(又蛇犬所傷)<납약24>
거두다(收·收拾·倦) ; 거두다

　; 손발을 거두디 못ᄒᆞᆯᄆᆞᆯ(手足不收)<납약1>
　; 거두디 못ᄒᆞ거든(不能收拾)<납약26>
　; ᄉᆞ지 거두디 슬ᄒᆞ며(四肢倦怠)<납약11>
거리ᄭᅵ다(拘) ; 거리끼다

　; ᄢᅢ를 거리ᄭᅵ디 말고(不拘時)<납약6>
거스리, 거스리다(逆) ; 거스르게, 거슬러, 거꾸로

　; 혹 빗ᄭᅵ 낫커나 혹 거스리 나ᄂᆞᆫ 이를(或橫或逆)<납약28>
　; 긔운이 거스리 켜며(氣逆)<납약3>
거즛(鬼) ; 거짓

　; 부인의 거즛 ᄐᆡ긔며(婦人鬼胎)<납약25>
건춤(痰涎) ; 건침, 마른 침. 가래

　; 입과 혜 헐며 건춤이 마키며(口舌瘡痰涎壅塞)<납약7>
검다(黑) ; 검다

　; 거믄 콩 달힌 즙을 먹고(黑豆煮汁服)<납약9>
검은콩(黑豆) ; 검은콩

　; 거믄 콩 달힌 즙을 먹고(黑豆煮汁服)<납약9>
것(物) ; 것. 물건

　; 초브터 싄 것과(醋酸物)<납약1>
겨울(冬) ; 겨울

; ᄀᆞ올은 닐웨오 겨을은 열흘 만의(秋七冬十日)<납약6>
경풍(驚) ; 경풍(驚風) 아이들의 경련(痙攣).경기(驚氣)

; 급흔 경풍이며(怔驚)<납약4>
계로기(薺苨) ; 계로기, 모싯대, 모싯 대의 뿌리

; 계로기 달힌 즙을 마시라(薺苨煎汁服之)<납약17>
고곰(瘧) ; 학질

; 바다싀 모딘 긔운으로 된 고곰이며(瘴瘧暴)<납약2>
고기(肉) ; 고기

; 노올이며 고기 독이며(蠱毒肉毒)<납약4>
고롬(膿) ; 고름

; 대변의 고롬 ᄀᆞ튼것 나믈 고티고(便膿又治)<납약10>
고싀(胡荽) ; 고수풀

; 고싀와 마늘과 쳥어 젓과(胡荽大蒜靑魚鮓)<납약1>
고턍증(鼓脹) ; 배가 부른 병. 배에 가스 차는 병

; 황달과 고턍증이며(黃疸鼓脹)<납약17>
고티다(治·療) ; 고치다

; 다ᄉᆞᆺ 가지 뎐질이며 산질을 고티ᄂᆞ니(治五般癲癇)<납약6>
; 오란 고곰을 고티고(遠年虐疾及療)<납약18>
곤븨ᄒᆞ다(困憊) ; 곤비(困憊)하다

; 긔운이 곤븨ᄒᆞ여(氣甚困憊)<납약26>
곱가씌다(屈伸) ; 굽고 피다, 굴신하다

; ᄒᆞᆫ편이 몰라 곱가씌디 못ᄒᆞᄂᆞᆫ 증을(偏枯不得屈伸)<납약22>
과ᄀᆞᄅᆞᆫ(暴, 卒, 暴卒) ; 갑자기, 과격한, 급한, 문득, 졸지에

; 과ᄀᆞᄅᆞᆫ 젹빅니질 이며(暴痢赤白)<납약3>
; ᄯᅩ 과ᄀᆞᆯ리 듕풍ᄒᆞ여(又治卒中風)<납약1>
; 모든 과ᄀᆞᄅᆞᆫ(諸卒暴)<납약20>
곽난(霍亂) ; 곽란(霍亂)

; 곽난이며 시병이며 바다싀 모딘 긔운으로(霍亂時氣)<납약2>
구렁이(蟒) ; 구렁이

; 쥐며 구렁의게 믈리인병(鼠蟒惡茵)<납약24>

구ᄒ다(救) ; 구하다

　; 이 약은 급ᄒᆫ 병을 구ᄒ려코(此藥救怔)<납약5>

국슈(麵) ; 국수

　; 금긔ᄂ 붕어와 뎌온 국슈와(忌鯽魚熱麵)<납약1>

귀신(鬼·神) :귀신

　; 귀신이며 시병긔운을 ᄀ쟝 믈리티고(最辟鬼疫之氣)<납약3>

　; 온갓 샤긔옛 귀신이 감히 갓갑디 못ᄒᄂ니라(一切邪神不取近)<납약3>

귓(鬼) ; 귀신

　; 귀긔로 놀라 주근 사름이(鬼迷驚死)<납약24>

극히(極) ; 극히

　; 플기 극히 어려오니(化開極難)<납약5>

금긔(忌) ; 금기(禁忌)

　; 금긔ᄂ 붕어와 뎌온 국슈와(忌鯽魚熱麵)<납약1>

급ᄒ다(急·怔) ; 급하다

　; 병이 급ᄒ거든 때를 거리ᄭ디 말고(病急則不拘時)<납약3>

　; 급ᄒᆫ 경풍이며(怔驚)<납약4>

급ᄒᆫ병(怔) ; 급한 병

　; 이 약은 급ᄒᆫ 병을 구ᄒ려코(此藥救怔)<납5>

긏다(斷·絶) ; 그치다

　; 일로 인ᄒ야 ᄌ식 나키 그처시믈(因此斷産)<납약16>

　; 긔운이 그처 디ᄂ듯 ᄒᆯ재(氣絶者然)<납약22>

긔묘ᄒ다(妙) ; 기묘(奇妙)하다

　; ᄯᅩᄒᆫ 긔묘ᄒ니라(亦妙)<납약4>

긔운(氣) ; 기운(氣運)

　; 크게 능히 긔운을 슌게ᄒ며(大能順氣)<납약3>

긔특ᄒ다(妙) ; 기특(奇特)하다

　; 더욱 긔특ᄒ니(尤妙)<납약20>

기도리다(待) ; 기다리다

; 져근덧 기도로면(小待)<납약2>

긴다(汲) ; 긷다, 기르다

  ; ᄀᆞᆺ 기른 우믈 믈의 빠ᄂᆞ리오라(新汲水調下)<납약29>

기츰ᄎ다(嗽) ; 기침하다

  ; 담으로 기츰기ᄎ며(痰嗽潮)<납약32>

깁(絹) ; 비단

  ; 블근 깁 주머니예 녀허(紅絹袋盛)<납약3>

ᄀᆞ를다(細) ; 가늘다

  ; 혹 ᄀᆞ를게 십거나 혹 ᄇᆞᆫ 후의(或嚼細或碎破然後)<납약5>

ᄀᆞ을(秋) ; 가을

  ; ᄀᆞ을은 닐웨오 겨을은 열흘 만의(秋七冬十日)<납약6>

ᄀᆞ장(最) ; 가장, 자못, 매우, 크게

  ; ᄀᆞ장 신긔로온 효험이 인ᄂᆞ니라(最有神效)<납약14>

ᄀᆞᆯ다(磨·硏) ; 갈다

  ; 한슈석을 믈의 ᄀᆞ라 먹고(寒水石磨水服)<납약9>

  ; 술의 ᄀᆞ라 흘녀 ᄂᆞ리오라(酒硏灌下)<납약22>

ᄀᆞᆯ슌국(蘆荀羹) ; 갈순 국

  ; 금긔ᄂᆞᆫ ᄀᆞᆯ슌국과 산뎨고기(忌蘆荀羹野猪肉)<납약8>

ᄀᆞᆺ(初·新) ; 갓, 겨우, 처음, 방금

  ; ᄀᆞᆺ난 아희란(初小兒)<납약29>

  ; ᄀᆞᆺ 기른 우믈의 빠 ᄂᆞ리오라(新汲水調下)<납약29>

ᄭᆡ다(醒) ; 깨다

  ; 즉시 ᄭᆡᄂᆞ니(卽醒)<납약24>

ᄭᅥᆨ다(折) ; 꺾다

  ; 니를 ᄭᅥᆨ고(折齒)<납약20>

ᄭᅳᆯ히다(滾·白) ; 끓이다

  ; ᄭᅳᆯ힌 믈이 ᄃᆞ스홈을 기드려(滾水待溫)<납약32>

  ; ᄭᅳᆯ힌 믈의 프러 ᄂᆞ리오라(白湯化下)<납약27>

나ᄂᆞ다(發) ; 나다

; 열이 나ᄂ니(發熱)<납약9>

나모(木) ; 나무

; 플 독 나모 독이며(草木)<납약24>

나으다(勝) ; 낫다, 좋아지다

; 효험이 더 나으리라(功用尤勝)<납약3>

낙틱(墮) ; 낙태(落胎)

; 믜양 낙틱ᄒ여(常墮)<납약27>

난산(難産) ; 난산(難産)

; 난산ᄒ거나 안씨 나디 아니ᄒ거든(難産及胞衣不下)<납약28>

낫다(産) ; 낳다

; 즉시 슌히 낫ᄂ니라(卽産)<납약28>

낭죵(尾) ; 나중

; 역질에 처음으로 낭죵신지(痘疹首尾)<납약32>

낳다(生理) ; 낳다

; 최ᄉᆡᆼ단은 산뷔 ᄌᆞ식 나키 슌티아녀(催生丹治産婦生理不順)<납약28>

내다(取) ; 내다

; 즙 내여(取汁)<납약9>

너모(過) ; 너무

; 너모 머거 샹ᄒ면(過服致傷)<납약9>

넣다(入·盛) ; 넣다

; 너티 아니ᄒ야(不入)<납약5>

; 블근 깁 주머니예 녀허(紅絹袋盛)<납약3>

네다ᄉᆞᆺ(四五) ; 네다섯. 네댓

; 혹 네다ᄉᆞᆺ 환을(或四五丸)<납약3>

녀름(夏) ; 여름

; 녀름은 사흘이오 ᄀᆞ올은 닐웨오(夏三秋七)<납약5>

녑히(脇間) ; 옆구리

; 명치 아래와 녑히 든든 탕만ᄒ며(心下脇間堅滿)<납약11>

노올(蠱毒) ; 노올(蠱毒)(방자하는데 쓰는 독. 독약으로 사람을 해침)

; 노올이며 고기 독이며(蠱毒肉毒)<납약4>
녹두(菉豆) ; 녹두
　　; 혹 녹두마곰 환을 지어(或作丸菉豆大)<납약11>
놀라다(驚) ; 놀라다
　　; 놀라고 열ᄒᆞ여(驚熱)<납약29>
누다(下 · 通) ; 누다
　　; 혹 적빅니를 누며(或下赤白)<납약10>
　　; 대변을 누디 못홈을 고티며(治大便不通)<납약19>
눅눅ᄒ다(嘔) ; 눅눅하다, 느글느글하다
　　; 술의 샹ᄒ여 토ᄒ며 눅눅ᄒ며(酒嘔吐惡心)<납약11>
눈(目) ; 눈
　　; 머리와 눈이 아득ᄒ며(頭目昏)<납약5>
눈ᄌ의(目睛) ; 눈자위
　　; 눈ᄌ의 티ᄯᅳ이며(目睛上視)<납약30>
뉴주ᄒ다(疰) ; 전염병
　　; 열 가지 뉴주ᄒᄂᆞᆫ 샤긔며(十種疰忤)<납약15>
능히(能) ; 능히
　　; 크게 능히 긔운을 슌케ᄒ며(大能順氣)<납약3>
니(齒 · 牙) ; 이
　　; 니를 씩고(折齒)<납약20>
　　; 머리 알키와 니 알키며(頭痛牙疼)<납약25>
니ᄅ다(至) ; 이르다
　　; 닐곱 환의 니ᄅ히(至七丸)<납약18>
니질(痢) ; 이질
　　; 과ᄀᆞ른 적빅니질 이며(暴痢赤白)<납약5>
님질(淋疾) ; 임질
　　; 다솟 가지 님질과(五種淋疾)<납약17>
닛다혀다(繼) ; 잇대다
　　; 닛다혀 믈근 쥭으로 됴리ᄒ라(繼以稀粥將理得宜)<납약26>

느리다(下) ; 내리다

　　; ᄃᆞᄉᆞᆫ 믈의 프러 ᄂᆞ리오(溫水化下)<납약1>

ᄂᆞ리오다(逆下·下) ; 내리게 하다

　　; 졋 즙의 ᄂᆞ리오ᄃᆡ(乳汁逆下)<납약29>

　　; ᄃᆞᄉᆞᆫ 술의 프러 ᄂᆞ리오ᄃᆡ(溫酒化下)<납약3>

ᄂᆞᆯ다(飛) ; 날다

　　; 닐곱 가지 ᄂᆞ라 ᄃᆞᆫᄒᆞᄂᆞᆫ 주검 긔운이며(七種飛尸)<납약15>

ᄂᆞᆯ피(生血) ; 생피

　　; 소곰과 ᄂᆞᆯ피브티 ᄡᅥ시라(塩生血物)<납약4>

ᄂᆞᆾ(面) ; 낯

　　; ᄂᆞᆾ치 누로고(面黃)<납약29>

ᄂᆡ(裏) ; 속, 안

　　; ᄂᆡ 급ᄒᆞ고 뒤히 므즙ᄒᆞ며(裏急後重)<납약10>

ᄂᆡᆼ긔(冷氣) ; 냉기, 찬 기운

　　; 모든 ᄂᆡᆼ긔를 고티고(諸般冷氣又治)<납약5>

ᄂᆡᆼ슈(涼水·冷水) ; 냉수(冷水), 찬물

　　; 젼국과 ᄂᆡᆼ쉬라(豉涼水)<납약19>

　　; 젼국과 ᄂᆡᆼ슈(豉冷水)<납약8>

다(並·悉) ; 다

　　; 다 ᄉᆞ나히 아히 오좀으로 ᄡᅥ 프러 ᄂᆞ리오면(並以童便化下)<납약3>

　　; 그 병이 다 업ᄂᆞ니(其病悉除)<납약16>

다ᄃᆞᆮ다(到) ; 다다르다

　　; ᄲᅩ치여 발 등의 다ᄃᆞᆮᄋᆞ며(趂到脚面上))<납약21>

다리(脚) ; 다리

　　; 셔습 긔운으로 다리 알ᄂᆞᆫ 증이 된ᄃᆡ(四氣爲脚氣)<납약21>

다믈다(噤) ; 다물다

　　; ᄇᆞ름마자 입을 다믈며(中風口噤)<납약5>

다ᄉᆞ리다(治) ; 다스리다

　　; 장부의 여러히 오란 니질 다ᄉᆞ리기예 ᄀᆞ장 신긔로온(治臟腑積年久痢)<납약3>

다시(更·再) ; 다시

    ; 다시 닝슈로 손 발을 드므고(更以冷水浸手足)<납약9>

    ; 다시 흔 환을 머거(再服一丸)<납약21>

달히다(煎·煮) ; 달이다

    ; 황년황빅 달힌 믈을 추게ᄒ여(黃連黃栢煎湯冷)<납약9>

    ; 거믄 콩 달힌 즙을 먹고(黑豆煮汁服)<납약9>

달힌믈(湯) ; 달힌 물

    ; 인슴 달힌 믈에 프러 ᄂ리오(人蔘湯和下)<납약5>

담(痰) ; 담(痰)

    ; 열흔 담이 마키믈(熱痰壅塞)<납약7>

답답ᄒ다(煩·鬱·悶) ; 답답하다

    ; 말 못ᄒ며 어즐코 답답ᄒ며(不語恍惚煩)<납약1>

    ; 긔운이 답답ᄒ며(氣鬱)<납약3>

    ; 피로 어즐코 답답고(血暈悶)<납약4>

당ᄒ다(當) ; 당하다, 처하다, 겪다, 감당하다

    ; 가슴의 당ᄒ여 씌면(當心帶)<납약4>

대변(大便) ; 대변

    ; 대변을 누디 못홈을 고티며(治大便不通)<납약19>

대엿(五六) ; 대엿, 대여섯

    ; 흔번의 대엿 환을 공심의(每五六丸空心)<납약11>

대쵸(棗) ; 대추

    ; 대쵸 흔 낫과 흔 되 달혀(棗一枚煎)<납약10>

대풍증(大風) ; 문둥병(大風瘡)

    ; 여듧 가지 대풍증과(八種大風)<납약16>

댓닙(竹葉) ; 댓잎

    ; 댓닙 달힌 믈이어나(竹葉湯)<납약9>

댓무우(蘿葍) ; 무

    ; 금긔는 댓무우와 파과 마늘과(忌蘿葍葱蒜)<납약27>

더옥(尤) ; 더욱

; 더옥 긔특ᄒᆞ니(尤妙)<납약20>

덜다(除·消) ; 덜다

; 풍열을 덜며(除風熱)<납약7>

덥다(熱) ; 덥다

; 금긔는 부어와 뎌온 국슈와(忌鯽魚熱麵)<납약1>

덧부록ᄒᆞ다(痞) ; 더부룩하다

; 여듧 가지 덧부록ᄒᆞ여(八種痞)<납약17>

뎐염(傳) ; 전염

; 소합원은 뎐염ᄒᆞᄂᆞᆫ 주검 긔운과(蘇合元治傳)<납약2>

뎐질(癲) ; 지랄병

; 다ᄉᆞᆺ 가지 뎐질이며 간질을 고티ᄂᆞ니(治五般癲癎)<납약6>

뎜(斑) ; 점(點)

; 블근 뎜 퍼디기 이 효험이니라(紅斑是其驗也)<납약29>

독(毒) ; 독

; 모든 독과 뫼 안개 긔운과(諸毒山嵐)<납약4>

독ᄒᆞ다(惡) ; 독하다

; 독ᄒᆞᆫ 버스시며(惡菌)<납약24>

돌(歲) ; 돌

; ᄒᆞᆫ돌 디난 아ᄒᆡ란(周歲兒)<납약30>

돗(猪) ; 돼지

; 돗틔고기와 조ᄡᆞᆯ과(猪肉粟米)<납약1>

돗틔고기(猪肉) ; 돼지고기

; 돗틔고기와 조ᄡᆞᆯ과(猪肉粟米)<납약1>

되(盞) ; 되

; ᄒᆞᆫ번의 ᄒᆞᆫ 환을 믈 ᄒᆞᆫ 뇌예(每一丸水一盞)<납약10>

됴타(愈) ; 좋다

; 즉시 됴코(卽愈)<납약14>

두(再) ; 둘

; ᄒᆞᄅᆞ 두 번 식 머그라(日再服)<납약6>

두드러기(癮疹) ; 두드러기

　　; 두드러기며 혹이며(癮疹赤瘤)<납약24>

두셋(二三) ; 두세

　　; 흔번의 두 세 환이어나(每取二三丸)<납약3>

뒤(後) ; 뒤

　　; 니 급ᄒ고 뒤히 므즘ᄒ며(裏急後重)<납약10>

뒤지다(反) ; 뒤집다

　　; 쏠활 뒤지은 둣ᄒ며(角弓反張)<납약30>

뒤틀리다(搐·搐搦) ; 뒤틀리다

　　; ᄇ룸으로 뒤틀리며(風搐)<납약4>

　　; 급ᄒᆫ 경풍으로 뒤틀리ᄂ 증을(急驚搐搦)<납약9>

듕풍(中風) ; 중풍

　　; 우황 청심원은 듕풍으로(牛黃淸心治中風)<납약1>

든든ᄒ다(堅) ; 든든하다

　　; 녑히 든든코 탕만ᄒ며(脇間堅滿)<납약11>

들(等) ; 들

　　; 온갓 병의 열나ᄂ 증 들을(一切病發熱等)<납약1>

들다(受) ; 들다

　　; 비위에 습긔 들어(脾胃收濕)<납약10>

디랄증(癎·癲疾) ; 지랄병, 간질(癎疾)

　　; 어린 아히 모든 디랄증이며(小兒諸癎)<납약4>

　　; 다ᄉ 가지 딜알과(五種癲疾)<납약15>

딘뎡ᄒ다(鎭) ; 진정하다

　　; 놀라믈 딘뎡ᄒ며(鎭驚)<납약32>

ᄃᄅ다(走) ; 달리다

　　; 미쳐 ᄃᄅ며(狂走)<납약25>

ᄃᄉ히(溫) ; 따스하게, 따뜻하게

　　; ᄃᄉ히 ᄒ여 머그라(溫服)<납약1>

ᄃ슨믈(溫水) ; 따뜻한 물, 온수(溫水)

; ᄃᆞᄉᆞᆫ 믈의 프러 ᄂᆞ리오(溫水化下)<납약>

ᄃᆞᄉᆞᆫ술(溫酒) ; 따뜻한 술, 온주(溫酒)

; ᄃᆞᄉᆞᆫ 술의 프러 ᄂᆞ리오ᄃᆡ(溫酒化下)<납약3>

둠다(浸) ; 담다

; 묽근 술 ᄒᆞᆫ 병의 ᄃᆞᄆᆞ(浸淸酒一甁)<납약8>

ᄃᆡ(處) ; 곳

; 샹ᄒᆞᆫᄃᆡ ᄇᆞᄅᆞ고(塗傷處)<납약24>

ᄃᆞᆯ(月) ; 달

; 네다ᄉᆞᆺ ᄃᆞᆯ만의(四五月)<납약27>

ᄯᆞᆷ(汗) ; 땀

; 거믄 ᄯᆞᆷ이 나야(出黑汗)<납약21>

ᄠᆡ(臨·時) ; 때

; 안날 밤 잘 ᄠᆡ예(隔夜臨睡)<납약26>
; ᄠᆡ를 거리 ᄭᅵ디말고(不拘時)<납약3>

ᄠᆡᄠᆡ로(時時) ; 때때로

; ᄠᆡᄠᆡ로 마시면(時時飮)<납약3>

ᄯᅩ(又·再) ; 또

; ᄯᅩ 과ᄀᆞᆯ리 듕풍ᄒᆞ여 인ᄉᆞ를 ᄎᆞ리디 못ᄒᆞ며(又治卒中風不省人事)<납약1>
; ᄯᅩ 머그라(再服)<납약26>

ᄯᅩᄒᆞᆫ(亦) ; 또한

; ᄯᅩᄒᆞᆫ 긔묘ᄒᆞ니라(亦妙)<납약4>

ᄠᅳᆺ(志) ; 뜻

; 졍신과 ᄠᅳᆺ을 뎡티 못ᄒᆞ며(神志不定)<납약1>

ᄠᅳ다(視) ; 뜨다

, 눈ᄌᆞ의 디ᄠᅳ이며(目睛上視)<납약30>

ᄯᅴ다(帶) ; 띠다, 띠를 두르다

; 가슴의 당ᄒᆞ여 ᄯᅴ면(當心帶)<납약4>

ᄯᅵᆶ다(擣) ; 찧다

; 츩 불휘를 ᄶᅵ허(葛根擣)<납약9>

마곰(大) ; 만큼

   ; 혹 녹두마곰 환을 지어(或作丸蒜菉大)<납약11>

마늘(蒜) ; 마늘

   ; 파과 마늘과(葱蒜)<납약27>

마시다(飮) ; 마시다

   ; 때때로 마시면(時時飮)<납약3>

마키다(壅·塞·壅塞·閉) ; 막히다

   ; 풍열과 담이 셩ᄒᆞ여 마켜(風熱痰實壅)<납약32>

   ; 여듧 가지 덧부룩ᄒᆞ여 마키증과(八種痞塞)<납약17>

   ; 열흔 담이 마키믈(熱病壅塞)<납약7>

   ; 목굼기 마키고 입이 다믈려(喉閉口噤)<납약8>

막히다(滯·痞·閉·壅塞) ; 막히다

   ; 어혈이 엉긔여 막혀(瘀血凝滯)<납약16>

   ; 여듧 가지 막혀 탕만ᄒᆞᆫ 증(八種痞滿)<납약15>

   ; 월경이 막히며(月閉)<납약3>

   ; 건춤이 막혀 졍신이 아득ᄒᆞ며(痰涎壅塞精神昏憒)<납약1>

만일(若) ; 만일, 만약

   ; 이 약이 만일 증의 마즈면(此藥若對症)<납약22>

   ; 만일 인슴 달힌 믈과 싱강 즙이 업거든(如無人蔘湯薑汁)<납약5>

말(語·言語) ; 말, 말씀

   ; 듕풍으로 말못ᄒᆞ며(中風不語)<납약1>

   ; 말이 어을프며 입과 눈이 기울며(言語蹇澁口眼喎斜)<납약1>

말다(忌·無) ; 말다

   ; 열흔 거슬 먹디 말고(忌食熱物)<납약9>

   ; 뭇디 말고(無問)<납약6>

맛당이(宜) ; 마땅히

   ; 맛당이 때로 젹게 머기면(宜時少興服)<납약32>

맞다(對·中) ; 맞다, 적중하다

   ; 이 약이 만일 증의 마즈면(此藥若對症)<납약22>

   ; 과ᄀᆞᆯ리 긱된 샤긔를 마자(卒中客忤)<납약4>

머굼다(噙) ; 머금다

　　; 혼번의 혼 환을 머굼어 프러디게ᄒ며(每取一丸噙化)<납약7>

머리(頭) ; 머리

　　; 머리 알키와 니 알키며(頭痛牙疼)<납약25>

머리알키(頭痛) ; 두통(頭痛)

　　; 머리 알키와 니 알키며(頭痛牙疼)<납약25>

머믈다(留) ; 머물다

　　; 명치며 가슴의 머므러 이시며(留在心胸)<납약14>

먹다(口·喫·食·服) ; 먹다

　　; 몬져 춘 믈 세머곰 머근 후에(先喫涼水三口然後)<납약19>

　　; 열흔 거슬 먹디 말고(忌食熱物)<납약9>

　　; 흐ᄅ 두 번 식 머그라(日在服)<납약6>

먹은밥(米穀) ; 먹은 밥

　　; 머근 밥이 삭디 아니며(米穀不化中)<납약11>

먼져(先) ; 먼저

　　; 몬져 춘 믈 세머곰 머근 후에(先喫涼水三口然後)<납약19>

명치(心) ; 명치

　　; 명치 아래 녑히 든든코 탕만ᄒ며(心下脇間堅滿)<납약11>

모든(諸·諸般) ; 모든

　　; 모든 독과 믯 안개 긔운과(諸毒山嵐)<납약4>

　　; 모든 닝긔를 고티고(諸般冷氣又治)<납약5>

목굼기(咽喉·喉) ; 목구멍이

　　; 목굼기 브어 알프며(咽喉腫痛)<납약7>

　　; 목굼기 마키고 입이 다믈려(喉閉口噤)<납약8>

목므ᄅ나(渴) ; 목바르다

　　; 답답ᄒ고 목므ᄅ고(煩渴)<납약9>

목믹다(縊) ; 목매다

　　; 목 믹야 주그니며(自縊死)<납약24>

못ᄒ다(不) ; 못하다

; 듕풍으로 말 못ᄒ며(中風不語)<납약1>

뫼(山) ; 뫼, 산

　　; 모든 독과 묏 안개 긔운과(諸毒山嵐)<납약4>

뭉긔다(塊·癥) ; 뭉치다

　　; 닙곱 가지 뭉긘증과(七種癖塊)<납약15>

　　; 비예 싸힌 긔운으로 뭉긘 증이(腹積聚癥癖)<납약17>

므릇(凡) ; 무릇

　　; 흔 방문의ᄂ 므릇 사름이(一方凡人)<납약3>

므즑ᄒ다(重) ; 무지근하다

　　; ᄂ 급ᄒ고 뒤히 므즑ᄒ며(裏急後重)<납약10>

므득(遞) ; 문득

　　; 믄득 쓸때예 플기 극히 어려오니(遞用時化開極難)<납약5>

믈(水漿·湯) ; 물

　　; 믈도 ᄂ리디 아닌ᄂ(水漿不下)<납약8>

　　; 달힌 믈을 ᄎ게ᄒ여(煎湯冷)<납약9>

믈리티다(辟) ; 물리치다

　　; 귀신이며 시병 긔운을 ᄀ장 믈리티고(最辟鬼疫之氣)<납약3>

믈의 빠디다(落水) ; 물에 빠지다

　　; 믈의 빠티 주그니며(落水死)<납약24>

묽다(稀) ; 묽다

　　; 믈근 죽으로(稀粥)<납약26>

미음(米飮) ; 미음(米飮)

　　; 흔번의 흔 명을 미음의 빠 ᄂ리오고(每用一錠米飮調下)<납약11>

미친병(狂) ; 미친병

　　; 미친병과 사긔증과(狂邪)<납약18>

밋처(及) ; 미치다

　　; 믈의 녀허야 밋처 쓰리라(入水及用)<납약5>

ᄆᆞ르다(苦·枯) ; (몸이)마르다

　　; 손 발이 흔편이 ᄆᆞ르며(手足偏苦)<납약5>

; 흔편이 물라(偏枯)<납약22>

ᄆᆞ음(心) ; 마음

; ᄆᆞ음과 졍신이 어즐홈과(心神恍惚)<납약5>

물근술(淸酒) ; 청주(淸酒)

; 물근 술 ᄒᆞᆫ 병의 듬가(浸一瓶淸酒)<납약3>

물자반(海藻) ; 바닷말

; 물자반과 싱파와 소곰이라(海藻生葱塩)<납약1>

ᄆᆡ양(每·常) ; 매양

; ᄆᆡ양 즈치고져 ᄒᆞ며(每欲下痢)<납약10>

; ᄆᆡ양 낙틱ᄒᆞ여(常墮)<납약27>

바다싀 모딘 긔운(瘴氣) ; 풍토 병(열대지방 개펄에서 일어나는 독 있는 기운)

; 바다싀 모딘 긔운(瘴氣)<납약4>

발등(脚面) ; 발등

; ᄯᅩ치여 발등의 다ᄃᆞᄅ며(趕到脚面上)<납약21>

발바당(脚心) ; 발바닥

; 발바당 가운대 ᄂᆞ려가(脚心中)<납약21>

발작ᄒᆞ다(發作) ; 발작하다

; 발작ᄒᆞ기 ᄢᅢ 업시호믈(發作無時)<납약6>

밤(夜) ; 밤

; 안날 밤 잘 ᄢᅢ예(隔夜臨睡)<납약26>

버들(柳) ; 버들

; 쏙숭아 가지과 버들 가지 달힌 믈의 프러 ᄂᆞ리오라(桃柳枝煎湯化下)<납약26>

버러지(蟲) ; 벌레

; 빅가지 버러지게(百蟲)<납약24>

버리다(開) ; 벌리다

; 아괴를 버리디 못ᄒᆞ거든(牙關不開)<납약22>

버슷(菌) ; 버섯

; 독ᄒᆞᆫ 버스시며(惡菌)<납약24>

번열(煩燥) ; 번열(煩熱)하다, 발열(發熱)하다

; 줌 못자 번열ᄒ며(不得眼煩燥)<납약4>

범븨다(瘋痺) ; 거치적거리다, 마비되다

; 손 발이 잘이고 범븨여 ᄡᅳ디 못ᄒ며(手足瘋痺不)<납약21>

병(瓶) ; 병

; 믈근 술 ᄒᆞᆫ 병의 ᄃᆞᆷ가(浸一瓶淸酒)<납약3>

병(疾) ; 병

; 모든 병을(諸疾)<납약28>

보죠개(頰) ; 보조개

; 특 아래와 보죠개 븕거 브으며(頷頰赤腫)<납약7>

복숑아(桃) ; 복숭아

; 쇽숑아 가지과 버들 가지 달힌 믈의 프러 ᄂᆞ리오라(桃柳枝煎湯化下)<납약26>

봄(春) ; 봄

; 봄은 닷새오 녀름은 사흘이오(春五夏三)<납약6>

부인(婦人) ; 부인

; 부인의 거즛 ᄐᆡ긔며(婦人鬼胎)<납약25>

불휘(根) ; 뿌리

; 츩 불회를 ᄭᅵ허(葛根搗)<납약9>

붕어(鯽魚) ; 붕어

; 금긔ᄂᆞᆫ 붕어와 더온 국슈와(忌鯽魚熱麵)<납약1>

브으다(灌) ; 붓다

; 니를 ᄭᅥ고 브으라(折齒灌)<납약20>

브죡(不足) ; 부족

; 심긔 브죡ᄒᆞ여(心氣不足)<납약1>

븕다(紅·絳) ; 붉다

; 블근 깁 주머니예 너허(紅綃袋盛)<납약3>

; 블근 주머니예 너허(絳囊盛)<납약4>

붓다(腫) ; 붓다

; 목굼기 브어 알프며(咽喉腫痛)<납약7>

비름(莧菜) ; 비름

; 비름과 굴슌국과(莧菜蘆笋羹)<납약23>

비위(脾胃) ; 비위

; 비위에 습긔 들어(脾胃受濕)<납약10>

빗끼다(橫) ; 비끼다

; 혹 빗끼 낫커나 혹 거스리 나는 이를(或橫或逆)<납약28>

ᄇᆞ르다(塗) ; 바르다

; ᄆᆞ믈의 ᄀᆞ라 샹흔ᄃᆡ ᄇᆞ르고(水磨塗傷處)<납약24>

ᄇᆞ름(風) ; 바람

; ᄇᆞ름으로 뒤틀리며(風搐)<납약4>

ᄇᆞ름맞다(中風) ; 중풍

; ᄇᆞ름마자 입을 다믈며(中風口噤)<납약5>

ᄇᆞ리다(去) ; 버리다

; 대쵸란 ᄇᆞ리고(去棗)<납약10>

ᄇᆞ아다(碎破) ; 바수다

; 혹 ᄇᆞᄋᆞᆫ 후의(或碎破然後)<납약5>

ᄇᆡ(腹) ; 배

; ᄀᆞ쿨리 가슴 ᄇᆡ 알프며(卒心腹痛)<납약2>

ᄇᆡ브르다(飽) ; 배부르다

; 주리거나 ᄇᆡ 브르러기로(飢飽)<납약11>

ᄇᆡ얌(蛇) ; 뱀

; ᄯᅩ ᄇᆡ얌이며 개게 믈려 샹ᄒᆞ니와(又蛇犬所傷)<납2약4>

ᄇᆡ치(菘菜) ; 배추

; ᄇᆡ치와 믈자반과 싱파와 소곰이라(菘菜海藻生葱塩)<납약1>

ᄇᆡᆨ가지(百) ; 백가지

; ᄇᆡᆨ가지 병을 (百病)<납약20>

ᄇᆡᆺ속(中) ; 뱃속

; 감응원은 빗소기 허여ᄒᆞ여(感應元治虛中)<납약11>

ᄲᆞ르다(捷) ; 빠르다

; 더옥 ᄲᆞ르니라(尤捷)<납약2>

쓸(角) ; 뿔

  ; 쓸활 뒤지은듯 ᄒ며(角弓反張)<납약30>

사긔(邪祟) ; 가기(邪氣)

  ; 미친병과 사긔증과(狂邪祟)<납약18>

사탕(砂糖) ; 사탕

  ; 족 불회과 사당을(藍根砂糖)<납약9>

삭다(消·化) ; 삭다

  ; 히 오래며 머근거시 사가 ᄂ리디 아니ᄒ며(積年食不消下)<납약17>

  ; 머근 밥이 삭디 아니며(米穀不化中)<납약11>

산(野) ; 산

  ; 산뎨고기과 쟝과 젼국과(野猪肉及醬豉)<납약8>

산부(産婦) ; 산부

  ; 산뷔 ᄌ식 나키 슌티 아녀(産婦生理不順)<납약28>

삼다(爲) ; 삼다

  ; 흔 졔를 삼을 ᄯ니(爲一劑)<납약16>

새(鳥) ; 새

  ; 새 즘승의게(鳥獸)<납약24>

새배(早晨) ; 새벽

  ; 알ᄂ 날 새배(發日早晨)<납약27>

샤긔(邪·忤) ; 사기(邪氣)

  ; 온갓 샤긔옛 귀신이 감히 갓갑디 못ᄒᄂ니라(一切邪神不敢近)<납약3>

  ; 과ᄀ리 긕된 샤긔를 마자(卒中客忤)<납약4>

샹ᄒ다(惡·傷) ; 샹(傷)하다

  ; 술의 샹ᄒ여 토ᄒ며 눅눅ᄒ며(酒嘔吐惡心)<납약11>

  ; 주리거나 비 브릭기로 음식의 샹ᄒ미 이셔(有傷飢飽飲食)<납약11>

설날(元) ; 설날

  ; 한 설날 아젹의(正元)<납약33>

섟다(相雜) ; 섞다

  ; 고롬피 섯겨나며(膿血相雜)<납약1>

셩ᄒ다(實) ; 성(盛)하다, 무성하다, 우거지다

　; 풍열과 담이 셩ᄒ여(風熱痰實)<납약32>

소곰(塩) ; 소금

　; 싱파와 소곰이라(生葱塩)<납약1>

소리(聲) ; 소리

　; 비울기 믈소릭 ᄀᄐ며(腹鳴水聲)<납약10>

손발(手足) ; 손발

　; 손 발이 ᄒ편이 무ᄅ며(手足偏苦)<납약5>

쇠(金) ; 쇠

　; 쇳 독 돌 독이며(金石)<납약24>

쇠고기(牛肉) ; 쇠고기

　; 콩과 쇠고기과(豆牛肉)<납약6>

슈죵병(水氣 · 水病) ; 수종 병

　; 열 가지 슈죵병과(十種水氣)<납약17>
　; 열 가지 슈죵병과(十種水病)<납약16>

슌ᄒ다(順) ; 순하다

　; 크게 능히 긔운을 슌케ᄒ며(大能順氣)<납약3>

스러디다(消) ; 스러지다. 사라지다

　; 헐므은 디를 스러디게 ᄒᄂ니(消瘡疹)<납약7>

슬ᄒ다(怠) ; 싫어하다

　; 머리 어즐ᄒ며 ᄉ지 거두디 슬ᄒ며(頭旋四肢倦怠)<납약11>

습긔(濕) ; 습기

　; 비위에 습긔 들어(脾胃受濕)<납약10>

싀다(酸) ; 시다

　; ᄒ브터 신것괴(醋酸物)<납약1>

시병(時氣 · 疫 · 瘟疫) ; 시병(時病), 돌림병

　; 곽란이며 시병이며(霍亂時氣)<납약2>
　; 귀신이며 시병 긔운을 ᄀ장 믈리티고(最辟鬼疫之氣)<납약3>
　; ᄯ 시병으로 목굼기 브으며(又治瘟疫喉腫)<납약25>

식(當) ; 씩

  ; 흔번의 닐곱 환 여듧 환 식(每七八丸當)<납약27>

신긔롭다(神) ; 신기(神奇)롭다

  ; ᄀ장 신긔로온 효험이 인ᄂ니라(最有神效)<납약11>

신장(腎) ; 신장(腎臟)

  ; 신장 긔운으로 알른증을 고티ᄂ니(腎氣痛)<납약12>

심긔(心氣) ; 심기(心氣)

  ; 심긔 브죡ᄒ여(心氣不足)<납약1>

십다(嚼) ; 씹다

  ; 혹 ᄀ ᄅ게 십거나 혹 ᄇ은 후의(或嚼細或碎破然後)<납약5>

싯다(洗) ; 씻다

  ; 몬져 시슨후의 ᄇᄅ라(先洗後塗)<납약32>

ᄉ나희아ᄒᆡ(童) ; 사내아이

  ; ᄉ나희 아ᄒᆡ 오줌의 ᄲᅡ 쓰라(和童便用之)<납약5>

술(歲) ; 살(歲)

  ; 흔 술 머근 아ᄒᆡ란(一歲兒)<납약29>

ᄉᆰ(狸) ; 살쾡이

  ; 얼운이 여이며 ᄉᆰ긔 홀린 병들을 고티고(大人狐狸等疾)<납약3>

ᄉᆷ기다(嚥) ; 삼키다

  ; 머굼어 프러디거든 ᄉᆷ기라(噙化嚥之)<납약8>

ᄉᆷ끼다(呑下) ; 삼키다

  ; 열 환 식 ᄉᆷ끼라(十丸呑下)<납약11>

싱각(思) ; 생각

  ; 음식을 싱각디 아니며(不思飲食)<납약10>

싱강(薑) ; 생강

  ; 혹 싱강 즙을 ᄉ나희 아ᄒᆡ 오줌의 ᄲᅡ(或薑汁和童便用之)<납약5>
  ; 싱강과 죄 업거든(無生薑紫蘇)<납약18>

싱강즙(薑汁) ; 생강즙

  ; 혹 싱강 즙을 ᄉ나희 아ᄒᆡ 오줌의 ᄲᅡ(或薑汁和童便用之)<납약5>

싱ᄂ믈(生菜) ; 생나물. 생채(生菜)

　; 싱ᄂ믈과 마늘과(生菜大蒜)<납약16>

싱파(生葱) ; 생파

　; 싱파와 소곰이라(生葱塩)<납약1>

ᄡᅡ다(裹) ; 싸다

　; 어린 아히 ᄒᆞᆫ 환을 ᄡᅡ(小兒裹一丸)<납약3>

ᄡᅳ다(用) ; 쓰다

　; ᄒᆞᆫ번의 두 세 환으로 다ᄉᆞᆺ 환에 니르히 ᄡᅮ되(每用二三丸至五)<납약5>

ᄡᅡ히다(積·積聚) ; 쌓이다

　; 빗소기 허ᄒᆞ여 ᄂᆡᆼ 싸혀(虛中積冷)<납약11>

　; 빈예 싸힌 긔운으로 뭉긘증이(腹積聚癥癖)<납약17>

아괴(牙關) ; 입아귀. 아관(牙關)

　; 아괴를 버리디 못ᄒᆞ거든(牙關不開)<납약22>

아득ᄒᆞ다(昏憒·昏·眩) ; 아득하다

　; 건춤이 막혀 졍신이 아득ᄒᆞ며(痰涎壅塞精神昏憒)<납약1>

　; 졍신이 아득ᄒᆞ믈(精神昏)<납약5>

　; 모든 ᄇᆞ름증으로 아득고 어즐ᄒᆞ며(諸風眩暈)<납약5>

아래(下) ; 아래

　; 명치 아래와 녑히 든든코 탕만ᄒᆞ며(心下脇間堅滿)<납약11>

아젹(朝·早) ; 아침

　; 이른 아젹 공심의(早朝空心)<납약3>

　; 이튼날 아져긔(次日早)<납약26>

안개(嵐) ; 안개

　; 모든 독괴 묏 안게 긔운(諸毒山嵐)<납약4>

아씨(胞衣) ; 탯줄

　; 안씨 나디 아니ᄒᆞ거든(胞衣不下)<납약28>

안날(隔) ; 안날. 전날

　; 안날 밤 잘 ᄠᅢ예(隔夜臨睡)<납약26>

안질(眼疾) ; 눈병, 안질(眼疾)

; 쏘 안질을 고티ᄂᆞ니(又治眼疾)<납약9>

알ᄂᆞᆫ날(發日) ; 밝는 날

; 알ᄂᆞᆫ 날 새배(發日早晨)<납약27>

알프다(痛) ; 아프다

; 목굼기 브어 알프며(咽喉腫痛)<납약7>

알ᄒ다(疼) ; 아리다, 아프다

; 머리 알케와 니 알키며(頭痛牙痛)<납약25>

양고기(羊肉) ; 양고기

; 양의고기 믈자반과(羊肉海藻)<납약18>

어렵다(難) ; 어렵다

; ᄌᆞ식 나키 어려이호믈(難産)<납약4>

어린아희(小兒) ; 어린아이

; 어린 아히 졋 토ᄒ기며(小兒吐乳)<납약3>

어을프다(蹇) ; 어설프다

; 말이 어을프며 입과 눈이 기울며(言語蹇澁口眼喎斜)<납약1>

어즐ᄒ다(暈·亂·恍惚·旋) ; 어지럽다

; 피로 어즐코 답답고(血暈悶)<납약4>

; 피로 어즐코 답답고 어즐어오며(血暈悶亂)<납약4>

; 말 못ᄒ며 어즐코 답답ᄒ며(不語恍惚煩)<납약1>

; 머리 어즐ᄒ며(頭旋)<납약11>

얼운(大人) ; 어른, 대인(大人)

; 얼운이 여이며 숡긔 홀린 병들을 고티고(大人狐狸等疾)<납약3>

업다(除) ; 없다

; 병근이 업ᄂᆞ니라(除根)<납약21>

엉긔다(凝) ; 엉기다

; 어혈이 엉긔여 막혀(瘀血凝滯)<납약16>

여러히(連年·積年) ; 여러해

; 쏘 여러히 싸흰 닝이(又治連年積冷)<납약14>

; 장부의 여러 히오(臟腑積年)<납약11>

여위다(瘦) ; 여위다, 수척하다

　 ; 여위고 피곤ᄒ며(瘦疲困)<납약16>

여이(狐) ; 여우

　 ; 얼운이 여이며 슭긔 홀린 병들을 고티고(大人狐狸等疾)<납약3>

역질(痘疹) ; 천연두

　 ; 역질이 처엄으로 낭죵ᄭᆞ지(痘疹首尾)<납약32>

열(熱) ; 열

　 ; 열이 나ᄂ니(發熱)<납약9>

열나다(發熱) ; 열나다

　 ; 샹한의 열이 나며(傷寒發熱)<납약1>

엿(飴糖) ; 엿

　 ; 금긔ᄂ 돗틱고기와 엿과(忌猪肉飴糖)<납약18>

오라다(遠) ; 오래다

　 ; 오라며 갓가오믈 뭇디 말며(無問遠近)<납약21>

오락가락ᄒ다(進或退 · 潮) ; 오락가락하다

　 ; 적빅니질이 오락가락ᄒ여(赤白或進或退)<납약11>

　 ; 경풍증으로 뒤틀리기 오락가락ᄒ며 몸이 열ᄒ고 아득ᄒ고 조으ᄂ(驚風潮搐身熱昏睡)
　　 <납약31>

오란(久) ; 오랜

　 ; 오란 적빅니질의 고롬피 섯겨(久痢赤白膿相雜)<납약11>

오란고곰(痎瘧) ; 오랜 된 학질

　 ; 귀곡단은 오란 고곰을 고티ᄂ니(鬼哭丹治痎瘧)<납약26>

오래(連綿) ; 오래

　 ; 오락가락ᄒ여 오래 그치디 아니를 (進或退連綿不止)<납약11>

오장(臟) ; 오장(五臟)

　 ; ᄇᆞ름이 오장의 마자(風中臟)<납약5>

오좀(便) ; 오좀

　 ; ᄉ나희 아히 오좀으로써 프러 ᄂ리면(以童便化下)<납약3>

온갖(一切) ; 온갖

; 온갖 일홈 업슴(一切無名)<납약19>

올오다(上) ; 오르다

; 듕풍으로 긔운이 올오며(中風上氣)<납약3>

외앗(李) ; 오얏

; 복숑아와 외앗과 춤새(桃李雀)<납약1>

우믈믈(井水) ; 우물물

; 우믈 믈을 만히 머거(多飲井水)<납약14>

울다(鳴·啼) ; 울다

; 비울기 믈소릐 ᄀᆞᄐᆞ며(腹鳴水聲)<납약10>

; 샤긔예 열로 놀나 울며(邪熱驚啼)<납약29>

월경(月) ; 월경(月經)

; 월경이 막히며(月閉)<납약2>

위급ᄒᆞ다(危急) ; 위급하다

; 믈도 ᄂᆞ리디 아닌ᄂᆞ 위급ᄒᆞᆫ 증을(水漿不下危急者)<납약8>

음식(飲食) ; 음식

; 음식을 싱각디 아니며(不思飲食)<납약10>

이(此) ; 이

; 이 약 ᄒᆞᆫ 뎡의 소합원 네 환을 합ᄒᆞ여(此藥一錠蘇合元四丸合和)<납약11>

이ᄅᆞ다(早) ; 이르다

; 이른 아젹 공심의(早朝空心)<납약3>

이미(已) ; 이미

; 이미 주거셔도 니를 썩고(已死折齒)<납약20>

이튼날(次日) ; 이튼날

; 이튼날 아져긔(次日早)<납약26>

인ᄉ(人事) ; 인사

; 인ᄉ를 출리디 못ᄒᆞ며(不省人事)<납약1>

인ᄉᆞᆷ(人蔘·蔘·蔘湯) ; 인삼

; 인ᄉᆞᆷ 달힌 믈에 프러 ᄂᆞ리오(人蔘湯和下)<납약5>

; 인ᄉᆞᆷ 빅튤 달힌 믈의 ᄂᆞ리고(蔘朮煎湯下)<납약30>

; 인숨을 덧게 달혀(蔘湯濃煎)<납약26>

인ᄒ다(因) ; 인하다

; 일로 인ᄒ야 ᄌ식 나키 그처시믈(因此斷産)<납약16>

일홈(名·稱) ; 이름

; 일홈이 소갑원이라(名蘇合元)<납약11>

; 일홈을 만병원이라(稱爲萬病元)<납약16>

잇다(有·在) ; 있다

; 주리거나 비브르기로 음식의 샹ᄒ미 이셔(有傷飢飽飮食)<납약11>

; 명치며 가슴의 머므러이시며(留在心胸)<납약14>

자다(睡) ; 자다

; 안날 밤 잘 ᄯᅢ예(隔夜臨睡)<납약26>

잘이다(痲痺) ; 저리다

; 손 발이 잘이고 범븨여 ᄡᅳ디 못ᄒ며(手足痲痺不)<납약21>

잠간(微) ; 잠깐

; 잠간 주ᄒ면(取微注)<납약11>

장부(臟腑) ; 장부

; 장븨 활ᄒ여 ᄌ취기를 도쉬 업스며(臟腑滑泄無度)<납약10>

쟝(醬) ; 장

; 쟝과 젼국과(醬豉)<납약8>

젹다(小) ; 작다

; 져근덧 기도로면(小待)<납약22>

젼국(豉) ; 약젼국

; 쟝과 젼국과 닝슈라(醬豉冷水)<납약8>

졋(乳) ; 젖

; 졋 즙이 ᄂ리오디(乳汁)<납약29>

졍신(精神·神) ; 정신

; 졍신이 아득ᄒ믈(精神昏)<납약5>

; 졍신을 평안케ᄒ며(安神)<납약32>

졍화수(井華水) ; 정화수

; 공심의 졍화슈어나 혹 ᄃᆞᄉᆞᆫ 술의 프러 ᄂᆞ리오ᄃᆡ(空心井華水或溫酒化下)<납약3>

졔(劑) ; 제

; ᄒᆞᆫ 졔를 삼을 ᄡᅵ니(爲一劑)<납약16>

조ᄡᆞᆯ(粟米) ; 좁쌀

; 금긔ᄂᆞᆫ 조ᄡᆞᆯ과(忌粟米)<납약12>

조을다(睡) ; 졸다

; 아득고 조을며(昏睡)<납약32>

조차(和) ; -조차. 마저

; 대쵸란 ᄇᆞ리고 즈의조차 공심의 ᄃᆞᄉᆞ히 ᄒᆞ여 머그라(去棗和滓空心溫服)<납약10>

족(藍) ; 쪽, 남색

; 또 족 불회과 사당을(又藍根砂糖)<납약9>

족닙즙(藍葉汁) ; 쪽잎즙

; 족 닙 즙을 머그라(藍葉汁服之)<납약15>

죵긔(腫 · 癰疽) ; 종기(腫氣)

; 창질과 독ᄒᆞᆫ 죵긔를(瘡毒腫)<납약19>

; 모든 독이며 죵긔며(諸毒癰疽)<납약24>

주검(尸) ; 주검, 시체

; 뎐염ᄒᆞᄂᆞᆫ 주검 긔운과(傳尸)<납약2>

주리다(飢) ; 주리다, 배곯다

; 주리거나 ᄇᆡ 브ᄅᆞ기로(飢飽)<납약11>

주머니(袋 · 囊) ; 주머니

; 블근 깁 주머니에 녀허(紅綃袋盛)<납약3>

; 블근 주머니예 녀허(絳囊盛)<납약4>

죽다(死) ; 죽다

; 이미 주거셔도 니ᄅᆞᆯ ᄭᅥᆨ고(已死折齒)<납약20>

쥐(鼠) ; 쥐

; 쥐며 구렁의게 믈리인병(鼠蟒惡茵)<납약24>

즈의(滓) ; 찌꺼기

; 대쵸란 ᄇᆞ리고 즈의조차 공심의 ᄃᆞᄉᆞ히 ᄒᆞ여 머그라(去棗和滓空心溫服)<납약10>

즈츠기(下痢·泄·瀉·利) ; 지치기, 설사하기

; 미양 즈치고져ᄒ며(每欲下痢)<납약10>

; 즈치기를 도쉬 업스며(泄無度)<납약10>

; 크게 즈치고 혹 토ᄒ며(大瀉或吐)<납약9>

; 토ᄒ며 즈치기로 흔을 삼으라(以吐利爲度)<납약16>

즉시(卽) ; 즉시

; 즉시 됴코(卽愈)<납약14>

즘승(獸) ; 짐승

; 새 즘승의게(鳥獸)<납약24>

즙(汁) ; 즙

; 거믄 콩 달힌 즙을 먹고(黑豆煮汁服)<납약9>

즛ᄀ다(擂爛) ; 문드러지게 갈다

; 흔듸 즛ᄀ야 믈의 ᄢᅡ 머그라(擂爛和水服)<납약9>

짓다(作) ; 짓다

; 혹 녹두마곰 환을 지어(或作丸菉豆大)<납약11>

ᄌᆞ식낳다(産) ; 자식 낳다

; ᄌᆞ식 나흔 후의 피로 어즐코(産後血暈)<납약4>

ᄌᆞ식비다(姙娠) ; 임신하다

; ᄌᆞ식 빈듸 샹한이며(姙娠傷塞)<납약11>

ᄌᆞ로(頻數) ; 자주

; 즈치기를 ᄌᆞ로ᄒ거든(注泄頻數)<납약26>

ᄌᆞᆷ(眠) ; 잠

; ᄌᆞᆷ 못자 번열ᄒ며(不得眠煩燥)<납약4>

ᄶᅩᆺ다(趲) ; 쫓다

; ᄲᅩ치여 발등의 다ᄃᆞᆮ면(趲到脚面上)<납약21>

차(茶) ; 차

; 믈근 차의 ᄂᆞ리오듸(茶清下)<납약8>

창질(瘡) ; 창질(瘡疾)

; 모딘 창질과 독흔 죵긔를(惡瘡毒腫)<납약19>

챵퓌(菖蒲) ; 창포

　　; 챵퓌어나 혹 츩 불회를 찌허(菖蒲或葛根搗)<납약9>

처엄(首) ; 처음

　　; 역질에 처엄으로 낭죵싱지(痘疹首尾)<납약32>

청어젓(靑魚鮓) ; 청어젓

　　; 청어 젓과 돗틱고기와 조쌀과(靑魚鮓猪肉粟米)<납약1>

촌빅튱(寸白) ; 기생충

　　; 회튱이며 촌빅튱과(蛔寸白)<납약16>

츩(葛) ; 칡

　　; 챵퓌어나 혹 츩 불회를 찌허(菖蒲或葛根搗)<납약9>

츠다(佩) ; 차다

　　; 가슴의 당ᄒᆞ여 츠면(當心佩)<납약3>

츠다(凉) ; 차다

　　; 츤 믈의 프러 ᄂᆞ리오(凉水化下)<납약6>

츠게ᄒᆞ다(冷) ; 차게 하다

　　; 달힌 믈을 츠게ᄒᆞ여(煎湯冷)<납약9>

츤믈(凉水) ; 찬물

　　; 츤 믈의 프러ᄂᆞ리오(凉水化下)<납약6>

츨히다(省) ; 차리다, 가다듬다

　　; 인ᄉᆞ를 츨히디 못ᄒᆞ여(不省)<납약22>

춤새(雀) ; 참새

　　; 복숑아와 외앗과 춤새(桃李雀)<납약1>

춤죠개(蛤) ; 참조개

　　; 춤죠개와 고싀와 마늘과 청어 젓(蛤胡荽大蒜靑魚鮓)<납약1>

코(鼻) ; 코

　　; 초의 프러 코해 흘리라(醋和灌鼻)<납약8>

콩(豆) ; 콩

　　; 콩과 쇠고기과(豆牛肉)<납약6>

크다(大) ; 크다

; 크게 즈치고 혹 토ᄒ며(大瀉或吐)<납약9>

탕만ᄒ다(滿) ; 가득하다

  ; 녑히 든든코 탕만ᄒ며(脇間堅滿)<납약11>

톄ᄒ다(滯) ; 체하다

  ; 어린 아히 톄ᄒ거시 샹ᄒ여(小兒傷滯)<납약11>

토ᄒ다(嘔吐·吐) ; 토하다

  ; 곽난으로 토ᄒ며(霍亂嘔吐)<납약11>

  ; 크게 즈치고 혹 토ᄒ며(大瀉或吐)<납약9>

튱증(蟲) ; 기생충병

  ; 모든 튱증이며 오래 싸힌 담으로(諸蟲久積痰)<납약16>

티ᄠ다(上視) ; 치뜨다

  ; 눈ᄌ이 티ᄠ이며(目睛上視)<납약30>

특아래(頷) ; 턱 아래

  ; 특 아래와 보죠개 블거 브으며(頷頰赤腫)<납약7>

ᄣ다(調·和) ; 타다

  ; 미움의 ᄣ 누리오(米飮調下)<납약11>

  ; ᄉ나희 아히 오줌의 ᄣ 쓰라(和童便用之)<납약5>

ᄐ긔(胎) ; 태기(胎氣)

  ; 부인의 거즛 ᄐ긔며(婦人鬼胎)<납약25>

파(葱) ; 파

  ; 파과 마늘과(葱蒜) <납약27>

편안ᄒ다(安) ; 편안하다

  ; 편안티 아니 홈을(不安)<납약27>

풍열(風熱) ; 풍열

  ; 풍열을 덜며(風熱除)<납약7>

플(草) ; 풀

  ; 플 독 나모 독이며(草木)<납약24>

플다(化·和·化開) ; 풀다

  ; ᄃ슨 믈의 프러 누리오(溫水化下)<납약1>

; 인숨 달힌 믈에 프러 ᄂ리오(人蔘湯和下)<납약5>

; 플기 극히 어려오니(化開極難)<납약5>

피곤ᄒ다(疲困) ; 피곤하다

; 여위고 피곤ᄒ며(瘦疲困)<납약16>

픠오다(焚) ; 피우다

; ᄒ 환을 픠오면(焚一炷)<납약33>

한설날(正元) ; 설날

; 한 설날 야젹의 ᄒ 환을 픠오면(正元焚一炷)<납약33>

허여디다(散) ; 헤어지다, 흩어지다

; 알히ᄂ 거시 허여디디 아니ᄒᄂ니(痛不散)<납약21>

허ᄒ다(虛) ; 허하다

; 빗소기 허ᄒ여(虛中)<납약11>

헐다(瘡) ; 헐다, 무너뜨리다

; 입과 혜 헐며(口舌生瘡)<납약7>

헐믓다(瘡疹) ; 헐다

; 헐므은 ᄃ를 스러디게 ᄒᄂ니(消瘡疹)<납약7>

혀이여(弔) ; 상하다

; 안히 혀이여(內弔)<납약30>

혜(舌) ; 혀

; 입과 혜 헐며(口舌生瘡)<납약7>

혹(瘤) ; 혹

; 두드러기며 혹이며(癧疹赤瘤)<납약24>

홉(分) ; 홉

; 대쵸 ᄒ 낫에 ᄒᄃ 달혀 칠홉만 ᄒ거든(棗一枚煎至分)<납약10>

회튱(蛔) ; 거윗, 회충

; 오란 가ᄉ 비 알히며 감튱이며 회튱이며(久遠心腹痛疳蛔)<납약16>

활달(黃疸) ; 황달

; 다ᄉ 가지 황달과(五種黃疸)<납약16>

효험(效·功用) ; 효험

; ㄱ장 신긔로운 효험이 인ᄂ니라(最有神效)<납약11>

　　; 효험이 더나으리라(功用尤勝)<납약25>

흘리다(灌) ; 흘리다

　　; 초의 프러 코해 흘리라(醋和灌鼻)<납약8>

ᄒᆞᄅ(日) ; 하루

　　; ᄒᆞᄅ 두 번 식 머그라(日再服)<납약6>

ᄒᆞ여곰(令) ; 하여금

　　; 사ᄅᆞᆷ으로 ᄒᆞ여곰(令人)<납약9>

ᄒᆞᆫ가지(同) ; 한가지

　　; ᄌᆞ금단과 ᄒᆞᆫ가지로ᄃᆡ(紫金丹同)<납약25>

ᄒᆞᆫ번(每) ; 한번

　　; ᄒᆞᆫ번의 ᄒᆞᆫ 환식 쓰ᄃᆡ(每用一丸)<납약6>

ᄒᆞᆫ편(偏) ; 한편

　　; ᄒᆞᆫ편이 믈라(偏枯)<납약22>

ᄒᆞᆫ희(四季) ; 한해

　　; ᄒᆞᆫ희를 평안히 디내ᄂ니라(四季保平安)<납약33>

ᄒᆡ산(産) ; 해산

　　; 보안환을 ᄒᆡ산젼과 ᄒᆡ산 후(保安丸治産前産後)<납약28>

參考문헌

고영근·남기심(1997), (『중세어 자료 강해』 집문당)

김영신(1988), (『국어학연구』 제일문화사)

박병철(1997), (『한국어 訓釋 語彙硏究』 이회문화사)

박영섭(1990), (「천자문 색인고」『김상선교수회갑기념논총』 약업신문사)

______(1995), (『국어한자 어휘론』 박이정)

______(1998), (『초간본 두시언해 어휘자료집』 박이정)

______(1998), (「초간본 두시언해에 나타난 漢字 對譯語 硏究 (1)」 강남대학교 논문집 32집)

______(1999), (「초간본 두시언해에 나타난 漢字 對譯語 硏究 (2)」 강남대학교 논문집 33집)

______(1999), (「초간본 두시언해에 나타난 漢字 對譯語 硏究 (3)」 강남대학교 인문과학논집 7집)

______(2000), (『초간본 두시언해 한자대역어 연구』 박이정)

______(2004), (『구급방언해 한자 대역어 연구』 박이정)

신경철(1993), (『國語字釋硏究』 태학서)

이현희(1997), (『두시와 두시언해』 신구문화사)

이호열(1995), (『두시언해 색인집』 이회문화사)

전재호(1973), (『두시언해의 국어학적연구』 통문관)